·教育部人文社会科学研究项目·

国际政治学要论

——国际政治态势与战略应对——

戴德铮◎著

时事出版社

△本书是作者2006年教育部人文社会科学项目结题成果
（项目批准号：06JA710020）
△亦是作者2003年湖北省教育厅专项科研项目（重点）结题成果
（项目批准号：2003Z052）
△亦是作者2004年武汉大学入围国家人文社科项目结题成果

目　录

绪　论 …………………………………………………………………… (1)

第一章　时代与时代主题论 …………………………………………… (34)
第一节　我们所处的大时代 ………………………………………… (34)
一、时代概念的泛用与特指 ………………………………………… (34)
二、大时代的提出及其“两个过渡” ………………………………… (38)
三、大时代的其他内涵 ……………………………………………… (50)
第二节　我们面对的现时代 ………………………………………… (58)
一、现时代的式样及其理论依据 …………………………………… (58)
二、现时代的呈现及其促成因素 …………………………………… (64)
三、现时代的其他内涵 ……………………………………………… (83)
第三节　当今时代主题 ……………………………………………… (88)
一、当代世界主题的确立与重大意义 ……………………………… (89)
二、当今时代主题的认知与新发展 ………………………………… (96)
三、当今时代主题的其他内涵 ……………………………………… (106)

第二章　世界政治格局论 ……………………………………………… (122)
第一节　世界政治格局的内涵与转换 ……………………………… (122)
一、世界政治格局的内涵 …………………………………………… (122)
二、世界政治格局的主要角色与更新 ……………………………… (123)
三、世界政治格局的转换 …………………………………………… (127)
第二节　两极政治格局的确立与终结 ……………………………… (132)

一、两极政治格局的确立与首次受到冲击…………………………………(132)
二、两极政治格局的终结与原因…………………………………………(135)
三、两极政治格局终结的意义……………………………………………(139)
第三节　当今世界政治格局态势与走向……………………………………(140)
一、多极化的内涵与当今态势……………………………………………(140)
二、多极化的现今状况与未来样式………………………………………(146)
三、多极政治格局的优点与走向…………………………………………(151)

第三章　国际政治秩序论 ……………………………………………(157)
第一节　国际政治秩序的内涵与嬗变……………………………………(157)
一、国际政治秩序的词义阐释……………………………………………(157)
二、国际政治秩序的当今态势……………………………………………(164)
三、国际政治秩序的未来变数……………………………………………(172)
第二节　西方国家主张的国际政治新秩序………………………………(174)
一、美国推销的国际政治新秩序…………………………………………(175)
二、日本、西欧追求的国际政治新秩序…………………………………(181)
三、俄罗斯设计的国际政治新秩序………………………………………(185)
第三节　南方国家倡导的国际政治新秩序………………………………(191)
一、从普雷维什命题到本·阿里的认识…………………………………(191)
二、中国倡导的国际政治新秩序…………………………………………(193)

第四章　战争与革命论 ………………………………………………(203)
第一节　经济因素与战争…………………………………………………(203)
一、人类战争的类型与动因………………………………………………(203)
二、石油因素与第二次世界大战的胜利…………………………………(218)
三、经济力量与德日法西斯的失败………………………………………(230)
第二节　革命的内涵与经验教训…………………………………………(249)
一、革命的内涵与作用……………………………………………………(249)
二、十月革命胜利的原因及其经验………………………………………(253)
三、苏联解体的原因及其深刻教训………………………………………(272)

第三节　“纸老虎”论的科学性与启迪……………………………（284）
一、“纸老虎”论的提出与完善 ……………………………（284）
二、“纸老虎”论的科学性与有效性 ………………………（293）
三、“纸老虎”论的意义与启迪 ……………………………（302）

第五章　世界和平论 ……………………………………（312）
第一节　和平的内涵与应对……………………………………（312）
一、和平的定义与层次………………………………………（312）
二、和平的性质与判别………………………………………（316）
三、优化世界和平的应对……………………………………（320）
第二节　“和平为上”论的主旨与意义………………………（323）
一、“和平为上”论的提出及其主旨 ………………………（323）
二、“和平为上”论的渊源与新贡献 ………………………（329）
三、“和平为上”论的特色与意义 …………………………（341）
第三节　中苏“和平共处”问题论争影响……………………（347）
一、论争对苏联的影响………………………………………（347）
二、论争对中国的影响………………………………………（351）
三、论争对国际社会的影响…………………………………（361）

第六章　国际战略论 ……………………………………（365）
第一节　国际战略的多维性……………………………………（365）
一、国际战略的内涵与生成路径……………………………（365）
二、国际战略构成的基本要素与层次………………………（370）
三、国际战略的理论依托与多样性…………………………（376）
第二节　资产阶级“为自己创造世界” ……………………（380）
一、政治与经济目标…………………………………………（381）
二、实现途径与方式…………………………………………（388）
三、战略特点与影响…………………………………………（389）
第三节　中国特色社会主义国际战略…………………………（394）
一、独立自主的和平外交战略………………………………（394）

二、走和平发展道路…………………………………………………………(407)
三、党的十七大以来的新调整………………………………………………(411)

参考书目 ……………………………………………………………………(419)

绪论

一、题中之义

国际政治学作为一门相对独立的学科，在西方资本主义国家起步相对较早，大约在第一次世界大战前后；该学科在新中国起步较晚，但也有超过半个世纪的经历。经过长期的集体的努力，中国的国际政治学研究成果显著，大致形成了自己的学科体系和特色。但许多东西，如研究对象、主要内容、研究方法等，仍众说纷纭。加之当今的“世界变化很大很快”，使得我们这些热心、长期从事该学科教学、科研的学者“不能不认真对待”。① 对历史积淀的国际政治难题和世界政治的新变化做出研究结论，是笔者多年的意愿。

该书进行了较长时期的准备并有一定的学术基础。1975 年以来，围绕国际政治学的相关问题，笔者进行了专题研究。其内容给本科生、硕士生、博士生进行过多遍的讲授和讨论。公开发表了 70 多本（篇）相关著作、论文。在主持完成或参与完成的 4 个相关（重大或一般）基金项目中的结题成果，不少是本书的内容。

另外，2009 年是笔者的甲子年年末，把自己的学术体会进行专题性、阶段性总结，并公开出版，对自己以后的晚年学术研究将是个推动，对国际政治学学科建设也是添砖加瓦。

本书用“国际政治学要论——国际政治态势与战略应对”作题目，有两

① 江泽民：《高举邓小平理论伟大旗帜，把建设有中国特色社会主义事业全面推向二十一世纪》（1997 年 9 月 12 日），《江泽民文选》第 2 卷，人民出版社，2006 年版，第 11 页。

方面的考虑：一是本书的“六章”，自认为是研究较深入、不乏学术亮点的专题研究成果，也是国际政治学需要深入或解惑的主要问题，但不是国际政治学的全部，所以该书用“要论”而没有用“概论”；二是本书研究的侧重面是国际政治学涉及的“国际政治态势”和“国际战略”，如果该书仅用“国际政治学要论”或“国际政治态势与战略研究”为题目，均不贴切，前者有“帽大头小”现象，后者则有一般“形势报告”之嫌。所以在“国际政治学要论”后面加了“国际政治态势与战略应对”的副标题，虽字数略多，但能凸显内容，所以用之。

此为写本书的宗旨，即题中之义。

二、基本构思

笔者赞成这样的概括：国际政治学是主要围绕权利、权力和利益来认识和研究国际社会演变和发展规律的一门社会学科，主要任务是揭示国际社会行为体间相互政治作用和演变发展的一般规律。①

当今世界不存在普世价值的国际政治学，而存在各种各样的流派，大致可分为马克思主义国际政治学、西方资产阶级国际政治学、发展中国家国际政治学三类。因为这三类国际政治学虽然代表的利益不尽相同，思想体系各异，价值观念多种多样，但均对国际政治学的建设和发展做出了自己的贡献，为人类正确认识世界，推动世界的和平、和谐、进步提供了各种立场、观点和方法。

国际政治学的研究对象，包括国际社会中政治体系（国家、国际组织、国际社会等）、政治态势（时代、格局、秩序、战争、革命、和平、发展等）、国际战略的形成和演变的规律。其内涵是对历史的纵向考察以及横向的动静规律、经验教训的认识。

本书作为学术专著，没有对国际政治学的研究对象进行全面探讨，只是重点分析了国际政治学研究对象中相互联系的“时代与时代主题”、“世界政

① 梁守德、洪银娴：《国际政治学理论》，北京大学出版社，2000年版，第1页。

治格局”、“国际政治秩序”、“战争与革命”、“世界和平”、“国际战略”等主要问题。本书对这些问题的探讨有如下基本构思、学术着笔点或学术亮点：

该书把时代与时代主题论列为首论，是因为：第一，时代与时代主题问题，是国际问题研究和马克思主义研究面临的重大理论和实践课题。只有正确地把握时代，才能够正确地认识世界的发展趋向以及社会主义和资本主义两方面发展的前景及其相互关系。① 第二，在社会主义发展史中，对于时代和时代主题的判断，既有成功经验，也有深刻教训。苏联十月革命的胜利，中国革命的胜利，中国特色社会主义取得辉煌成果；中国一度以阶级斗争为纲、时刻准备打仗、发动错误的“文化大革命”，苏东剧变等，均与时代和时代主题判断正确、判断失误直接相关，应总结其经验教训，继承前者，避免后者。旨在如此。第三，中共党的十大到十七大，再没有直接定论“我们处于什么时代”。后来用“当代世界主题”（中共十三大）、“当今时代主题”（中共十四大、十五大、十六大、十七大），是高明的选择，既回避了学术争论，又抓住了主要矛盾。但这样做，毕竟存在时代定性空缺的现象，许多问题因此而说不清楚。尝试提出既符合客观实际，又获得学术界认可的时代判断，从而完善这一理论缺憾，或称进行理论创新，意义重大。正如列宁所说，只有把握各个“时代”的不同的基本特征（而不是个别国家的个别历史事件），我们才能够正确地制定自己的战略策略；只有了解了某一时代的基本特征，才能在这一基础上去考虑这个国家或那个国家的更具体的特点。② 关乎全局，理论补缺，国际政治学研究的重要对象，是本书把时代与时代主题问题作为首论的理由。

该论在学术上进行了如下新的尝试：第一，在时代内涵上。认为“时代”的最一般的含义，是反映事物发展某一特定阶段的基本特征。③ 时代有泛指和特指之分。这里所指的“时代”，特指社会发展时代，即马克思主义

① 顾海良、梅荣政主编：《科学社会主义理论与实践》，武汉大学出版社、湖北人民出版社，2006年版，第14页。

② 列宁：《打着别人的旗子》（1914年7月—1915年8月），《列宁全集》第26卷，人民出版社，1988年版，第143页。

③ 靳辉明、谷源洋主编：《当代资本主义与世界社会主义》上卷，海南出版社，2004年版，第1页。

时代观。马克思主义经典作家从生产方式（生产力和生产关系的结合）去考察人类社会从低级向高级发展和演化的历史进程，他们所说的“时代”，多是对人类社会从低级向高级发展和深化进程中某一历史阶段社会性质、基本特征和发展趋向的界定。同时，对马克思主义时代观的内涵进行了概括。第二，提出时代是一配套工程。我们同时处在“大时代”、“现（小）时代”、“当今时代主题”之中。人类社会处在由资本主义向社会主义、社会主义向共产主义过渡的大时代，同时面对两种社会制度国家共存竞争的现时代，当今时代的主题是和平与发展。第三，关于“大时代”。首次提出是“两个过渡”，而不赞成“一个过渡”：“资本主义向社会主义过渡”的提法，认为仅提“一个过渡”，就忽视了当今社会主义国家的客观存在及其正确的发展趋势。这里对“两个过渡”的内涵，进行了理论结合实际的深入考证，对“两个过渡”的其他内涵也进行了学术探讨，特别赞同“大时代”处在初级阶段的提法。第四，关于“现（小）时代”。“两制共存竞争的现时代”的提法，不是笔者的发明，但对其存在的理论和实践依据做了新探讨，尤其对经典作家的认识，新科技革命、经济全球化的影响，中国的因素等，进行了深入分析。对“现（小）时代”的其他内涵进行了较详细的推敲。第五，关于“时代主题”。认为所谓时代主题，就是指在一定历史时期内，由世界主要矛盾以及主要力量对比所决定，反映世界基本特征并对世界形势走向具有全局性影响和战略性意义的问题。时代主题的概念，是中国共产党人的创新。时代主题是和平与发展的定位，邓小平的贡献巨大，江泽民和胡锦涛进行了不断发展，由此丰富了马克思主义时代观，使得大时代、现时代、时代主题三位一体，构成了马克思主义时代观的科学体系。直接指导中国特色社会主义事业不断推向前进。第六，关于“大时代”、“现（小）时代”与“时代主题”关系。书中总结了其共同点和差别。

世界政治格局论，是该书论及的第二个重点问题。之所以如此，第一，从学科建设方面看。格局论是国际政治学的重要组成部分，属于国际政治的基本框架、结构、态势。弄清之，可基本把握国际社会各组成部分的搭配、排列和状态。为战略和策略决策提供正确依据。第二，从世界关注的程度看。格局问题，在当今世界，不仅是国内外学术界关注的重点问题，也是全世界主权国家，特别是强国、大国官方关注的重要政治问题。冷战结束后，美国政府执行“一国独霸”政策，世界多数国家赞同“世界多极化发展”结论。反映出对格局认识的明显差别。理论上说清楚其中缘由，已不仅仅是学术问题，而是关系各国内政外交的突出国际政治问题。第三，从学术讨论的角度看。随着1991年底苏联解体，美苏两极对立政治格局终结。之后10多年间，世界上的专家、学者都在探讨世界政治格局的转换问题。有的认为当今的世界是“无极世界”；[①] 有的认为当今“新的单极世界已经形成”；[②] 有的认为现在就是“多极世界”；有的则认为将来的世界是一个“多极世界”等等，不一而足。[③] 那么，究竟如何界定现今和未来的世界政治格局呢？也需要下功夫探讨之。

该论在分析中进行了如下新的努力：第一，关于世界政治格局的内涵。提出世界政治格局不仅仅是一种“结构”，应该是指活跃于世界舞台并充当主角的国家和国际组织或者是突出力量，在一定历史时期内相互联系、作用形成的一种框架、结构、态势。它以“主角”、“主要关系”和“式样”为基本要素，其中以“相互联系、作用”，即“主要关系”为核心、纽带，形成了“一种框架、结构、态势”。结构的地位重要，“框架”、“态势”的内容不能忽视。第二，关于促成格局形成和转换的原因。认为是“合力”的共同作用。其中生产力与生产关系、经济基础与上层建筑的作用、反作用是根本动力；大的战争（特别是世界大战）、剧变是直接动因和突出标志；在其他因素中，硬实力仍是最重要的，综合国力中的软实力的影响因素在格局中上升。关于格局的转换，战争不再是唯一的标志和直接动因，随着新兴力量的崛起和科技实力的增长，通过和平方式、途径更新主要角色和改变主要关系，已非空想。东欧剧变、苏联的解体，很大程度上是“和平演变”的结果。第三，关于世界政治格局的产生和历史转换。认为17世纪40年代威斯特伐利亚格局的出现，是世界近代史的开端，也应该是国际政治的开端。后

---

① 谭中：《“无极世界”是“和谐世界”台阶》，《参考消息》2007年3月29日，第16版。

② 王世霞、王树春：《单极还是多极——对当前国际格局的冷思考》，《俄罗斯研究》2000年创刊号。

③ 袁胜育：《从“无极”到“多极”——百家论格局》，《国外社会科学情况》1991年第9期。

来世界政治格局经历了五次大的转换，多数是多极样式，只有一次（二战后美苏为主导）是两极样式。格局的转换是“主角”变化的结果。第四，关于美苏为主导的两极格局。认为雅尔塔体制为其奠定了基础。帝国主义与社会主义两大阵营的对峙标志着两级政治格局的形成。两极格局的终结，是第三世界等力量的崛起、各种矛盾不可解脱、苏东剧变等因素共同推动的结果。两极政治格局的终结，有历史的进步意义：使得新的世界大战推迟、甚至有可能避免，美国没有了发动世界大战的对手；有利于多极力量的成长。但这一国际政治现象带来的负面影响严重：标志着世界社会主义运动的严重曲折；美国的横行霸道；国际形势的瞬息万变。第五，关于20世纪末以来的世界格局。世界经济格局巩固、发展；世界政治格局态势旧破新未立；两极政治格局母腹中孕育的多极力量，在两极政治格局终结后艰难成长。进入21世纪后，世界政治走向多极化是大势所趋，“不可逆转”，① 但其发展不会一帆风顺。多极化格局的形成将是一个曲折、长期的过程。未来会形成“一超多强”的多极样式政治格局，有人认为美国会长期“一超独霸”世界的理由不充分。

国际政治秩序论是该书的第三章。把其列为专论有如下考虑：第一，是国际政治学重要研究对象之一。它研究的是国际社会不同于时代和世界政治格局的另一突出现象。如果说时代多是对人类社会从低级向高级发展和深化进程中某一历史阶段社会性质、基本特征和发展趋向的界定，世界政治格局指活跃于世界舞台并充当主角的国家和国际组织或者是突出力量，在一定历史时期内相互联系、作用形成的一种政治框架、结构、态势，那么国际政治秩序主要是从国际运行机制和规则方面分析国际社会。三者有联系，但角度有大的差别。找出其中差别，是进行国际政治学研究的重要任务。第二，现今国际政治秩序的状况复杂，不容乐观。国际政治新秩序在争取，但国际政治旧秩序“实质未动”，② 顽固固守。在人类进步如此大的今天，为什么会

① 胡锦涛：《高举中国特色社会主义伟大旗帜，为夺取全面建设小康社会新胜利而奋斗——在中国共产党第十七次全国代表大会上的报告》（2007年10月15日），《人民日报》2007年10月25日。

② 戴德铮等：《当代世界格局与国际关系》，武汉大学出版社，1999年版，第508页。

出现这种历史的严重负面现象？世界各国应该怎样做才最为合适？是世界各国和学术界的关注热点，作者也想为此尽力。第三，廓清是非。二战结束后，特别是苏东剧变后，西方国家（尤其是美国、日本、西欧）、南方国家各自提出了自己的新秩序主张、方案，这些主张、方案都自称“新”。但在这些“新”中，哪些是真“新”？哪些是名“新”实“旧”？按什么标准判断“新”“旧”？国际反响如何？需要实事求是的辨析。第四，关于中国建立国际新秩序的主张。在现有的学术成果中，对于其来龙去脉、着重点与国际地位等的把握，并非准确，甚至存在不置可否的现象。高扬“中国主张”，应该说是建立国际政治学“中国学派”的必须。

该章谈了笔者的如下学术观点：第一，关于国际政治秩序的定义。笔者不同意把它仅仅说成是国际政治“运行机制和规则”，而应该是指在一定的历史时期内，由世界上的主权国家、国家集团等行为主体，按照某类政治规范、准则、原则、目标行事，所建立或维系的某种国际政治机制和整体态势，并从时间概念、行为主体、奉行准则、追求目标、保障机制、整体态势上进行了分析。特别提出国际政治秩序有两层涵义：一是指客观方面，它表明国际关系体系中，各个行为主体之间分化组合的状况、位置排列的次序、相互作用的方式，包括国际组织。二是指主观方面，它是由各国公认的、用来指导国际关系实践的行为规范的总和，具体包括国际惯例、国际道义、国际法原则、国际关系准则、国际条约制度，以及负责这些法规得以遵守的或制裁违法者的保障机制。第二，关于当今国际政治秩序态势与未来走向。态势表现复杂，新旧交织，“旧”中有“新”、名“新”实“旧”、“新”“旧”并存，和谐的态势在上升，但欠和谐态势严峻。后者对前者的负面影响不容忽视，但也不宜估计得过分严重。造成“新”、“旧”失衡的因素很多，霸权主义与强权政治猖獗，新生进步力量相对弱小是主要原因。破旧立新国际政治秩序的任务艰巨，但辞旧迎新并非渺茫。第三，关于美国、日本、西欧、俄罗斯、发展中国家的国际政治新秩序主张。书中较详细地分析了美国乔治·布什、比尔·克林顿、乔治·W. 布什三位总统的认识和实践，他们主要是为了实现“一球一制一式”（一个地球、一个资本主义制度、一个美国模式）的目标，意欲独霸世界、乃至宇宙是公开的秘密。他们的国际新秩序论，不是“新”，实质是超级强权政治、霸权主义的“旧”，受到世界的普遍反对。日本与西欧，在国际地位上尽量凸显自己，对美国有限度地说“不”，争当世界政治一极，是其国际政治新秩序的特色，而主张富人、富国、西方价值观控制世界，与美国是一致的，其主张在世界上赞成的并不多。俄罗斯的叶利钦和普京在其执政期间，从没有停止过谈论建立国际新秩序的主张。与美国相比，俄罗斯的最大愿望是重新扮演好“世界大国”的角色，仔细甄别，其“新”与“旧”的内涵交织，“新”的东西有明显体现，“旧”的东西不能忽视。第四，发展中国家与中国的主张。共同点较多，如反对强权政治与霸权主义，把和平、稳定、公正、合理、和谐作为奋斗目标，以和平共处五项原则为基础建立国际新秩序，经济与政治新秩序要同时构建等。由于反映了世界多数国家人们的期盼，因而受到世界多数国家的欢迎。书中重点探讨了“中国主张”的内涵、发展历程、优点。认为毛泽东思想有独到内容（如“冷战共处”之说），邓小平理论提出了中国建立国际新秩序的一整套主张，“三个代表”重要理论和科学发展观有重大发展。“中国主张”构成了当今国际政治新秩序论主流、前卫、先进、正确的认识，值得倡导和推广。

第四章是战争与革命论。专列一章探讨的缘由主要有：第一，战争与革命问题是国际政治学研究重要内容。两者有区别，但联系紧密，需要作为一章探讨。第二，进入21世纪，国际政治学某些常识性问题、某些学术界长期没有解决的问题、一些“老话”和“新话”等，需要认真探讨、甄别是非。如战争和革命的定义、发生的原因、类型、性质、态度、对策等认识；如原始社会有没有战争，如果有战争，与有阶级社会以来的战争有何不同等问题；如“帝国主义就是战争”、“战争引起革命”、“帝国主义和一切反动派都是纸老虎”、“改革也是革命”等结论。需要理论结合实际的说清、说透、甚至新说。因为世界主题的变化、社会的进步、研究的深入，一定会推动认识的提高。第三，21世纪前后，国际社会出现了前人未遇到的现象。如：新的世界大战长期未出现，却发生了苏联、东欧的剧变；局部战争从未停止，同时发生了反对恐怖主义的战争；发生在社会主义国家的“改革”，有的成功了，有的却失败了；“革命”一词有滥用和放弃现象。需要认真探讨，总结其前因后果与经验教训，更需要根据解放思想、实事求是、与时俱进的精神高扬主旋律，做出新判断。

该章提出了笔者的如下学术认识：第一，关于战争的理论与实践。战争是伴随人类进入世界舞台的。原始社会存在战争，但与后来的战争有明显区别。随着私有制和阶级的出现，战争开始带有阶级色彩。战争成为解决阶级与阶级、民族与民族、国家与国家间相互矛盾的最高斗争形式，成为新社会更替和剥削阶级向外扩张的主要手段。战争根源于私有制，只有消除私有制，才能最终消灭战争。战争的类型纷繁复杂。一般来说，战争区分为正义或进步的战争、非正义或反动的战争。前者主要包括革命战争、反抗外来侵略和保卫祖国的战争；后者主要指侵略扩张战争、干涉战争、兼并战争和争霸战争。判断战争性质，决不取决于谁先开第一枪，主要取决于这样一些基本问题，即：这个战争具有什么样的阶级性，它是由什么引起的，它是由哪些阶级进行的，它是由什么样的历史条件造成的，它是为了什么目的而进行的。马克思主义者并不无条件地反对一切战争。一般来说，作为社会主义国家和共产党人，应该支持正义或进步的战争，反对非正义或反动的战争。不弄清楚这些，关于战争的一切谈论都是纯粹的空谈，都是字面上的和没有结果的争论。[①] 影响战争发动、进程、结果的因素众多，而经济因素是前提、根本、基础。“没有什么东西比陆军和海军更依赖于经济前提。”[②] 马克思曾形象地比喻道：“刺刀尖碰上了尖锐的‘经济’问题会变得像软绵绵的灯芯一样。”[③] 本章以第二次世界大战为典型案例，从正（同盟国的胜利）反（轴心国的失败）两个角度、纵（二战的全过程）横（欧、亚、非三个战场）的时空领域、全方位（经济、政治、军事、文化、战略、策略等）的战略视野，论证了恩格斯提出的平行四边形“合力”论的科学性。特别说明了“经济力量”，尤其是石油因素在现代战争中的吸引力、推动力与制约力。邓小平在 1987 年 5 月会见荷兰首相时，得出结论：“对于总的国际局势，我的看法是，争取比较长期的和平是可能的，战争是可以避免的。”[④] 基本依据有：

---

① 列宁：《战争与革命》(1917 年 5 月 14 日 [27 日])，《列宁选集》第 3 卷，人民出版社，1972 年版，第 70—71 页。

② 恩格斯：《反杜林论》(1876 年 9 月—1878 年 6 月)，《马克思恩格斯选集》第 3 卷，人民出版社，1995 年版，第 510 页。

③ 马克思：《反革命在维也纳的胜利》(1848 年 11 月 6 日)，《马克思恩格斯选集》第 1 卷，人民出版社，1972 年版，第 317 页。

④ 邓小平：《改革开放使中国真正活跃起来》(1987 年 5 月 12 日)，《邓小平文选》第 3 卷，人民出版社，1993 年版，第 233 页。

(1) 只有两个超级大国有资格打世界大战，一个苏联，一个美国。苏美两国原子弹多，常规武器也多，都有毁灭对手的力量，但直到苏联解体前，双方始终没有准备好，这就使得双方谁也不敢轻易动手。(2) 世界和平力量的增长超过战争力量的增长。日本人民不希望有战争，欧洲人民也不希望有战争，美国人民、苏联人民也是不支持战争的。(3) 第三世界的力量，特别是第三世界国家中人口最多的中国的力量，是世界和平力量发展的重要因素。(4) 世界新科技革命蓬勃发展，经济、科技在世界竞争中的地位日益突出。这种形势，无论美国、苏联、其他发达国家和发展中国家都不能不认真对待。(5) 苏联解体后，美国没有了世界大战的对手。(6) 极端的战争势力、特别是战争的枭雄（如昔日的希特勒、墨索里尼、东条英机等）受各方面制约，始终未能形成“气候”。(7) 最根本的是发达国家的垄断财团，找到了卖高科技产品更能取得超额利润的渠道，不再选择世界大战的途径（局部战争的途径从未放弃）。第二，关于革命的内涵、作用与动因。革命，即具有根本意义的既广泛又深刻的质变。广义地看，革命表现为多领域的质变，即经济的、政治的、思想文化的和科学技术的质变，如经济革命、政治革命、思想革命、文化革命和科学技术革命；狭义地说，革命专指社会革命，即社会制度和社会体制的质变。社会革命是历史发展的火车头，其最深刻的根源就是生产力和生产关系的矛盾。革命区分为国内革命和国际革命。革命主要有两种形式，即暴力式革命和改革式革命。暴力革命，指的是无产阶级国内革命战争和民族解放战争。在帝国主义战争不可避免的形势下，暴力革命存在着历史的必然性。改革革命指的是国际社会建立国际经济政治新秩序的变革。为什么说在国际政治中改革也是一场革命呢？这是因为：社会革命包括社会制度和社会体制的变革，暴力革命可以一下子摧毁旧制度，改革也能逐渐使国际社会的旧体制、旧秩序发生变化；社会革命的核心是质变，暴力革命可立即实现质变，改革则通过量变达到质变；社会革命的根本功能是解放生产力，发展生产力，暴力革命是这样，改革更是以解放和发展生产力为目的。关于革命的根本原因。资本主义是从 17—20 世纪依靠残酷掠夺起家、上升、发展，当一系列社会矛盾突出后，不得不以两次世界大战的方式解决，后来依托新科技革命、学习社会主义的东西“起死回生”，至今一部分国家走向发达（很大一部分国家仍旧与发达国家有很大差距）。科学社会主义以其最终代替者的思想和身份与资本主义先后萌生、成长。马克思、恩格斯作为马克思主义的创始人，批判地继承了前人的成果，创造性地提出了唯物史观与剩余价值论，从此确立了“人民”是创造历史的根本动力的思想，向人们公开宣布资本家是靠剩余价值的剥削起家和耀武扬威的事实。人民应该把颠倒的历史再颠倒过来。这就是社会主义革命发动的根本原因。人民要重新当家作主，掌握经济命脉，建设自己的国家，使“穷人”幸福。第三，关于十月革命胜利与苏联解体的经验教训。革命能否发动？依靠什么发动？什么时间发动？如何发动？是科学，不是儿戏。任何革命都是这样的。十月革命的胜利开辟了人类历史的新纪元。它起码是四个“了”综合作用的结果，即：俄国统治者再也不能照常统治下去了，俄国广大人民再也不能照常生活下去了，广大人民群众已经充分发动起来了，布尔什维克党已经成熟了。也就是说，革命首先是从帝国主义薄弱环节突破，十月革命正是从这样的薄弱环节中取得胜利的。这才是历史的真谛、历史的逻辑。社会主义的苏联在人类历史上存在了74年，取得了辉煌的成就，但1991年底却改制、换旗、解体了。其原因就在于：(1) 苏联解体，远因于超级大国的带病运转。苏联这个超级大国，从形成之日起，就“带病运转”，主要表现在两方面：一是作为社会主义大国，成为超级大国就是“带病运转”。社会主义要求首先应该发展生产，不断增强自己的经济实力。保持一定的军事实力，这是维护社会主义制度、自立于世界之林的必需条件，但决不能奉行以称霸全球为目的的军备竞赛，对外大搞军事扩张和强权外交。前者是符合马列主义的，后者则是违背马列主义的。后者不仅会大大损害社会主义的形象，损害马列主义的威望，而且整个国家都会被后者搞垮。二是苏联作为超级大国，与美国这个超级大国比，又是“带病运转”的。经济上是这样，军事上是这样，外交上更是这样。“病”长期积累不愿医治，或有“病”乱“治”。苏联解体有有“病”不愿“治”的原因，更有有“病”乱“治”的原因。(2) 戈尔巴乔夫执政六年，改革的失败是苏联解体的重要原因。经济改革的失败使得苏联最终变成了“超级乞丐”，经济基础坍塌，民心丧失，国家必亡，即：基础垮，大厦倾，这是最简单的道理；抛弃了马克思主义和社会主义，换成了所谓的“人道的民主的社会主义”，使苏联的存在失去了正确的支柱和指导思想；大搞所谓的“全民国家”，取消无产阶级专政，使苏联的存在失去了

"须臾"离开不得的"护身的法宝"和国家"精髓";否定了共产党的领导,后来解散了苏共,使苏联的存在失去了领导核心和政治纽带。在苏联上述四大支柱相继坍塌的同时,内外敌对势力蜂拥而起,并且相互勾结,群体来推倒支撑苏联的支柱,大搞独立风潮。在苏联危机严重的时候,成立了"独立国家联合体",加剧了苏联瓦解。其中,西方"和平演变"战略和政策"围剿"式推进,起到了推波助澜的恶劣作用。(3)苏联解体,还受害于戈尔巴乔夫的外交"新思维"。弄清楚这些,有正本清源的历史意义,又有确认中国革命胜利正确的深刻含义,更有社会主义革命和建设应该如何搞、应该从中汲取哪些经验教训的本意。无论是革命的成功,还是推进社会主义建设,制定一条包括"一个中心"、"两个基本点"为主要内容的正确的基本路线并长期坚持不动摇,是基本经验和根本保证。否则,就会出大问题,甚至会亡党、亡国、葬送社会主义事业。第四,关于毛泽东"纸老虎"论的再认识。1946年8月6日,毛泽东在延安和美国记者安娜·路易斯·斯特朗的谈话中,首次提出了"一切反动派都是纸老虎"、"原子弹是美国反对派用来吓人的一只纸老虎"的著名论断。[①] 后来,毛泽东在不同场所又多次重申、阐发了这一论断。引起国际社会正反两方面持久的、强烈的反响。笔者认为毛泽东提出、发展"纸老虎"论断的针对性和准确度,存在开始有"缺憾"、之后"过分"的东西逐渐增多的现象。不过总体来看,毛泽东"纸老虎"的论断,是把马克思主义的基本原理与现实不断变化密切结合的理论,内容科学,实践应验,意义重大,影响深远,构成了毛泽东思想的重要组成部分。过去值得肯定,现在和未来也应该发扬。用毛泽东"纸老虎"论分析当今复杂多变的国际形势、资本主义的"发达"、美国的不可一世、社会主义的曲折、甚至全球金融危机等,均有科学的指导意义。

第五章是世界和平论。设章的理由:第一,世界和平是人类社会追求的美好目标,也是国际政治学研究的重要课题,世人关注。但研究成果与战争等国际现象相比相对滞后。世界和平涉及到的最基本的知识有:和平、世界和平、持久和平的定义;和平的类型与层次、和平的性质与应对等,原有的

① 毛泽东:《和美国记者安娜·路易斯·斯特朗的谈话》(1946年8月6日),《毛泽东选集》第4卷,人民出版社,1991年版,第1194—1195页。

结论与国际社会的实际有大的差距。本章拟在这方面坚持、深化、拓新。第二，二战结束以来，特别是冷战结束以来，世界和平态势呈现许多新特点。赫鲁晓夫提出“三和”（和平过渡、和平竞赛、和平共处）理论，毛泽东在十年论战中对其进行过尖锐的批评，这些批评哪些恰当、哪些欠妥，需要重新探讨；西方学术界也进行过各种各样的解释，有不少独到的见解，但不乏偏颇、甚至错误的认识。需要廓清理论是非，用正确的立场、观点、方法去阐释之。第三，毛泽东在20世纪50年代曾经提出“和平为上”的主张，我国近些年提出共建持久和平、共同繁荣的和谐世界的主张，里面有许多理论和实践问题有待探讨。

该章阐发了如下学术观点：第一，关于和平定义。我国的《新华字典》、《辞海》是学者公认的权威辞书，前者表述为“没有战争的状态”和“温和，不猛烈”,[①] 后者也只有五个字“与‘战争’相对”。[②] 这种结论过于简单。结合近些年我国提出“和平与发展是当今时代主题”以及国内外学者的大量著述，对和平做出下述判断应该有益，或者说接近于实际：和平是社会存在，和平是一种社会思潮，和平是一种社会活动，和平具有多层次和多元价值的丰富内涵。比较符合客观事实的概括应该是：没有直接暴力（如战争、政变、恐怖活动、动乱等），也没有间接暴力（如通过饥饿、疾病和精神上的摧残剥夺人的生命等）的社会状态和活动叫和平。而“持久和平”则为：长期没有直接暴力（如战争、政变、恐怖活动、动乱等），也长期没有间接暴力（如通过饥饿、疾病和精神上的摧残剥夺人的生命等）的持久社会状态和活动叫持久和平。提出上述概念的优点：(1) 肯定了没有战争的状态即为和平的传统认识和结论，这一传统概念点明了“和平”状态的最突出的层面；(2) 丰富了和平包括没有直接暴力的其他层面：如没有政变、恐怖活动、动乱等；(3) 补充了和平应该包括没有间接暴力的众多方面等；(4) 指出了和平的动态特征、和平的社会活动等；(5) 点明了和平的长期性和持久性。第二，关于和平的类型、性质与层次。从和平类型上看，有一般和平；世界和平、国内和平、地区和平；短期和平、持久和平等。从和平的性质上

① 《新华字典》(修订本)，商务印书馆，1998年版，第183页。
② 《辞海》，上海辞书出版社，1983年版，第1739页。

讲，现今学术界对此淡化的现象严重，这是不合适的。列宁认为，战争有正义、非正义之分，和平也有两种性质不同的和平，即帝国主义的和平和社会主义的和平。[①] 公平地说，列宁的“和平论”，是对一战后期的和平认识、和平要求、和平理论、和平现象和未来和平的分析和判断。把其全部结论拿来硬套二战后的世界和平，显然不合适。毕竟二战后的国际局势发生了巨大的变化，尤其没有再发生新的世界大战。和平的现实出现了新特点，需要多层次的客观分析。但在国内外学术界，对列宁的上述理论采取了搁置一边、甚至全盘否定的态度和做法。这很不可取，甚至有害。从和平的层次上看，列宁“和平论”的突出优点，就是点明了和平的不同类型，特别是由实质确定的不同性质。依据这一理论认真分析当今世界的和平，确有性质复杂的和平：存在全人类的共同利益的和平，如没打新的世界大战就是如此；存在正义战争胜利或正义事业取胜后的和平，如二战打败法西斯后的世界和平，因为它清除了历史上的反动势力；对于社会主义国家来讲，和平的进步性、阶级性、正义性就更加鲜明；曾经存在过，当今还存在着强权政治、霸权主义治下的和平；出现了苏联、东欧剧变后的和平等；存在发达资本主义国家的长期和平等。如何定性，需要认真推敲。第三，关于如何应对。根据国际形势的特点，真正做到立场的坚定性与策略的灵活性相结合，是恰当的选择。毛泽东 20 世纪 50 年代提出、长时间坚持“和平为上”论，奉行独立自主和平外交战略与方针、政策，用“和平共处五项原则”处理国际关系事务，是值得整体充分肯定的。毛泽东思想中的这些和平理论，是高屋建瓴地确切把握了国际形势新变化的产物，遵循了世界公认的国际法，特别是联合国宪章的相关规定，是对古今中外和平理论的批判的继承与现实运用，是对马克思主义和平理论的重大继承和发展。根据 20 世纪末 21 世纪初国际形势的新变化，邓小平理论、“三个代表”重要思想和科学发展观提出和坚持了“和平与发展是当今时代的主题”、始终不渝地走和平发展道路、倡导共同构建和谐世界等，均是立场坚定性与策略灵活性的正确抉择。第四，关于中苏十年论战的是非。1956 年苏共二十大上，赫鲁晓夫批评斯大林的个人崇拜是对

① 列宁：《资产阶级的和平主义与社会党人的和平主义》（1917 年 1 月 1 日），《列宁选集》第 2 卷，人民出版社，1972 年版，第 916 页。

的，但采取突然袭击的方式、基本否定斯大林不正确，中国对后者提出批评并对斯大林做出七分成绩、三分错误的评价合适；赫鲁晓夫提出“三和两全”（和平共处、和平竞赛、和平过渡、全民国家、全民党）的理论，有某些合理成分，甚至有超前的认识，如“和平共处”、“和平竞赛”。但多数提法是错误的，或提高到不合适的高度，如“全民国家”、“全民党”是根本大错，“和平过渡”基本不对，“和平共处”不应该放于外交总路线的位置。中国对此批判有许多，很精彩，至今闪耀着智慧的光芒。受当时情势的影响，中国在十年论战中的某些论点和行为，今天看来值得商榷，并非都是对的，有明显的片面性，甚至有错误。如把赫鲁晓夫称为最大的修正主义者，苏联是修正主义国家、社会帝国主义国家等，就在性质判断上出了大问题，对毛泽东错误地坚持以阶级斗争为纲、错误地发动“文化大革命”有重要影响。片面性一度使中国内政外交深受其害。冷静思考中苏和平共处外交政策论争的中国得失，中国是“得大失小”的，而苏联“得小失大”。赫鲁晓夫错误理论的贯彻执行，遗害无穷，苏联先是搞霸权主义（赫鲁晓夫、勃列日涅夫时期表现突出），后搞投降主义（戈尔巴乔夫时期），是苏联后来解体的重要原因。中苏论争在国际上产生了许多负面影响，大大损害了社会主义的形象，阻碍了科学社会主义的健康发展，使得资本主义从中渔利。这一深刻教训告诫我们：坚持真理，不能搞教条主义；理论的创新，不能搞机会主义。两者都要以解放思想、实事求是、与时俱进的精神为依托。否则，就会害人、害己、害社会主义、害世界。关于中苏大论战原因，笔者赞成这样的观点：是综合因素促成。其中重要的有苏共二十大和苏共劣行，引发中苏论战与升级；中国为了反对苏联的修正主义、大党主义、大国沙文主义；“真正的实质问题是不平等，中国人感到受屈辱”。[①] 等。

第六章国际战略论。设章的理由和布局：第一，前面五章基本是对国际政治态势的分析，这一章主要是战略应对。针对国际政治态势及其走向，概括出其战略应对及其经验教训，是国际政治学研究的“收关”需求，又是观察、把握、推进世界更加美好之必须。第二，该章的第一节尝试对基本概念

① 邓小平：《结束过去，开辟未来》（1989年5月16日），《邓小平文选》第3卷，人民出版社，1993年版，第292—295页。

和基本理论进行“摸着石头过河”的工作。“战略”本来是一个军事概念，后来被各个学科和行业应用。“国际战略”是中国特有的政治和学术概念，是随着中国改革开放的深入而逐步成为国际政治学学术研究的热点。但整体看许多结论还不成熟。至今权威辞典里还找不到“国际战略”一词。它所涉及的其他基本概念并未成为规范的学术范式。第三，国际战略是国际政治学学科新的研究角度，厘清概念十分必要，之后再从哪里深入，颇费思考。该章的第二节，实际上探讨的是整个资产阶级的国际战略问题。这样选择主要是因为西方单个大国的国际战略研究已经有一些成果问世，从宏观上探讨资产阶级的国际战略，在公开发表的成果中还没有看到。第四，该章的第三节是探讨中国的国际战略问题。本来设想在第二节探讨资产阶级的国际战略，那么第三节就应该探讨无产阶级的国际战略。之所以该节以中国国际战略为研究对象：一方面，探讨无产阶级国际战略已有经典，如马克思、恩格斯《共产党宣言》，列宁《国家与革命》等，笔者指导的博士生写的博士论文如《〈共产党宣言〉国际战略思想研究》、《列宁国际战略思想研究》等，即是这一研究的力作。因而不想为此重复。另一方面，十月革命胜利以来，无产阶级的内涵比资产阶级的内涵更加复杂，出现了社会主义国家的无产阶级、西方发达资本主义国家的无产阶级、发展中国家的无产阶级，甚至出现了苏东剧变后相关国家的无产阶级等。用一节的笔墨难以完成。最重要的是，当今世界社会主义运动整体处于低潮，但存在亮点，中国无论内政还是外交均是当今世界亮点，对此亮点的国际战略的内容、特点、经验教训恰当阐发，对于批驳“中国威胁论”、高扬社会主义、推进中华民族的伟大复兴、共建和谐世界、完善国际政治学建设等，均有突出的正面意义。

该章探讨了如下学术认识：第一，国际战略的定义、提出、目标、手段与中国加强研究的重要性。国际战略是国际政治理论的重要内容，属于相对较新的研究领域。关于其定义，笔者认为，它是阶级、政党、主义、国家或者国家集团筹划和指导国际交往和国际斗争的方略。它包括政治、经济、军事、科技、文化、时代、国际环境、外交等相关因素。国家或者国家集团是最主要的研究对象，但疏忽“阶级”、“政党”、“主义”等主体，是不合适的。如果仅说一个国家或国家集团有国际战略、国际战略思想，那么马克思主义有没有国际战略、国际战略思想？应该是有的。如《共产党宣言》就是共产党的国际战略、无产阶级的国际战略。国际战略概念在中国的首次明确提出，有两种说法：一是“正式把‘国际战略’作为一个科学概念提出来的是邓小平”，[①] 证据是邓小平在1979年3月30日在党的理论工作务虚会上的讲话中评价毛泽东同志的三个世界划分的理论时所讲到的“国际战略原则”概念。二是“王稼祥在（20世纪——作者注）60年代初对党和国家的对外政策提出建议时就使用‘国际战略’的概念来表达对外交方针、政策的看法了”。[②] 如果说国际政治学是主要围绕权利、权力和利益来认识和研究国际社会演变和发展规律的一门社会学科，那么国际战略目标的规定，就应该是主要围绕权利、权力和利益展开。“运用综合力量”应该是实现国际战略的最佳手段。国际战略是一定国际战略思想的产物，国际战略具有多样性的特点。“新世纪的中国不仅需要一个更加明确的国际战略，而且需要一个更加科学、更加完善、更能反映中国综合国力和外交水平、更能实现中国在国际上的战略意图和战略目标的国际战略。”[③] 第二，资产阶级国际战略的目的、实现途径与方式、影响与应对。笔者同意马克思、恩格斯的说法，资产阶级国际战略的根本目的就是“按照自己的面貌为自己创造出一个世界”。[④] 政治目标：实现对世界的资产阶级同质化改造。经济目标：使资本在全球利润最大化。实现途径与方式：（1）殖民征服。在殖民地半殖民地推行资本主义生产方式。马克思提出的关于殖民主义的“双重使命”的理论中的建设性使命就是指资产阶级在殖民地推行资本主义生产方式，充当了“历史的不自觉的工具”，使殖民地的社会形态从前资本主义过渡到资本主义。（2）商品重炮。“它的商品的低廉价格，是它用来摧毁一切万里长城、征服野蛮人最顽

---

① 李景治、罗天虹等：《国际战略学》，中国人民大学出版社，2003年版，第5页。

② 刘建平：《国际战略与中国外交》，《当代中国史研究》2006年第1期，第13—20页。

③ 李忠杰：《我国需要更高层次的国际战略》，《瞭望新闻周刊》2002年第32期，第22—30页。

④ 马克思、恩格斯：《共产党宣言》（1847年12月—1848年1月），《马克思恩格斯选集》第1卷，人民出版社，1995年版，第276页。

强的仇外心理的重炮。”[①]（3）推行“自由贸易”政策。“自由贸易制度加速了社会革命。”[②]（4）推广资产阶级民主制度和意识形态，即推行所谓的资产阶级文明，应该是包括生产方式在内的资产者为代表的文明，与资产者利益联系在一起的文明。影响：（1）通过这些途径和方式，资产阶级实现、巩固、扩展了自己的统治。（2）资产阶级实现了对落后民族的残酷剥削和压迫，以及对古老民族的文明的侵蚀和破坏，把自己的触角伸向了世界各个角落、各种空间、各个领域。（3）资产阶级以自己的权利、权力、利益需要为中心，一次次造成了不平衡的世界格局。资产阶级“正像它使农村从属于城市一样，它使未开化的和半开化的国家从属于文明的国家，使农民的民族从属于资产阶级的民族，使东方从属于西方”。[③]（4）今天以美国为首的资本主义国家的国际战略，采用了高科技的手段、经济全球化的方式，在全球全方位地推广资本主义的生产方式、政治制度和意识形态。美国的新自由主义、民主同盟战略、民主输出战略等是这种战略思想的具体体现。（5）资产阶级，无论是过去还是现在，之所以能在全世界按照自己的面貌为自己创造一个世界，最根本的是资产阶级由于发展了生产力而取得了相对于以往任何阶级的历史性优势地位。因此，无产阶级和社会主义国家应对资产阶级这一国际战略的根本之道在于发展生产力，从而消解和取代资产阶级的历史性优势地位。（6）社会主义的中国在搞好经济、改革开放的同时，搞好“四个坚持”（共产党的领导、马克思主义为指导、人民民主专政、社会主义道路）这个“成套设备”，“我们的事业有希望，我们的国家大有希望，我们的民族大有希望”。[④] 第三，中国国际战略的内涵、特色、演进、影响。始终不渝走和平发展的道路，始终不渝奉行独立自主的和平外交政策，始终不渝奉行互利共赢的开放战略，统筹国内国际两个大局，坚持在和平共处五项原则基

① 马克思、恩格斯：《共产党宣言》（1847年12月—1848年1月），《马克思恩格斯选集》第1卷，人民出版社，1995年版，第276页。

② 马克思：《关于自由贸易问题的演说》（1848年1月9日），《马克思恩格斯选集》第1卷，人民出版社，1995年版，第229页。

③ 马克思、恩格斯：《共产党宣言》（1847年12月—1848年1月），《马克思恩格斯选集》第1卷，人民出版社，1995年版，第277页。

④ 中共中央文献研究室编：《邓小平年谱1975—1997》（下），中央文献出版社，2004年版，第1363—1364页。

础上同所有国家发展友好合作，共推和谐世界建设，这是我们党关于中国特色社会主义国际战略与外交政策的基本思想，是中国特色社会主义理论体系的重要组成部分。与西方资产阶级国家的国际战略有本质区别，即中国国际战略代表的是最广大人民群众的根本权利、权力和利益，而资产阶级国际战略代表的是垄断财团为首的整个资产阶级的权利、权力和利益。以毛泽东、邓小平、江泽民为代表的党的三代中央领导集体依据马克思主义基本原理，紧密结合国际形势新变化与中国实际，为新中国制定了正确的对外战略、方针、政策和原则，不断开拓外交新局面，中国在国际舞台上的地位日益提高。以胡锦涛为总书记的党中央坚定不移地执行独立自主的和平外交政策，创造性地开展工作，积极推进和谐世界的构建，形成中国外交的新局面。独立自主的和平外交战略、方针、政策，在《共同纲领》中就已确立，新中国60年始终不渝地奉行。具体的方针、政策，经历了20世纪40年代末至70年代中后期的“另起炉灶”、“打扫干净屋子再请客”、“一边倒”、“两个拳头打人”、“一条线、一大片”、“三个世界划分”的演变过程；20世纪70年中后期以来进行了“真正的不结盟”、“伙伴外交”、“和谐世界”的优化、调整过程。中国外交遵循的基本原则几经调整，当今有：（1）维护世界和平、促进共同发展是中国外交战略的宗旨和目标；（2）独立自主是中国外交战略的根本准则；（3）和平共处五项原则是中国发展同一切国家关系的基本准则；（4）加强同第三世界国家的团结与合作是中国外交战略的基本立足点；（5）坚持对外开放战略是中国外交的基本国策。中国共产党从1982年的十二大至2007年十七大以来一直坚持：（1）独立自主；（2）完全平等；（3）互相尊重；（4）互不干涉内部事务的外交准则，发展我党同各国共产党和其他政党的关系。中共党的十七大重申：始终不渝奉行独立自主的和平外交政策；中国始终不渝走和平发展道路；始终不渝奉行互利共赢的开放战略；大力推进共建和谐世界。近几年又进行了多方面的外交调整。为世界的和平、发展、进步、和谐做出了独特贡献，使中国的国际地位和在国际事务中所发挥的作用不断提升、国际影响不断扩大。其影响有：（1）中国正确的外交原则、政策、主张受到国际社会的尊重、赞誉、甚至被采纳；（2）中国维护世界和平、推动国际合作，发挥着负责任的建设性作用；（3）中国已成为世界经济增长和周边地区稳定发展的重要推动力量。中国外交政策调整，使中国日益成为世界和平的守卫者、世界发展的推动者和广大发展中国家利益的维护者。中国和平发展新形象必然日益赢得国际社会的广泛接受和认同。

此为本书的内容，即基本构思。

三、研究方法

（一）用社会主义核心价值体系指导研究

进行国际政治学的研究，低层次上讲，是为了满足个人的爱好，为了增厚国际政治学学科的底蕴；高层次上看，是在为我国社会科学上新台阶、特别是“提高国家文化软实力”的具体举措，是用社会主义核心价值体系引领社会思潮的途径探索。其成果是学术的，但不能是“中性”的，应该在本质上体现社会主义的主流意识形态。努力把社会主义核心价值体系融入文化建设的各个方面。“巩固马克思主义指导地位，坚持不懈地用马克思主义中国化最新成果武装全党、教育人民，用中国特色社会主义共同理想凝聚力量，用以爱国主义为核心的民族精神和以改革创新为核心的时代精神鼓舞斗志，用社会主义荣辱观引领风尚，巩固全党全国各族人民团结奋斗的共同思想基础。”①

“理论是科学的基础，理论扎根于概念。”② 国际政治学作为一门学科，在其发展过程中已形成了丰富的概念与理论体系。这些概念与理论体系是我们学习国际政治学的重点，也是分析与研究国际政治现实的重要工具。概念怎样立论？理论体系怎样把握？正确的立场、观点、方法至关重要。马克思主义作为指导思想，是科学体系，包括立场、观点、方法的统一。在本书的六章中，对涉及到的众多概念以及构建的学科体系，努力体现社会主义核心

---

① 胡锦涛：《高举中国特色社会主义伟大旗帜，为夺取全面建设小康社会新胜利而奋斗——在中国共产党第十七次全国代表大会上的报告》（2007 年 10 月 15 日），《人民日报》2007 年 10 月 25 日。

② 肯尼思·沃尔兹著，胡少华等译：《国际政治理论》，“原序”，中国人民公安大学出版社，1992 年版。

价值体系的“灵魂”，即马克思主义思想指导，特别用马克思主义中国化最新成果立论。如：在“时代与时代主题论”中，大时代、现（小）时代、时代主题的概念，大时代：资本主义向社会主义、社会主义向共产主义过渡，现（小）时代：两种社会制度国家共存竞争，当今时代主题为和平与发展，三者相互联系又有区别等认识；在“世界政治格局论”中，世界政治格局、两极、多极化的概念，格局转换的动因，两极终结的影响，多极化的优点，未来多极化形成的历程等认识；在“国际政治秩序论”中，国际政治秩序的概念，国际政治秩序的态势，建立国际政治新秩序的一整套主张等认识；在“战争与革命论”中，战争、革命等概念，战争的种类、性质、原因、应对，第二次世界大战的性质，同盟国胜利的石油因素，轴心国失败的经济原因，改革也是革命，十月革命、中国革命胜利原因、影响，苏联解体原因与深刻教训，“纸老虎”论的内涵与意义等认识；在“世界和平论”中，和平、世界和平、持久和平等概念，和平的层次、种类、性质、应对，“和平为上”论的主旨与意义，和平共处五项原则的提出、内涵、影响，共建和谐世界等认识；在“国际战略论”中，国际战略概念的由来，资产阶级国际战略论的实质、目标、实现的途径和方式，中国国际战略的内涵、实质、演变、影响，始终不渝奉行独立自主的和平外交政策，始终不渝地走和平发展道路，始终不渝地奉行互利共赢的开放战略，坚持在和平共处五项原则的基础上同所有国家发展友好合作，推进“一国两制”实践和祖国和平统一大业，共推世界更加美好等认识。这些多是依据马克思主义基本立场、观点、方法，结合变化了的国际政治态势，深入研究的学术成果。甚至是马克思主义国际政治理论、特别是马克思主义国际政治理论中国化最新成果的直接概括。如果把本书称为“马克思主义国际政治学要略”，亦言之有据。

“理论在一个国家实现的程度，总是决定于理论满足这个国家的需要的程度。”[①] 用马克思主义思想指导研究，具有“灵魂”的地位，“指导思想发生了偏差，就会使社会主义社会的核心价值体系的性质受到扭曲，不能体现

① 马克思：《〈黑格尔法哲学批判〉导言》，《马克思恩格斯选集》第1卷，人民出版社，1995年版，第11页。

科学发展观的要求，不能实现建设社会主义和谐社会的任务”，[①] 不能实现建设和谐世界的任务，也不能使我们的研究方向正确、旗子鲜明。但仅有这些，已不能适应国内外形势的巨大变化，复杂的社会、复杂的人群、复杂的问题、复杂的认知，要求用多层次、多样性、多角度，但同时又是社会积极的成分引领人们的团结向上，围绕中华民族的伟大复兴总目标共同前进。党的十七大提出用中国特色社会主义共同理想（在中国共产党领导下，走中国特色社会主义道路，实现中华民族的伟大复兴）凝聚力量，用以爱国主义为核心的民族精神和以改革创新为核心的时代精神鼓舞斗志，用社会主义荣辱观引领风尚，实际就是要我们承认在社会主义核心价值体系中，“灵魂”的指导地位不能削弱，但“主题”、“精髓”、“基础”的作用必须重视。这些均是巩固全党全国各族人民团结奋斗的共同思想基础。马克思主义哲学家陶德麟先生的下述分析较为深刻，他说：“有一个事实应当澄清：以马克思主义为指导构建社会主义核心价值体系，说的是党和国家在制定有关政策、领导这项工作时必须遵循的理论原则，并不要求全体社会成员的价值观都以马克思主义为理论基础，一言一行都以马克思主义为指导，人人都成为马克思主义者。在社会主义社会的成员中，马克思主义者总是少数。要求十三亿人都是马克思主义者，这是做不到的，也是不必要的。如果不顾思想多样性的事实而做这样的要求，反倒违背了实事求是的原则，不符合马克思主义了。试想，如果对一个医生的救死扶伤，一个售货员的微笑服务，一个志愿者的舍己救人，还需要去追问他们的世界观是不是马克思主义的，然后才能决定是否应该赞扬他们，岂不荒谬绝伦？实际上，许多世界观并非马克思主义的公民（包括许多宗教信徒）的大量言行也是符合社会主义核心价值体系的。凡是有利于社会主义建设事业的繁荣与发展、有利于祖国富强和民族振兴、有利于社会和谐的言行，无论言行的主体价值观的理论基础是马克思主义还是非马克思主义，是唯物主义还是唯心主义，是世俗观念还是宗教信仰，都应当受到肯定和赞扬。毫无疑问，马克思主义者越多越好。加强和改善马克思主义的宣传工作，特别用马克思主义的世界观、人生观、价值观培养教育青

① 陶德麟：《略论构建社会主义核心价值体系的几个问题》，顾海良主编：《中国特色社会主义理论体系研究》，武汉大学出版社，2008 年版，第 19 页。

年一代是极其重要的基础性的工作，是百年大计。但是同时必须坚持包括宗教信仰自由在内的思想自由，容许主旋律前提下的思想多样性，包括个人价值观的多样性，决不能强求一律。以马克思主义为指导的社会主义核心价值体系应当既具有先进性，又具有最广泛的包容性和开放性，让全体社会成员都有可能遵循，有可能做到。只有这样，它才可能在全社会蔚然成风，实际上成为最广大人民为构建社会主义和谐社会而共同奋斗的向导。"①

本书的写作目的、方法之一，也源于此。为了体现时代精神，书中第一章就是"时代与时代主题论"，其他五章也有侧面阐述。为了体现共同理想，书中多处分析、肯定了邓小平晚年提出的关于搞好经济，搞好改革开放，搞好"四个坚持"（共产党的领导、马克思主义为指导、人民民主专政、社会主义道路）这些"成套设备"② 的重要性和途径。为了体现民族精神，在"和平为上"论的分析中，重点阐明了毛泽东在该理论中提出的中国传统文化渊源。同意周恩来说的中国人办外事的一些哲学思想："来自我们的民族传统，不全是马列主义的教育。"③ 同意江泽民所说的："在我国漫长的历史中，各族人民在建设伟大祖国和美好家园、抵御外来侵略和克服艰难险阻的奋斗中，不断培育和发展着中华民族的民族精神。中华民族的精神，最突出的就是团结统一、独立自主、爱好和平、自强不息的精神。中国人民正是依靠这个民族精神，在祖国广阔的土地上创造了一个又一个人间奇迹，缔造了为世人惊叹的灿烂的中华文明。这个民族精神，是中华民族五千多年来生生不息、发展壮大的强大精神动力，也是中国人民在未来的岁月里薪火相传、继往开来的强大精神动力。"④ 社会主义荣辱观具体体现在"八

---

① 陶德麟：《略论构建社会主义核心价值体系的几个问题》，顾海良主编：《中国特色社会主义理论体系研究》，武汉大学出版社，2008 年版，第 25 页。

② 中共中央文献研究室编：《邓小平年谱 1975—1997》（下），中央文献出版社，2004 年版，第 1363—1364 页。

③ 周恩来：《中国人办外事的一些哲学思想》（1963 年 4 月 24 日），《周恩来外交文选》，中央文献出版社，1990 年版，第 328 页，

④ 江泽民：《文艺是民族精神的火炬》（2001 年 12 月 18 日），《江泽民文选》第 3 卷，人民出版社，2006 年版，第 400—401 页。

荣八耻”中。[①] 为了用社会主义荣辱观引领风尚，引领写作，本书始终以热爱祖国、服务人民、崇尚科学、诚实守信、遵纪守法等为荣，以危害祖国、背离人民、愚昧无知、见利忘义等为耻。力争写出好作品，用来指引人、激励人、鼓舞人，服务于中华民族的伟大复兴，服务于推进世界的更加美好，使之展现中国气派、中国风格、中国作风。如果把本书说成是在马克思主义的指导下，尝试用社会主义核心价值体系中的民族性、时代性、群众性和实效性引领的学术著作，也未尝不可。

（二）依照实事求是学风推进研究

“实事求是”这个概念，从词源上看，最早出自中国古代成语。《汉书·河间献王传》记载：“修学好古，实事求是。从民得善书，必为好写与之，留其真。”颜师古注：“务得事实，必求真是也。”[②] 其原意是指按真实情况办事，既不夸大也不缩小的意思。毛泽东对“实事求是”这一概念的内涵作了马克思主义的诠释，他说：“‘实事’就是客观存在着的一切事物，‘是’就是客观事物的内部联系，即规律性，‘求’就是我们去研究。”从国内外的“实际情况出发，从其中引出其固有的而不是臆造的规律性，即找出周围事变的内部联系，作为我们行动的向导”。[③] 马克思、恩格斯、列宁、斯大林、毛泽东、邓小平遵循实事求是的思想与方法，创立并不断发展了其博大精深的科学理论，[④] 按照实事求是这一理论和方法，指导国际共运从无到有、从小到大，特别是使中国摆脱了三座大山的压迫和剥削，现在正在建设蓬勃发展的具有中国特色的社会主义伟大事业。不按照实事求是的思想与方法去

---

① 以热爱祖国为荣，以危害祖国为耻；以服务人民为荣，以背离人民为耻；以崇尚科学为荣，以愚昧无知为耻；以辛勤劳动为荣，以好逸恶劳为耻；以团结互助为荣，以损人利己为耻；以诚实守信为荣，以见利忘义为耻；以遵纪守法为荣，以违法乱纪为耻；以艰苦奋斗为荣，以骄奢淫逸为耻。

② 《辞海》（缩印本），上海辞书出版社，1980 年版，第 1017 页。

③ 毛泽东：《改造我们的学习》（1941 年 5 月 19 日），《毛泽东选集》第 3 卷，人民出版社，1991 年版，第 801 页。

④ 江泽民：《在外交部邓小平外交思想研讨会开幕式上的讲话》，王泰平主编：《邓小平外交思想论文集》，世界知识出版社，1996 年版，第 3 页。

做，就难有理论上的创新、实践上的成功、事业上的发展，甚至会葬送社会主义大业。也就是说搞革命，要靠实事求是；搞建设，也要靠实事求是；干任何工作，都要靠实事求是。进行国际政治学的课题研究也必须如此。

用社会主义核心价值体系指导、引领研究，是本书的实事求是之举。

马克思 20 世纪末被评为“千年伟人”有许多原因，其中最重要的是他的学问做得好，立场、观点、方法先进。马克思在谈自己成功写作《政治经济学批判》、《资本论》的体会和经验时说：“研究必须充分地占有材料”，[①]还要“批判地仔细钻研新的材料”，才能得到“多年诚实研究的结果”。[②]马克思在这里告诉了我们三方面相互联系的研究方法和态度：充分地占有材料；批判地仔细钻研新的材料；诚实研究。表面看这是最“古老”、最“笨”的方法，其实是最基础的、任何研究都不可逾越的途径和方法。本书尝试这么做，并尝到了甜头。

力争材料扎实。本书的“材料”主要包括：马克思主义经典作家的论述；与本书直接、间接相关的第一手资料（历史文献等）；国际政治学、国际关系学研究公开发表的成果（专著、教材、论文等）；报刊杂志和其他媒体刊登的相关资料等。经过 35 年的努力，尽管没有达到马克思所倡导的“充分地占有材料”的“充分”地步（受外语语种和水平、借阅渠道以及自己难以涉及等原因的限制），但可以说，自己已经“力所能及”，书中注释和书后参考书目可以显现这一点。

在充分占有“材料”基础上定课题。“材料”搜集的过程，就是知识积累的过程。但仅知识积累只能是一个“书橱”，围绕明确的课题进行研究才有突出意义。而确立明确的研究课题，是很困难的。必须有“务实”的态度和进行艰苦的努力：（1）必须知道学术界已经研究了什么，达到了什么水平。要知道这一点，就要熟知大部分“材料”。要实现这一步，坐“冷板凳”是必然的。（2）在别人没有研究的角度定题。而定题也需要推敲。题目“过大”，初学者很难实现；题目“过小”，难达到自己的战略意图。本书题目就

① 马克思：《资本论》第 1 卷，1872 年第二版序，《马克思恩格斯选集》第 2 卷，人民出版社，1995 年版，第 111、34 页。

② 马克思：《〈政治经济学批判〉序言》（1859 年 1 月），《马克思恩格斯选集》第 2 卷，人民出版社，1995 年版，第 34、35 页。

曾十多次改变。虽然仍有推敲的余地，但与本书内容基本吻合。(3) 定下题目下决心并非易事。马克思在叙述自己在政治经济学领域进行研究时说过这样的经典话语："科学的入口处，正像在地狱的入口处一样，必须提出这样的要求，'这里必须根绝一切犹豫，这里任何怯懦都无济于事'。"① 换个说法，搞研究，没有"下地狱"的思想准备是绝对不行的。

反复学习钻研。"批判地仔细钻研新的材料"。这是马克思在决定进行政治经济学研究后的体会和经验。就是从学习中立论，立论后再学习。船山先生说得好："知无涯，学无涯，而吾生也有涯，以有涯追无涯，殆矣。"人生是这样，进行课题研究也是如此。学习不扎实，钻研难仔细。钻研不仔细，批判难深入、立论难准确。与此同时，研究国际问题，要像做其他学问一样，应当不偏狭，不拒绝新知识，不拘束自己读书和研究的范围。因为你哪怕再有天赋、再勤奋，你的知识也肯定是有限的。学科专业是有侧重的，必须扩展自己的读书范围，读点原专业之外的东西。只有这样，才有可能使自己学术品位不断提高的同时，让被分析对象看上去具有立体影像。

汲取有益营养。笔者同意这样的观点：学习是创新的前提，借鉴是社会科学发展的源流。从本质上看，国际政治学是一门跨学科的研究，它的对象仿佛是一块有无数层面而且在不断旋转的立方体，每一学科的知识都能部分正确地解释其中某时刻点的某一个或几个层面，但任何一个学科的知识又都不足以涵盖不同时间有不同内容和特点的所有层面。即便作为一门跨学科知识，国际政治学与纯粹边缘性、交叉性学科（如量子化学、模糊数学）或工具性理论（如系统论、统计学）也不一样。一方面，国际政治学有它自己的成系统的鲜明对象和范畴。这使得它区别于其他大的门类，某种程度上像是诸如哲学、经济学、历史学一类的大学科（所谓"一级学科"）。另一方面，国际政治学研究必须借助其他专门学科的"工具箱"，例如讨论国家主权问题时，离不开国际法的严整定义；讨论国际冲突时，常常要使用军事学的术语；讨论民族国家体系的形成和演化问题时，会涉及民族性理论和历史学分期；讨论综合国力问题时，多半要运用统计和计量方法；讨论强权政治与霸

① 马克思：《〈政治经济学批判〉序言》(1859 年 1 月)，《马克思恩格斯选集》第 2 卷，人民出版社，1995 年版，第 35 页。

权主义问题时，必须同时有政治学和经济学知识的帮助；讨论地缘政治和地缘经济问题时，通常要查阅有关的地理书籍等。一切在当代产生影响的社会变革理论和国际学说，都可成为新的国际问题研究的启迪源。由此说来，国际政治学既是多学科的研究，要借鉴、利用、吸收别的学科的知识和方法，更是跨学科的探索，即在新的基础上做出新的综合和归纳。这是它的优势，是其希望所在。[①] 本课题研究运用了这一优势，使之上了新台阶。

立足集腋成裘。围绕本书的内容，自己先后公开发表了共计 33 篇学术论文。换句话说，本书的每一章均有多篇学术论文作为支撑。这些论文是(以发表的时间为序)：《法西斯德国失败的经济因素》，见中国世界现代史研究会编《世界现代史论文集》，生活·读书·新知三联书店，1982 年版；《石油与第二次世界大战》，见《武汉大学学报》(社科版)，1987 年第 2 期；《丘吉尔在 1945 年选举失利原因评析》，《新华文摘》1990 年第 2 期摘编观点，见《武汉大学学报》(社科版)，1990 年第 1 期；《当代国际秩序若干问题探析》，见武汉大学政治与行政学院编《政治学科建设与研究——献给武汉大学建校百年大庆》一书，武汉大学出版社，1993 年版；《“经济力量”与日本在第二次世界大战中的失败》，见武汉大学《经济评论》杂志，1997 年第 6 期；《苏联解体与戈尔巴乔夫外交“新思维”的关系》，见《江汉论坛》杂志，1997 年第 12 期；《苏联解体的经济原因与教训探析》，见《江汉论坛》杂志，1998 年第 3 期；《新时期中法关系折冲与前景探究》，中国人民大学复印资料《中国外交》D6，1998 年第 9 期全文刊印，见《武汉大学学报》(哲社版)，1998 年第 3 期；《邓小平对马克思主义国际战略理论的新贡献》，见《武汉大学学报》，1999 年邓小平理论研究专集；《世界和平与发展问题的现今特征与未来走向》，见教育部《思想理论教育导刊》杂志，2000 年第 2 期；《新中国建立前夕刘少奇秘密访问苏联的缘由与历史贡献评析》，该文入选 2000 年“刘少奇与中国社会主义”全国学术研讨会，见华中师范大学《社会主义研究》杂志，2000 年第 5 期；《国际格局与世界和平》，见中国社会科学院世界经济与政治研究所主办《世界经济与政治》杂志，2001 年第 3 期；《中法两国“心灵深处”“诚挚地希望”的共同选择——中

---

① 王逸舟：《当代国际政治析论》，上海人民出版社，2004 年版，第 17—18 页。

法建交深层原因探析》，武汉大学《法国研究》杂志，2002 年第 1 期；《二战时期美、英、苏对中国利益的损害》，见胡德坤主编:《第二次世界大战世界历史进程——第二次世界大战史（武汉）学术讨论会文集》，武汉大学出版社，2002 年版；《毛泽东国际战略理论的创新》，《武汉大学学报》（社会科学版），2002 年第 3 期；《石油开弓，一石五鸟——美国的中东石油战略剖析》，《中国石油企业》杂志，2003 年第 6 期；《毛泽东“和平为上”论的主旨与特色》，《湖南师范大学社会科学学报》，2004 年第 2 期；《和平崛起的内涵与和平崛起的实现》，《学习月刊》，2004 年第 6 期；《“韬光养晦、有所作为”战略方针的科学内涵与特色践行》，杨恕、张新平主编《21 世纪国际环境与中国外交——2004 年全国高校国际政治高层论坛文集》，兰州大学出版社，2005 年版；《构建和谐世界的和平理念分析》，华中师范大学《社会主义研究》，2006 年第 4 期（总第 168 期）；《2006 年国际形势的走向及对策》，《武汉宣传》（半月刊），2006 年第 1 期；《为了世界更加和谐》，《武汉宣传》（半月刊），2006 年第 22 期；《新加坡与中国迟缓建交原因探析》，《珞珈政治学评论》第 1 卷，武汉大学出版社，2007 年版；《为了共促世界人权事业》，《武汉宣传》（半月刊），2008 年第 9 期；《国内形势：2008 年回眸与 2009 年前瞻》，《武汉宣传》（半月刊），2008 年第 24 期；《〈共产党宣言〉的战略性思维方式》，中共黑龙江省委党校《理论探讨》，2008 年第 2 期；《改革开放以来国际战略概念研究综述》，《南京政治学院学报》，2008 年第 2 期；《中苏十年论战“真正”缘由与“和平共处”问题论争影响探析》，《中国浦东干部学院学报》，2008 年第 4 期；《毛泽东“纸老虎”论探析》，武汉延安精神研究院编《延安精神研究》杂志，武汉出版社，第一辑（2008 年 9 月）；《北京奥运盛事、奥运外交与国际政治局势》，《新闻前哨》，2008 年第 10 期；《和平、发展“时代主题论”的认知历程及其影响》，见黄进主编《中国特色社会主义政治建设研究》一书，武汉大学出版社，2008 年版；《十月革命胜利的历史逻辑与现实启迪》，见《珞珈政治学评论》杂志第二卷，武汉大学出版社，2007 年版；《中国特色社会主义的国际战略与外交》，见顾海良主编《中国特色社会主义理论体系研究》一书第 11 章，中国人民大学出版社，2009 年版。

总之，遵循扎扎实实、循序渐进、集腋成裘、喜钻研而不偏狭等准则，对研究对象进行不溢美、不隐恶的分析，提出自己的看法，运用于研究之中，是本书实事求是的又一尝试。

（三）尝试厚今不薄古、重彼不轻此的方法研究

学者进行学术研究，必须要有科学精神。科学精神的内涵很丰富，“精髓是求实创新”。[①] 本书重视求实，更注意理论与方法的创新。理论创新的内容在“基本构思”部分已经谈及，方法论的拓新主要体现在厚今不薄古、重彼不轻此的研究方面。

“厚今不薄古”、“重彼不轻此”的研究方法，并非本书的发明。毛泽东、邓小平有这方面明确的思想。毛泽东早就提出：马克思这些老祖宗的书，必须读，他们的基本原理必须遵守，这是第一。但是，任何国家的共产党，任何国家的思想界，必须适应新的需要，创造新的理论，写出新的著作，产生自己的理论家，来为当前的政治服务，单靠老祖宗是不行的。[②] 邓小平也说过：“我们搞改革开放，把工作重心放在经济建设上，没有丢马克思，没有丢列宁，也没有丢毛泽东。老祖宗不能丢啊！问题是要把什么叫社会主义搞清楚，把怎么样建设和发展社会主义搞清楚。”[③] “世界形势日新月异，特别是现代科学技术发展很快。现在的一年抵得上过去古老社会几十年、上百年甚至更长的时间。不以新的思想、观点去继承、发展马克思主义，不是真正的马克思主义者。”[④] 学术界对这种方法也有人尝试过，如王逸舟在《当代国际政治析论》一书中就说过：“自己在写作时比较注意收集新的材料和同行的新成果，厚今（主要指冷战后的新形势）不薄古（指近代的理论命题和论据），重彼（指国外学者的研究方法）不轻此（指国内同行的成果），论点

---

① 《十五大以来重要文献选编》（中），人民出版社，2001 年版，第 964 页。

② 毛泽东：《读苏联〈政治经济学教科书〉的谈话》（节选），《毛泽东文集》第 8 卷，人民出版社，1999 年版，第 109 页。

③ 邓小平：《总结经验，使用人才》（1991 年 8 月 20 日），《邓小平文选》第 3 卷，人民出版社，1993 年版，第 369 页。

④ 邓小平：《结束过去，开辟未来》（1989 年 5 月 16 日），《邓小平文选》第 3 卷，人民出版社，1993 年版，第 291—292 页。

以现实为根据，逻辑靠材料周延，很少拿某些用起来方便但不符合实际的东西对付读者和打发自己。”[①] 笔者觉得，这种研究方法，既没有忘记老祖宗的东西，又有新意，所以在本书进行了尝试，并且增加了自己的某些认识。

关于“厚今不薄古”的内涵与尝试。

“厚今不薄古”一词，字面上解释比较简单，那就是厚待、重视当代、当今发生的事情和结论，对以往的历史以及经验教训、正确结论、疑难问题也不轻视。但深层次探讨相对复杂。这一方法是针对“厚古薄今”、“厚今薄古”、“古今对等”弊端的。从重视的程度上看，“厚今”还是头等重要的，因为当今发生的事情，是要马上正确应对的，应对不好，就会对正在做的事业产生直接的不良影响。应对的方法需要慎之又慎，根本是要遵循解放思想、实事求是、与时俱进的原则。其中就包括“不薄古”的内容，如老祖宗的立场、观点、方法和历史的经验教训等，必须通盘考虑在内。

本书在尝试“厚今不薄古”方法上，有四个“努力做到”：

努力做到对当代、特别是冷战结束后国际政治发生的重大新变化作出正确的解释。如当今时代与时代主题、当今世界政治格局、当今国际政治秩序、当今世界战争与和平、新科技革命、经济全球化、构建和谐世界等分析，均为如此。

努力做到对学术界一直探讨的、对国际政治全局有重大影响的疑难问题提出自己的明确看法。如对“大时代”的提法、“现时代”的概括、当今世界政治格局的态势与走向、国际政治秩序的态势与走向、革命的内涵与态势、和平的全方位理解等认识，即为这样。

努力做到对国际政治产生过重大影响、当今又有突出意义、学术界对此淡化或误解的“老祖宗”的结论重新认识。如马克思、恩格斯、列宁、斯大林关于时代的理论，毛泽东关于“纸老虎”理论，毛泽东关于“和平为上”理论等评析，在其他国际政治学专著中，未曾见到。

努力做到对20世纪发生的、影响当时、现在、未来的特大历史事件作出正确评价，总结出经验教训。如对第二次世界大战经济因素的分析、十月革命胜利的历史必然性与现实启迪、苏联解体的原因与深刻教训探讨、中国

---

① 王逸舟：《当代国际政治析论》，上海人民出版社，2004年版，第2—3页。

外交的辉煌与国际影响研究等，均为“厚今不薄古”的学术尝试。

关于“重彼不轻此”的内涵与尝试。

“重彼不轻此”，广义上讲，“彼此”二字即“那个、这个”，即重视那个，不轻视这个，也可以说“那个、这个”均重视、均不轻视。狭义说，特指重视对方、不轻视自己。广义和狭义的方法在本书均进行了尝试，收益匪浅。

本书“重彼不轻此”广义方法的尝试比较多。如分析国际问题，重视马克思主义的指导，不轻视甚至倡导“应该遵循联合国宪章宗旨和原则，恪守国际法和公认的国际关系准则”，因为两者判断的角度不同，只有这样，才可能不使我们在应对方略上陷入被动；如对所处时代与时代主题的研究，重视当今时代主题的内涵与意义的分析，不轻视“大时代”、“现时代”内涵与意义的概括，因为三者联系紧密，只有这样，才能使我们对所处时代与时代主题理解全面、深刻；如对世界政治格局的研究，重视当今格局现状与走向的探讨，不轻视世界格局其他层面（如经济格局）、历史变化、影响动因、别国认识的分析，只有这样，才能得出“世界多极化不可逆转”的正确结论；如对国际政治秩序的研究，重视中国建立国际新秩序主张的探讨，不轻视美国、俄罗斯、日本、欧盟、发展中国家主张的分析，只有这样，才能在比较中明了国际秩序的全貌和走向，中国主张的优点与为什么要不断调整；如对战争与革命的探讨，重视世界大战、不轻视局部战争的分析，重视改革也是革命的内涵、不轻视武装革命意义的研究，只有这样，才有可能廓清理论是非，帮助人们改变这方面的糊涂认识；如对世界和平的研究，重视基本概念的厘清，不轻视现实表现的分析，这样做，才能使我们对世界和平有立体影像的认识，对世界各国的主张和行动有正确的把握。

本书“重彼不轻此”狭义方法的尝试，主要体现在对古今中外国际政治学理论与方法的把握上，即重视国外学者的研究成果、不轻视国内学者的研究成果。具体讲有三方面做法：

重视国外学者的研究成果，特别注意借鉴他们有益的积极成分和方法。

由于本书内容的要求，对国外国际政治学学派及其方法的研究，没有设立专章详述。但在相关章节中还是涉及较多的。如在“人类战争发生的原因”中，对理想主义、现实主义、新自由主义、批判理论、规范理论、后现代主义、建构主义等代表人物的观点，均进行了介绍和分析，并有借鉴。特别对古希腊历史学家修昔底德、16 世纪意大利政治思想家尼科洛·马基雅弗利、17 世纪英国政治思想家托马斯·霍布斯、18 世纪法国启蒙思想家卢梭和德国哲学家康德、美国现实主义流派主要代表人物汉斯·摩根索、瑞典地理政治学家鲁道夫·契伦、美国当代现实主义流派代表人之一肯尼思·N. 华尔兹、现实主义代表人物之一昆西·赖特等对战争原因认识进行了探讨，指出了其可学习之处。另外，在世界和平论、国际战略论中也有某些论及。但整体上，本书是把国外的成果作为国际政治学的重要“范式”看待，但不是作为“唯一”和“独尊”。而国外创新的建立在控制论、系统论、信息论基础上的系统分析法，结构功能分析法，心理分析法，计量分析法，建立在新三论（耗散结构论、协同论、突变论）基础上的自然科学研究法，特别是应用高科技手段（计算机、网络等）研究法，在本书均作为重要工具使用，也没有作为“唯一”和“独尊”。笔者认为“崇洋不媚外”，应该是中国学者进行学术研究始终遵循的重要原则。

不轻视国内学者的研究成果，特别注意汲取其中的成功经验与方法。

本书是自己长期学术研究的结果，也是集体智慧的结晶。三人行，必有我师。本书是向“古师”、“现师”、“外师”、“内师”共同学习的产物。笔者作为中国人，出生在中国，第一“师”从的是“内师”。在本书集腋成裘的过程中，自己国际政治学的启蒙，就是读的“内师”的相关著作，与此同时读了“内师”翻译的“外师”的著作，之后才逐步读了外语著作，然后进行比较研究。许多思维方式和立论程式，主要受“内师”的影响。古今“内师”的研究方法，本书承继了下来，如文献分析法、历史分析法、案例分析法、比较分析法、归纳与演绎法、定性与定量分析法、综合分析法等。甚至学会坐“冷板凳”法也是值得提及的。

重视经典作家研究方法的学习与运用，使之贯穿于全书和整个撰写过程。

唯物辩证法，是马克思主义创始人马克思、恩格斯奉献给我们进行学术研究的科学方法。其中关于国际社会的世界性、统一性、相互联系性的理论和方法、关于经济基础与上层建筑之间的决定性作用与反作用的理论和方法、关于历史事变的“合力论”及其方法等，“重彼不轻此”的内涵鲜明体现。本书的许多立论和分析就是以此为指导的。这样做，即有高屋建瓴的功效，又有切中肯綮的作用。

理论结合实际研究法，是“重彼不轻此”方法的又一经典“范式”。被马克思、恩格斯之后的经典作家们发展到了炉火纯青的水平，列宁主义、毛泽东思想、邓小平理论、“三个代表”重要思想、科学发展观，均是马克思主义与变化了的实际（世界的、各国的）成功结合的产物。当然也有结合不好的。这种结合好的和结合不好的，在本书均有反映。其中经验教训的总结，很大程度上是以这种方法研究的。这样做，才使得本书颇具理论性、现实性、学术性等突出特点。

第一章

时代与时代主题论

第一节　我们所处的大时代

当今时代与时代主题，是国际问题研究和马克思主义研究面临的重大理论和实践课题。只有正确地把握时代，才能够正确地认识世界的发展趋向以及社会主义和资本主义两方面发展的前景及其相互关系。① 对此，学术界进行了长期、深入探讨。笔者认为，人类社会处在由资本主义向社会主义、社会主义向共产主义过渡的大时代，同时面对两种社会制度国家共存竞争的现时代，当今时代的主题是和平与发展。本节将围绕这一结论作些分析。首先就时代的一般内涵和“两个过渡大时代”作些探讨。

一、时代概念的泛用与特指

（一）时代概念的泛用

“时代”的最一般的含义，是反映事物发展某一特定阶段的基本特征。② 由于对“基本特征”认识的分歧，各行各业提出了各种各样的“时代”概念。

---

① 顾海良、梅荣政主编：《科学社会主义理论与实践》，武汉大学出版社、湖北人民出版社，2006 年版，第 14 页。

② 靳辉明、谷源洋主编：《当代资本主义与世界社会主义》（上卷），海南出版社，2004 年版，第 1 页。

有学者主张以科学技术革命发展的历程和突出成就来界定往日、今日与明日的时代。以生产工具的演变为界标，把人类历史划分为石器时代、青铜器时代、铁器时代和机器时代。机器时代依据动力的变换又称之为蒸汽时代、电气时代、原子能时代。当前，世界上出现了计算机时代、电子信息时代、航天时代、光子时代、核时代、生物工程时代、超导时代等新提法，均以科技革命的新发展为依据，从生产力大发展的角度揭示了世界范围的新现象。①

有学者以经济发展的水平以及社会发展的某一特征、某种趋势、某类前景来概述时代，如采集和狩猎经济时代、农业经济时代、工业经济时代、知识经济时代等；趋同时代、混合时代、后工业时代、后匮乏时代、福利时代等；趋异时代、复归（回到资本主义的一统天下）时代，等等。

有学者主张以世界政治格局和国际态势的特征来区分时代，提出了冷战时代、冷战后时代、缓和时代、由冷战转向缓和的时代；对抗时代、对话时代、既对抗又对话的时代；两极时代、多极时代、从两极到多极的时代，等等。

有学者则以某大国国家元首任期或某几个大国国家元首的关系来划分时代。半个世纪以来，常常见诸报端的有罗斯福、斯大林、丘吉尔时代，杜鲁门时代，肯尼迪时代，尼克松时代，里根、戈尔巴乔夫时代，布什、邓小平时代，克林顿时代，小布什时代，叶利钦时代，普京时代，戴高乐时代，密特朗时代，希拉克时代，科尔时代，撒切尔夫人时代，等等。

有学者以大国的某种政策的实施及其演变来划分时代，昔日有过麦卡锡时代，今日有自由主义时代、自由主义市场经济时代。

有学者强调主要社会思潮的主要流派及其代表人物的影响，并以此命名时代，如古典主义时代、凯恩斯主义时代、由古典主义进展到新古典主义时代，或说是由凯恩斯主义时代进展到新凯恩斯主义时代等。

有学者以处理人、社会、自然的相互关系的方式来判断时代，认为我们居住的地球进入智力圈时代。智力圈是生物圈的发展。智力圈时代以人的智

① 梁守德、洪银娴：《国际政治学理论》，北京大学出版社，2000 年版，第 289 页。

慧和科学为本质特征，要求人、社会与自然和谐并进，造成人与生物圈的共同进化。智力圈时代否定以自然为敌、向地球开战、人定胜天、征服自然的理论和实践。①

对上述种种的“时代”概念，有的“大体反映了劳动手段和社会生产力发展的历史过程，从不同角度反映了世界发展的客观进程”，“具有科学性和存在的意义”。② 如以科技革命、经济发展水平来界定时代。智力圈时代的说法，虽与我们所判别的时代有大的区别，但突出了当今时代主题的重要方面，值得肯定。至于以世界政治格局和国际态势的特征来区分时代，点出了当今小时代的阶段性特征，对于正确看待世界的规律性演变有益而无害。

但是有学者指出，上述概念存在“认识上的偏颇：表面性，看待社会主义社会制度与资本主义社会制度有着某些相似之处，就宣传两种制度趋同论，甚至宣布趋同时代的到来；片面性，孤立地强调科学技术的某类突破或生产力发展的某一特征，以偏概全，概括出这样那样的时代；繁琐性，打名人、首脑人物的牌，以此界定时代，等等。有此等偏颇，是难以正确地认识时代的”。③

（二）本书对时代概念的特指

这里所指的“时代”，与上述众多概念有联系，但也有明显的区别。特指社会发展时代，即马克思主义时代观。马克思主义经典作家从生产方式（生产力和生产关系的结合）去考察人类社会从低级向高级发展和演化的历史进程，他们所说的“时代”，多是对人类社会从低级向高级发展和深化进程中某一历史阶段社会性质、基本特征和发展趋向的界定。具体如下：

生产力与生产关系、经济基础与上层建筑之间的作用与反作用，是时代进步的根本动力。

---

① 许征帆：《时代风云变幻中的马克思主义》，中国人民大学出版社，1996 年版，第 3 页。

② 靳辉明、谷源洋主编：《当代资本主义与世界社会主义》（上卷），海南出版社，2004 年版，第 2 页。

③ 许征帆：《时代风云变幻中的马克思主义》，中国人民大学出版社，1996 年版，第 3—4 页。

生产方式、社会制度的发展变化，中心阶级的突出作用，是时代变迁的基本依据和根本区别。

“时代”的性质，多是对人类社会从低级向高级发展和演化进程中某一历史阶段社会性质、基本特征和发展趋向的界定。①

“时代”的转换，有规律可循。总体在进步，从低级向高级发展，但不排除个别的、局部的时而前进、时而后退。

凡称之为“时代”者，必须以重大事件作为界标，具有特定的内容，能产生时间较长和范围较广的深远影响。“时代”属于世界发展进程和基本方向的最高概括，是国际政治所处的大环境。②

社会发展时代是一综合体。有“大的历史时代”、现时代，还有当今时代的主题。它们各自内涵有别，但又相互密不可分，相互影响，相互作用。

正确把握“时代”，意义重大。只有把握各个“时代”的不同的基本特征（而不是个别国家的个别历史事件），我们才能够正确地制定自己的战略策略；只有了解了某一时代的基本特征，才能在这一基础上去考虑这个国家或那个国家的更具体的特点。③

社会发展时代观，应该具有鲜明的社会阶级内涵，具有突出的实践性特点，体现强烈的革命进取精神，体现无产阶级革命的策略性。④

脱离社会制度，脱离社会主义的目标，脱离社会主义取代资本主义这种人类历史的发展趋势去研究时代，不符合马克思主义时代观。

正是以马克思主义时代观为理论依托，在努力总结汲取现有研究成果、认真分析变化了的国际形势的基础上，我们认为人类社会处在由资本主义向社会主义、社会主义向共产主义过渡的大时代，同时面对两种社会制度国家共存竞争的现时代，当今时代的主题是和平与发展。

---

① 靳辉明、谷源洋主编：《当代资本主义与世界社会主义》（上卷），海南出版社，2004年版，第2—3页。

② 梁守德、洪银娴：《国际政治学理论》，北京大学出版社，2000年版，第289页。

③ 列宁：《打着别人的旗子》（1914年7月—1915年8月），《列宁全集》第26卷，人民出版社，1988年版，第143页。

④ 靳辉明、谷源洋主编：《当代资本主义与世界社会主义》（上卷），海南出版社，2004年版，第13—18页。

二、大时代的提出及其“两个过渡”

（一）大时代的提出

本书认为“大的历史时代”，即“人类社会处在由资本主义向社会主义、社会主义向共产主义过渡的大时代”（以下简称“两个过渡大时代”），出于尊重如下几方面客观事实的考虑：

1.“大的历史时代”的思想，是马克思主义时代观的题中之义。

马克思、恩格斯是马克思主义时代观的创始人，在他们对众多的时代划分中，多数属于大时代的认知。马克思在《〈政治经济学批判〉序言》中提出：“大体说来，亚细亚的、古代的、封建的和现代资产阶级的生产方式可以看作是经济的社会形态演进的几个时代。”① 在其他著述中，马克思则把人类社会分为古代社会、封建社会、资产阶级社会；或原始社会、奴隶社会、封建社会、资产阶级社会，相应地分为几个时代。恩格斯在《家庭、私有制和国家的起源》中，把人类历史划分为蒙昧时代、野蛮时代和文明时代三大历史时代。

列宁是马克思主义时代观的集大成者和突出发展者。他在1915年《打着别人的旗帜》一文中，不仅首次提出了“大的历史时代”的概念，而且对此进行了集中的阐述，② 至今仍是学者们频繁引用的经典。列宁在其他著作中，也多有涉及这一问题。如他在1918年《无产阶级革命和叛徒考茨基》一文中就说过：“从资本主义过渡到共产主义是一整个历史时代。”③

2. 对“大的历史时代”的认定，已被学术界不少学者接受，并进行了详细论述。

1996年许征帆教授在他出版的专著《时代风云变幻中的马克思主义》

---

① 马克思：《〈政治经济学批判〉序言》（1859年1月），《马克思恩格斯选集》第2卷，人民出版社，1995年版，第33页。

② 列宁：《打着别人的旗子》（1914年7月—1915年8月），《列宁全集》第26卷，人民出版社，1988年版，第143—144页。

③ 列宁：《无产阶级革命和叛徒考茨基》（1918年10月—11月），《列宁选集》第3卷，人民出版社，1995年版，第612页。

中，就使用了“我们所处的大时代”的概念，认为“将自由资本主义时代之后的时代，概括为‘世界从资本主义向社会主义过渡的时代’，将更符合十月社会主义革命以来地球上‘一球两制’的现实”。①

1997年12月25日，《世界知识》杂志社召开了一次盛况空前的“我们所处的时代”为主题的研讨会。主要内容在该杂志1000期上公开发表。各种观点公开亮相。其中一种观点，就是主张把我们所处的时代分为“大时代”和现时代。

2004年12月，靳辉明教授、谷源洋研究员出版了《当代资本主义与社会主义》（上、下卷）。上卷的“第一章：当今时代的性质和主题”，详细地论述了马克思主义时代观的方方面面。其中明确将“世界从资本主义向社会主义过渡时代”作为“大时代”。②

3. 把“大的历史时代”界定为“世界从资本主义向社会主义过渡”，较大程度地点明了人类社会从低级向高级发展和演化进程，正确地指明了该历史阶段中多数国家的社会性质、基本特征和发展趋向。

有学者提出，冷战后的国际社会，出现了基本特征中的生产力水平、生产关系、上层建筑甚至文化差别甚大的四类国家。它们分别是：发达资本主义国家、发展中的民族主义国家、冷战后中东欧国家与独联体成员国、社会主义国家。③ 除了社会主义国家之外，其他三类国家（占世界200多个国家和地区的绝大多数）的生产方式、社会制度基本或大致相同，均属于资本主义社会制度的范畴。它们或多或少、或快或慢地使自己从资本主义向社会主义创造条件、准备基础，甚至已经不同程度地加入了这一历程。在“大的历史时代”界定中，把“世界从资本主义向社会主义过渡”放在首位，既是对名家研究成果的尊重，又是对客观存在实事求是的肯定。

4. 把“大的历史时代”界定为“世界从资本主义向社会主义过渡”，在

① 许征帆：《时代风云变幻中的马克思主义》，中国人民大学出版社，1996年版，第11、9页。

② 靳辉明、谷源洋主编：《当代资本主义与世界社会主义》（上卷），海南出版社，2004年版，第44—45页。

③ 吕有志、戴德铮主编：《当代世界经济与政治》，高等教育出版社，2003年版，目录：第Ⅱ—Ⅳ页。

充分肯定其积极意义的同时，应看到其中还有明显的事实缺憾，需要正视、补遗。

客观事实告诉我们，自 1917 年十月社会主义革命胜利始，世界的基本态势发生了质的改变。在私有制独霸的人类世界上，诞生了一个以公有制为主体的、劳动人民当家作主的、第一个社会主义国家苏联。开始了并非顺利的社会主义建设征程。第二次世界大战后，社会主义事业有过空前的辉煌，20 世纪末社会主义又出现严重曲折。但毕竟仍有中国、越南、朝鲜、老挝、古巴五个社会主义国家存在。他们搞的是社会主义，不是资本主义，他们在社会主义道路上前进，不是在逐步演变为资本主义。如果仅说“世界从资本主义向社会主义过渡”，就忽视了这一客观事实。在“大时代”的概念中加上“社会主义向共产主义过渡”，才符合历史的真实和使得定义科学。

(二)“资本主义向社会主义过渡”的内涵

坚信“两个必然”，是我们确定“两个过渡大时代”的重要理论和实践原因。

马克思、恩格斯在《共产党宣言》中说：“随着大工业的发展，资产阶级赖以生产和占有产品的基础本身也就从它的脚下被挖掉了。它首先生产的是它自身的掘墓人。资产阶级的灭亡和无产阶级的胜利是同样不可避免的。”① 这就是马克思恩格斯“两个必然”思想的经典表述。②

《共产党宣言》1848 年 2 月公开发表至今，160 多年过去了。这 160 多年世界的巨大变化、特别是西方科技、经济的大发展，西方政局的宏观长期相对稳定，20 世纪末苏联东欧的剧变，使某些人头晕目眩，硬说社会主义制度已经失败，资本主义的新辉煌已经到来，资产阶级必然灭亡的结论错了，资产阶级和资本主义就可以独占这个时代的中心，甚至可以万古长青。

---

① 马克思、恩格斯：《共产党宣言》(1847 年 12 月—1848 年 1 月)，《马克思恩格斯选集》第 1 卷，人民出版社，1995 年版，第 284 页。

② 绝大部分教科书、论文和专著，都将“两个必然”说成是马克思说的“社会主义必然胜利，资本主义必然灭亡”。其实，马克思本人并没有明确说过这句话，尽管他阐述过这一思想。应该看到，“社会主义必然胜利，资本主义必然灭亡”与“资产阶级的灭亡和无产阶级的胜利是同样不可避免的”这两个判断，是既有联系，也有区别的。

这是站在西方统治阶级的立场上，片面的、错误的认识和结论。如站在无产阶级和广大劳动人民的立场上，创造性地运用马克思主义的观点和方法，唯物辩证法地进行分析和研究，会得出实质不同的结论。

1. 社会主义社会形态代替资本主义社会形态，是历史的必然。

人类历史是社会形态由低级到高级不断发展的过程。迄今为止的人类社会历史，已经经历了原始社会、奴隶社会、封建社会和资本主义社会形态，并开始迈向一个新的历史阶段。这不仅为马克思主义唯物史观所论证，而且为人类历史发展所证明。社会主义是作为资本主义对立物而产生的。作为一种更高级的社会形态，社会主义社会形态是对资本主义社会形态的否定。但是，这种否定不是简单的否定，而是扬弃，即在吸纳了资本主义创造的一切有价值的东西的基础上的否定。人类社会形态更替的逻辑总是这样：前一种社会形态为后一种社会形态的出现准备了必要的物质条件和精神条件，一旦社会变革的时机到来，新的社会形态便成为历史的必然。这是一条不可抗拒的历史法则，也是我们通常所说的“新生事物是不可战胜的”。依照这个法则，资本主义不可能是永恒的。无论它现在如何强大，也注定要退出历史舞台，如同资本主义社会形态代替封建主义社会形态一样，它迟早要被社会主义社会形态所代替。

2. 资本主义创造出辉煌的成就，同时也创造出自己的掘墓人。

资本主义注定要退出历史舞台，是由于它本身固有的矛盾所决定，也是由于资本主义制度内部不断产生的否定因素所致。正如恩格斯所说：“资产阶级从它产生的时候起就有自己的对立物同它缠在一起：资本家没有雇佣工人就不能存在。”[①] 恩格斯依据唯物主义历史观，深刻地揭示了资本主义固有的社会矛盾，指出：生产资料和生产实质上已经变成社会化的了，但是它们仍然服从于私人占有这样一种形式。“赋予新的生产方式以资本主义性质的这一矛盾，已经包含着现代的一切冲突的萌芽。”“社会的生产和资本主义占有之间的矛盾表现为无产阶级和资产阶级的对立。”[②] 资本主

---

① 恩格斯：《社会主义从空想到科学的发展》（1880 年 1 月—3 月上半月），《马克思恩格斯选集》第 3 卷，人民出版社，1995 年版，第 721 页。

② 恩格斯：《社会主义从空想到科学的发展》（1880 年 1 月—3 月上半月），《马克思恩格斯选集》第 3 卷，人民出版社，1995 年版，第 744、745 页。

义的这种基本矛盾和阶级矛盾，以及由其所制约的其他社会矛盾，推动着资本主义社会的发展变化，并使其最终走向灭亡。社会主义思想就是资本主义的基本矛盾和社会冲突及其发展过程在人们头脑中的反映。首先是在那个直接吃到它的苦头的阶级即工人阶级的头脑中的反映。所以，资本主义创造出辉煌的成就，同时也创造出自己的掘墓人。这就是历史的辩证法。

3. 现今资本主义的发达，不自觉地为更高级的社会主义生产形式创造物质条件、社会基础。

科学技术是资本主义经济发展的表现和动力，但对资本主义来说也是“更危险万分的革命家”。科学社会主义奠基人充分肯定科学技术对于社会生产力和社会制度的变革所起的积极的推动作用。在马克思看来，科学技术“是历史上的有力的杠杆……是最高意义上的革命的力量”。[①] 任何一门理论科学中的每一个新发现都使马克思感到衷心的喜悦。当他看到那种对工业、对一般历史发展立即产生革命性影响的发现的时候，他的喜悦就非同寻常了。他从第一次科技革命所推动的产业革命和社会革命中，揭示了科学技术的巨大威力，认为“蒸汽、电力和自动纺织机甚至是比巴尔贝斯、拉斯拜尔和布朗基诸位公民更危险万分的革命家”。[②] 马克思所创立的唯物史观昭示人们，科学技术、生产力和生产关系以及其他社会关系密切相联；随着新的科学技术和生产力的获得，“人们改变自己的生产方式，随着生产方式即谋生的方式的改变，人们也就会改变自己的一切社会关系”。[③] 如果说“手推磨产生的是封建主的社会，蒸汽磨产生的是工业资本家的社会”[④] 的话，那么以微电子技术为核心的新技术革命所引起的社会变革必然是走向社会主义、共产主义社会。从内在本质和发展趋势上看，新技术革命不仅不能克服资本主义社会的基本矛盾和经济危机，反而在不同程度上加深、激化资本主

① 《马克思恩格斯全集》第19卷，人民出版社，1969年版，第372页。

② 《马克思恩格斯全集》第12卷，人民出版社，1962年版，第3页。

③ 马克思：《哲学的贫困》（节选）（1847年），《马克思恩格斯选集》第1卷，人民出版社，1995年版，第142页。

④ 马克思：《哲学的贫困》（节选）（1847年），《马克思恩格斯选集》第1卷，人民出版社，1995年版，第142页。

义社会的基本矛盾，在为社会主义革命创造主客观条件的同时，也为社会主义社会的产生和发展准备越来越雄厚的物质技术基础。

资本主义经济的发达，使垄断资本家财源滚滚、欣喜若狂，但对整个资本主义社会来讲，并非完全是"福音"，是他们自己在不自觉地为自己准备坟墓，不自觉地生产和"培养"资本主义"自身的掘墓人"，不自觉地为更高级的社会主义生产形式创造物质条件，[①] 不自觉地为社会主义"准备"生产组织形式和"新人"，[②] 不自觉地为社会主义"准备"了其他因素。[③] 但决不能认为资本主义可以"和平长入社会主义"、资本主义与社会主义可以"趋同"，因为涉及资产阶级的根本利益——社会制度的更替，"总资本家"不会袖手旁观，垄断财团会千方百计地维护自己的统治。人民是推动世界历史的根本动力，资本主义"掘墓人"的彻底觉醒、群体奋起、恰到好处的"剥夺剥夺者"之时，就是资产阶级灭亡之日。

4. 资本主义的改良，不会改变资本主义的本质，也不会改变必然被社会主义代替的总趋势。

西方的繁荣，在很大程度是建立在改良、改善基础上的，实质是资本主义制度允许范围内进行的局部调整与改良。这种自我调整和改良，可以阶段性的、较长时期的促使资本主义经济发展、甚至繁荣，但确不能从根本上克服资本主义的基本矛盾、固有的经济危机和日趋严重的社会弊端。就连在20世纪80年代末宣称共产主义"大失败"、资本主义大胜利的布热津斯基，

---

① 《资本论》第3卷，人民出版社，1975年版，第288—289页。

② 这是因为，以资本为基础的生产，一方面创造一个普遍的劳动体系，即剩余劳动，创造价值的劳动的体系；另一方面，创造出一个普遍利用自然属性和人的属性的体系。这种体系不仅要求人们探索整个自然界，以便不断发现自然物新的有用属性，而且培养社会的人的一切属性，并且把他作为具有尽可能丰富的属性和联系的人，因而具有尽可能广泛需要的人，具有高度文明的人生产出来，同样是资本主义生产的一个条件。此外，经济全球化所造成的世界性生产体系、金融体系、知识体系和管理体制，也为在世界范围内有效配置资源，为最终实现社会主义和共产主义准备越来越充分的条件。靳辉明、谷源洋主编：《当代资本主义与世界社会主义》（上卷），海南出版社，2004年版，第497—498页。

③ 如：合作经济、社会保障制度、职工参与企业管理的制度、三大差别的逐渐消失、社会主义思想道德的孕育和发展等。靳辉明、谷源洋主编：《当代资本主义与世界社会主义》（上卷），海南出版社，2004年版，第501—506页。

在后来的《大失控与大混乱》一书中也不得不承认资本主义的20个大难题。他强调，这些涉及价值观念和文化的问题是不可能得到决定性矫正的。西方人必须“在哲学上进行反省和文化上作自我批判”，必须认识到“以相对主义的享乐至上作为生活的基本指南是构不成任何坚实的社会支柱的；一个社会没有共同遵守的绝对确定的原则，相反却助长个人的自我满足，那么，这个社会就有解体的危险”。①

现今资本主义的发达，还有一个突出表现，就是新殖民主义、强权政治、霸权主义空前突出。表面上风光无比，其实在不断加深资本主义与社会主义的矛盾，发达国家与发展中国家的矛盾，发达国家之间的矛盾。随着这些矛盾的不断深化和扩展，他们的丧钟就会敲响。

资本主义经济的大发展，说明资本主义制度在一定范围内还能容纳生产力的发展，还有较强的生命力，它被社会主义所取代可能要经历一个漫长、曲折的历史过程。“长存”和“永存”两个词，一字之差，内容和实质大相径庭。两者不能划等号，更不能简单的互相替代。硬说“长存”就是“永存”，是掩耳盗铃之举、有混淆是非的嫌疑。

总之，西方资本主义国家进行的自我改良和改善，并没有触动资本主义统治的根基，并没有改变资本主义制度的性质，也没有改变马克思主义关于资本主义的基本原理的真理性。绝不能因为资本主义社会在具体演进中产生的一些繁荣现象而否认马克思主义的基本原理和科学论断。② 马克思主义是科学，它运用历史唯物主义揭示了人类社会发展的规律。封建社会代替奴隶社会，资本主义代替封建主义，社会主义经历一个长时期的历史发展过程后代替资本主义，这是社会历史发展不可逆转的总趋势。③

（三）“社会主义向共产主义过渡”的内涵

苏联东欧剧变发生后，有人硬说社会主义失败了，这种言论违背客观事

① 布热津斯基：《大失控与大混乱》，中国社会科学出版社，1994年版，第119、125页。

② 江泽民：《论“三个代表”》，中央文献出版社，2001年版，第58—59页。

③ 邓小平：《在武昌、深圳、珠海、上海等地的谈话要点》（1992年1月18日—2月21日），《邓小平文选》第3卷，人民出版社，1993年，第382—383页。

实。如何正确地看待社会主义的过去、现在与未来，是我们确认当今处在什么样的大时代的重要依据。

发生在20世纪末期的苏联东欧剧变，犹如强烈的“政治地震”，破坏性极大，使社会主义事业遭受了空前的损害。原来执政的15个共产党，有10个丧失了政权；社会主义国家也相应地由原来的15个减少为5个；领土面积损失了70%，人口损失了21%。世界共产党和工人党，从原来的180个左右，减少到130个左右。苏东地区的国家变成了28个在价值取向上已属于资本主义的国家。① 社会主义运动跌入了低潮。但苏东剧变，不会改变社会主义必然胜利的总趋势。

1. “一些国家出现严重曲折，社会主义好像被削弱了，但人民经受锻炼，从中吸取教训，将促使社会主义向着更加健康的方向发展。”②

对外长期搞霸权主义，是苏联解体的重要原因。这样做与社会主义格格不入，害人、害己、害社会主义。这一教训已被社会主义国家深刻汲取。中国不止一次重申，“反对各种形式的霸权主义和强权政治，永远不称霸，永远不搞扩张”，“始终不渝走和平发展道路”，“各国人民携手努力，推动建设持久和平、共同繁荣的和谐世界”，③ 使得中国外交蓬勃发展，社会主义的形象明显高升。

苏联的解体，还由于“经济恶化，指导思想换‘魂’，无产阶级专政被

---

① 原有的9个社会主义国家为：苏联、波兰、匈牙利、捷克斯洛伐克、罗马尼亚、南斯拉夫、阿尔巴尼亚、保加利亚、德意志民主共和国。剧变后，苏联一分为15国：俄罗斯、白俄罗斯、乌克兰、立陶宛、拉脱维亚、爱沙尼亚、摩尔多瓦、阿塞拜疆、格鲁吉亚、亚美尼亚、哈萨克斯坦、吉尔吉斯斯坦、土库曼斯坦、塔吉克斯坦、乌兹别克斯坦；捷克斯洛伐克分裂为两国：捷克共和国、斯洛伐克共和国；南斯拉夫分裂为6国：塞尔维亚、克罗地亚、斯洛文尼亚、马其顿、波斯尼亚—黑塞哥维那、黑山；德意志民主共和国被西德合并；加之：波兰、匈牙利、罗马尼亚、阿尔巴尼亚、保加利亚，共28国。

② 邓小平：《在武昌、深圳、珠海、上海等地的谈话要点》（1992年1月18日—2月21日），《邓小平文选》第3卷，1993年版，第383页。

③ 胡锦涛：《高举中国特色社会主义伟大旗帜，为夺取全面建设小康社会新胜利而奋斗——在中国共产党第十七次全国代表大会上的报告》（2007年10月15日），《人民日报》2007年10月25日。

取消，苏共解散等支柱的坍塌，加上内外敌对势力联合作祟”。[①] 这些深刻的教训，已作为社会主义国家的世纪警钟长鸣。中国决心高举特色社会主义的伟大旗帜，以邓小平理论和“三个代表”重要思想为指导，深入贯彻落实科学发展观，坚持“一个中心”、“两个基本点”的基本路线，为夺取全面建设小康社会新胜利而奋斗。各国特色社会主义事业不断上新台阶，人们对社会主义的事业信心倍增。

2. 苏东剧变后，资本主义好像“块头”增大了，但同时扩展、深化了众多矛盾，使共产党人更加明了怎样应对资本主义。

苏东剧变的一个重要原因，就是内外敌对势力的联合作祟。西方国家对社会主义国家长期奉行强权政治、霸权主义的冷战、遏制、和平演变战略，最终“得手”。这一“得手”实质上与苏联搞霸权主义一样，害人、害己。苏东剧变后，“块头”增大的资本主义，至少使得无产阶级与资产阶级、发达国家之间、北方发达国家与南方发展中国家、北方发达国家与剧变后国家、资本主义与社会主义等五对矛盾的扩展与深化。这种状况，对资本主义来说，弹冠相庆的同时已套上了“葬送”自身的“绞索”。“绞索”的一头交给了本国人民，另外一头交给了其他国家的人民。西方发达国家统治者的倒行逆施，不断促使人民拉紧这一“绞索”。资本主义众多矛盾无法解脱之时，即是资本主义的终结之日。

苏东剧变使共产党人深刻认识到：“帝国主义肯定想要社会主义国家变质。”[②]“西方国家正在打一场没有硝烟的第三次世界大战。所谓没有硝烟，就是要社会主义国家和平演变。”[③] 他们不喜欢中国等社会主义国家“坚持社会主义道路”。[④]“帝国主义搞和平演变，把希望寄托在我们以后的几代人

① 戴德铮等：《当代世界格局与国际关系》，武汉大学出版社，1999年版，第110页。

② 邓小平：《改革开放政策稳定，中国大有希望》（1989年9月4日），《邓小平文选》第3卷，人民出版社，1993年版，第320页。

③ 邓小平：《坚持社会主义，防止和平演变》（1989年11月3日），《邓小平文选》第3卷，人民出版社，1993年版，第344页。

④ 邓小平：《坚持社会主义，防止和平演变》（1989年11月3日），《邓小平文选》第3卷，人民出版社，1993年版，第344页。

身上。”[①] 为了防止和平演变的悲剧重演，社会主义国家均根据各国国情和深刻变化的国际局势，优化了自己的应对战略和策略，对内搞好自己的事。即：不断提升综合国力，做到物质文明、政治文明、精神文明、社会文明一起抓。关键搞好党的建设，一心一意为民生；重视人的全面发展，特别注重年轻人的德智体美的全面培养；防止“卫星上天，红旗落地”；对外坚持对外开放、构建和谐世界的同时，安上合适的“纱窗”，防止“苍蝇、蚊子”钻进来“做祟”，去搞和平演变的勾当。在这方面，中共十七大报告总结出新的“宝贵经验”，即“十个结合”：“把坚持马克思主义基本原理同推进马克思主义中国化结合起来，把坚持四项基本原则同坚持改革开放结合起来，把尊重人民首创精神同加强和改善党的领导结合起来，把坚持社会主义基本制度同发展市场经济结合起来，把推动经济基础变革同推动上层建筑改革结合起来，把发展社会生产力同提高全民族文明素质结合起来，把提高效率同促进社会公平结合起来，把坚持独立自主同参与经济全球化结合起来，把促进改革发展同保持社会稳定结合起来，把推进中国特色社会主义伟大事业同推进党的建设新的伟大工程结合起来。”[②] 按照这“十个结合”去做，中国取得辉煌成就；坚持这“十个结合”，社会主义就会更加有希望，资本主义继续和平演变社会主义的企图就会不断破产。

3. 对于一些国家出现的严重曲折，“不要认为马克思主义就消失了，没用了，失败了。哪有这回事!”[③]

1999 年的秋天，一些媒体开展了评选“千年伟人”的活动。在英国广播公司（BBC）通过国际互联网举办的千年最伟大思想家的评选中，马克思位居第一，被评为即将过去的一千年里最伟大、最有影响的思想家——“千年伟人”。爱因斯坦、牛顿、达尔文、康德、尼采等人紧随其后。有的投票

---

① 邓小平：《在武昌、深圳、珠海、上海等地的谈话要点》（1992 年 1 月 18 日—2 月 21 日），《邓小平文选》第 3 卷，人民出版社，1993 年版，第 380 页。

② 胡锦涛：《高举中国特色社会主义伟大旗帜，为夺取全面建设小康社会新胜利而奋斗——在中国共产党第十七次全国代表大会上的报告》（2007 年 10 月 15 日），《人民日报》2007 年 10 月 25 日。

③ 邓小平：《在武昌、深圳、珠海、上海等地的谈话要点》（1992 年 1 月 18 日—2 月 21 日），《邓小平文选》第 3 卷，人民出版社，1993 年版，第 383 页。

者写道："马克思启蒙了数以千计争取自由公义的斗争。他是现代政治思想之父。"有的写道："马克思对资本主义运作模式作出了最好的分析。由于资本主义在20世纪末实际已成为全世界最具代表性的制度，他的思想学说对于帮助我们认识当今世界，仍极具重要意义。"法国路透社也开展了评选"千年伟人"的活动，他们邀请政界、商界、艺术和学术领域的一些知名人士对39名候选者进行投票，爱因斯坦仅以一分的优势领先于马克思和甘地。

"千年伟人"的评选结果引起了人们的高度关注。美国纽约的一家报纸用整版篇幅评论了这个意义深远的事件。1999年12月19日《澳门日报》刊登了三位"千年伟人"的照片，指出："这样的调查当然不能十分科学地反映广泛的事件，但这次调查可以让我们看看一些名人的想法。"

2005年7月14日，英国广播公司（BBC）广播四频道"在我们这个时代"栏目公布了关于"谁是现今英国人心目中最伟大的哲学家"的调查结果，马克思以27.93%的得票率遥遥领先荣登榜首，柏拉图、康德、苏格拉底、亚里士多德等望尘莫及，黑格尔甚至没能进入前20名。在评选过程中，英国《经济学家》杂志宣扬"马克思主义已经过时、资本主义是有效的"等等，希望读者用休谟替换马克思。然而，英国公众仍然坚持了自己的选择。发起评选活动的栏目主持人布拉格说，马克思当选为最伟大的哲学家因素很多，最重要的原因是他的理论能够解释一切。

"千年伟人"和"最伟大的哲学家"评选结果的特殊意义和现实政治意义，就在于它使人们真正认识到马克思主义最强劲的生命力，马克思透过历史依然闪烁的光辉，人们寄希望于马克思和他的学说。①

4. 社会主义的事业，是人民当家作主人的事业。昔日他们曾艰苦奋斗，创造出人类的奇迹；未来人民定会促使社会主义走出低谷，再造辉煌。

什么是马克思主义？有各种回答。笔者认为，马克思主义的实质就是"穷人的理论"。穷人翻身求解放，无产阶级与其他穷人一起，自己掌握政权；穷人过上富裕、安康、幸福生活的理论。当然也包括，穷人自己活，也让别人活，共同富裕的理论。如果非要找这一结论的依据，略为懂得马克思

---

① 顾海良、梅荣政主编：《马克思主义发展史》，武汉大学出版社、湖北人民出版社，2006年版，第296—297页。

主义的人都知道，一般来说，马克思主义主要有三个组成部分：马克思主义哲学、马克思主义政治经济学、科学社会主义。科学社会主义是马克思主义的核心、重点的重点、[①] 归宿，即“关于无产阶级解放的条件的学说”。[②] 列宁 1920 年在《共青团的任务》演说中指出：“主要由马克思创造的共产主义理论、共产主义科学，即马克思主义学说，已经不仅仅是 19 世纪一位社会主义者——虽说是天才的社会主义者——的个人著述，而成为全世界千百万无产者的学说。”[③]

社会主义是人民自己的事业。既然穷人得到了解放，建立了自己的政权，生产力大解放，他们的劳动、建设热情是空前的。起码创造了人类的两大奇迹：一是苏联，综合国力由昔日的“还没有摆脱半亚洲式的不文明状态”,[④] 发展到后来一度与美国平起平坐；二是中国，由昔日的“一穷二白”到现今建设成为达到基本小康水平的社会主义大国，“开创了中国特色社会主义事业新局面，开拓了马克思主义中国化新境界”,[⑤] 使得人类社会面貌为之一新。割断历史妄谈社会主义的失败，是历史虚无主义的体现；脱离客观事实硬说社会主义的失败，是混淆黑白的昭彰行为。

社会主义是生气勃勃的事业，代表了最广大人民群众的根本利益、历史前进的方向。社会主义的“严重曲折”并没有使得人民失去对社会主义的信心。社会主义国家的人们韬光养晦，求真务实，锐意进取，中国、越南、朝鲜、老挝、古巴在共产党的正确领导下，探索各国特色的社会主义，已有了长足的进展，显示了人民群众的无穷创造力和生命力，在社会主义低潮之

---

① 高放、李景治、蒲国良主编：《科学社会主义的理论与实践》(第四版)，中国人民大学出版社，2005 年版，第 5 页。

② 恩格斯：《共产主义原理》(1847 年 10 月底—11 月)，《马克思恩格斯选集》第 1 卷，人民出版社，1995 年版，第 230 页。

③ 列宁：《青年团的任务》(1920 年 10 月)，《列宁选集》第 4 卷，人民出版社，1995 年版，第 284 页。

④ 列宁：《日记摘录》(1923 年 1 月 2 日)，《列宁全集》第 43 卷，人民出版社，1987 年版，第 357 页。

⑤ 胡锦涛：《高举中国特色社会主义伟大旗帜，为夺取全面建设小康社会新胜利而奋斗——在中国共产党第十七次全国代表大会上的报告》(2007 年 10 月 15 日)，《人民日报》2007 年 10 月 25 日。

时，正在创造新的奇迹。发达国家的共产党正调整自己的理论和纲领，探索适合本国国情的社会主义革命道路。发展中国家的共产党人在继续奋斗，有的国家和地区共产党的力量得到了增长。人民，只有人民，才是推动世界历史的根本动力。任何逆动力，想违背人民的意愿，阻止历史朝着光明的道路前进，只能得势于一时。人民遵循历史的规律推动的历史前进的车轮，定会排除任何阻碍，滚滚向前，笑迎社会主义灿烂的明天。

三、大时代的其他内涵

（一）内涵大变化、大进步、大目标

坚信“两个必然”，事关大时代的性质、方向、趋势，是大时代的核心内容。但大时代中还有其他“大”的问题无法回避，需要澄清、认定。首先应该看到，大时代内涵大变化、大进步、大目标，但决非“终点”。

1. 大变化。指的是人类社会形态的大变动，即资本主义社会形态被社会主义社会形态所代替，社会主义社会形态发展到共产主义的高级社会形态。

具体说来，这一历史的大时代至少存在三个大变动：资本主义社会性质的国家（包括现今的发达国家、发展中的民族主义国家、苏东剧变后的国家）变成社会主义社会性质的国家；革命胜利后的这些国家再推进社会主义的建设，发展到共产主义的高级社会形态；现今已经是社会主义制度的国家发展到共产主义的高级社会形态。至于同一社会形态的内部变化，一般属于现（小）时代的中小阶段的变化。

2. 大进步。就是资本主义向社会主义过渡，即社会主义终将取代资本主义；社会主义向共产主义过渡，即低级向高级的发展。而决不是相反，也不能互相交叉。

社会主义终将取代资本主义，这是历史的必然，前面已有分析，这里不再赘述。这里必须强调两点：第一，社会主义取代资本主义，是历史的巨大进步；社会主义再实行资本主义，那是历史的倒退。因为社会主义取代资本主义，是把颠倒的历史的再颠倒，即在资本主义社会，人民群众创造的历史长期被少数富人不合理的占有，而社会主义实现了人民当家作主，这是历史

的根本进步；人民的政权再被少数富人霸占，显然是历史的悲剧、历史的倒退。第二，不能简单地说共产主义可以直接代替资本主义。这是因为社会主义社会与共产主义社会，虽然属于同质社会，但毕竟有低级与高级之分。资本主义再发达，不可能不经过社会主义直接“跨越”到共产主义。社会主义“不是在它自身基础上已经发展了的，恰好相反，是刚刚从资本主义社会中产生出来的，因此在各方面，在经济、道德和精神方面都还带着它脱胎出来的那个旧社会的痕迹”，这些痕迹“在经过长久阵痛刚刚从资本主义社会产生出来的共产主义社会第一阶段，是不可避免的”。[①] 要清除这些痕迹，是社会主义的任务，共产主义高级阶段不应该再有这些东西。

社会主义向共产主义过渡，是历史的更大进步，因为它是低级向高级的发展。现在的社会主义运动是处在困难时期，但社会主义是客观存在，并且在朝着从低级向高级水平的方向发展，而不是从高级往低级的滑落，更不是回复到资本主义社会。这也是我认为当今的大时代是“两个过渡”，而不完全赞同仅用“一个过渡”即“世界从资本主义向社会主义过渡”的提法的重要原因。至于苏东的剧变，虽然负面影响巨大，是资本主义的复辟，但从历史的大时代演变规律来看，只是“螺旋式上升”中的“一个螺旋”现象，需要认真对待，不能妄言是社会主义的失败。

3. 大目标。即实现共产主义。共产主义是理论学说、社会制度和实践运动三个方面构成的统一整体。共产主义社会的实现是不可避免的。它是社会生产力发展的客观产物，是社会发展规律的必然结果，是人民群众创造历史的合理归宿，也是工人阶级及其政党实现自己历史使命的最终结果。[②]

共产主义至今是人们追求的理想社会。这是因为：在共产主义的高级阶段上，迫使人们奴隶般地服从分工的情形已经消失，从而脑力劳动和体力劳动的对立也随之消失；劳动已经不仅是谋生的手段，而且本身成为生活的第一需要；随着个人的全面发展，他们的生产力也增长起来，而集体财富的一切源泉都充分涌流，社会实行各尽所能，按需分配。人们向往这样的美好社

---

① 马克思：《哥达纲领批判》（1875 年 4 月底），《马克思恩格斯选集》第 3 卷，人民出版社，1995 年版，第 304、305 页。

② 顾海良、梅荣政主编：《科学社会主义理论与实践》，武汉大学出版社、湖北人民出版社，2006 年版，第 353 页。

会是必然的，现今的社会存在着太多使人们很难幸福、很难快乐的东西。

但把共产主义的高级阶段看成是人类历史的“终点”也是不正确的。

马克思主义的历史观和辩证法反复说明：“历史同认识一样，永远不会在人类的一种完美的理想状态中最终结束；完美的社会、完美的‘国家’是只有在幻想中才能存在的东西；相反，一切依次更替的历史状态都只是人类社会由低级到高级的无穷发展进程中的暂时阶段。”①

恩格斯在回答德国社会党人给自己提出什么样的最终目标时，也做了这样的说明：我们没有最终目标。我们是不断发展论者，我们不打算把什么最终规律强加给人类。② 不断发展论不承认有最终目标，也就意味着不承认有人类社会发展的最后阶段。在马克思、恩格斯看来，共产主义的实现仅仅是人类史前史的终结，同时又是真正的历史的开端。到那时，人类还会有新的奋斗目标，社会还要经历无数的发展阶段。他们还指出：“所谓‘社会主义社会’不是一种一成不变的东西，而应当和任何其他社会制度一样，把它看成是经常变化和改革的社会。”③ 这里所说的社会主义，即马克思所说的共产主义。

可见，如果认为共产主义社会作为人类社会发展的最后阶段和人类追求的终极目标，一旦实现，人们就生活在无尽的幸福之中，人间就建立了一个终极不变的“千年王国”，人类的历史因此也就终结了。这种看法否定了历史辩证法。共产主义社会不是人类历史命运不可改变的终点，而只是人类社会的一个历史的接点，新的人类社会的起点。“终点论”应该改变成为“发展论”。④

这一说法符合马克思主义时代观，也是这里确立大时代的重要理论依据。现在这“两个过渡”的大时代结束后，还会进入新的大时代。这一大时

① 恩格斯：《路德维希·费尔巴哈和德国古典哲学的终结》（1886 年初），《马克思恩格斯选集》第 4 卷，人民出版社，1995 年版，第 216—217 页。

② 《马克思恩格斯全集》第 22 卷，人民出版社，1965 年版，第 628—629 页。

③ 恩格斯：《致奥·伯尼克》（1890 年 8 月 21 日），《马克思恩格斯选集》第 4 卷，人民出版社，1995 年版，第 693 页。

④ 顾海良、梅荣政主编：《科学社会主义理论与实践》，武汉大学出版社、湖北人民出版社，2006 年版，第 358 页。

代为未来的大时代奠定基础，这一大时代的结束恰恰是未来大时代的接点、新的大时代的起点。这也符合历史的辩证法。

（二）内涵大使命、大“手笔”、大历程

认识到大时代内涵大变化、大进步、大目标的基础上，还要看到大时代内涵大使命、大“手笔”、大历程，但决非“渺茫”。

1. 大使命。即革命、建设两大历史使命。革命，就是无产阶级上升为统治阶级，建立自己的政权。这在当今世界的绝大多数国家中的任务是如此的艰巨。工人阶级首先需要解决为什么要革命？什么时候革命？怎样革命等历史难题。建立了自己的政权后，又有怎样巩固政权？怎样建设社会主义等历史使命。在现今已经在建设社会主义的国家中，解决什么是社会主义、怎样建设社会主义、建设一个什么样的党、怎样建设党等问题仍然任务突出。

2. 大“手笔”。对于解决上述问题，马克思主义经典作家已经有基本立场、观点、方法，这是科学体系、理论成果、指导思想。但现今和未来的变化是如此巨大、错综复杂，必须在“不忘老祖宗”的同时，解放思想、实事求是、与时俱进，进行理论创新、实践创新、社会创新，才能推进社会主义事业不断进步、发展。

3. 大历程。即这一大时代的终结，将经历一个内容丰富、时间很长的历史渐进过程。按照马克思、恩格斯的设想，从资本主义社会到共产主义社会高级阶段必须经历四个相互衔接的发展阶段。

第一阶段，是无产阶级上升为统治阶级的革命阶段。这个“第一步”，就是从资本主义到共产主义高级阶段所经历的第一阶段。工人阶级上升为统治阶级，就是建立自己的国家政权。这个过程，中国用了 28 年（1921—1949 年），俄国用了 12 年（1905—1917 年）。现今的资本主义制度的国家会用多少年，难以预测，但用的时间可能会更长。

第二阶段，是革命转变时期。马克思在《哥达纲领批判》中写道：“在资本主义社会和共产主义社会之间，有一个从前者变为后者的革命转变时期。同这个时期相适应的也有一个政治上的过渡时期，这个时期的国家只能

是无产阶级的革命专政。”① 这里提出的“革命转变时期”和“过渡时期”，可以理解为从工人阶级上升为统治阶级到社会主义制度基本确立的时期，意味着实现这个转变的根本标志是生产资料所有制的社会主义改造的成功。这个过程，中国用了 9 年（1949—1959 年），苏联用了 19 年。从目前的情况看，发达国家完成这一过渡可能会比发展中国家短一些，但实践往往会复杂得多，时间较长的机率也大。

第三阶段，马克思称为“共产主义社会第一阶段”，列宁和以后的人们称之为“社会主义阶段”、“共产主义社会的低级阶段”。

现在的学术界正在讨论社会主义社会是否是人类社会发展的一个独特社会形态问题，不少学者赞同，并进行了分析论证。高放先生在《中共天津市委党校学报》2004 年第 4 期发表文章，对我国理论界关于社会主义社会是一个独立的社会形态的讨论进行了回顾，在赞同这一观点的基础上提出了新的补充和订正。靳辉明先生在《社会主义研究》杂志 2005 年第 1 期发表文章，后在《当代资本主义与社会主义》一书中，详细分析了“社会主义社会是人类社会发展的一个独特的形态”。② 李屏南《选择与创新：科学社会主义观在中国》一书中也着力赞同并说明了这一观点，③ 很有见地。他们认为：“如果从社会主义社会是一个相对独立形态的宏观角度看，社会主义社会可以划分为三个发展阶段：初级阶段；中等发达阶段；发达阶段，也就是高级阶段，社会主义社会的高级阶段应与共产主义社会的低级阶段相衔接。”“如果从社会主义初级阶段这一中观角度看，也可以把以上三个发展阶段的概念作为社会主义初级阶段中的三个小阶段。党的文献和党的领导人所讲的几步走大都指的是后者。”④ 这些结论，理论与现实意义重大。继承发展了马克思、列宁关于共产主义分为两大阶段：第一阶段是社会主义阶段，属于

① 马克思：《哥达纲领批判》（1875 年 4 月底），《马克思恩格斯选集》第 3 卷，人民出版社，1995 年版，第 314 页。

② 靳辉明、谷源洋主编：《当代资本主义与世界社会主义》（下卷），海南出版社，2004 年版，第 18—32 页。

③ 李屏南：《选择与创新：科学社会主义观在中国》，人民出版社，2006 年版，第 135—145 页。

④ 李屏南：《选择与创新：科学社会主义观在中国》，人民出版社，2006 年版，第 144 页。

共产主义的初级阶段；第二阶段是共产主义的高级阶段的基本思想。

到底这一阶段的时限有多长？恐怕是很长的。这从邓小平 1992 年的南巡讲话中的说法可以判断。他说："我们搞社会主义才几十年，还处在初级阶段。巩固和发展社会主义制度，还需要一个很长的历史阶段，需要我们几代人、十几代人，甚至几十代人坚持不懈地努力，决不能掉以轻心。"① 2007 年 10 月中共十七大报告重申了这一观点。② 这还是社会主义的初级阶段，那么中级阶段、高级阶段呢？用"千年"作为计算单位，恐怕不为过。

第四阶段，即共产主义高级阶段。这一阶段势必也要经历初级、中级、高级阶段。时间的长短，难以确定，恐怕也不会短，定论靠实践。

我们所说的大时代，从资本主义社会的出现到共产主义社会高级阶段的初始结束（即与社会主义的高级阶段衔接）。时间的漫长不容忽视。为此，有人认为这遥不可及，实在太渺茫了，不该谈论与定论这样的大时代。这种认识，存在偏颇。第一，研究社会主义的发展，离不开对时代性质的分析和判断，因为"在分析任何一个社会问题时，马克思主义理论的绝对要求，就是把问题提到一定的历史范围之内"③，只有"首先考虑到各个'时代'的不同的基本特征……我们才能够正确地制定自己的策略"。④ 这就清楚地告诉我们，弄清时代问题，事关现在和将来怎么做、做什么的大问题。没有远虑，必有近忧。弄清大时代的性质、特征、走向，就如历史长河中设立天文望远镜、高级探照灯，使我们在进行社会主义革命、建设中心明眼亮，方向和目标正确，尽可能少走弯路，甚至不走弯路。这不是"渺茫"，而是"光芒"。第二，社会主义和共产主义是同质的社会，他们的基本点是相同的，即都实行生产资料公有制，都消灭了剥削制度，都消除了生产的无政府状

① 邓小平：《在武昌、深圳、珠海、上海等地的谈话要点》（1992 年 1 月 18 日—2 月 21 日），《邓小平文选》第 3 卷，人民出版社，1993 年版，第 381 页。

② 胡锦涛：《高举中国特色社会主义伟大旗帜，为夺取全面建设小康社会新胜利而奋斗——在中国共产党第十七次全国代表大会上的报告》（2007 年 10 月 15 日），《人民日报》2007 年 10 月 25 日。

③ 列宁：《论民族自决权》（1914 年 2—5 月）（节选），《列宁选集》第 2 卷，人民出版社，1995 年版，第 375 页。

④ 列宁：《打着别人的旗子》（1914 年 7 月—1915 年 8 月），《列宁全集》第 26 卷，人民出版社，1988 年版，第 143 页。

态，没有阶级对立，二者的区别只是成熟程度的不同。从这个意义上讲，共产主义社会正在当下的社会主义社会的实践活动中，正在实现的过程中。共产主义并不“渺茫”。第三，“渺茫”论产生的又一个因素是苏联、东欧的剧变。有人故意夸大其结果，危言耸听地说社会主义失败了、灭亡了，灭亡后再复活，谈何容易？有人把剧变的负面影响看得过于严重，产生了悲观主义情绪，认为社会主义再复兴前途“渺茫”。前一种人属于混淆是非，后一种人属于形而上学，最好的应对是让客观事实说话。苏联、东欧剧变不是科学社会主义的失败，而是一种背离；中国等国家的社会主义生气勃勃；发达国家、发展中国家的共产党经过调整，影响在回升；就是剧变后的国家的共产党力量也开始引人注目。所以“渺茫”论的观点是不符合历史事实的。

（三）大时代处于初级阶段

把大时代的现今态势、水平、阶段界定为世界从资本主义过渡到社会主义、社会主义过渡到共产主义时代的初级阶段，合理且较全面。

所谓世界从资本主义过渡到社会主义、社会主义过渡到共产主义时代的初级阶段，内涵“两个过渡”的“两个初级阶段”，即世界从资本主义向社会主义过渡的初级阶段与社会主义向共产主义过渡的初级阶段。这一定位，源于中国特色社会主义初级阶段理论的立场、观点与方法，但决不等同，有大的区别。“两个过渡”的“两个初级阶段”，是相对于未来高级阶段而言的。它所涉及的范围不仅仅指一个国家、一种制度，而是人类社会的所有国家、两种制度的走向和态势，是建立在其基本状况的宏观分析基础上的。具体讲是考虑到当今世界如下几大特点：第一，“两个过渡”的起点一般应该说从1640年的英国资产阶级革命开始，社会主义制度的具体实践开始在1917年伟大的俄国十月社会主义革命。前者至今不到370年的历史，后者至今也只有80余年的历程，相对于大时代的漫长历程来讲，基本上还处于起始阶段，人们对这一过渡历史发展规律乃至对社会主义制度本身的认识还很肤浅。我们现今一般称西方国家为发达国家，是发展水平的一种称谓，能否说是资本主义的一个发展阶段？值得探讨。但其社会主义革命的水平不高，处在低谷，恐怕是客观事实。现在的社会主义国家，性质是社会主义，水平是初级阶段，在我国已是主流认识。第二，社会主义国家在世界上200

多个国家和地区中只有5个，属于少数。广大发展中国家虽然与发达国家有矛盾、有区别，但绝大多数走的仍是资本主义道路，属于“后生的资本主义国家”。因此，现在的社会主义国家仍处于资本主义国家的包围之中，总体上仍居于劣势，虽然从长远来看它们代表着世界发展的基本趋向。第三，相对于资本主义来说，社会主义的成长尚处于幼年期，还很不成熟，其经济和政治体制还不完善，社会主义革命和建设的道路还在探索之中，多数国家的体制改革还刚刚开始，社会主义的优越性尚未得到充分发挥。第四，社会主义国家还都属于发展中国家，基础落后，生产力发展水平还很低，在当前和未来一定时期内，资本主义国家在经济、科技、军事乃至政治上还占优势，社会主义国家在经济上赶上并超过发达资本主义国家尚需作长期艰苦的努力。第五，国际经济、政治秩序和运作规则基本上是由发达资本主义国家制定的，反映的主要是资产阶级特别是国际垄断资本的利益和需要，社会主义国家和发展中国家虽然在为建立国际政治经济新秩序而斗争，但短期内不可能根本改变旧秩序、旧规则。

明确大时代的“两个过渡”的“两个初级阶段”特征，具有突出的理论和现实意义。大时代的“两个初级阶段”定位，肯定了这样两个客观事实：一是社会主义国家、资本主义国家是客观存在，并且在共存竞争中；二是在现今世界阶级力量对比中，资产阶级的力量还大于无产阶级，社会主义的力量逊于资本主义的力量。这既是我国社会主义建设面临的基本国际环境，也是世界社会主义运动的基本条件。共产党人必须从这一基本估计出发来制定自己的战略和策略、方针和政策，必须努力克服过去相当长时期形成的主观主义、教条主义的思维方式，树立解放思想、实事求是、与时俱进的思想作风。应该看到，消除超越阶段、脱离现实的主观冒进思想和政策的影响，消除资本主义永存论、趋同论，从实际出发来制定共产党的各项方针政策，是这种初级阶段理论的重要出发点，对世界社会主义运动有明显的指导意义。

正如列宁指出的：“马克思的社会主义……不仅仅限于解释过去，而且大胆地预察未来，并勇敢地用实际活动来实现未来。”[①] 这句话是对确立大

---

① 列宁：《卡尔·马克思》（1914年11月），《列宁选集》第2卷，人民出版社，1995年版，第440—441页。

小时代的恰当结论。

第二节 我们面对的现时代

这一节重点探讨现时代问题。在大时代之中的现时代，笔者赞同是社会主义与资本主义两种社会制度国家长期共存竞争的现时代（简称“两制共存竞争现时代”）。这样定位，首先是根据马克思主义的时代观，其次认为新科技革命和经济全球化在其中扮演了重要角色，再者认为中国的影响不容忽视。“两制共存竞争现时代”内涵丰富，本节进行了有针对性的探讨。

一、现时代的式样及其理论依据

（一）经典作家关于“现时代”的思想

1. 把一个大的历史时代划分为若干阶段，是马克思主义经典作家们早已提出的认识和划分时代的一种重要思想和方法。

马克思主义奠基人和列宁都曾指出，既然时代是一个以生产方式和社会制度变革为基本内涵的大历史时期，那么它必然是一个不断运动和演变的过程，而不会是静止不变的，也不会是平稳、直线发展的。列宁在论述时代发展这一特点时指出：“这里谈的是大的历史时代。每个时代都有而且总会有个别的、局部的、有时前进、有时后退的运动，都有而且总会有各种偏离运动的一般型式和一般速度的情形。”① 马克思主义经典作家的论述告诉我们：在一个大时代的发展过程中，可能会出现两种情形。一是这个时代所体现的革命运动出现挫折，乃至在某一国家或地区出现倒退，但大时代的性质仍不会改变，因为社会发展趋向总体上并未改变。二是这个时代的变革中形成了某种具有转折和标志意义的重大变化或进展，这种变化和进展尚不足以改变大时代的性质，但可以形成特色鲜明的现时代。仔细分析后一种情况，经典作家们的表述有差别，但对现时代的肯定无容置疑。

① 列宁：《打着别人的旗子》（1914年7月—1915年8月），《列宁全集》第26卷，人民出版社，1988年版，第143页。

2. 马克思、恩格斯认为他们处在资本主义时代，也预感到新时代的到来，并称资产阶级时代是“现代”。

马克思、恩格斯认为，资本主义时代从16世纪开始，经过17世纪、18世纪的发展，已经覆盖全球。资本主义时代又叫作资产阶级时代。《共产党宣言》使用的是“我们的时代，资产阶级时代”，[①] 而《资本论》中使用的则是“资本主义生产时代”。[②] 马克思在1859年写的《〈政治经济学批判〉序言》一文中提出：“大体说来，亚细亚的、古代的、封建的和现代资产阶级的生产方式可以看作是经济的社会形态演进的几个时代。”[③] 这里有三个结论值得强调：一是提出了“经济的社会形态”的概念；二是认为这种“经济的社会形态”大体依次经历了“亚细亚的、古代的、封建的和现代资产阶级的生产方式”的“演变”；三是把“资产阶级的生产方式”作为“经济的社会形态”的“现代……时代”。对于我们确立“现时代”具有突出的理论指导意义。1894年9月26日，即恩格斯逝世的前一年，他在给意大利西西里岛社会党人的贺信中提出，“即将来临的新时代”[④] 将使国际无产阶级获得胜利。当时恩格斯所讲的新时代就是无产阶级革命的时代，即无产阶级革命将取得胜利的时代，社会主义将取代资本主义的时代，为列宁的新时代结论奠定了理论基础。

3. 列宁、斯大林认为他们所处的时代是“帝国主义和无产阶级革命的时代”，并首次明确提出了“大的历史时代”和“现时代”概念。

第一次世界大战爆发后，列宁在1914年11月间发表的《社会党国际的状况和任务》一文中提出：现在是“各国资产阶级发生帝国主义武装冲突的

---

① 马克思、恩格斯：《共产党宣言》（1847年12月—1848年1月），《马克思恩格斯选集》第1卷，人民出版社，1995年版，第273页。

② 马克思：《资本论》第1卷（节选）（1867年），《马克思恩格斯选集》第2卷，人民出版社，1995年版，第265页。

③ 马克思：《〈政治经济学批判〉序言》（1859年1月），《马克思恩格斯选集》第2卷，人民出版社，1995年版，第33页。

④ 恩格斯：《给西西里岛社会党人的贺信》（1884年9月26日），《马克思恩格斯全集》第22卷，人民出版社，1965年版，第558页。

时代”。[①] 1915 年 5 月，列宁在《第二国际的破产》中又使用了“从前的‘和平的’资本主义时代被当今帝国主义时代所代替”的提法。[②] 1916 年，列宁在《帝国主义是资本主义的最高阶段》中说：“对于欧洲，可以相当精确地确定新资本主义最终代替旧资本主义的时间是 20 世纪初。”“资本主义转化为帝国主义”，进入“金融资本和垄断组织的时代”，“最新资本主义时代”。“我们是处在一个同‘资本主义发展的最新阶段’即金融资本密切联系的世界殖民政策的特殊时代”，“资本帝国主义时代”，“从资本主义到更高级的社会经济结构的过渡时代”。[③] 1915 年，列宁在《打着别人的旗帜》一文中肯定有“大的历史时代”同时，又把资本主义时代划分为三个小时代：第一个小时代是从 1789 年到 1871 年，即从法国大革命到普法战争，这是资产阶级上升时代；从 1871 年普法战争到 1914 年第一次世界大战之前是第二个小时代，即资产阶级绝对统治和矛盾上升的时代；第三个小时代是 1914 年以后，即帝国主义时代或最新资本主义时代，是帝国主义武装冲突的时代，是“帝国主义发生动荡和由帝国主义引起动荡的时代”。[④] 在 1917 年的《修改党纲的材料》中，列宁又提出新的看法，他认为，“帝国主义造成惨祸、灾难、破产和粗野——这一切就使目前所达到的资本主义发展阶段成为无产阶级社会主义革命的时代”。[⑤]

1924 年列宁去世后，斯大林在《论列宁主义基础》中把列宁的这些提法概括为“帝国主义和无产阶级革命时代”。[⑥] 此后，马克思主义者长期使用这一提法。后来，有人认为斯大林的概括不符合列宁的思想，是斯大林强

① 列宁：《社会党国际的状况和任务》（1914 年 11 月 1 日），《列宁全集》第 26 卷，人民出版社，1988 年版，第 45 页。

② 列宁：《第二国际的破产》（1915 年 5—6 月），《列宁选集》第 2 卷，人民出版社，1995 年版，第 472 页。

③ 列宁：《帝国主义是资本主义的最高阶段》（1916 年 1—6 月），《列宁选集》第 2 卷，人民出版社，1995 年版，第 588、589—590、629、639、640、648、650 页。

④ 列宁：《打着别人的旗子》（1914 年 7 月—1915 年 8 月），《列宁全集》第 26 卷，人民出版社，1988 年版，第 144 页。

⑤ 列宁：《修改党纲的材料》（1917 年 4—5 月），《列宁全集》第 29 卷，人民出版社，1985 年版，第 474 页。

⑥ 斯大林：《论列宁主义基础》（1924 年 4—5 月），《斯大林选集》上卷，人民出版社，1979 年版，第 185 页。

加给列宁的。[①] 其实，斯大林只是把列宁在不同场合讲的“帝国主义时代”和“无产阶级社会主义革命时代”连接在一起罢了。在1938年10月出版的《联共（布）党史简明教程》结束语中，斯大林对时代的提法又有新变化。他在“帝国主义和无产阶级革命时代”之后，又加上一句“社会主义在全世界六分之一的土地上获得胜利的时代”，[②] 把社会主义的进展也概括进去，既符合历史客观情况，继承了列宁的一贯思想，又是与时俱进的做法，使得现（小）时代的概括更加全面。1950年8月，他在《马克思主义和语言学问题》中，针对教条主义，又提出了“资本主义统治时代”和“社会主义统治时代”的概念。[③] 1952年他在《苏联社会主义经济问题》中，针对教条主义，又用过“资产阶级革命时代”、“资产阶级革命以后的时代”[④] 等提法。对我们今天研究时代问题很有启迪意义。

至于斯大林关于“世界资本主义的总危机”、“总崩溃”说法，存在明显问题。斯大林认为：“资本主义的总危机是世界资本主义体系的总危机，是既包括经济，也包括政治的全面危机。”[⑤] 各种矛盾空前激化，导致资本主义体系的“总崩溃”，所以提出现在“是一个充满冲突和战争，进攻和退却，胜利和失败的时代”、[⑥] “资本主义‘稳固’的时代已经过去了”、“资本主义灭亡的时代已经到来了”。[⑦] 这一判断。总体看，“未能经得住时间的考验，

① 《理论信息报》，1980年3月14日。

② 斯大林：《附录〈联共（布）党史简明教程〉结束语》（1938年9月），《斯大林选集》下卷，人民出版社，1979年版，第618页。

③ 斯大林：《马克思主义和语言学问题》（1950年7月28日），《斯大林选集》下卷，人民出版社，1979年版，第538页。

④ 斯大林：《苏联社会主义经济问题》（1952年4月21日“答亚历山大·伊里奇·诺特京同志”的信），《斯大林选集》下卷，人民出版社，1979年版，第575、577页。

⑤ 斯大林：《苏联社会主义经济问题》（1952年4月21日“答亚历山大·伊里奇·诺特京同志”的信），《斯大林选集》下卷，人民出版社，1979年版，第582页。

⑥ 斯大林：《联共（布）第十四次代表会议的工作总结》（1925年5月9日），《斯大林选集》上卷，人民出版社，1979年版，第322页。

⑦ 斯大林：《十月革命的国际性质》（为纪念十月革命十周年而作）（1927年11月6—7日），《斯大林选集》上卷，人民出版社，1979年版，第622—623页。

与当今世界现实的距离更大"[1]。

4. 中国共产党人没有公开提出大小时代的概念，但仔细探讨，两者内涵其中。

在20世纪的二三十年代，毛泽东基本沿用列宁、斯大林关于"帝国主义和无产阶级革命时代"的提法。1940年，毛泽东在《新民主主义论》中说："现在的世界，是处在革命和战争的新时代，是资本主义决然死灭和社会主义决然兴盛的时代。"[2] 这个概括，前一句符合当时的形势，后一句是从社会发展规律提出的论断，应该说当时是有根据的，但是估计过高了。1947年12月毛泽东在《目前形势和我们的任务》中说："现在是全世界资本主义和帝国主义走向灭亡，全世界社会主义和人民民主主义走向胜利的历史时代。"[3]

中华人民共和国建立后，中国共产党成为执政党。1956—1966年中国共产党与苏联共产党"十年论战"期间，时代问题是论战的内容之一。毛泽东出席了1957年在莫斯科召开的社会主义国家共产党和工人党代表会议，该会议通过的《莫斯科宣言》对时代的提法是："我们时代的主要内容是由俄国伟大十月社会主义革命所开始的由资本主义向社会主义的过渡。"[4] 即从十月革命开始人类社会进入了由资本主义向社会主义过渡的时代。这一提法的科学之处在于，看到了时代正确发展方向、趋势和性质，也点明了途径是"过渡"，更指出了现时代的重大标志是十月革命的胜利；缺点在于没有指出社会主义向哪里过渡。刘少奇参加了1960年各国共产党在莫斯科召开的代表会议，会议通过的《莫斯科声明》，对时代又有新的提法："以伟大的十月社会主义革命所开始的从资本主义向社会主义过渡为主要内容的我们的时代，是两个对立的社会体系斗争的时代，是社会主义革命和民族解放革命

---

① 靳辉明、谷源洋主编：《当代资本主义与世界社会主义》上卷，海南出版社，2004年版，第24页。

② 毛泽东：《新民主主义论》(1940年1月)，《毛泽东选集》第2卷，人民出版社，1991年版，第680页。

③ 毛泽东：《目前形势和我们的任务》(1947年12月25日)，《毛泽东选集》第4卷，人民出版社，1991年版，第1260页。

④ 《新华半月刊》，1957 (24)，第1页。

的时代，是帝国主义崩溃、殖民主义体系消灭的时代，是越来越多的人民走上社会主义道路、社会主义和共产主义在全世界范围内胜利的时代。”① 现在看来，《莫斯科声明》对时代的这种概括既有符合实际之处，也有估计过高之处。如说“两个对立的社会体系斗争的时代”、“民族解放革命的时代”是对的，“社会主义革命的时代”则估计过高了；说“殖民主义体系消灭的时代”是对的，而说“帝国主义崩溃的时代”则估计过高了；最后一句说“越来越多的人民走上社会主义道路”是对的，但是说“社会主义和共产主义在全世界范围内胜利的时代”则估计过高了。总的看来，1957 年的《莫斯科宣言》、1960 年的《莫斯科声明》对时代的认识，既有大时代的内涵，又有现时代的表述；既有与时俱进的概括，又有脱离实际的东西。

（二）经典作家关于“两制共存竞争”的思想

列宁 1919 年 9 月在《致美国工人》一文中说，随着反对帝国主义武装干涉斗争的胜利，国际关系即将出现“社会主义国家和资本主义国家共存的时期”。② 同年 12 月 2 日，列宁在他亲自起草的《关于国际政策问题的决议草案》中，强调“俄罗斯社会主义联邦苏维埃共和国希望同各国人民和平相处，把自己的全部力量用来进行国内建设，以便在苏维埃制度的基础上搞好生产、运输和社会管理工作”。③ 这是在苏维埃俄国、党和政府的决议文件中，第一次使用“和平相处”的提法。

1920 年 2 月，列宁在回答美国新闻社驻柏林记者卡尔·维干德的提问时，提出了“同各国人民和平共居”的思想。当记者问到他“对亚洲的计划是什么”时，列宁回答：“和对欧洲一样：同各国人民和平共居，同正在觉醒起来要求过新生活，过没有剥削、没有地主、没有资本家、没有商人的生活的各国工人和农民和平共居。”当记者问到苏维埃俄国“同美国保持和平的基础是什么”时，列宁回答：“请美国资本家不要触犯我们。我们是不会

---

① 《新华半月刊》，1960（24），第 2 页。

② 列宁：《致美国工人》（1919 年 9 月 23 日），《列宁全集》第 37 卷，人民出版社，，1986 年版，第 188 页。

③ 列宁：《俄共（布）第八次全国代表会议文献》（1919 年 12 月），《列宁全集》第 37 卷，人民出版社，1986 年版，第 354 页。

触犯他们的。我们甚至准备用黄金向他们购买运输和生产用的机器、工具及其他东西。并且不仅用黄金买还要用原料买。”①

“两制共存”、“和平共居”、“和平竞争”的判断，对现时代是“两制共存竞争”的判断有指导意义。

二、现时代的呈现及其促成因素

（一）“两制共存竞争现时代”与新科技革命

1. 科技进步不断推动人类历史进入新时代。

马克思、恩格斯处在“两个过渡”大时代中的资本主义上升的“现时代”，列宁、斯大林、毛泽东处在“两个过渡大时代”中的帝国主义和无产阶级革命现时代，之后人类社会则进入了“两个过渡大时代”中的“两制共存竞争现时代”。这种判断遵循的是马克思主义的基本立场、观点、方法，直接依据是世界发生了广泛而深刻的变化。这种变化首先表现在科技革命方面。

科技和生产力的水平集中体现在生产工具上。以生产工具为标志，可以把全部人类社会历史划分为石器时代、青铜器时代、铁器时代和机器时代。而机器时代又可以根据动力不同分为蒸汽时代、电气时代。根据唯物史观，社会制度的变化是同科技与生产的发展相适应的。一般说来石器时代是原始社会时代，青铜器时代是奴隶制社会时代，铁器时代是封建制社会时代，机器时代是资本主义和社会主义时代。列宁在1920年曾非常赞赏这样的说法：“蒸汽时代是资产阶级的时代，电气时代是社会主义的时代。”② 当时列宁是预计社会主义的苏俄将会比西方资本主义国家更快地实现全国电气化，进而加快其他国家走上社会主义道路的步伐。后来由于各种原因，列宁的预计没有完全实现。但他的关于科技发展与时代变化紧密相连的思想，为我们今天判断科技进步对人类社会时代转换有突出的指导意义。

① 列宁：《答美国世界新闻社驻柏林记者卡尔·维干德问》（1920年2月18日），《列宁全集》第38卷，人民出版社，1986年版，第158页。

② 列宁：《在第七届全俄中央执行委员会第一次会议上的报告》（1920年2月2日），《列宁全集》第38卷，人民出版社，1986年版，第117页。

19 世纪末、20 世纪初以来，新科技革命呈现全方位、加速发展的新特点。

从 19 世纪末到 20 世纪上半叶是电气时代，发电机的发明和使用使机器获得了更新动力，生产力大大提高。

第二次世界大战后，科技和生产力有了更快的发展。以原子能的出现和使用为标志，人类社会的科技发展进入原子时代。而以电子计算机的出现和使用为标志，人类社会的科技发展又进入了电子信息时代。当今时代新的科技革命则遍及自然科学六大领域：数学领域出现了计算机；物理学领域出现了原子能、电子、光子、超导、纳米；化学领域出现了许多人工合成的新材料，如薄膜、人造橡胶、人造纤维等；天文学领域出现了人造卫星、航天飞机、宇宙火箭、空间站；地理学领域出现了地热能、海洋技术；生物学领域出现了生物技术工程、生物遗传工程、改造和创造新生命工程等。数、理、化、天、地、生自然科学六大领域形成了全方位的科技革命，而且它们不是单科独进，而是齐头并进，互相交叉，彼此融合，甚至加速度发展，一日千里，突飞猛进。近 20 多年来人们的发明和创造，已经大大超过以往两千多年发明创造的总和，信息化是其最突出特征。

2. 新科技革命推动“两制共存竞争现时代”形成。

新科技革命的深入、扩展，推动人类社会进入“两制共存竞争现时代”。

（1）新科技革命促使西方资本主义“两个发达”（经济科技发达、问题也严重）。

人们常把西方国家称为“发达资本主义国家”。对于“发达”的内涵，我们认为主要是指这些国家的经济最发达，生产力发展水平最高，归根到底是指这些国家的科学技术最发达、最先进。从现状来看，无论是科技进步成果，还是生产力发展水平，资本主义国家，特别是美国、欧盟和日本，都占明显的优势，其中美国的科技优势尤为突出，这也是它成为当今世界超级大国的最重要原因。但是也必须看到，这些国家存在的问题也属“发达”水平，不仅影响自身，而且影响世界。

生产力发展是推动人类社会进步的决定性力量，科技进步则是生产力发展的关键。马克思说，“蒸汽、电力和自动纺织机”是历史上最伟大的“革命家”。① 因此，“一切社会变迁和政治变革的终极原因，不应当在人们对永恒的真理和正义的日益增进的认识中去寻找，而应当在生产方式和交换方式的变更中去寻找”。② 西方国家发达的原因很多，其中科技进步为其经济增长提供了新的更为强劲的动力。以计算机技术、信息工程、生物工程和空间技术为标志的第三次技术革命，造就了一批新兴产业，带动了原有传统产业部门的改造，促进了产业结构的调整和升级，金融、信息和其他第三产业迅速崛起。以美国为例，其经济增长的30%左右来自高新技术产业部门，信息技术产业已成为其最大的产业之一。

科技进步在西方发挥积极作用的同时，也产生了严重的消极后果。

就其国内的表现看，它使资本更加集中，垄断进一步增强，企业规模不断膨胀，少数大银行几乎控制着全世界的货币资本，严重阻碍着科技进步和生产力进一步发展；使金融和科技泡沫不断积累并日益恶化，使西方的经济在很大程度上变成了“透支经济”，没有实体经济支撑的“透支经济”迟早会发生信用危机，危害到整个经济的发展；使资本对劳动的剥削加重，贫富差距在拉大；使寡头政治进一步发展，权力更加集中，金钱政治盛行，官场铜臭弥漫，政治丑闻司空见惯，贪污贿赂家常便饭，有位记者指出，“不要看表面现象，那是爬满蛀虫的烂苹果”；③ 使社会丑恶现象增多，精神危机弥蔓。这种种问题和矛盾集中体现在资本主义条件下科技进步的局限性，它们在阻碍这些国家社会经济发展的同时，也必然成为科技本身健康发展的障碍。

就其国际的表现看，它加剧了世界经济发展的不平衡，将发展中国家对发达国家的经济技术依赖变为依附；加剧了国际关系的不平等和世界范围内的贫富差距；给世界经济可持续发展和世界和平带来了诸多问题，如日趋严重的温室效应、环境污染、生态失衡、科技犯罪、核疯狂等就是如此。科技

① 马克思：《在“人民报”创刊纪念会上的演说》（1856年4月14日），《马克思恩格斯全集》第12卷，人民出版社，1965年版，第3页。

② 恩格斯：《社会主义从空想到科学的发展》（1880年1—3月），《马克思恩格斯选集》第3卷，人民出版社，1995年版，第741页。

③ 靳辉明、谷源洋主编：《当代资本主义与世界社会主义》（上卷），海南出版社，2004年版，第159页。

进步使得如今的人类生活在一个十分矛盾的社会里，面临着种种荒谬现象：一方面，有人利用现代科技，热心开发高效医药，千方百计地救人；另一方面，有人利用现代科技，积极研制新式武器，处心积虑地杀人。现今这种荒谬现象，可以说是现代科技异化的最突出表现。①

西方国家的这种现状，对确立“两制共存竞争现时代”有两层意义：一是“西方发达资本主义国家带头掀起的这场新科技革命确实是人类社会生产力大发展的黄金时代”。② 但他们自己在不自觉地为自己准备了坟墓，不自觉地生产和“培养”了资本主义“自身的掘墓人”，不自觉地为更高级的社会主义生产形式创造物质条件，不自觉地为社会主义“准备”生产组织形式和“新人”，不自觉地为社会主义“准备”了其他因素。二是我们坚信资本主义必然灭亡，但不会很快就灭亡。因为这些国家的生产力还在发展，劳苦大众的觉醒和组织还需要时间，它被社会主义所取代可能要经历一个漫长、曲折的历史过程。在这个较长的历史时期内不可避免地与社会主义国家共存竞争，在共存竞争中积累条件，最终被社会主义所代替。

（2）新科技革命促使发展中国家“四个鸿沟”扩大。

近年来的事实表明，信息技术给发达国家带来巨大的经济利益和社会进步的同时，发达国家与广大发展中国家在使用信息技术上的差距正在迅速扩大，这一差距被称为“数字鸿沟”（Digital Divide）。全球高收入国家（约占全球人口18%）的人均GDP为最低收入国家（约占全球人口20%）的人均GDP的100倍，而按信息化指标（如人均计算机数、人均上网次数）衡量，二者的差距则高达500倍以上。目前，美国拥有计算机数为全世界其他国家的总和；世界95%的互联网用户集中在不到5%的人口中；纽约一个城市拥有的网络主机数超过了全部拉丁美洲和加勒比海国家总和，芬兰一个国家的网络主机数超过了非洲大陆的总和。最不发达国家正面临着信息边缘化的危险。

“数字鸿沟”有典型的“马太效应”——“富者愈富、贫者愈贫”。具体

① 靳辉明、谷源洋主编：《当代资本主义与世界社会主义》（上卷），海南出版社，2004年版，第164页。

② 高放、李景治、蒲国良主编：《科学社会主义的理论与实践》（第四版），中国人民大学出版社，2005年版，第296页。

讲就是促使另外三个“鸿沟”扩大：南北差距的扩大；发展中国家之间的发展差距扩大；发展中国家内穷人与富人的贫富差距扩大。

这四个“鸿沟”的扩大，对确立现时代有多层意义，尤其是它在两个方面的突出影响不容忽视：一是这四个“鸿沟”的扩大，本身就是四对矛盾的扩大，它是资本主义基本矛盾的延伸与扩展。培养了资本主义异己的力量——革命的因素，使这些国家的人民不断得到锻炼，加强团结。如果条件成熟，这些国家走俄国十月革命和中国革命的道路，并非不可能；二是这四个“鸿沟”的扩大，意味着资本主义富人统治集团集体力量的增强，北方的富人与南方的富人以各种渠道和方式纠合在一起，联合对付弱势群体，特别是运用高科技手段打压他们，破坏他们的联合团结，使得多数发展中国家的革命形势长期处于低潮，造成了革命力量的成长是客观存在，富人力量的强大并处于统治地位也是客观现实。这种共存竞争的态势想在短期内得到改变相当困难。我们确信正义终将战胜邪恶，社会主义终将代替资本主义，但这些国家处于两大力量的相持阶段和共处竞争的时代，任何冒险主义的革命发动和依附主义的“合污”行动都是错误的，积蓄、培养革命力量，才是正确选择。

（3）新科技革命对社会主义国家是机遇也是挑战。

世界范围内国与国之间的竞争，最核心的是科技竞争。社会主义发展，科学技术的发展程度是一个重要方面。社会主义国家科技的发展，主要靠自力更生，但决不能忽视“引进”，正如邓小平所说：“如果一个国家要发展，孤立起来，闭关自守是不可能的，不加强国际交往，不引进发达国家的先进经验、先进科学技术和资金，是不可能的。”① 宏观来看，战后的新科技革命对社会主义国家来说，机遇与挑战并存。

从机遇的角度看：第一，为社会主义生产力的发展提供了强大动力。“人类文明的进程越来越深刻地证明，科学技术是第一生产力，是经济发展和社会进步的重要推动力量。人类在认识和利用自然方面取得的每一项重大成就，莫不与科学技术的发展密切相关。人类的智慧无有穷尽。科学技术作

① 邓小平：《政治上发展民主，经济上实行改革》（1985年4月15日），《邓小平文选》第3卷，人民出版社，1993年版，第117页。

为这种智慧的一座光芒四射的灯塔，经过无数科学家的艰辛努力，正在不断透过层层叠嶂照耀到更高的群峰之上。”① 社会主义国家自身科技水平的提高和不同程度地引进世界上的先进技术、管理手段和产品，极大改善了社会主义国家的技术装备、提高了管理水平，生产力的发展迈上了新台阶。苏联昔日一度曾发展为综合国力仅次于美国的世界性大国，当今的中国已经成为“综合国力大幅提升和人民得到更多实惠”、“国际地位和影响显著提高”的发展中大国，“一个面向现代化、面向世界、面向未来的社会主义中国巍然屹立在世界东方”。“中国的发展不仅使中国人民稳定地走上了富裕安康的广阔道路，而且为世界经济发展和人类文明进步作出了重大贡献。”② 其他社会主义国家也因此取得了不同程度的进步、发展。第二，为社会主义生产方式和管理体制奠定了物质技术基础，推动了社会主义国家的体制改革。历史和现实的种种事例表明，科技和生产力的较量，决定着两种社会制度的最终胜败。社会主义只有发展生产力，消灭了贫困，才能战胜资本主义。而在当今世界，要想使生产力得到更快的发展，首先就要使科学技术的进步更加迅速，创造出更能推动和适应科技发展和科技创新的社会经济条件和体制。后来的苏联等国没有这样做，或者说做的不好，成为苏东剧变的重要原因。中国这么做了，创造了社会主义市场经济、科技体制，并使之不断完善，按照科学发展观办事，使得自主创新能力显著提高，科技进步对经济增长的影响力大幅上升，我国正在不断地缩小与发达国家的差距。第三，为人的解放和自由的全面发展创造了条件。科技的进步，电脑、特别是因特网、信息高速公路的广泛应用，大大节省了人们的劳动时间，这就意味着“在必要劳动时间之外，为整个社会和社会的每个成员创造大量可以自由支配的时间（即为个人发展充分的生产力，因而也为社会发展充分的生产力创造广阔余

---

① 江泽民：《在新西伯利亚科学城的演讲》（1998 年 11 月 24 日），《江泽民文选》第 2 卷，人民出版社，2006 年版，第 235—236 页。

② 胡锦涛：《高举中国特色社会主义伟大旗帜，为夺取全面建设小康社会新胜利而奋斗——在中国共产党第十七次全国代表大会上的报告》（2007 年 10 月 15 日），《人民日报》2007 年 10 月 25 日。

地)”。[①] 在自由的时间里，人们能够按照自己的志趣与爱好，开展各种艺术、科学、体育以及其他社会公益活动，发展人自身的能力。只有这样，在这个“必然王国的彼岸，作为目的本身的人类能力的发展，真正的自由王国”[②] 才能真正建立和繁荣起来。生命工程的大发展，不仅使得粮食产量、质量空前提高，环保水平大大提升，甚至可以提高人的先天素质，摆脱先天性、后天性疾病的困扰。这是普惠全人类的，当然包括社会主义国家的人们。

从挑战的角度看：第一，科技革命的深化扩展，必将带来生产力的新一轮增长，从而使生产关系对生产力的包容性加大。生产力决定生产关系，生产力的发展也必将要求生产关系作出相应的调整。科技革命的发展增强了资本主义生产关系调整的力度，从而使资本主义生产关系能够容纳更为发展的生产力，资本主义因此得到继续发展，甚至加速发展。在这种情况下，社会主义国家如果不加速发展，不逐步缩小与发达资本主义国家的差距，就会导致社会主义信念的危机，从而危及社会主义制度的巩固。第二，在物质基础差、生产力不发达的基础上建立的社会主义国家，科技和文化的落后，使得以科技进步为主导的生产力发展落后于资本主义国家。现阶段，发达资本主义国家对社会主义国家的敌视，也使其对社会主义国家的技术封锁和垄断在不断地加强。科技革命迅猛发展背景下的技术瓶颈必将制约社会主义国家的发展。如果生产力长期得不到发展，人民生活水平得不到提高，社会主义运动和社会主义国家的发展就会遭受挫折。苏东剧变的教训已经证明了这一点。第三，科技革命的发展，尤其是以信息技术为主导的新兴产业的发展，势必会导致信息交流的无障碍化。网络在加快信息传递速度的同时，也使意识形态渗透更具隐蔽性，从而科技革命的成果就成了对社会主义国家进行“和平演变”的工具。[③]

总之，当代新科学技术的发展，不仅是经济增长的原动力，而且是军事

① 马克思：《政治经济学批判》（1857—1858年草稿），《马克思恩格斯全集》第46卷下，人民出版社，1980年版，第221页。

② 马克思：《资本论》第3卷，人民出版社，1975年版，第927页。

③ 顾海良、梅荣政主编：《科学社会主义理论与实践》，武汉大学出版社、湖北人民出版社，2006年版，第330页。

对抗的威慑力、政治斗争的影响力、社会进步的推动力，具有两面性的作用。社会主义国家曾经从中受益，但也吃过大亏。社会主义国家抓住机遇，勇敢地迎接、应对挑战。苏东剧变后社会主义的红旗高高飘扬，社会主义国家巍然屹立，并且与资本主义共存竞争。可见，新科技革命是世界“两制共存竞争现时代”呈现和延续的重要影响力和推动力。

（二）“两制共存竞争现时代”呈现的全球化影响

1. “两制共存竞争现时代”在全球化前两次浪潮中萌芽、成长。

世界呈现“两制共存竞争现时代”的另一个重要动因，就是全球化的影响。

全球化是一个十分复杂的社会现象，应该从客观历史进程和至今为止的主导力量两个层面来把握其内涵，应该从资本扩张的角度探讨其特征与实质。资本扩张的过程，恰恰伴随着社会主义逐步成长、世界“两制共存竞争现时代”逐步形成的过程。

当前，我国学术界的全球化研究主要在以下六个方面争论激烈：一是全球化是一种客观事实，还是一种主观虚构；二是全球化是资本主义的，还是社会主义的；三是除了经济全球化外，是否还存在政治全球化和文化全球化；四是全球化对于中国这样的发展中国家是利大还是弊大；五是中国对参与全球化应当采取积极态度还是消极态度；六是全球化是西方化还是现代化。①

我们赞同这样的观点：“全球化是一个不可逆转和不可抗拒的时代潮流和客观发展趋势，它是指随着西方资本主义生产方式的逐步确立及其资本对外扩张，人们超越和克服不同空间、制度、文化等社会障碍，从经济、政治、文化、科技以及社会生活等各个方面日益密切地相互交往与融合，达成更多共识与共同行动的客观过程。简而言之，全球化就是把全球所有国家和地区的人群在各个领域和各个方面越来越紧密地联结成一体，并最终将实现

---

① 俞可平：《全球化与政治发展》，社会科学文献出版社，2003 年版，第 211—216 页。

'人类大同'即共产主义的客观历史进程和发展趋势。"[1] 它是生产力发展的客观趋势的要求。从至今为止的主导力量来说，全球化"就是近代西方资本主义对外扩张并企图控制和统治全球的过程"。[2] 现今的全球化是客观历史进程与主导力量的主观意图和战略的统一。

关于当今全球化的基本特征，应该紧密联系资本主义生产方式（生产力与生产关系的统一）来观察，从这一视角来看，全球化以科技全球化趋势为先导，以金融国际化为核心，以跨国公司为主要载体，以跨国家、跨地区规模的大市场为纽带，是一个充满矛盾的历史过程，具有"双刃剑"的突出特征。

全球化的实质是资本全球化。对于这一点，国际舆论比较强烈，如布热津斯基就说过："人们还必须把全球化的专门组织网，特别是'国际'金融机构，看作是美国体系的一部分。国际货币基金组织和世界银行，可以说代表'全球'利益，而且它们的构成成分可以解释为世界性。但实际上它们在很大程度上受美国左右，而且它们本来就是在美国的倡议下产生的，特别是美国倡议的1944年布雷顿森林会议。"[3] 墨西哥《至上报》2000年5月25日发表的《新帝国主义》一文认为："全球化完全证实了马克思的理论：资本的集中越来越迅速，企业家的世界秩序正在逐步迫近，他们的世界权力与其企业的兼并规模成比例的资本大联盟由于《多边投资协定》达到了高峰。一年之后，资本主义在瑞士的达沃斯确立了自己的世界权力。"西方一些"新左派"和第三世界的一些学者也纷纷指出当今的经济全球化是"野蛮资本主义"、"全球资本主义"、"晚期资本主义"、"新帝国主义"，是"西方化甚至美国化"、"帝国主义变种"，目前的因特网是一种"信息帝国主义"，世贸组织是"市场帝国主义"，国际货币基金组织是"金融帝国主义"，等等。他们认为，在全球统治方面，"如果没有美国就不会存在"。全球化对于大多

① 靳辉明、谷源洋主编：《当代资本主义与世界社会主义》（下卷），海南出版社，2004年版，第137—138页。

② 靳辉明、谷源洋主编：《当代资本主义与世界社会主义》（下卷），海南出版社，2004年版，第155页。

③ 兹比格纽·布热津斯基：《大棋局：美国的首要地位及其地缘战略》，上海人民出版社，1998年版，第37页。

数国家来说是一个被迫的过程，“对于美国来说，这却是它的经济特点和政治精英有意识推动并维持的过程”。[①] 因为“全球化对美国是好事，对其他国家是坏事”。[②] 1999 年开始的世界“反全球化”运动高涨，有些观点和作法并非正确，但却从一个侧面反映了全球化过程中出现的多种问题和弊端，折射出当今全球化的两重性，暴露出全球化的实质，即金融资本的扩张和资本主义的垄断与剥削。

全球化历程长达五百多年，“大致经历了三次发展高潮：初始阶段，从 15 世纪末开始，到 19 世纪中叶逐渐达到高潮；第二阶段，从 19 世纪下半叶开始，到 20 世纪初期达到高潮；第三阶段，从 20 世纪 50 年代开始，至 90 年代迎来了经济全球化进程的新高潮”。[③] 从世界历史的视角对全球化进程、资本主义进程、社会主义进程、世界大小时代变化进行分析，可以得出一个基本结论：四者之间有着深刻的内在联系，在三次全球化的浪潮中，资本主义经历了上升时期、帝国主义阶段、发达时期，科学社会主义不仅横空出世，而且实现了三次重大飞跃和发展，世界“两个过渡大时代”的起步、发展，世界现时代多次转换，最终转换为当今的世界“两制共存竞争现时代”。

在第一次全球化的浪潮中，资本主义处在上升时期，资本逐步确立了自己的统治地位；马克思、恩格斯创立了马克思主义，社会主义由空想变为科学，实现了人类思想史上，特别是社会主义发展史上第一次历史飞跃；世界进入“两个过渡大时代”，同时进入资本主义上升的现时代，出现了马克思主义与资本主义制度的共存竞争的萌芽态势。

在第二次全球化的浪潮中，资本全球扩张，资本主义从自由竞争过渡到垄断阶段，即帝国主义阶段。列宁揭示了帝国主义的本质特征和发展规律，创立了列宁主义；马列主义与中国实际结合，形成了毛泽东思想。它们指导

① 汉斯-彼得·马丁、哈拉尔特·舒曼：《全球化陷阱对民主和福利的进攻》，中央编译出版社，1998 年版，第 297 页。

② 布·马洛：《全球化：美国谋求霸权和基辛格的担心》，《新德意志报》2000 年 7 月 22 日。

③ 靳辉明、谷源洋主编：《当代资本主义与世界社会主义》下卷，海南出版社，2004 年版，第 160 页。

十月革命、中国革命取得胜利，社会主义由理论到制度的具体实践，社会主义国家由一国到多国，形成世界社会主义体系。世界“两个过渡大时代”深入发展，开始了社会主义向共产主义过渡的制度行进过程，世界历史转换为“帝国主义与无产阶级革命时代”，与此同时，世界“两制共存竞争现时代”初现雏形，因为社会主义国家已经形成体系，资本主义国家势力仍然强大，双方作为社会制度不同的国家共存于一个世界内，开始了对抗式的竞争，但此时对抗的强度相对较低。

2. 第三次全球化浪潮促使“两制共存竞争”态势呈现。

“两制共存竞争现时代”在第三次全球化浪潮中鲜明呈现。

在第三次全球化浪潮中，由于新科技革命的作用，资本全方位扩展，资本主义发展达到发达水平；从性质上看，全球化是资本主义现代化的新开拓。[①] 现代化是人类文明的一次嬗变，它所反映的是一个社会业已经历或正在进行的涉及各个方面、各个层面的转变过程，既包括社会制度的变迁，又涵盖人类文明的变迁、物质生产力的巨大进步。它是一个民族或一个国家在某个历史时期或某个发展阶段，在经济、政治、社会、教育、文化、生活质量、人的素质等方面的发展水平与状况的综合概念。“现代化”包括劳动社会化、国家工业化、生产机械化、经济市场化、政治民主化、社会法制化、乡村城市化、大众知识化等，即科技、经济、政治、文化、人际关系、国际关系等方面的全方位、多层次、宽领域的剧变。现代化与全球化密切相关，两者纵横交错，彼此依存，互相促进。现代化带动了全球化，全球化又引导了现代化。全球化是把现代化的新成果全面推广、扩展到全球五大洲各个国家和地区的历史进程。现代化是纵向时间的演变过程，全球化是横向空间的拓展过程。前两次全球化浪潮使现代化大大扩展，第三次全球化浪潮，更使之冲击到了无远弗届的边缘角落。

换个角度说，全球化推动了现代化，全球化也使得国际关系的内容大变。生产全球化、贸易全球化、金融全球化、投资全球化、信息全球化、区域性合作日益加强等，使得世界各国、各地区经济、政治、军事、文化、外

① 高放、李景治、蒲国良主编：《科学社会主义的理论与实践》（第四版），中国人民大学出版社，2005年版，第231页。

交等领域的联系、交流、合作达到空前水平。资本主义与社会主义国家不能不共存、不得不共存。共存中获取超额利润，共存中实现政治企图等。

必须承认，全球化是一把“双刃剑”。当今的全球化是在资本主义主导下发展的，其主流是要把资本主义的剥削与压迫制度推广全球，使资本主义的固有矛盾波及全球，使两极分化蔓延到全球。此外，伴随着全球化，已经出现了环境污染全球化、艾滋病全球化、恐怖主义全球化等趋势。这些给世界人民带来了极大危害。从国际犯罪看，毒品贸易、网络洗钱十分猖獗，难以遏制。这些已引起全球关注和反对。

在社会主义国家，全球化的这把“双刃剑”的影响同样存在。只是表现方式有异、结果有别。全球化对社会主义国家来说历史性机遇在于：为社会主义发展提供了相当宽松和有利的外部环境；全球化进程凸显出社会主义的“魅力”，有利于社会主义国家的国际地位的提升；全球化“冲破”了主要发展观念的“禁区”，带来了社会主义价值观念的变革，有利于社会主义国家的全面改革开放和社会主义价值观念的“张扬”。巨大的压力和严峻的挑战在于：全球化给社会主义国家的安全特别是经济发展和经济安全带来了威胁和挑战；全球化给社会主义意识形态和文化带来了冲击和压力；全球化背景下西方发达国家推行的霸权主义和强权政治使社会主义国家在全球化进程中面临挑战。① 积极参与、趋利避害，是社会主义国家最佳的选择。

总之，全球化在资本主义的范围内促进了资本主义的发展和扩张，与此同时也不断加速和扩展着当代资本主义的固有矛盾和弊端，为资本主义灭亡准备条件。当资本主义不能容纳全球化发展之时，资本主义就将走向它的终点，取而代之的将是新质的全球化即社会主义的全球化。

全球化中资本主义的“新进展”最终不过是在为它走向灭亡“开辟”道路。可以说，全球化是对资本主义的否定和扬弃，当今世界包括发达资本主义国家一切具有“进步意义”的发展变化，都有利于世界社会主义的成长和力量的“积聚”，乃至共产主义的最终实现，社会主义和共产主义的全球化将是一种自然的历史过程，“资产阶级的灭亡和无产阶级的胜利同样是不可

① 靳辉明、谷源洋主编：《当代资本主义与世界社会主义》下卷，海南出版社，2004 年版，第 164—168 页。

避免的”，因为这是“社会历史发展不可逆转的总趋势”。

经过苏东剧变考验的社会主义国家，在全球化的浪潮中勇当弄潮儿，使社会主义事业乘风破浪，显示了社会主义的优越性。

世界的新变化表明，世界“两个过渡大时代”没有变，“帝国主义与无产阶级革命时代”最终转换为世界“两制共存竞争现时代”。

（三）“两制共存竞争现时代”中的中国因素

在“两制共存竞争现时代”呈现历程中，中国的分量不容忽视。

1. 理论的继承、创新。

全球化的客观进程与马克思主义的创立、发展有着密切关系。在全球化的三次浪潮中，前两次浪潮中先后出现了马克思主义、列宁主义、毛泽东思想，第三次浪潮中逐步形成了中国特色社会主义理论体系，就是包括邓小平理论、“三个代表”重要思想以及科学发展观等重大战略思想在内的科学理论体系。“这个理论体系，坚持发展了马克思列宁主义、毛泽东思想，凝结了几代中国共产党人带领人民不懈探索实践的智慧和心血，是马克思主义中国化最新成果，是党最可贵的政治和精神财富，是全国各族人民团结奋斗的共同思想基础”，[①] 已经焕发出强大的生命力、创造力、感召力。

（1）邓小平理论。邓小平“不忘老祖宗”，又解放思想，实事求是；一切从中国的实际出发，又具有世界眼光。他坚持用马克思主义宽广的眼界观察世界，并以开放的胸襟对时代特征和整体世界格局进行正确判断和分析，提出了新的理论概括。特别是在基本认清了全球化在本质上与社会主义具有目标的一致性、发展的互动性和价值的契合性的新情况、新特点，基本认清了经济全球化背景下资本主义和社会主义并存发展、交融摩擦及合作竞争的新情况、新特点等基础上，以经济全球化为背景，总结过去经验，吸取历史教训，勇于理论创新，初步回答了“什么是社会主义”、“怎样建设社会主义”等时代课题。

① 胡锦涛：《高举中国特色社会主义伟大旗帜，为夺取全面建设小康社会新胜利而奋斗——在中国共产党第十七次全国代表大会上的报告》（2007 年 10 月 15 日），《人民日报》2007 年 10 月 25 日。

邓小平理论凸显了它的全球化视野。在邓小平此时的许多谈话中，虽然没有明确提出“全球化”的概念，但有大量与“全球化”相接近的概念，如“全球性”、“全人类的高度”、“国际经济新秩序”、“国际政治新秩序”、“世界和平”等。邓小平从全球视野出发，从国际政治的角度创造性地提出了其独具特色的全球化战略思想。在他看来，和平与发展是当代世界的主题；实行全方位的对外开放是中国应对全球化挑战的基本战略；以和平共处五项原则为基础建立和平、稳定、公正、合理的国际政治、经济新秩序是推进世界全球化进程的基本准则与目标；坚持独立自主和平外交政策，坚持走自己的路，把国家主权、国家安全始终放在第一位、不去察言观色、实行真正不结盟，作为应对全球化的根本准则；反对强权政治和霸权主义，与此同时，把同谁都来往、同谁都交朋友作为应对全球化的重要政策；“一国两制”，搁置争议、主权归我、共同开发，和平协商、合情合理地解决边界纠纷，求同存异、不纠缠历史旧账，作为应对全球化的重要决策；加强和推进与第三世界的团结和合作作为中国外交、也是应对全球化的基本立足点；针对苏东剧变，制定了“不搞意识形态的争论”、“冷静观察”、“韬光养晦”、“有所作为”等正确外交方针。

邓小平提出的从“生产力标准”到“三个有利于”标准、从“科学技术是第一生产力”到我们要在高科技领域“占有一席之地”、从“社会主义也可以搞市场经济”到“计划与市场都是经济手段”，以及“必须大胆吸取和借鉴人类社会创造的一切文明成果”等观点，都充分显现出邓小平理论的全球化视野。

(2)“三个代表”重要思想。其是以江泽民为首的党中央领导集体继承、发展了邓小平理论的新成果。“三个代表”重要思想进一步回答了“什么是社会主义”、“怎样建设社会主义”，特别是回答了“建设什么样的党”以及“怎样建设党”的时代课题。对全球化有了明确、系统的认识和应答，明确提出了“全球化”的概念，系统阐述了全球化的原因、性质、特征、影响以及应对方略。

关于全球化20世纪80年代后步伐明显加快的原因，江泽民认为，一是世界范围内正在进行经济结构调整；二是科技进步突飞猛进；三是跨国公司的影响力日益增大。[①] 另外，江泽民还提出国际局势相对缓和，在相当长的时期内避免新的世界大战是可能的，各国越来越关注经济贸易、经济安全、经济竞争，把发展经济作为国家战略的重点，积极参与国际竞争与合作。这是经济全球化快速推进的重要条件和动因。总之，“经济全球化，是社会生产力发展的客观要求和必然结果”。[②]

关于全球化性质与特征，江泽民认为，“经济全球化是一把双刃剑”，[③]有积极的一面，也有消极的一面，对广大发展中国家来说，既是机遇，也是挑战；既有利，也有弊。

关于应对的方略，江泽民指出“积极促进经济全球化朝着有利于实现共同繁荣的方向发展，趋利避害，使各国特别是发展中国家都从中受益”，从而实现“世界各国平等、互惠、共赢、共存的经济全球化”的目标和前景。[④] 对中国来说，一方面，决不能因为经济全球化可能会给我们带来风险，就置身事外，甘当观潮派。我们必须树立起全球意识，具有世界眼光，以积极姿态加入全球化进程，借助世界经济的舞台，实现振兴中华的大计。另一方面，也应该看到，不能对经济全球化抱盲目乐观的态度，不应把经济全球化理解为西方列强会自动放弃强权政治和掠夺政策，以为从此天下太平、世界大同，而要对经济全球化带来的挑战有清醒的估计。面对机遇和挑战，我们必须树立积极的防范风险的意识，在游泳中学会游泳，在竞争中增强实力。世界一些小国面临的经济全球化风险决不比我们少，它们能够勇于参与、借势长势，相信我们一个泱泱大国，也一定能够趋利避害、化解风险，展示中华民族自立于世界民族之林的能力和风采。但我们也不能因中国是一个大国而妄自菲薄。正确的方针应当是：既要积极大胆，又要从容谨慎，抓好机遇，战胜挑战，在经济全球化潮流中不断拓宽改革开放、加快发

① 《江泽民论有中国特色社会主义（专题摘要）》，中央文献出版社，2002 年版，第 516 页。

② 《江泽民论有中国特色社会主义（专题摘要）》，中央文献出版社，2002 年版，第 519 页。

③ 《江泽民论有中国特色社会主义（专题摘要）》，中央文献出版社，2002 年版，第 519 页。

④ 《江泽民论有中国特色社会主义（专题摘要）》，中央文献出版社，2002 年版，第 518 页。

展的空间。[①] 顺势弄潮，大有作为，是中国积极参与经济全球化的正确应对。

党的第三代领导集体还提出，进一步扩大改革开放，努力提高对外开放水平；主动加入世贸组织和参与国际竞争，维护我国的经济安全；在贯彻“三个代表”重要思想的实践中使党成为我们应对全球化的主心骨；在加强国际合作和国际关系民主化进程中推进国际政治经济新秩序建立，等等。所有这些，都折射出党的第三代领导集体的世界眼光。

（3）科学发展观。科学发展观是中国共产党人面对当今世界正在发生广泛而深刻的变化、当代中国正在发生广泛而深刻的变革的情况下，立足社会主义初级阶段的基本国情，总结我国发展实践，借鉴国外发展经验，适应新的发展要求提出来的；是对党的三代中央领导集体关于发展的重要思想的继承和发展，是马克思主义关于发展的世界观和方法论的集中体现，是同马克思列宁主义、毛泽东思想、邓小平理论和“三个代表”重要思想既一脉相承又与时俱进的科学理论；是统筹国内国际两个大局的重大战略思想和重要指导方针。

国内构建和谐社会。胡锦涛在中共十七大报告中指出，贯彻科学发展观，第一要义是发展，核心是以人为本，基本要求是全面协调可持续，根本方法是统筹兼顾；实现全面建设小康社会的新要求；促进国民经济又好又快发展；坚定不移发展社会主义民主政治；推动社会主义文化大发展大繁荣；加快推进以改善民生为重点的社会建设；开创国防和军队现代化建设新局面；推进“一国两制”实践和祖国和平统一大业；以改革创新精神全面推进党的建设新的伟大工程。

国外构建和谐世界。针对当今世界和谐之中欠和谐，尤其是经济全球化深入发展的特征，胡锦涛在中共十七大报告中指出，各国人民应携手努力，推动建设持久和平、共同繁荣的和谐世界。具体做法是：遵循联合国宪章宗旨和原则，恪守国际法和公认的国际关系准则，在国际关系中弘扬民主、和睦、协作、共赢精神。政治上相互尊重、平等协商，共同推进国际关系民主

① 中共中央宣传部理论局：《干部群众关心的25个理论问题》，学习出版社，2003年版，第162—163页。

化；经济上相互合作、优势互补，共同推动经济全球化朝着均衡、普惠、共赢方向发展；文化上相互借鉴、求同存异，尊重世界多样性，共同促进人类文明繁荣进步；安全上相互信任、加强合作，坚持用和平方式而不是战争手段解决国际争端，共同维护世界和平稳定；环保上相互帮助、协力推进，共同呵护人类赖以生存的地球家园。中国政府和人民都将高举和平、发展、合作旗帜，奉行独立自主的和平外交政策，维护国家主权、安全、发展利益，恪守维护世界和平、促进共同发展的外交政策宗旨，始终不渝走和平发展道路，始终不渝奉行互利共赢的开放战略，坚持在和平共处五项原则基础上同所有国家发展友好合作。中国人民将继续同各国人民一道，为实现人类的美好理想而不懈努力。①

可见，中国特色社会主义理论及其体系为21世纪中国参与全球化进程擎起了一面理论的大旗，保障了中国在建设中国特色社会主义和全面建设小康社会道路上继续前进的方向和目标。同时，中国特色社会主义理论对现有社会主义国家参与全球化进程、制定应对方略，不仅具有借鉴和参考价值，也增强了这些国家应对全球化挑战的必胜信念，从而提高了世界社会主义运动在空间上回应资本主义挑战的能力。当今全球化进程中，中国特色社会主义理论创新已经具有了一定的国际意蕴和世界意义。对于“两制共存竞争现时代”的确立，无疑增大了社会主义国家分量。

2. 实践的与时俱进。

当今全球化为中国特色社会主义的伟大实践提供了广阔平台。近30年的中国特色社会主义实践是人类全球化进程的重要组成部分。

中国加入全球化的发展历程，大致可分为四个阶段：第一阶段，从1840年鸦片战争开始到1949年中华人民共和国成立。这是中国由一个古老的文明中心被帝国主义的坚船利炮“强行纳入”全球化进程的过程。在该阶段，中国全球化进程受控于强大的外力，处于扭曲变形、低度发展状态，实际上被纳入到西方列强的控制和剥削之下。第二阶段，从1949年到1978

① 胡锦涛：《高举中国特色社会主义伟大旗帜，为夺取全面建设小康社会新胜利而奋斗——在中国共产党第十七次全国代表大会上的报告》（2007年10月15日），《人民日报》2007年10月25日。

年，学习苏联模式，探索脱离并抵抗不平等全球化进程的过程。这也是一种参与，只是水平较低，其中充满了曲折、反复，探索中教训很多。第三阶段，从 1978 年到 2001 年，是我国开始改革开放并渐进式参与全球化进程阶段。该阶段成为“新时期”，最根本的标志是中国开始主动、逐步进入全球化进程的各个领域中，中国现代化进程不断加快。“改革开放”是这一阶段的主旋律，是中国全面加入全球化进程的基本战略方针，[①] 所以该阶段呈现出的最大特点是解放思想、实事求是和开拓创新。第四阶段，大致开始于 2001 年底。加入世界贸易组织是我国参与全球化进程的重大战略抉择，所以以加入世贸组织为标志，我国开始了全面参与和推动全球化进程的新阶段，使中国进一步对外开放的趋势不可逆转。

从中国参与全球化进程的各个不同阶段所呈现的不同特点可以看出，从参与的性质（主动还是被动）、范围（从经济到文化、科技各个领域）、水平及程度来看，到了第三阶段，才算是真正的逐步加入，到了第四阶段，才算真正的“全方位”、“宽领域”和更加主动地参与全球化，驶入了参与的“快车道”。

面对西方主导的经济全球化，尽管我们起步晚、水平低，但我们充分利用了前车之鉴和“后发”优势，加快了跨越发展的步伐，取得令人瞩目的伟大成就。这一过程被费孝通精辟地总结为“三级两跳”；[②] 积累了许多成功经验。这些经验突出体现在中共十七大报告中总结的改革开放的“十个结合”：把坚持马克思主义基本原理同推进马克思主义中国化结合起来，把坚持四项基本原则同改革开放结合起来，把尊重人民首创精神和改善党的领导结合起来，把坚持社会主义基本制度同发展市场经济结合起来，把推动经济基础变革同推动上层建筑改革结合起来，把发展社会生产力同提高全民族文

① 林平、张立新：《中国特色社会主义在经济全球化进程中的现实定位》，《山东社会科学》2000 年第 5 期，第 17 页。

② 即中国进入 20 世纪经历三种社会形态：农业社会、工业社会、信息社会；两大跳跃：从农业社会跳跃到工业社会，再从工业社会跳跃到信息社会。中国的第一跳还在进行当中，有的地方还没有完成，现在却又开始下一个更大的跳跃了。费孝通感到我国技术、信息等变化太快、太大了。费孝通：《经济全球化与中国“三级两跳”的文化思考》，《文化研究》2001 年第 3 期。

明素质结合起来，把提高效率同促进社会公平结合起来，把坚持独立自主同参与全球化结合起来，把促进改革发展同保持社会稳定结合起来，把推进中国特色社会主义伟大事业同推进党的建设新的伟大工程结合起来。[①]

社会主义的中国作为当今世界的进步力量，能同世界各国人民携手努力，推动建设持久和平、共同繁荣的和谐世界，并在当今全球化进程中发挥积极导向作用。正如邓小平所指出的："我们改革不仅在中国，而且在国际范围内也是一种实验，我们相信会成功。如果成功了，可以对世界上的社会主义事业和不发达国家的发展提供某些经验。"[②] 中国特色社会主义事业蓬勃发展，必将对世界社会主义事业和人类进步事业作出更大贡献，为世界社会主义实践树立榜样，显示了"两制竞争共存现时代"中社会主义制度的优越性、生命力。

3. 国际地位不断上升。

新中国成立几十年来，中国综合国力不断增强，在国际舞台上地位日益提高，作用不断增强。

（1）中国的地理、资源优势明显。中国国土面积约占世界总面积的7%，是当今世界国土面积较大的国家，位居世界第三，亚洲第一。地理位置具有很重要的战略意义。我国跨越的气候带较多，其中以亚热带、暖温带为主，为植物生长提供了有利条件。矿产资源也十分丰富，目前世界上已知的140多种矿产，我国基本上都有，已探明储量的矿藏有130多种，其中如煤、铝、钨、钼、锡、锰、铅、锌、汞等，其探明储量均居世界前列。中国人口众多，世界第一，劳动力资源十分丰富。中华民族历史悠久，中国人民勤劳勇敢，能充分利用本国地大物博、人口众多的优势，在新中国成立后几十年间，就迅速改变了以往贫穷、落后的面貌，使古老的中国焕发出勃勃生机。

（2）中国的综合国力日益增强。经过60年的奋斗，我国实现了基本小康，并且建立了独立的门类比较齐全的工业体系和国民经济体系，科技、文

---

① 胡锦涛：《高举中国特色社会主义伟大旗帜，为夺取全面建设小康社会新胜利而奋斗——在中国共产党第十七次全国代表大会上的报告》（2007年10月15日），《人民日报》2007年10月25日。

② 邓小平：《对中国改革的两种评价》（1985年8月21日），《邓小平文选》第3卷，人民出版社，1993年版，第135页。

化、教育、卫生、体育等事业都有了很大的发展。改革开放以来，我国的经济实力更是显著增强，经济增长率较高，人民生活水平不断提高。科学技术是反映一个国家综合国力的一个极重要的指标。在科学技术方面，虽然我们同发达国家仍存在较大的差距，但我国也有自己独特的优势。随着经济、科技的发展，我国的军事实力也不断增强。中国人民解放军不断加强了现代化、正规化的建设，由过去单一的陆军发展成为包括海军、空军、战略导弹部队和其他技术兵种在内的诸军兵种的合成军队，使现代条件下的防卫作战能力大大提高。中国已经具有了一定的经济和军事力量，再也不是任人宰割的“东亚病夫”。中国将在国际政治舞台上为维护世界和平、反对霸权主义发挥自己的作用。

(3) 中国在国际政治事务中作用增强。早在20世纪70年代，尼克松就把中国称为“世界五大力量中心之一”，当前关于中国在国际政治舞台上的地位和作用问题更是人们关注的焦点之一。越来越多的专家学者和著名人士认为中国作为第三世界大国这样一支独立力量登上国际舞台，在当今世界政治力量对比中有举足轻重的作用：能够发挥平衡作用，稳定世界局势；能够抑制战争力量，阻止和延缓世界战争的爆发；能够影响第三世界，制止霸权主义的为所欲为。美国大西洋理事会的一份对华政策报告认为：“中国是一个很大的、很明确的政治和文化实体，能够在世界事务中起越来越有影响的作用。”

总之，当今的中国，综合国力在提升，独具特色的社会主义事业在发展，外交能力、外交影响在提高，从国际形势发展变化中把握发展机遇、应对风险挑战，营造良好国际环境，特别是应对全球化机遇与挑战的成果显著。中国国际地位的提升是世界“两制共存竞争现时代”确立的重要依据。

三、现时代的其他内涵

(一)“两制共存竞争现时代”的起始标志

弄清马克思主义的“大时代”、“小时代”思想，是确立现时代的理论依托；把握新科技革命和全球化对时代变化的影响，是确立现时代的现实根据，但确立现时代的内涵中还有其他重要的问题。

现时代从十月革命算起，与大时代匹配，现时代内又有小阶段。

在现时代，两制的呈现一般从1917年的十月革命胜利算起。中国革命的胜利增大了这一分量。社会主义国家达到15个年头，大约在20世纪70年代中后期，这时世界真正具有了“两制共存竞争”的突出特征。

小时代具有阶段性，又相互交叉。进入19世纪末20世纪初，世界进入帝国主义与无产阶级革命现时代，同时逐渐显现了“两制共存竞争”现时代的雏形。

现时代内又有历史小阶段。列宁在《打着别人的旗帜》一文明确这么说过。[①] 如果按照列宁的思路，帝国主义与无产阶级革命时代可以再细分为若干小阶段，具体讲可以划分为六个小阶段：1900—1917年，帝国主义准备并进行第一次世界大战，俄国十月革命胜利，其为小阶段一；1918—1923年，帝国主义国家爆发无产阶级革命，帝国主义与苏俄一国社会主义激烈冲突的阶段，其为小阶段二；1924—1938年，帝国主义从内部相对稳定到准备新的世界大战，社会主义在苏联一国建设并建成的阶段，其为小阶段三；1939—1945年，帝国主义进行第二次世界大战和世界人民进行反法西斯战争以及人民民主革命的阶段，其为小阶段四；1945—1956年，战后社会主义和资本主义处于冷战状态、社会主义在十几个国家建立和巩固的阶段，其为小阶段五；1956年至20世纪70年代中后期，社会主义国家与资本主义国家斗争复杂多变，资本主义国家经济、科技发展较快，西欧、日本跳跃发展，一方面从美国手中争权、从苏联手中夺权，另一方面又与美国联合起来对社会主义国家大搞冷战、遏制战略，祸害社会主义国家。社会主义国家挫折较多，中苏十年论战，社会主义阵营分裂；苏联大搞霸权主义，与美国全球争霸；中国搞“文化大革命”，导致经济科技发展滞后，有损于社会主义的形象。与此同时，民族解放战争与民族解放运动高涨，其为小阶段六。

以上六个小阶段，规律明显。一方面，充分体现了战争与革命现时代的时代特色。它包括两次世界大战、两次社会主义革命高潮：以十月革命带头的欧洲革命高潮和二战后的欧亚革命高潮，以及帝国主义侵略朝鲜、侵略越

---

① 列宁：《打着别人的旗子》（1914年7月—1915年8月），《列宁全集》第26卷，人民出版社，1988年版，第144—146页。

南战争和一系列国家的国内革命战争、民族解放战争。另一方面，世界“两制共存竞争”的态势与走向也已逐渐呈现。其间两种制度有过多次对抗，更长时间则是毛泽东所概括的“冷战共处”。[①]

（二）“两制共存竞争现时代”的形成原因

“两制共存竞争现时代”形成的原因众多，科技革命与经济全球化深入发展的影响巨大，世界经济政治格局转换的影响亦值得关注。20 世纪 60 年代，世界确立了以美苏为主导的两极经济政治格局；70 年代就出现了世界多极化雏形；80 年代末 90 年代初，苏东剧变，两极格局终结，世界多极化发展；进入 21 世纪，“世界多极化不可逆转”。[②] 世界格局走向多极化，“是时代进步的要求，符合各国人民的利益。多极化格局使世界各种力量逐渐形成既相互借重又相互制约与制衡的关系，有利于避免新的世界大战的爆发，有利于遏制霸权主义和强权政治，有利于推动建立公正合理的国际政治经济新秩序，有利于实现各国人民对和平、稳定、繁荣的新世界的美好追求，也有利于广大发展中国家抓住机遇、发展自己”。[③] 求和平、谋发展、促合作逐步成为时代潮流。

“两制共存竞争现时代”的形成，也是两种制度长期较量的结果。二战后，两种制度经过冷战、缓和的反复较量，可以明显看出，在当今和今后一定的时期内，社会主义不可能摧毁资本主义，而资本主义也难以摧毁社会主义。朝鲜战争、印度支那战争的失败教训，使以美国为首的西方国家把瓦解社会主义的重点转向和平演变战略，苏东剧变使它们更看重这种“无硝烟战争”的作用，所以“两制共存竞争”就成为主流态势，两制能够共存，有无可奈何的因素，更有尊重客观现实的成分。

---

① 毛泽东：《同蒙哥马利元帅谈国际局势》（1960 年 5 月 27 日），《毛泽东外交文选》，世界知识出版社、中央文献出版社，1995 年版，第 421—422 页。

② 胡锦涛：《高举中国特色社会主义伟大旗帜，为夺取全面建设小康社会新胜利而奋斗—在中国共产党第十七次全国代表大会上的报告》（2007 年 10 月 15 日），《人民日报》2007 年 10 月 25 日。

③ 中共中央宣传部：《“三个代表”重要思想学习纲要》，学习出版社，2003 年版，第 92—93 页。

（三）对“两制共存竞争现时代”内涵理解切忌片面性

社会主义国家与资本主义国家“共存”是客观存在。短期内社会主义难以代替资本主义，看到“共存”，尊重“共存”，是理性思维、正确的选择。社会主义有信心最终战胜资本主义，但资本主义决不会自动退出历史舞台。那么，两制之间表现为在以经济为主的、谋求综合国力提高的“竞争、竞赛共存”；表现为在一定领域内基于基本一致或部分一致的利益和目的而进行的不同程度的多方面、多样式的“协作、合作共存”（如在联合国、加入世界贸易组织、创建上海合作组织、与东盟进行区域合作、参与亚太经合组织等）；表现为在重大国际事务中的“和平、和谐共存”（如避免世界大战、核扩散，解决人口问题，进行环境保护，对待重大疾病等），就成为主要潮流。战争与革命退居次要地位。“帝国主义与无产阶级革命时代”被“两制共存竞争现时代”所代替。

这样认识，并不等于说“两制共存竞争现时代”没有激烈的斗争。“斗争共存”是客观事实。“马克思主义者不应该离开分析阶级关系的正确立场”。[①] 究其实，在当今世界上，两种制度、两类国家仍然充满政治、经济、文化、思想等方面的斗争。国际反动势力从来没有放弃敌视和颠覆社会主义制度的根本立场，国际间渗透与反渗透、演变与反演变、颠覆与反颠覆的斗争是长期的。两种制度之间的斗争是国际范围的阶级斗争，有时可能达到十分尖锐的程度。苏东剧变即为如此。正确的选择是：斗而不破，斗而有理，有利有节；要斗智、斗勇、斗法（遵循国际法、维护国际法），而不是斗气、斗力、比武。用大智慧缓解两制之间的矛盾和冲突，是对社会主义国家的战略家的考验；从大战略的角度确定时代，同样是对社会主义国家的战略家的考验。共存之中进行斗争是必要的，但求和平、谋发展、促合作已成为时代潮流。把现时代的特征用两制“共存”（共处）、“合作”（协作）、“竞争”（竞赛）、“斗争”这四个词来概括，比较准确、全面。

当然，以“两制共存竞争”作为现时代特征，也存在不同观点。需认真

---

① 列宁：《论策略书》（1917 年 4 月 8 日和 13 日［21 日和 26 日］之间），《列宁全集》第 29 卷，人民出版社，1980 年版，第 140 页。

甄别。

国外共产党和左翼学者中有所谓"新共产主义"理论和"新社会主义"理论，公开否定马克思主义时代观，这是不对的。

法国共产党的所谓"新共产主义"理论认为，在资本主义和共产主义之间，本来就不存在一个社会主义过渡阶段，自然也就不存在这样一个过渡时代。[①] 墨西哥的一位左翼人士最近著文指出，要探索和建立另一种"新社会主义"，为此"马克思主义应恢复批判性以使其保持生命力，应抛弃使马克思主义变成宗教的教规"，"资本主义必然崩溃的思想是错误的"，"在经济方面资本主义基本上没有理由被战胜"，"将无产阶级革命当作社会主义革命同义词的思想也过时了"，等等。按照作者这种"批判"思想，不仅当今时代的性质要重新界定，而且马克思主义时代观也应放弃，甚至马克思主义本身也"不应再是社会主义的唯一思想来源"。[②] 这些所谓新理论，实际上是主张放弃马克思主义，特别是列宁主义。从理论到实践都是错误的。

国内学术界有人不同意有大时代、现时代之分，主张可以笼统称为"我们所处的时代"。需要具体观点具体分析。

如有人建议继续保留列宁、斯大林的提法，认为当前的时代还是"帝国主义和无产阶级革命的时代"。持此论者认为，当前仍然存在帝国主义的世界统治和对外侵略扩张，世界无产阶级的历史使命仍然没有完成；虽然个别情况有所改变，但基本情况没有改变，所以没有必要对时代作出新的概括。也有人主张，如果要加上新内容，则可以将毛泽东于 1974 年关于三个世界划分的理论加上，即"帝国主义和无产阶级革命的时代，划分为三个世界的时代"。持该观点的人数不多。公平地说，这是"不忘老祖宗"的观点，但缺乏与时俱进的认识，存在片面性，不符合变化了的客观实际。

有人主张或用"和平与发展的时代"，或用"争取和平与发展的时代"，或用"维护和平促进发展的时代"。[③] 这种划分，其实是把邓小平世界主题

---

① 靳辉明、谷源洋主编：《当代资本主义与世界社会主义》（上卷），海南出版社，2004 年版，第 26 页。

② 卡·非·伊瓦拉：《为左翼提供另一类社会主义》，《标志》周刊。

③ 《世界知识》杂志，1988 年第 3 期，第 32 页。

的提法，拔高为时代，这就提出了一个“新”的划分时代的标准，并把它作为了划分时代的唯一标准，而否定了按照社会制度更替或阶级关系变化来划分是更加重要、更带根本性的标准，也是不合适的。

学术界还有各种各样的提法。如有人认为当前是“两种制度协调的时代”、“国家垄断资本主义和社会主义的初级阶段竞争共处的时代”、“垄断资本主义向民主和社会主义过渡的时代”，等等。我们赞同这样的评析：只讲两个制度协调显然是不全面的；用“社会主义初级阶段”与“国家垄断资本主义”竞争共处也不恰当，因为社会主义初级阶段是我们党针对我们国家情况的提法，别的党不提初级阶段或者对初级阶段有不同理解。有的党认为本国所处的社会发展阶段还不够社会主义初级阶段，如越南共产党认为越南“处于过渡时期初级阶段”，可见用我们一个党的提法来概括所有社会主义国家是不准确的。至于说“垄断资本主义向民主和社会主义过渡的时代”，这里“民主”的含义很模糊。如果说是向社会主义民主过渡，那已经包括在后面所说的社会主义之中了；如果说是向资本主义民主过渡，那显然是不恰当的。①

第三节　当今时代主题

每个历史时代都有其主题。所谓时代主题，就是指在一定历史时期内，由世界主要矛盾以及主要力量对比所决定，反映世界基本特征并对世界形势走向具有全局性影响和战略性意义的问题。时代主题的概念，是中国共产党人的创新。时代主题是和平与发展的定位，邓小平贡献巨大，江泽民和胡锦涛对此进行了不断发展。这一定位丰富了马克思主义时代观，使得大时代、现时代、时代主题三位一体，构成了马克思主义时代观的科学体系。

① 高放、李景治、蒲国良主编：《科学社会主义的理论与实践》（第四版），中国人民大学出版社，2005年版，第303页。

一、当代世界主题的确立与重大意义

（一）时代主题转换与邓小平的科学判断

20 世纪，随着世界时代的转换，世界主题也相应变化。19 世纪末 20 世纪初，世界由原来的“资本主义上升时代”，转换为“帝国主义与无产阶级革命时代”，世界的主题也随之变化为“战争与革命”。第二次世界大战结束后，特别是 20 世纪 70 年代中后期以来，世界形势逐步发展为“两制共存竞争”，世界的主题也逐步被“和平与发展”所代替。邓小平对这一问题进行了科学论述。

第二次世界大战对这次世界主题的转换产生了很大影响。第二次世界大战的爆发与结果，是“战争与革命”这一世界主题的突出表现，同时又是世界主题从战争与革命向和平与发展转换的起点。其主要依据是：第一，第二次世界大战彻底打败了德、意、日法西斯，清除了世界民主化进程中的重大障碍。同时，在战争中不同社会制度、不同意识形态的国家建立了反法西斯统一战线，它们在政治上、军事上的成功合作，为战后世界提供了不同社会制度的国家怎样和平共处的可贵经验。第二，第二次世界大战给各国人民带来了深重灾难，从而深刻地教育了各国人民，世界大战再也不能打了。反对世界战争，尤其是反对核战争，争取世界持久和平，成为各国人民的共同追求和强烈愿望。第三，第二次世界大战的结果极大地改变了国际力量的对比，大大削弱了帝国主义力量，德、意、日法西斯被打败，英、法等被打伤，而且战后出现了一大批社会主义国家和新兴的民族独立国家，为世界的和平与发展创造了极为有利的条件。第四，第二次世界大战期间，在军工领域出现了许多科学技术新突破，在原子能、航天技术和电子计算机等方面的突破，标志着第三次科技革命的开始和兴起。第三次科技革命的兴起和发展，一方面大大促进了世界经济的发展，另一方面，科技革命的一些成果又被美苏等国运用到军备竞赛，尤其是核军备竞赛上，从而对世界和平构成了极大的威胁。第五，第二次世界大战后期，由美、英、苏三国建立的雅尔塔体制，为战后以美苏为首的两极格局奠定了基础。美苏两国的对抗，主要是“冷战”，同时两国为了争霸世界而疯狂地扩军备战，开展大规模的核竞赛，这就给世界和平带来了极大威胁。核战争的威胁告诉各国人民，新的世界大战必须避免，也可能避免。为此，世界各国人民掀起一浪高过一浪的反对战争、保卫和平的运动。广大人民强烈要求禁止核试验，销毁核武器。保卫和平运动越来越广泛，成为全球性运动。这一切促使世界主题逐渐变化，但是直到20世纪70年代后期，还不能认为”和平与发展”已经完全代替“战争与革命”成为世界主题了，因为此时世界上的革命仍在进行：1959年1月1日古巴革命胜利；70年代中期越南、老挝经过长期的反法、反美斗争，最后也赢得了革命的胜利；而亚非拉的民族民主解放运动仍在持续高涨中。

20世纪70年代末80年代初，“战争与革命”的世界主题明显被“和平与发展”代替了，邓小平对此进行了认真观察与缜密思考。1984年10月，邓小平在会见外国客人时，指出了下述事实：“国际上有两大问题非常突出，一个是和平问题，一个是南北问题。还有其他许多问题，但都不像这两个问题关系全局，带有全球性、战略性的意义。”[①] “现在世界上真正大的问题，带全球性的战略问题，一个是和平问题，一个是经济问题或者说发展问题。和平问题是东西问题，发展问题是南北问题。概括起来，就是东西南北四个字。南北问题是核心问题。”[②]

邓小平的这番讲话，就是被人们公认的“和平与发展”已成为当代世界主题的著名判断。1987年党的十三大正式确立“和平与发展是当代世界的主题”。

（二）对马克思主义时代观的继承与重大发展

1. 对马克思主义和平与发展思想的继承。

人类进入资本主义社会形态后，“两个过渡大时代”开始，现时代随着国际形势的重大改变不断转换，时代主题也发生着变化。马克思主义经典作家洞察国际风云，对时代、时代主题乃至和平与发展问题均进行过科学的判断，构成了马克思主义时代观的科学体系。这一科学体系成为了后来邓小平

---

① 邓小平：《和平共处原则具有强大生命力》（1984年10月31日），《邓小平文选》第3卷，人民出版社，1993年版，第96页。

② 邓小平：《和平和发展是当代世界的两大问题》（1985年3月4日），《邓小平文选》第3卷，人民出版社，1993年版，第105页。

确认和平与发展是世界主题的理论依托。

马克思、恩格斯指出，取得革命胜利后的国家对外要实行和平政策，“这个新社会的国际原则将是和平”；[①] 对内“提倡社会和谐”生产的大发展，[②]“尽可能快地增加生产力的总量”，[③] 以及“社会全体成员的才能得到全面发展”等思想，[④] 为邓小平确立和平与发展作为世界主题提供了重要理论基础。

列宁继承、丰富了马克思、恩格斯和平发展的思想，在社会主义成为客观现实的情况下，进行了和平发展的理论探索和首次实践。在列宁领导下通过了《和平法令》、《苏俄外交人民委员会关于公布秘密外交文件的声明》、《告俄罗斯和东方全体伊斯兰教劳动人民书》和《俄罗斯各族人民权利宣言》等文件，提出了苏维埃俄国用最明确、最坚决的方式要求的和平，就是立即实现的不割地不赔款的和平；与资本主义国家和平共处发展经贸关系；维护世界和平是社会主义的本质要求；苏维埃社会主义共和国只有解决了经济发展的任务，才能在国际范围内取得真正的最终胜利等思想和努力，为邓小平确立和平与发展作为世界主题提供了重要的理论依托和实践经验。

毛泽东和中国共产党人，把马克思列宁主义关于和平与发展的思想与中国和世界的变化相结合，提出了新论断和新抉择，为邓小平确立和平与发展作为世界主题提供了新鲜经验。

以临时宪法的方式在《中国人民政治协商会议共同纲领》中对新中国的总目标、外交立场和外交政策的原则作了明确规定，和平发展的目标、立场、观点十分鲜明。该纲领总纲第一条规定，中国实行的人民民主专政“为中国的独立、民主、和平、统一和富强而奋斗”，这是向全世界昭告了新中国的性质和内政外交所完成的总目标，实际上也确立了新中国要始终贯彻执

① 马克思：《法兰西内战》（1870 年 7 月 19—23 日），《马克思恩格斯选集》第 3 卷，人民出版社，1995 年版，第 19 页。

② 马克思、恩格斯：《共产党宣言》（1847 年 12 月—1848 年 1 月），《马克思恩格斯选集》第 1 卷，人民出版社，1995 年版，第 304 页。

③ 马克思、恩格斯：《共产党宣言》（1847 年 12 月—1848 年 1 月），《马克思恩格斯选集》第 1 卷，人民出版社，1995 年版，第 293 页。

④ 恩格斯：《共产主义原理》（1847 年 10 月底—11 月），《马克思恩格斯选集》第 1 卷，人民出版社，1995 年版，第 243 页。

行独立自主的和平外交总路线和总政策。

20世纪50年代，中国外交决定"一边倒"向苏联等社会主义国家，60年代决定实行反对美国的霸权主义、反对苏联的霸权主义的"两个拳头打人"的外交方针，70年代又调整为"一条线、一大片"的外交抉择，均没有偏离独立自主的和平外交总路线和总政策，为了和平发展目标的意向相当突出。先与苏联等社会主义国家建立了大使级外交关系，与广大发展中国家普遍建立了外交关系，后与美国、日本、西欧多数国家改善、提升或建立了正式外交关系，巩固了中国新生政权，恢复和推进了经济发展，维护了世界和平，促进了世界宏观发展与进步。

1954年，中国与印度、缅甸共同倡导了互相尊重主权和领土完整、互不侵犯、互不干涉内政、平等互利、和平共处五项原则，确立了指导我国与各国发展友好关系的行为准则，而且向全世界展示了我国政府走和平发展道路的决心和选择。和平共处五项原则对于我国突破西方的孤立、封锁、遏制，赢得各国的信任和支持，发展与各国的关系，丰富和优化国际法等都起了重要作用，

1955年，毛泽东曾高瞻远瞩提出"和平为上"的号召，[①] 提议"以后我们应该共同努力，继续工作，团结起来，促进和平。即使有战争，我们也可以把它推迟。我们要争取和平的环境，时间要尽可能的长，这是有希望的。如果美国愿意签订一个和平条约，多长的时期都可以，五十年不够就一百年，不知道美国干不干。现在主要的问题就是美国"。[②]"我们应该共同努力来防止战争，争取持久和平。""我们现在需要几十年的和平，至少几十年的和平，以便开发国内的生产，改善人民的生活。我们不愿打仗。假如能创造这样一个环境，那就更好"。[③]

2. 重大问题的战略新判断。

① 毛泽东：《和平为上》(1955年5月26日)，《毛泽东外交文选》，中央文献出版社、世界知识出版社，1994年版，第208页。

② 毛泽东：《和平为上》(1955年5月26日)，《毛泽东外交文选》，中央文献出版社、世界知识出版社，1994年版，第213页。

③ 毛泽东：《和平共处五项原则应推广到所有国家关系中去》(1954年10月)，《毛泽东外交文选》，中央文献出版社、世界知识出版社，1994年版，第168页。

（1）关于战争与和平问题。和平问题主要是指维护世界和平，防止发生新的世界大战问题。关于这个问题，邓小平经历了一个探索过程。早在1977年12月，邓小平在中央军委全体会议上的讲话中，首次提出了战争可能延缓的论断。他指出："我们有可能争取多一点时间不打仗。因为我们有毛泽东同志的关于划分三个世界的战略和外交路线，可以搞好国际的反霸斗争。另一方面，苏联的全球战略部署还没有准备好。美国在东南亚失败后，全球战略目前是防守的，打世界大战也没有准备好。所以，可以争取延缓战争的爆发。"① 1978年10月、12月，《中日和平友好条约》的签署和《中华人民共和国和美利坚合众国关于建立外交关系的联合公报》的发表，进一步改善了我国的国际环境，使邓小平对战争与和平的认识更加深化。1979年1月，邓小平在政协举行的座谈会上，又指出："中日和平友好条约的签订和中美关系正常化，有利于世界的和平和稳定，有利于国际反霸事业的发展。"② 1982年8月，邓小平会见联合国秘书长德奎利亚尔，在谈到世界战争与和平问题时又指出："我们不是悲观主义者，我们只是提出战争的危险性。我们说，战争的因素在增长，但制止战争的因素也在增长。"③ 1983年3月，邓小平在同中央几位负责同志谈到国际形势时，指出："大战打不起来，不要怕，不存在什么冒险的问题。以前总是担心打仗，每年总要说一次。现在看，担心得过分了。我看至少十年打不起来。"④ 后来，他又多次谈到关于战争与和平的问题。此前曾经有过这样一种认识，即认为世界大战不可避免，甚至迫在眉睫，我们要立足于早打、大打，既打常规战争，也打核战争。

邓小平在1985年6月召开的军委扩大会议上明确改变了上述观点，认为世界大战的危险依然存在，但是制约战争的和平力量在发展，"由此得出

---

① 邓小平：《在中央军委全体会议上的讲话》（1977年12月28日），《邓小平文选》第2卷，人民出版社，1994年版，第77页。

② 邓小平：《解决台湾问题，完成祖国统一大业提上具体日程》（1979年1月1日），《邓小平文选》第2卷，人民出版社，1994年版，第155页。

③ 邓小平：《中国的对外政策》（1982年8月21日），《邓小平文选》第2卷，人民出版社，1994年版，第416页。

④ 邓小平：《视察江苏等地回北京后的谈话》（1983年3月2日），《邓小平文选》第3卷，人民出版社，1993年版，第25页。

结论，在较长时间内不发生大规模的世界战争是有可能的，维护世界和平是有希望的”。[①] 邓小平作出这个论断的依据是：首先，只有两个超级大国有资格打世界大战，一个苏联、一个美国。苏美两家原子弹多，常规武器也多，都有毁灭对手的力量，这就使得双方谁也不敢轻易动手。其次，世界和平力量的增长超过战争力量的增长。日本人民不希望有战争，欧洲人民也不希望有战争，美国人民、苏联人民也是不支持战争的。第三世界的力量，特别是第三世界国家中人口最多的中国的力量，是世界和平力量发展的重要因素。再次，世界新科技革命蓬勃发展，经济、科技在世界竞争中的地位日益突出，这种形势，无论美国、苏联、其他发达国家和发展中国家都不能不认真对待。因此，邓小平在 1987 年 5 月会见荷兰首相时，再次得出结论，“对于总的国际局势，我的看法是，争取比较长期的和平是可能的，战争是可以避免的”。[②]

（2）关于世界发展问题。发展问题主要是指南北国家之间的关系问题，其中经济发展问题居于核心地位。关于发展问题，邓小平早在 1974 年 4 月第六届特别联大的发言中就关注过这个问题。他指出，发展问题的实质，就是发展中国家维护国家主权，发展民族经济，反对帝国主义，特别是超级大国的掠夺和控制的问题。1982 年 10 月，邓小平在会见印度代表团成员时指出，解决南北问题是国际舞台上的一个重要课题。“改变国际经济秩序，首先是解决南北关系问题，同时要采取新途径加强南南之间的合作。”[③] 以上谈话表明，邓小平已开始高度关注南北问题。1984 年 5 月，邓小平在会见巴西总统菲格雷多时，首次提出了世界的两大突出问题。他指出：“现在世界上问题很多，有两个比较突出。一是和平问题。……二是南北问题。这个问题在目前十分突出。”[④] 针对发展中国家越来越穷，发达国家愈来愈富的

---

① 邓小平：《在军委扩大会议上的讲话》（1985 年 6 月 4 日），《邓小平文选》第 3 卷，人民出版社，1993 年版，第 127 页。

② 邓小平：《改革开放使中国真正活跃起来》（1987 年 5 月 12 日），《邓小平文选》第 3 卷，人民出版社，1993 年版，第 233 页。

③ 邓小平：《增进中印友谊，加强南南合作》（1982 年 10 月 22 日），《邓小平文选》第 3 卷，人民出版社，1994 年版，第 20 页。

④ 邓小平：《维护世界和平，搞好国内建设》（1984 年 5 月 29 日），《邓小平文选》第 3 卷，人民出版社，1993 年版，第 56 页。

状况，邓小平提出了解决这个问题的办法：首先，要加强南南合作。发展中国家应该在各个领域里进行广泛合作，扩大政治、经济、文化等方面的交流，取长补短，互通有无。其次，促进南北对话。发达国家的领导人要有政治远见，去援助发展中国家，这样做不仅对发展中国家有益，而且对自身也有好处，因为发达国家经济的持续发展不可能建立在发展中国家长期贫困落后的基础上。再次，发展中国家主要靠自力更生。广大发展中国家为了振兴民族经济，要把基点放在依靠自己力量的基础上。

（3）关于中国要搞和平的、求富求强的社会主义问题。邓小平提出，和平是中国国家形象的重要标志；社会主义的本质是解放生产力，发展生产力，消灭剥削，消除两极分化，最终达到共同富裕；把中国的事情做得更好；改革开放是决定中国命运的一招；抓住机遇，尽快发展自己；过几年上一个新台阶；求富求强；科技是第一生产力；中国要摆正在世界上的位置，不能自卑，也不能自傲；中国怎么样也算一极；中国反对各种各样的霸权主义，永远不称霸；独立自主要做到真正的不结盟；一国两制，不放弃武力；不搞意识形态争论；韬光养晦，有所作为；以和平共处五项原则为基础建立国际新秩序；进一步加强同第三世界的团结与合作；搁置争议，共同开发，促进领土争端的妥善解决；和平协商，合情合理地解决边界纠纷；处理国家间关系，要求同存异，不纠缠历史旧账，一切向前看等。内涵和平发展的精心设计，属创新理论成果。

（4）关于苏东剧变以后，世界主题是否发生变化的问题。邓小平认为，主题未变，但一个也没有解决。就和平问题而言，“可能是一个冷战结束了，另外两个冷战又已经开始。一个是针对整个南方、第三世界的，另一个是针对社会主义的”。[①] “一个冷战结束了”，是指苏联解体以后，美苏之间的冷战结束了。“另外两个冷战又已经开始”，是指苏东剧变后，某些西方国家加强了对社会主义国家、第三世界国家内政的干涉，企图把它们的社会制度、意识形态、价值观念强加于别国。就发展问题来说，西方发达国家凭借国际经济旧秩序，垄断世界生产、销售、金融市场，通过压低发展中国家产品的

① 邓小平：《坚持社会主义，防止和平演变》（1989年11月23日），《邓小平文选》第3卷，人民出版社，1993年版，第344页。

进口价格，抬高发达国家制成品的出口价格，进行不等价的交换，从而使南北之间的差距越来越大。总之，邓小平指出，和平与发展两大问题，和平问题没有得到解决，发展问题更加严重。

3. 对马克思主义时代观的突出贡献。

在昔日的马克思主义时代观中，只有“大的历史时代”、“小时代”、“现时代”等概念，邓小平提出了“当代世界主题”的概念，这在马克思主义时代观中是首次运用。时代体系至少具有了三层次：大时代、小时代、时代主题，这在马克思主义时代观中也属首次出现。

提出和平与发展是当代世界的主题，内含着大时代没变，现时代已经从帝国主义和无产阶级革命时代转换为新的现时代，时代的主题已经从“战争与革命”转换为“和平与发展”等内容。

邓小平认为和平与发展“这两个问题关系全局，带有全球性、战略性的意义”，是“现在世界上真正大的问题，带全球性的战略问题”，① 抓住了主要矛盾，特别是抓住了主要矛盾的主要方面，具有纲举目张的意义。

把唯物辩证法具体运用到时代问题的分析中，在当代世界众多问题中突出和平与发展的地位；在和平与发展的关系中，提出发展问题即南北问题是核心问题；② 在当代世界主题中，和平与发展是主要潮流、也是重大难题。这使我们对马克思主义时代观的认知更加系统、全面、清晰。

二、当今时代主题的认知与新发展

（一）“三个代表”重要思想的“时代主题”新内容

中共十三届四中全会以后，以江泽民为核心的党的第三代中央领导集体，面对纷繁复杂、风云变幻的国际形势，高举毛泽东、邓小平外交思想的伟大旗帜，深刻分析了国际形势，对当今的时代主题作出了新的科学判断。对和平与发展的思想至少赋予了六方面的新内容：

① 邓小平：《和平和发展是当代世界的两大问题》（1985 年 3 月 4 日），《邓小平文选》第 3 卷，人民出版社，1993 年版，第 105 页。

② 邓小平：《和平和发展是当代世界的两大问题》（1985 年 3 月 4 日），《邓小平文选》第 3 卷，人民出版社，1993 年版，第 105 页。

1. 把邓小平关于“和平与发展是当代世界主题”的论断提升到了“当今时代主题”的高度。

把世界主题从战争与革命确立为和平与发展是邓小平的一大理论贡献。但邓小平只是提“世界主题”这一词语，没提“时代主题”的论断。这一提法在中共十三大上首次概括为“和平与发展是当代世界的主题”，中共十四大报告把其称作是“时代主题”和“时代特征”，中共十五大、中共十六大一直沿用“当今时代主题”的提法。

从“当代世界主题”改为“当今时代主题”，与邓小平理论一致，但有新的内涵和高度。

首先，把和平与发展问题上升到统帅性质的高度。时代问题是社会主义运动史上头等重要的理论问题和实践问题，把握时代的脉搏是共产党人制定正确的纲领、路线、方针、政策的主要依据，是制定正确路线、策略的出发点，也是世界进步事业取得胜利的基石，时代问题是具有统帅性质的大问题。

从二战结束到20世纪后期，“战争与革命”的主题逐渐被“和平与发展”的主题所取代。但我国对此发展变化的研究严重滞后。从1957年到1976年的近20年的时间里，没有及时认清和把握这个历史发展趋势，一直坚持世界大战不可避免论，坚持战争引起革命、革命结束战争论，即战争与革命是世界两大主题的观点。对时代主题的转换未能及时跟上去，以至于没有集中全力进行和平建设，给经济建设带来很大损失，也直接导致了阶级斗争的扩大化。

沉痛的经验教训，使我们更清醒地认识到一个马克思主义政党特别是执政党，对世情的认识和对国情的认识是一样的重要。脱离了国情不行，脱离了世情也不成。世情主要包括时代、时代的主题、时代的特征、时代的任务等。列宁指出：区别不同“时代”的基本特征（而不是个别国家历史上的个别情节），我们才能正确地制定自己的策略。邓小平认识到了这个问题的重要性，做了理论和实践上的拨乱返正工作，提出了和平与发展是当代世界两大突出战略问题的论断，继承发展了马克思主义关于时代主题的思想。

江泽民把和平与发展改称为当今时代的主题，坚持了邓小平的这一论断的基本思想，并使我们从更高层次上去认识和把握这一思想的重要性。和平与发展不仅是当代世界的主要问题，而且是时代的主要问题，从时空观上更具宽领域、高层次，具有世情上的理论和实践基石的内涵；“主题”一词与“主要问题”、“突出战略问题”相比，既是突出的难题，又有主要潮流的内容，更加科学，更加符合当今时代的特征和趋势，具有统帅全局的性质。

其次，把和平与发展的重要性放到合适的位置。自从邓小平提出和平与发展是国际上两大突出问题，具有全球性、战略性的意义后，在我国学术界引发了当今时代问题、时代主题的多次大讨论。这些讨论活跃了学术空气，使我们对这一论断的深层次内涵的认识更加接近于实际。但也出现了某种认识和结论上的混乱，甚至有人就认为当今世界已经进入了和平与发展的时代，或者说是争取和平与发展的时代。当然还有其他更多的说法。江泽民把和平与发展说成是“当今时代的主题”，其实就是明确地告诉我们，和平与发展虽然具有统帅的性质，但它也仅是当今时代的主题，而本身并不是时代。至于我们当今处在什么样的时代，可以继续讨论，但把和平与发展本身说成是时代不太合适。这样的定位，是对邓小平这一论断的恰切、深刻的定位，又是对其的继承和发展。

2. 对当今世界进步的主流给予了充分肯定和分析。

如果把邓小平关于和平与发展是当代世界主题的论断，仅仅理解为只是强调和平与发展是世界难题，是不全面的。邓小平关于和平与发展是当代世界主题这一思想的提出，是建立在对和平与发展成为主要潮流、又是主要问题的认识基础上的，江泽民进一步强化了主流的分析和判断，使邓小平这一思想更加完善和科学。

首先，江泽民在中共十五大报告、“七一”重要讲话、中共十六大报告中都重点提过：“世界要和平，人民要合作，国家要发展，社会要进步，是时代的潮流。”江泽民在联合国千年首脑会议上进一步明确指出“追求和平与发展是我们时代的主流”，[①] 而且是不可抗拒的时代潮流。这是对国际形势变化的新认识，也是对邓小平和平与发展思想的突出发展。

对“和平与发展是时代的主流”的内涵，江泽民作过说明和分析。一是世界各国的共同利益增多。在经济全球化背景下，整个世界越来越紧密地联

① 《人民日报》2000年10月26日。

系在一起，世界各国的利益相互关联和相互依赖日益加深。二是世界形势整体趋缓。世界范围内和平因素的增长，超过了战争因素的增长。三是重视发展战略已成为各国的主要政策取向。“经济优先已成为世界潮流，这是时代和历史发展的必然。当前对每一个国家来说，悠悠万事，唯经济发展为大。发展不但关系国计民生、国家长治久安，也关系到世界的和平与安全。”四是和平与发展是解决世界许多问题的根本途径。世界上尽管存在的问题很多，但这些问题的解决，归根到底都要取决于和平与发展这两大问题的解决。五是和平与发展是世界各国人民的普遍愿望。战争给人类带来了太多的不幸和灾难，给许多国家经济社会造成极其巨大的破坏。正因为如此，各国人民都不愿看到任何国家或国家集团再推行新的霸权和强权，都不愿看到南北之间发展的差距、贫富的悬殊再扩大下去。各国人民都渴望世界持久和平，渴望过上稳定的生活，渴望建立公正合理的国际新秩序，渴望国际关系的民主化，渴望促进共同发展和共同繁荣，共创人类美好的未来。

其次，江泽民重申了在可预见的时期内，新的世界大战打不起来。争取较长时期的和平国际环境和良好周边环境是可以实现的。这一思想是和平与发展是主要潮流的又一重要内涵和表现，是对邓小平理论的重大发展，是江泽民根据新的国际形势变化作出的新分析、新论断。

冷战时期，只有美苏两个超级大国有资格打世界大战。有资格而又始终未能打起来，没准备好；和平的力量超过了战争的力量；世界新科技革命蓬勃发展等是美苏不得不认真考虑的重要原因。目前，各大国从实现本国21世纪长远发展战略考虑，都在努力争取一个于已有利的和平国际环境，大国之间发生直接全面对抗的可能性不大。和平因素的增长总体上超过了战争因素的增长。一些地区热点虽然出现反复，甚至发生武装冲突或局部战争，但不会酿成新的世界大战。这一论断既坚持了邓小平关于世界大战弄得好将可以推迟，甚至可以较长时间避免的思想，又对这一思想的时间概念作了更科学的表述，“可预见的时期”，即更长时期的意思。

大国关系已明显进入以磋商、协调、合作为主的新的发展阶段，出现冷战结束以来相对稳定的时期。最近10多年来，发展以高科技为先导、以经济为基础的综合国力，是各大国的政策取向。各大国从维护本国根本利益出发，一般采取务实态度处理相互关系，既相互借重又相互制约，既相互合作又相互竞争。“9·11”事件成为大国关系重新调整的转折点。美国反恐需要其他大国的支持和帮助，而其他大国也希望借此机会来改善同美国的关系。当前大国处理相互关系是努力寻求共同利益的汇合点，力求通过磋商解决分歧。这种倾向仍在发展。当然大国之间原有的矛盾和利益冲突并没有消失，一极与多极、控制与反控制、干涉与反干涉、牵制与反牵制等诸多方面的矛盾和斗争始终存在，有时还比较尖锐。比如在如何对待伊拉克问题上就表现得特别明显。但这些矛盾与协调相比，协调和妥协仍占主导地位，爆发新的世界大战现在还没有条件和基础。

我国面临的国际环境和周边环境，虽然复杂多变，但在总体上是在向好的方向改善。我国坚持实行睦邻友好政策。亚洲各国多样性的特点十分突出，各种利益关系彼此交错，各方力量相互制衡。广大亚洲国家希望在亚太地区保持一定程度的平衡，而不希望出现大国对抗的局面。

3. 对当今世界存在的突出新问题、新危害进行了深刻揭示和阐发。

江泽民指出，维护世界和平、促进共同发展是世界人民共同的心愿，但这并不意味着战争已进了世界博物馆，也不意味着世界已实现了共同发展。“世界还很不安宁，人类面临着许多严峻挑战。”和平与发展仍然是人类不懈追求的目标，解决这两大问题的进程仍然坎坷曲折，其新表现和新危害有：

民族、宗教矛盾和边界、领土争端导致的局部冲突时起时伏；影响和平与发展的不确定因素在增加；传统安全威胁和非传统安全威胁的因素相互交织，恐怖主义危害上升，威胁着人们的安定生活；贫困、环境恶化、毒品等非传统安全问题更加突出。

霸权主义和强权政治有新的表现，构成了危及世界和平与发展的主要根源。美国大肆鼓吹“新干涉主义”、“先发制人”战略和政策，推行单边主义，四处插手、干涉别国内政，甚至抛开联合国，入侵伊拉克，导致一些国家和地区矛盾激化、局势紧张，妄图建立一个由西方价值观、美国模式为主导的世界。

不公正不合理的国际政治经济旧秩序没有根本改变，世界的发展很不平衡，南北差距进一步扩大。这些极端悬殊的差别，既暴露了极不合理的世界经济秩序，又成为各国共同发展的障碍，同时也构成危害世界和平的潜在因素。

4. 对今后一个时期国际局势发展基本态势做出了科学总结和预测。

江泽民在2002年1月25日的一次讲话中说，进入新世纪，国际局势发生了冷战结束以来最深刻的变化，不稳定因素增加。但从总体上看，和平与发展作为时代主题没有改变，世界多极化的趋势没有改变，我国面临的国际环境依然是机遇大于挑战。总体和平、局部战争，总体缓和、局部紧张，总体稳定、局部动荡，是当前和今后一个时期国际局势发展的基本态势。①

这一总结和预测使我们更清醒地认识到，当今世界的和平、缓和、稳定是总体，即主流；战争、紧张、动荡则是局部，即支流。今后一个时期也会是这样。它为我们建设小康社会指出了必要条件，是理论结合当今国际形势深刻变化后的实际的新论断、新贡献。

5. 对和平与发展的关系进行了新角度、新层面的梳理和论证。

邓小平在作出和平与发展是国际上两大突出问题的论断时，进行了两个侧面的比较分析：一是世界上有许多其他问题，但不像和平与发展这两个问题关系全局，带有全球性、战略性的意义；二是将和平与发展这两大战略问题相比，发展处于核心地位。

江泽民深化并拓展了邓小平的这些思想，对和平与发展的相互作用、重要性，特别对中国改革开放和现代化建设的意义作了充分的阐发。他认为，和平问题是需要世界各国继续加以关注的问题，发展问题仍是当今世界的核心问题，和平与发展两大主题是相辅相成的。他说："发展需要和平，和平离不开发展。"② 在和平稳定中谋求发展，是当今世界的头等大事。20世纪，人类经历了两次世界大战，也经历了冷战对峙，各国人民渴望实现持久和平与普遍繁荣。中国的改革开放和现代化建设，需要一个长期的国际和平环境，需要同各国发展友好合作关系。争取和平，为社会主义建设服务，是我国对外工作的首要任务。

6. 首次把维护世界和平，促进共同发展作为中国外交政策的宗旨。

以毛泽东为首的第一代领导集体重视中国和世界的发展，把维护世界和

① 《江泽民论有中国特色社会主义（专题摘要）》，中央文献出版社，2002年版，第522页。

② 《江泽民论有中国特色社会主义（专题摘要）》，中央文献出版社，2002年版，第511页。

平、进步作为新中国外交政策的崇高目标、主要目的和意图。中华人民共和国成立时在《中国人民政治协商会议共同纲领》中就明确规定了新中国外交的重要任务就是要“保障世界的持久和平”。1954 年制定的第一部宪法中又强调：“在国际事务中，我们坚定不移的方针是为世界和平和人类进步的崇高目标而斗争。”周恩来总理在 1954 年首届人大第一次会议的政府工作报告中指出，我们的一切努力都是为着把我们的国家建设成为一个繁荣幸福的社会主义的工业国家，我们进行和平的劳动，我们要求一个和平的环境，一个和平的世界，这个根本的事实就决定了我国的和平政策。

以邓小平为首的第二代领导集体把和平与发展确立为中国对外政策的首要目标，即坚持不懈地维护世界和平和进步的崇高目标，把世界的发展增添为首要目标和首要任务。这种确立和实践是和平与发展的当代世界主题的要求，是由我国国家性质和基本国情决定的，是对毛泽东外交思想的坚持和重大发展。

江泽民在中共十六大的报告中提出：“中国外交政策的宗旨，是维护世界和平，促进共同发展。我们愿同各国人民一道，共同推进世界和平与发展的崇高事业。”这一提法，至少有三方面的拓展和创新：一是把和平与发展作为中国外交政策的宗旨，内涵有“首要目标”意思，但宗旨按一般的理解是主要目的和意图，比首要目标的地位和作用更重要。二是把推进世界的和平与发展提升到“崇高事业”的高度，比“崇高目标”和“首要目标”的内容更丰富，任务更艰巨，领域更宽阔。三是推进世界和平与发展的崇高事业是各国人民共同的大事，要共同推进，共同发展，共同繁荣，还要共赢共存。中国的这一立场既顺乎了历史潮流，又维护了大多数国家尤其是发展中国家的利益；既有利于中国的和平与发展，又是为了世界未来更加美好的政策抉择。其是理论和政策的重大更新。

这些重大更新构成了“三个代表”重要思想的重要内容，丰富了中国特色社会主义理论体系，发展了马克思主义时代观，指导中国的内政、外交不断取得胜利。

（二）科学发展观对时代主题的新发展

中共十六大以来，以胡锦涛为首的中央领导集体提出了科学发展观，主张在国内建设和谐社会，在国际构建和谐世界。中共十七大对十六大以来的创新理论作出了总结、概括、提升。认真学习十七大报告，发现在时代和时代主题问题上，有许多与时俱进的新内容：

1. 中共十七大仍然没有就“我们所处的时代”公开表态，但在文献中十多处提到“时代”一词，从不同层面表达了对时代内涵的定位，是时代主题判断的新发展。

如：“继续全面建设小康社会、加快推进社会主义现代化，完成时代赋予的崇高使命”；“保持和发展党的先进性，确保党始终走在时代前列”；“使中华民族大踏步赶上时代前进潮流、迎来伟大复兴的的光明前景”；“改革开放符合党心民心、顺应时代潮流，方向和道路是完全正确的，成效和功绩不容否定，停顿和倒退没有出路”；“马克思主义只有与本国国情相结合、与时代发展同步、与人民群众共命运，才能焕发出强大的生命力、创造力、感召力”；“求和平、谋发展、促合作已经成为不可阻挡的时代潮流”；“加强领导班子执政能力影响和带动全党，使党的全部工作始终符合时代要求和人民期待”,① 等等。除了没有说当今“是什么时代”以外，时代的特征、态势、主题、潮流、方向、应对，均以明确观点表明。做到了避免争论，又表述得恰到好处。

2. 中共十七大提出，针对世界大变革、大调整、时代潮流大势，决心以科学发展观应对，是时代理论、实践上的新发展。

对于科学发展观，中共十七大进行了精辟概括和分析：“第一要义是发展，核心是以人为本，基本要求是全面协调可持续，根本方法是统筹兼顾。”在具体如何贯彻问题上，对于发展的重要意义和任何发展，阐述得明确具体，直接与和平与发展时代主题联系在一起，是理论与实践的升华。十七大报告指出，必须坚持把发展作为党执政兴国的第一要务。发展对于全面建设小康社会、加快推进社会主义现代化，具有决定性意义。要牢牢扭住经济建设这个中心，坚持聚精会神搞建设、一心一意谋发展，不断解放和发展社会

① 胡锦涛：《高举中国特色社会主义伟大旗帜，为夺取全面建设小康社会新胜利而奋斗——在中国共产党第十七次全国代表大会上的报告》（2007 年 10 月 15 日），《人民日报》2007 年 10 月 25 日。

生产力。更好地实施科教兴国战略、人才强国战略、可持续发展战略，着力把握发展规律、创新发展理念、转变发展方式、破解发展难题，提高发展质量和效益，实现又好又快发展，为发展中国特色社会主义打下坚实基础。努力实现以人为本、全面协调可持续的科学发展，实现各方面事业有机统一、社会成员团结和睦的和谐发展，实现既通过维护世界和平发展自己、又通过自身发展维护世界和平的和平发展。①

3. 中共十七大仍把维护世界和平与促进共同发展，作为历史和时代赋予党的三大任务之一。为完成其使命，首次把构建持久和平、共同繁荣的和谐世界写进了中国共产党章程，这是对时代理念的新发展。

2005 年 9 月 14 日，胡锦涛在联合国成立 60 周年首脑会议上发表的题为《努力建设持久和平、共同繁荣的和谐世界》的讲话，首次提出了构建“和谐世界”的倡议。他提出四点意见：第一，坚持多边主义，实现共同安全；第二，坚持互利合作，实现共同繁荣；第三，坚持包容精神，共建“和谐世界”；第四，坚持积极稳妥方针，推进联合国改革。

2006 年 4 月 23 日胡锦涛在沙特阿拉伯王国协商会议发表了题为《促进中东和平，建设和谐世界》的重要演讲，他说，面对当今纷繁复杂的世界，我们应该更加重视和谐，强调和谐，促进和谐。建设一个持久和平、共同繁荣的和谐世界，是世界各国人民的共同愿望，也是人类社会发展的必然要求。建立和谐世界，需要国际社会每一个成员携手努力；建立和谐世界，必须致力于实现各国和谐共处；建立和谐世界，必须致力于实现全球经济和谐发展；建立和谐世界，必须致力于实现不同文明和谐进步。努力使世界上所有文明、所有民族携手合作，共同推进人类和平与发展的崇高事业。

中共十七大对此进行了全面阐发和党规的肯定。成为外交行动指南。

“和谐世界”的构想，将中国近年来在国际上所倡导的新秩序观、新安全观、新发展观、新文明观等有机联系在一起，构成了我们新的外交理念。受到世界的关注与赞赏，是对人类和平与发展崇高事业的新贡献。

---

① 胡锦涛：《高举中国特色社会主义伟大旗帜，为夺取全面建设小康社会新胜利而奋斗——在中国共产党第十七次全国代表大会上的报告》（2007 年 10 月 15 日），《人民日报》2007 年 10 月 25 日。

4. 中共十七大首次将高举和平、发展、合作的旗帜，始终不渝走和平发展道路，构建两岸关系和平发展框架、开创两岸关系和平发展新局面等写进报告，这是对和平发展时代主题内涵的拓展。

把和平、发展、合作上升到“旗帜”、“道路”的高度，根本原因“是中国政府和人民根据时代发展潮流和自身根本利益作出的战略抉择”，也是对现在世界上某些人鼓噪的所谓“中国威胁论”的回应。中华民族是热爱和平的民族，中国始终是维护世界和平的坚定力量。它坚持把中国人民的利益同各国人民的共同利益结合起来，秉持公道，伸张正义；坚持国家不分大小、强弱、贫富一律平等；尊重各国人民自主选择发展道路的权利，不干涉别国内部事务，不把自己的意志强加于人。中国赞成和积极推动国际合作，反对一切形式的恐怖主义，反对各种形式的霸权主义和强权政治，永远不称霸，永远不搞扩张。中国奉行防御性的国防政策，不搞军备竞赛，不对任何国家构成军事威胁。中国人民正在同各国人民一道，为实现人类的美好理想不懈努力。

提升“合作”的地位和作用。把“合作”上升为“旗帜”的高度，把“促合作”同和平与发展并称为“不可阻挡的时代潮流”。而在“合作”的层次和方式上，又有“携手”、“协作”、“协力”、“促进合作”、“深化合作”、“加强合作”、“团结合作”、“务实合作”、“区域合作”、“合作共赢”等。在涉及“合作”的对象和领域时，原来只提与社会主义国家“合作”、与发展中国家“团结合作”，现在主张与“发达国家加强战略对话，增进互信，深化合作”；“加强同周边国家的睦邻友好和务实合作”；“积极开展区域合作，共同营造和平稳定、平等互信、合作共赢的地区环境”等。在经济上“相互合作”；在安全上“加强合作”；在环保上“协力推进”等。尽力推进和平、发展、合作，服务于国内、国际两个大局。这些使中国倡导的时代主题论更加完善、科学。

在解决台湾问题、实现祖国完全统一的问题上，时代主题论的精神有了新拓展：重申邓小平提出的“和平统一、一国两制”方针，重申江泽民提出的八项主张。首次把胡锦涛提出的四个“决不”写进报告，即坚持一个中国原则决不动摇，争取和平统一的努力决不放弃，贯彻寄希望于台湾人民的方针决不改变，反对“台独”分裂活动决不妥协。并郑重地在报告中加上：

“牢牢把握两岸关系和平发展的主题，真诚为两岸同胞谋福祉、为台海地区谋和平，维护国家主权和领土完整，维护中华民族根本利益。”两岸同胞“是血脉相连的命运共同体”。在承认两岸同属一个中国的基础上，“什么都可以谈”。“在一个原则的基础上，协商正式结束两岸敌对状态，达成和平协议，构建两岸关系和平发展框架，开创两岸关系和平发展新局面。”①

十七大报告作为在新的历史起点上继续发展中国特色社会主义的政治宣言和行动纲领，科学地回答了党在改革发展关键阶段举什么旗，走什么路，以什么样的精神状态、朝着什么样的发展目标继续前进等重大问题；描绘了新时代条件下加快推进社会主义现代化的宏伟蓝图；是马克思主义的纲领性文献和马克思主义时代观的继承发展，必将会使中国特色社会主义道路越走越宽广。马克思主义时代观的研究深化扩展，让当代中国马克思主义放射出更加灿烂的真理光芒。

三、当今时代主题的其他内涵

（一）相关概念

邓小平根据马克思主义基本原理，结合国际形势的变化，创造性地提出了世界主题的概念，江泽民、胡锦涛进行了坚持与发展，使时代主题观成为了科学体系。该体系内容丰富，仅仅进行分述是不够的，需要对其他相关问题进行概述。

当今时代主题的相关概念，具有多层次内涵，需要仔细推敲。

“当今”一词，作为时间概念，是“世界现代”、“世界当代”的延续。“当今”又有泛指和特指的区别。如果是泛指，一般认为是1991年12月26日苏联解体后的世界历史。它有三个层次：一是指1991年底至今；二是指近3—5年；三是指当天。这里说的“当今时代”，应该特指第一个层次。

“当代世界”与“当今时代”的区别。“世界”一词本是佛家用语，来自于梵语。词源见于唐朝般剌密帝译的《楞严经》：“世为迁流，界为方位。汝

① 胡锦涛：《高举中国特色社会主义伟大旗帜，为夺取全面建设小康社会新胜利而奋斗——在中国共产党第十七次全国代表大会上的报告》（2007年10月15日），《人民日报》2007年10月25日。

今当知，东、西、南、北、东南、西南、东北、西北、上、下为界，过去、未来、现在为世。”即是说，世为时间，界为空间，“世界”者，时间与空间纵横交叉的结合体。近代日本人用汉字“世界”一词来翻译西方文字（如英文 world)，意指全地球的各个国家和地区。“时代”，从字面上说，“时”，时间；“代”，年代。有人把“时代”理解为历史阶段，不能说错，但不全面。有学者认为，“时代”最一般的含义是反映事物发展某一特定阶段的基本特征，[①] 这种说法较为恰当。现在的一般理解应该是：“时代”是“纵”，即历史角度；“世界”是“横”，即全地球的各个国家和地区的基本特征。“当代世界”指第二次世界大战结束以来的全地球的情况；“当今时代”指 1991 年底苏联解体以来世界的态势与潮流。

“主题”、“潮流”、“问题”的区别。

原意的“主题”，又叫“主题思想”。文艺作品通过描绘现实生活和塑造艺术形象所表现出来的中心思想，是作品内容的主体和核心。另外，是音乐术语，指乐曲中具有特征的、并处于显著地位的旋律；它表现一完整或相对完整的音乐思想，为乐曲的核心，亦为其结构与发展的基本要素，有些乐曲往往含有若干主题。[②] 大约在 20 世纪 80 年代，“主题”一词扩展到社会科学的国际问题研究领域，从作者目前看到的资料可以看出，中共十三大首先运用了“当代世界主题”的概念，之后这个概念逐渐在中国和世界广泛使用。它的内涵应分为“主流”和“主要问题”两个层次。仅仅把“主题”理解为“主要问题”，是偏颇的理解；“主流”是指主要趋势。与“主流”相比，主要问题属于次要态势。

“潮流”一词，原意为“海水受引潮力影响而产生的周期性流动。潮流的周期和潮汐的周期一致。在海峡、海湾口及河口中，受两岸的影响，形成往复潮流，在大洋和外海一般则表现为回转潮流”。后来该词延伸为“比喻时代或社会发展的趋势”。[③] 时代的主要潮流，即“主流”，也就是时代的主要趋势，这一趋势有前进，也有回流，但时代的“回流”并不能理解为时代

① 靳辉明、谷源洋主编：《当代资本主义与世界社会主义》上卷，海南出版社，2004 年版，第 1 页。

② 《辞海》（缩印本），上海辞书出版社，1980 年版，第 1202 页。

③ 《辞海》（缩印本），上海辞书出版社，1980 年版，第 990 页。

的“回复”，它与海水的潮流不完全相同，人类历史是按螺旋式规律发展的，虽然有“回流”，但始终朝着进步的方向前进。现在看，和平、合作、发展是世界主要潮流，也是突出难题。

“问题”，一般意义上说，是“要求回答或解释的题目”；“尚待解决或不明白的事”。[①] 从当今时代主题的角度看，世界上的问题众多，如人口爆炸，粮食短缺，贫困人口增加，环境恶化，空气污染，臭氧层被破坏，艾滋病、癌症、禽流感泛滥，核扩散，局部战争不断，军事政变频繁，霸权主义盛行，恐怖主义膨胀，南北差距拉大等等。这些均可归属于和平与发展的问题，即和平与发展是世界性难题，是关系全局、带有全球性的战略问题。

（二）整体态势

1. 当今时代和平主题的态势是：世界的和平是主流，也是突出难题。

说世界和平是主流，主要是由于维护世界和平的基础厚实，力量强大。一方面，新的世界大战在短期内打不起来。美国虽是唯一的超级大国，有能力打世界大战，但它没有对手；同时它又可以通过其他手段获得超额利润，实现其世界霸权，不需要、也不会发动新的世界大战。世界和平力量的增长一直超过战争力量的增长；联合国等国际组织的正面作用不可忽视；新科技革命和经济全球化均为“双刃剑”，它们既是军备竞赛升级的动力，同时又是制约世界大战发生的重要因素。另一方面，在当今世界，绝大多数国家与地区的多数时间是没有战争与动乱的，这种相对和平的局面会延续下去的。况且全世界绝大多数国家和人民希望和平、反对战争的愿望是非常强烈的，这是不可阻挡的世界主要潮流和动力。

说世界和平是突出难题，是因为危害世界和平的因素仍然存在，天下并不太平。传统的安全威胁和非传统的安全威胁交织并交替上升。强权政治与霸权主义、恐怖主义、极端的民族主义、极端的教旨主义与复古主义等，由于错综复杂的原因不会在短期内退出历史舞台；边界与领土纷争、各式各样的宗教势力的争斗、资源与市场的拼命争夺，甚至个别国家间的无休止的局部战争等，也不会马上停止；各色各样的疾病如艾滋病、癌症、禽流感等，

① 《新华字典》（修订本），商务印书馆，1998年版，第515页。

难以预测和预防的自然灾害如强烈地震、飓风、海啸等，处置不好也会危害世界和平与安全，甚至给普通人民带来深重灾难。

2. 当今时代发展主题的态势是：世界的发展是主线，但也是核心难题。

说世界的发展是主线，主要是因为推动发展的动力强劲。新科技革命仍在深化拓展，必将强力推动世界经济的发展。经济全球化与地区一体化势头不减，也会推动全球经济发展。世界各国都意识到综合国力特别是经济实力在国际关系中的突出作用，所以无不以发展经济为头等大事，把发展战略作为主要政策取向。这种经济优先、发展为首的世界性潮流，定会使世界的发展继续上一个新台阶。世界的和平环境、某些国家在突发巨大自然灾害后对存在的问题进行的反思调整，也会从不同侧面保证、促进世界经济不断发展，乃至国际社会的可持续全面发展。

与此同时，也不能对未来这种发展的势头和水平估计过高。据联合国2001年统计，在过去30年间，最不发达国家的数量从25个增加到49个；世界绝对贫困人口从5年前的10亿增加到12亿；工业化国家与30个最穷国家的人均收入相差至少70倍；世界上3个最富有的人的财富，超过了60个穷国国民生产总值之和。这些极端悬殊的差别，既暴露了极不合理的世界经济政治秩序，又成为各国共同发展的障碍，同时构成危害世界和平的潜在因素。另外，其他全球性经济问题，如人口、粮食、能源、水资源、生态环境等问题仍在加剧，它们均成为阻碍世界经济发展的不利条件。

存在的问题虽然严重，但发展的条件似乎更好，所以世界的发展仍会是主流。而和平与发展相比，两者无疑互为条件、互为前提、互为保障，但经济基础决定上层建筑，所以发展处于核心地位，和平中存在的问题与发展中存在的问题相比，发展的问题是核心的难题。

3. 当今时代合作主题的态势是：世界各国的团结、合作水平不断提升，但激烈的竞争和斗争在所难免。

“和合”二字内涵丰富，强调团结、合作、协作是其重要内容。由于世界的共同努力，世界的“和合”已取得了突出成绩，结出了丰硕成果。联合国等世界性、地区性组织的建立与运作，推动和保障了世界的和平、进步，发展事业呈现勃勃生机。联合国组织、各种运动、会议条约、协定所提出、规定的精神、宗旨、原则，已经指导和推动了世界的和合进程，还将会继续发挥这种正面作用。胡锦涛主席在联合国成立 60 周年纪念会上提出的“坚持包容精神，共建和谐世界”的号召，得到世界各国普遍的回应和赞赏，是因为“在人类漫长的发展史上，各国人民的命运从未像今天这样紧密相连、休戚与共”。共同的目标把世界各国联结在一起，共同的挑战也需要世界各国团结在一起，共同提升世界的和合事业。

然而，未来世界的和合历程不会是一帆风顺的，因为世界是一个竞争共处的大世界。争资源，争市场，争当联合国常任理事国，争当世界一极，霸权主义国家争霸权，恐怖主义者争影响，乃至某些国家领土纷争等，并非很快停止。有些竞争是人类历史进步的动力，是世界和合的向心力；可有些竞争则与和合相对，是世界走向和谐的阻力。

（三）与大时代、现时代的关系

1. 根本动力的一致性。

大时代演进的根本动力亦是现时代、时代主题转换的根本动力。

明了大时代“两个过渡”的内涵与缘由，现时代“两制共存竞争”的内容和依据，当今和平与发展时代主题的特征、确立与演进历程，十分必要。但要深化对“当今时代与时代主题”的全面正确认识，还需要进一步弄清大时代、现时代、时代主题三者的关系。社会发展时代是一综合体。大时代、现时代，还有时代的主题，它们各自内涵有别，但又相互密不可分，相互影响，相互作用。

生产力与生产关系、经济基础与上层建筑之间的作用与反作用，是大小时代进步、时代主题转换的根本动力。

社会制度的变化是社会生产力发展的要求。一般说来，石器时代是原始社会时代，青铜器时代是奴隶制社会时代，铁器时代是封建制社会时代，机器时代是资本主义和社会主义时代。列宁于 1920 年曾非常赞赏这样的说法：“蒸汽时代是资产阶级的时代，电的时代是社会主义的时代。”当时列宁是预计社会主义的苏俄将会比西方资本主义国家更快地实现全国电气化，进而加快其他国家走上社会主义道路的步伐。后来由于各种原因，列宁的预计没有完全实现。但毕竟社会主义社会制度的国家出现了，并且重视科技，重视人才，重视发展，重视发挥出社会主义的优越性。

生产关系对生产力、上层建筑对经济基础有突出的反作用。社会主义国家出现后，资本主义国家开始学习社会主义的东西，学习马克思主义的东西，调整生产关系，加速第三次科技革命的发展，使资本主义很快发达起来。资本主义利用各种手段，促使了苏东剧变，但其国内的根本矛盾无法解决，其他矛盾和问题突出存在。资本主义无法、也不可能消灭社会主义，它不得不与社会主义共存竞争，共同面对和平与发展的时代主题。社会主义国家在20世纪70年代中后期，就已经意识到现时代和时代主题的转换，苏东各国没有正确面对，在两制竞争中打了败仗。中国等社会主义国家深刻总结内外教训，对国际形势作出了正确判断，明确提出了和平与发展是时代主题，确立了以"一个中心、两个基本点"为内容的基本路线，这是正确认识到生产关系对生产力、上层建筑对经济基础的反作用而作出的正确抉择。追求和推动和平、和谐，是为了中国和世界发展有利的国际环境；追求和推动发展，是为了中华民族的伟大复兴，也是为了科学社会主义事业的发展，对人类进步作贡献。邓小平1986年就说过："十亿人的中国坚持社会主义，十亿人的中国坚持和平政策。做到这两条，我们的路就走对了，就可能对人类有比较大的贡献。"①

2. 三者性质的共同性。

大时代的性质决定现时代、时代主题的性质。

自从人类社会进入资本主义社会以来，无产阶级和资产阶级一直是两大中心阶级，是他们"决定着时代的主要内容、时代发展的主要方向、时代的历史背景的主要特点等等"。②

"两个过渡"的大时代，总体上是站在无产阶级和广大劳动人民、社会主义社会的立场上说事，谈无产阶级怎样上升为统治阶级，争得民主、社会大进步，经济政治文化大发展大繁荣，人民过上安康、幸福的生活。决不是站在资产阶级的立场上说事、办事。在整个大时代中，无产阶级与资产阶级

① 邓小平：《坚持社会主义，坚持和平政策》（1986年4月4日），《邓小平文选》第3卷，人民出版社，1993年版，第158页。

② 列宁：《打着别人的旗子》（1914年7月—1915年8月），《列宁全集》第26卷，人民出版社，1988年版，第134—135页。

是中心阶级，这两个中心阶级如何行动，决定了时代的态势，决定了现时代与时代主题的态势与趋势。在“两个过渡”大时代的漫长历程中，决不能站在资产阶级、资本主义社会的立场上判断时代的变化、时代主题的变化。否则，就是资产阶级时代观，而不是马克思主义时代观。这应该理解为时代性质根本的东西。

有人忌讳阶级分析，忌讳谈阶级的行动，主张“中性”分析。实际上自从有阶级社会以来，如果离开阶级分析去讨论时代性质，就是异想天开的想法。搞不好就会陷入资产阶级的“泥坑”。

“两个过渡”大时代性质，对于判断现时代的性质至关重要。我们说马克思、恩格斯所处的现时代是资本主义上升的时代，这是从无产阶级与资产阶级阶级力量对比的角度作出判断的；列宁、斯大林、毛泽东所处的现时代是帝国主义和无产阶级革命的时代，更是从无产阶级与资产阶级阶级力量对比角度作出判断的。

有人认为，我们现在所处的现时代，是“两制共存竞争”的提法，离开了无产阶级与资产阶级阶级力量对比这一判断标准。这是一种误解。恰恰相反，正是考虑到大时代的性质、社会主义与资本主义的力量对比。十月革命胜利以来，从第一个社会主义国家的出现到成批出现，改变了资本主义独霸世界的局面，开辟了人类历史的新纪元，是无产阶级开天辟地的大事件。但必须清醒地认识到，世界的资本主义势力毕竟强大，“两制共存竞争”是一个客观事实，况且苏东剧变后，资本主义势力更加嚣张，如果继续固守“帝国主义与无产阶级革命时代”的判断，就会成为脱离客观实际的教条主义。在资本主义占优势的情况下，承认“两制共存竞争”，已经是对无产阶级与资产阶级阶级力量对比的最冷静、最合适的判断。社会主义国家坚持和发展社会主义，与资本主义国家共存竞争，在资本主义国家内教育、培养、提高无产阶级的觉悟，采取适当的斗争手段，就成为社会主义运动低潮时期的最佳选择。

那么，我们赞同当今时代主题是和平与发展，是否与大时代性质相抵触呢？我们认为并不抵触。

关于和平，有全人类的和平，有资产阶级的和平，也有无产阶级和广大劳动人民的和平。马克思主义的和平观，既重视人类的和平，更重视无产阶级和广大劳动人民的和平。发展也是如此。

关于和平，列宁针对第一次世界大战的局势提出战争是和平时期政治的继续，和平是战争时期政治的继续。[①] 有两种性质不同的和平，即帝国主义的和平与社会主义的和平。目前的和平，在资产阶级政府尚未被革命推翻的情况下，就只能是作为帝国主义战争继续的帝国主义和平。[②]

帝国主义战争和帝国主义和平是资产阶级推行侵略压迫政策的两种形式。帝国主义和平只是帝国主义两次战争之间的休战，只是下一次战争的准备。因此，要消灭战争，实现真正的和平，就只有消灭帝国主义；只有在推翻、最终战胜并剥夺了全世界的而不只是一国的资产阶级之后，战争才不可能发生，只有社会主义的和平才是真实的。

列宁的“和平论”，突出优点就是点明了和平的不同类型，特别是由实质确定的不同性质。依据这一理论认真分析当今世界的和平，确实存在以下性质复杂的和平：

存在符合全人类的共同利益的和平，如没打新的世界大战就是如此。无论任何类型的国家，无论是哪种肤色、人数多少的民族，无论是何种阶级或阶层，都享受到了这种客观和平之惠。如果一定要定个性质的话，说是全人类利益共有的和平，是所有阶级、阶层的和平也不为过。肯定这种和平，维护这种和平，应该说是正确的。

存在正义的和平。如二战打败法西斯之后的世界和平，从整体上看，这是历史的进步，可归为正义的和平范畴。如亚非拉绝大多数国家或经过长期的武装斗争、或逼迫宗主国放弃殖民统治而获得主权独立后的和平，应该是正义的和平、积极的和平、对人类进步事业做出巨大贡献的和平，因为其最终打破了旧殖民体系，由殖民残酷统治变成了自己管理自己的国家。后来他们联合起来进行不结盟运动，组成 77 国集团，反对美、苏两国全球争霸，这些都是世界和平运动的重要组成部分。

对于社会主义国家来讲，和平的进步性、阶级性、正义性就更加鲜明。

---

① 列宁：《资产阶级的和平主义与社会党人的和平主义》(1917 年 1 月 1 日)，《列宁选集》第 2 卷，人民出版社，1972 年版，第 915 页。

② 列宁：《资产阶级的和平主义与社会党人的和平主义》(1917 年 1 月 1 日)，《列宁选集》第 2 卷，人民出版社，1972 年版，第 916 页。

他们先后经过艰苦卓绝的武装斗争和其他斗争，推翻了腐朽的、残忍的、落后的剥削阶级统治的政权，建立了社会主义国家，人民翻身当家做了主人。这是历史新纪元式的和平，被颠倒的历史重新颠倒过来的和平，代表无产阶级和广大劳动人民利益的和平，进步战胜落后、甚至反动的和平。这些国家反对帝国主义的武力干涉、冷战、遏制、和平演变，进行和平建设事业，奉行独立自主的和平外交政策，主张以和平共处五项原则为基础建立国际新秩序，这是追求和构建更高层次的和平的实践活动。尽管在探索中犯过这样那样的错误，但客观上看，各国追求真和平、建设真和平、维护世界和平的内涵鲜明，并取得了巨大的成就。这种更高层次的和平局面是一种客观存在，是列宁所说的社会主义和平的初步实现。虽然它与列宁所设想的，即“推翻、最终战胜并剥夺了全世界的而不只是一国的资产阶级”① 的最高层次和平的实现，还有相当的距离，还要经历长期、艰巨的努力过程和条件的完善，但社会主义国家的和平毕竟“与革命斗争联系起来”了，并进行了真正和平事业的建设和实践。

存在强权政治、霸权主义下的和平。亚、非、拉各国几乎都曾沦为西方列强的殖民地、半殖民地。这种旧殖民主义治下的和平，不能认为是进步的、正义的和平，而是残暴的、非正义的和平。苏联曾经占领阿富汗多年，这种占领是强权政治、霸权主义膨胀的结果，是对社会主义的反动，也不能说是社会主义的和平，而是霸权主义治下的和平。南非曾长期由白人统治，这种白人种族主义统治，对白人来说是和平，对有色人种，特别是黑人来说，就是和平的地狱。2003 年 2 月，美国一举占领了伊拉克，美国说是为了反恐，为了世界和平与安全，其实是为了实现它的强权政治、霸权主义的目的，不能认为是真和平。

存在发达资本主义国家的所谓和平。二战后 60 多年，发达资本主义国家没有发动新的世界大战，其内部也没有出现一次局部战争。这种相对和平稳定是客观存在的。这种和平稳定是世界宏观和平稳定的重要组成部分。但这种资本主义的和平是不是积极的、进步的和平呢？由于这种和平主要有益

① 列宁：《无产阶级革命的军事纲领》(1916 年 8 月 9 日［22 日］以前)，《列宁全集》第 28 卷，人民出版社，1984 年版，第 88 页。

于统治阶级，特别是垄断资产阶级的利益，有益于他们取得更多的超额利润，如果与社会主义国家的和平比，社会主义的和平主要有益于广大劳动人民，也把维护世界和平作为义不容辞的责任和目标，从这个意义上看，发达资本主义国家存在的和平，其层次低于社会主义的和平；如果从另一角度看，二战后西方资本主义国家利用这种相对稳定的和平对社会主义国家长期推行冷战、遏制、和平演变战略，甚至挑起过战争，如朝鲜战争、越南战争等，时至今日，他们西化、分化社会主义国家的努力并没有停止。由此我们可以说，发达资本主义国家的这种和平则是阻碍人类社会进步发展的，是逆历史潮流而动的。

从以上事实可以看出，离开了阶级分析方法，不站在社会主义的立场上去理解当今时代的和平主题，是有害的、不可取的。对发展主题的理解亦是如此。我们希望的是对无产阶级和广大劳动人民有利的和平与发展，这是马克思主义时代观的真谛。

3. 总体的历史进步性。

现时代与时代主题的每一次转换，均促使大时代在总体上的进步。

在“两个过渡”大时代的行进历程中，现时代已经经过了三次转换：资本主义上升、帝国主义与无产阶级革命、两制共存竞争。每次的时代主题也不同。这些转换有规律可循。尽管有个别的、局部的、时而前进、时而后退的现象，但总体在进步，并从低级向高级发展。

(1) 资本主义上升时代的进步表现。在资本主义上升时期，资产阶级成为统治阶级，他们对封建的东西进行了摧枯拉朽的革命，建立了大生产和资本主义的民主制度，对于封建社会来讲，这是历史性的巨大进步。但资本主义继承了私有制的遗产，劳动人民创造的历史，又被资产阶级这个富有阶级控制，以血与火对外扩张，残酷地压榨以无产阶级为主体的劳动人民，仍然是人类颠倒的世界。马克思主义的出现，创造了唯物史观和剩余价值论，揭露了资产阶级剥削的真正秘密，把无产阶级和广大劳动人民的历史功绩和历史使命明明白白地公布于世，马克思主义作为无产阶级和广大劳动人民的行动指南，促使无产阶级和广大劳动人民逐步觉醒，并同资产阶级进行了不屈不挠的斗争。但毕竟资产阶级处于上升时期，资产阶级控制着人民用血汗创造的绝大部分的人类财富，加之资产阶级手中有政权的力量，人民的革命一次次被镇压。所以，当时小时代的主题说是“资产阶级巩固政权和全世界无产者，联合起来”，接近于实际。在当时的情况下，传播马克思主义，成立无产阶级政党和第一国际、第二国际，顺理成章。呈现了“两个过渡”大时代初始的特色和历史进步的小时代态势。

（2）帝国主义和无产阶级革命时代的进步表现。19 世纪末 20 世纪初，资本主义发展到帝国主义阶段。资产阶级与无产阶级这两个中心阶级出现了巨大的变化。资产阶级的阶级本性和对超额利润的追求使资本主义呈现许多新特征。马克思、恩格斯逝世后，第二国际的领袖们不能真实、深刻地解释这种变化，在第一次世界大战的考验面前，群体倒向了维护本国资产阶级利益的“保卫祖国”的一边。只有列宁及其战友们把马克思主义发展到列宁主义阶段，作出了现时代已经转换为“帝国主义与无产阶级革命时代”的正确判断。其基本依据是资本主义政治经济发展不平衡加剧，出现了跳跃性发展特点。资本主义已经具有与以前不同的五大经济特征：第一，“帝国主义就其经济实质来说，是垄断资本主义。这就决定了帝国主义的历史地位。因为……垄断，是从资本主义社会经济结构向更高级的结构的过渡”。“垄断是从殖民政策生长起来的。”[①] 此时的垄断组织高度发展，在经济社会中起决定作用。第二，银行资本与工业资本融合起来，形成了“金融寡头”。第三，资本输出有了特别重要的意义。第四，瓜分世界的资本主义国际垄断同盟已经形成。第五，最大的资本主义列强已把世界领土瓜分完毕。帝国主义国家实行空前的横征暴敛政策，特别是接连两次发动重新瓜分世界的世界大战，促使帝国主义的三大矛盾，即帝国主义国家之间、殖民地半殖民地同帝国主义国家之间、无产阶级与资产阶级之间的矛盾空前激化。帝国主义就是战争，战争必将引起革命，成为了时代的主题。根据成熟的客观条件，在主观条件上进行了时代性的理论创新和实践的推动，列宁在俄国创立了新型的无产阶级政党——布尔什维克党。这个党指导思想新：以新世界观即马克思列宁主义为指导。组织原则新：党是无产阶级的先进部队；无产阶级有组织的部队；无产阶级的最高组织形式；必须按照民主集中制原则组织起来；必须

---

① 列宁：《帝国主义是资本主义的最高阶段》（1916 年 1—6 月），《列宁全集》第 27 卷，人民出版社，1990 年版，第 434、435 页。

有统一的严格的纪律；必须同广大群众保持密切联系。战略和策略基础新：在资产阶级民主革命中掌握领导权；建立工农联盟；武装起义，建立工农民主专政政权；资产阶级民主革命和社会主义革命的关系，是“一个链条的两个环节”，主张“不断革命，我们决不半途而废”。哲学基础新：辩证唯物主义为指导，强调物质第一性；辩证唯物主义认识论，世界可知；实践是认识的基础和检验真理的标准；辩证唯物主义与历史唯物主义相统一，哲学的党性就是阶级性。与资产阶级政党完全不同，与昔日社会民主党有突出区别。这个党的路线、方针、政策正确，有列宁这样的英明领袖和能力强、很团结、会战斗的领导集体，得到广大人民群众的衷心拥护。在当时的俄国出现了四个“了”的革命形势：资产阶级的临时政府再也不能照常统治下去了；俄国广大人民群众再也不能照常生活下去了；布尔什维克党成熟了；广大人民群众已经发动起来了。关键时刻，在列宁领导下，马上进行了十月革命起义，胜利了，开始了从理论到社会主义制度实践的过程，开辟了人类历史新纪元。中国共产党人把马列主义与中国革命实践相结合，经过艰苦卓绝的努力，在世界的东方，取得了革命胜利。二战后一系列社会主义国家出现，形成了社会主义阵营。其他殖民地半殖民地国家和人民打破旧殖民体系，纷纷取得政治上的独立。这一切，都是现时代转换的突出体现、基本依据和不同于以前现时代的根本区别。这一切，使“两个过渡”大时代的进步历程出现了突飞猛进的发展。

（3）两制共存竞争时代的进步表现。二战以后，世界逐渐确立两极对峙的政治格局。这种对峙的内容复杂，冷战、遏制、和平演变与反冷战、反遏制、反和平演变进行了几十年，这是两种社会制度共存竞争的极端表现。整体来看，西方资本主义国家有着维护资产阶级统治的主要意图，社会主义国家有着捍卫正义、抵制反动的主要努力。至于苏联后来搞霸权主义，是犯了严重的错误，社会主义不应该搞霸权主义。苏联搞霸权主义损害了社会主义的形象，分裂了社会主义阵营，又被西方资本主义国家抓住把柄攻击社会主义。苏东剧变有各种原因，西方的冷战、遏制、和平演变得手是重要原因。换句话讲，社会主义与资本主义两种制度、无产阶级与资产阶级两大阶级的共存抗争，以新的形式、新的态势展开，在这种共存抗争中，社会主义付出了巨大的代价，目前社会主义事业处于低潮，教训深刻。世界社会主义事业短期内不可能、也很难高歌猛进，只能与资本主义国家调整战略，共存竞争。

那么这种“两制共存竞争现时代”与“和平与发展”时代主题的确立，是否全是被迫的抉择和无奈的应对、偏离大时代发展规律的判断呢？并非如此。恰恰是建立在对国际形势的正确分析、对社会主义与资本主义中的两大中心阶级：无产阶级与资产阶级力量对比的正确判断、站在世界无产阶级和广大劳动人民立场上的正确抉择。这是发展了的马克思主义时代观的崭新成果之一，是遵循“两个过渡”大时代发展规律、推进历史进步的正确应对。

从把“两制共存竞争”作为现时代彰显的进步意义看：

（1）具有鲜明的阶级内涵。阶级和阶级分析的观点，是马克思主义时代观区别于其他时代观的第一大特征。“两制共存竞争现时代”的确立，恰恰是从社会主义与资本主义两种社会制度的共存竞争态势，特别是从无产阶级与资产阶级两大中心阶级的如何动作，用阶级分析的方法从生产力和生产关系的结合中来认识和把握时代的，符合马克思主义的时代观。我们赞成阶级斗争不是推动历史发展的唯一动力，因为其根本动力是生产力与生产关系、经济基础与上层建筑的作用、反作用。但抽掉阶级内涵，单纯以生产力或科学技术的发展和变化为标志，来划分或界定时代的性质，是不符合马克思主义时代观的。

（2）具有突出的实践性特点。理论与实践紧密结合，是马克思主义时代观的一个重要特点。马克思指出：我们判断这样一个变革的时代，不能以它的意识为根据；相反，这个意识必须从物质生活的矛盾中，从社会生产力和生产关系之间的现存冲突中去解释。[①] 恩格斯也说：一切社会变迁和政治变革的终极原因，不应当到有关的时代的哲学中去寻找，而应当在有关时代的经济中去寻找。[②] 我们认为现时代已从“帝国主义与无产阶级革命”转换为“两制共存竞争”，就是既“不忘老祖宗”，又注重实践创新的努力。既重视阶级性、又坚持“根本动力”论。人们新的社会实践、科学技术进步和生产

① 马克思：《〈政治经济学批判〉序言》（1859 年 1 月），《马克思恩格斯全集》第 13 卷，人民出版社，1962 年版，第 9 页。

② 恩格斯：《反杜林论》（1876 年 9 月—1878 年 6 月），《马克思恩格斯选集》第 3 卷，人民出版社，1995 年版，第 617—618 页。

力的发展，始终是推动人类历史发展的基本力量、主导力量，是推动一切社会经济关系和国际关系发展变化的决定性力量。

（3）体现了积极的进取精神。马克思主义时代观的一个基本观点是，历史车轮总是滚滚向前，落后的生产方式和社会制度终归会被先进的生产方式和社会制度所取代，时代的每一次转换都是人类社会的一大进步。停滞和倒退的观点都与马克思主义时代观相违背。“两制共存竞争”现时代的界定虽然只有六个字，但内容丰富。两制共存，社会主义国家并非是被动的共存，而是主动的共存，在共存中求和平、求进步、求发展。竞争是相互的，对于社会主义国家来讲，在当今世界上，是与资本主义国家在政治、经济、文化、思想等方面争生存、争贡献、争社会主义的光明前途。我们不认为资本主义制度靠自我完善和发展就能摆脱灭亡的命运。但在现今的世界上，资本主义还有活力，资本主义国家相互之间也在竞争，垄断财团为了超额利润，可以不惜一切，马克思同意这样的观点，资产阶级“有300%的利润，它就敢冒任何罪行，甚至冒绞首的危险”。[①] 为此，“不让资本有片刻的停息，老是在它耳边催促说：前进！前进！”[②] 在当今资本主义力量占优势的情况下，社会主义与资本主义不仅要力求共存，而且要积极共存，在共存中显示优越，争做贡献，争取社会主义的光明前途，这是对世界共产党人的严峻考验。

（4）显示了原则的坚定性与策略的灵活性。列宁说：“在分析任何一个社会问题时，马克思主义理论的绝对要求，就是要把问题提到一定的历史范围之内；此外，如果谈到某一国家……那就要估计到在同一历史时代这个国家不同于其他各国的具体特点。”“只有首先分析从一个时代转变到另一个时代的客观条件，才能理解我们面前发生的各种重大的历史事件”，只有“首先考虑到各个‘时代’的不同的基本特征（而不是个别国家的个别历史事

① 马克思：《资本论》第1卷（节选）（1867年），《马克思恩格斯选集》第2卷，人民出版社，1995年版，第266页。

② 马克思：《雇佣劳动与资本》（1847年12月），《马克思恩格斯选集》第1卷，人民出版社，1995年版，第358页。

件），我们才能够正确地制定自己的策略”。[①]“两制共存竞争现时代”的判断，内涵两制共存（共处）、合作（协作）、竞争（竞赛）、斗争等内容，就是针对20世纪70年代中后期以来，特别是苏东剧变以后、社会主义处于低潮期、国际形势和谐之中欠和谐的现状作出的恰当判断，既有坚信“两个必然”、维护科学社会主义原则立场的坚定性，又体现了战略、策略的灵活性。中国等社会主义国家成功的实践证明了这一判断和选择的正确性。

从把和平与发展确立为当今时代主题彰显的进步意义看：

从理论层面上看，上文已经提到，这是对马克思主义时代观的重大发展。它不仅具有概念与体系的创新；而且在内容、方法上均有创新。使我们对马克思主义时代观的认知更加系统、全面、清晰。

从实践层面上看，它具有十分丰富的时代内涵，充分反映了时代发展现阶段的突出特征，集中体现了当今世界的主要矛盾，成为推动时代发展的新动力；揭示了世界人民长久向往的奋斗目标和世界发展的趋向，并非已经充分实现了的世界现状；反映了世界人民的共同愿望，已经成为世界发展的主要潮流、主旋律；为社会主义与资本主义两种社会制度国家关系的调整提供了新条件；是对我国乃至世界社会主义革命和建设国际环境和条件的新揭示和高度概括，具有纲举目张的重大意义。

4. 目标、任务的差异性。

目标的差异。资本主义过渡到社会主义、社会主义过渡到共产主义的大时代，它的最终目标是实现共产主义；两制共存竞争的现时代，虽然也是为共产主义而奋斗，但它是阶段性目标，旨在求共存、求和平、求进步、求发展；和平与发展的时代主题，无疑是为实现共产主义创造条件，目标就是和平与发展。

任务的差异。资本主义过渡到社会主义、社会主义过渡到共产主义的大时代，任务繁重，至少要首先完成“革命”和“建设”两大历史使命；两制共存竞争的现时代，目标即是任务，共存、和平、进步、发展的要求明确；确立和平与发展是时代主题，既是目标，也是中国此时要完成的三

① 列宁：《打着别人的旗子》（1914年7月—1915年8月），《列宁全集》第26卷，人民出版社，1988年版，第134—155页。

大任务之一。[①]

确立当今时代的主题是和平与发展，是中国共产党人对时代理论的创新。它是“两制共存竞争现时代”的主题，不能认为是“两个过渡大时代”的主题。这两大主题的突出和被认可，并非与“两制共存竞争现时代”的形成同步。肯定、推进、优化这一主题进步意义突出，既是完成“两制共存竞争现时代”的直接要求，又是实现“两个过渡”大时代历史使命的必要步骤。

综上所述，“两个过渡大时代”、“两制共存竞争现时代”、“和平与发展”时代主题的判断和确立，是依据马克思主义时代观，结合变化了的国际局势，在现有研究成果基础上，力求做到历史、理论、实践辩证统一的有关时代问题的全面思考。明确上述结论，有助于我们更加清楚地认识当今时代的发展状况和特点，有助于我们认识世界资本主义和社会主义过渡的长期性和艰巨性，有助于从这种现实条件和环境出发制定党的正确的内外方针政策，有助于我们把握人类社会发展的基本趋向，坚定社会主义必胜的信心。

---

① 中共十六大、十七大报告均把“实现推进现代化建设、完成祖国统一、维护世界和平与促进共同发展”作为三大历史任务。《江泽民文选》第 3 卷，第 529 页；胡锦涛：《高举中国特色社会主义伟大旗帜，为夺取全面建设小康社会新胜利而奋斗——在中国共产党第十七次全国代表大会上的报告》（2007 年 10 月 15 日），《人民日报》2007 年 10 月 25 日。

第二章

世界政治格局论

第一节　世界政治格局的内涵与转换

随着1991年底苏联解体，美苏两极对立政治格局终结。之后10多年间，世界上的专家、学者都在探讨世界政治格局的转换问题，有的认为当今的世界是“无极世界”①；有的认为当今“新的单极世界已经形成”②；有的认为现在就是“多极世界”；有的则认为将来的世界是一个“多极世界”，等等，不一而足。③ 那么，究竟如何界定现今和未来的世界政治格局呢？笔者认为，旧的两极格局已破，新的政治格局未立，美国单极格局的提法不可取，世界多极化不可逆转，未来的世界必是多极政治格局。

一、世界政治格局的内涵

世界格局，包括世界经济格局、世界政治格局、世界军事格局。它们是紧密联系、相互交叉的。世界经济格局是世界政治格局的基础，并制约着世界政治格局，决定世界格局的大体面貌；世界军事格局是世界格局的保障力

---

① 谭中：《“无极世界”是“和谐世界”台阶》，《参考消息》2007年3月29日，第16版。

② 王世霞、王树春：《单极还是多极——对当前国际格局的冷思考》，《俄罗斯研究》2000年创刊号。

③ 袁胜育：《从“无极”到“多极”——百家论格局》，《国外社会科学情况》1991年第9期。

量，并随着世界政治格局的变化而变化。

所谓世界政治格局，是指活跃于世界舞台并充当主角的国家和国际组织或者突出力量，在一定历史时期内相互联系、作用形成的一种框架、结构、态势。世界政治格局的形成，取决于主要国家、国家集团、突出力量综合实力的对比及其在国际上的地位作用。推动世界政治格局发生变化的最终原因来自经济，是世界经济的发展，打破旧力量的对比，推动新的政治力量平衡而形成的。

在世界政治格局中，充当主角的必备条件是：具有强大的实力；奉行独立的外交路线，对世界全局具有一定的影响力。

世界政治格局的变化带有规律性：世界政治格局变化的根本动因是社会基本矛盾的推动、主角力量的消长以及力量对比的变化；直接动因是主角对自己国家利益、集团利益的考虑，以及外交政策的调整。世界政治格局的变化与主要国家社会制度之间的斗争和改变相联系。

二、世界政治格局的主要角色与更新①

（一）主角的涵义

主角，原指文艺作品中的主要人物，我们借用来比喻国际政治中具有关键性影响和作用的主要力量，即国际政治格局的构成力量。世界政治格局中的主角，一般是影响全局的重大国际事件的主要行为体，处于国际矛盾的中心。国际冲突与协调往往围绕主角活动。

世界政治格局的主角，来自国际政治体系中的行为体。如果说，行为体的外向活动及其作用，不分大小、或直接或间接、或主动或被动、或全局或局部、或自主或依附、或强大或弱小，均不受影响，那么主角的活动及其作用必须是直接的、主动的、全局的、自主的、强大的。这就是主角同行为体的区别。简单地说，世界政治格局中的主角，是地位、力量和外交的统一，只能落实在具体国家或国际组织的身上。由于国际政治格局中的主角的具体

---

① 该“目”的内容是根据梁守德、洪银娴所著《国际政治学理论》（北京大学出版社，2000年版）一书的相关部分改写。

体现是可以看得见的，所以任何行为体要想进入主角行列，必须壮大自身力量，善于纵横捭阖，发挥独立自主的作用。当然，这同国际形势的演变紧密相联。

世界政治格局的主角不是一个，而可能是两个或多个，其作用不完全相同，甚至相反。当然，也无终身主角，它们迟早会完成自己的历史使命。主角是不断更新的。过往数百年，随着世界形势的发展和大国的兴衰沉浮，国际舞台上的主角几经变换，常有新面孔出现。如：资本主义产生时期的葡萄牙、西班牙、荷兰和英国；垄断资本主义时期的英国、俄国、法国、德国、日本、美国；以及社会主义国家的苏联和中国，他们都先后扮演过主要角色。其中有些国家昙花一现，很快退出舞台，有些国家至今仍然相当活跃。主角的变换说明：扮演主角的，既有大国，又有小国；既是一国力量，又是多国联合力量或集团力量；实力亦有差别，也不以社会制度为转移。帝国主义的俄国、社会主义的苏联，以及推行霸权主义政策的苏联，都先后在不同时期扮演过主要角色。

世界政治格局中的主角，作用有大有小，或积极或消极，或进步或反动。力量不完全对等，性质不完全相同，主角可分为关键性主角和制衡性主角，或称第一主角、第二主角，或第三主角、第四主角，等等。我们虽然不应否认制衡性主角或次等主角的作用，但应看到它们不能完全脱离头等主角的制约。应当承认头等主角的关键性地位。主角作用，主要取决于对外战略的性质、综合国力的强弱，也同对外活动的运行艺术分不开。

（二）充当主角的基本条件

当今世界有200多个国家、地区以及8200多个国际组织，它们在国际舞台上均有自己的利益和影响，占有一定的地位，但并非同等程度参与国际政治，不能个个扮演主要角色、处于关键地位。充当世界政治格局主要角色的，必须具备一定的基本条件。

第一，具有完整的国家主权或彻底独立自主的特性，直接参与决定国际事务。当代世界，世界政治格局的主角大都是由国家扮演的。从理论上讲，国际政治是以主权平等为基础的，即尊重所有国家对内的自理权、对外的自主权和国防上的自卫权，然而在实际生活中，世界上的国家从来没有完全平等过，因此维护完整的国家主权、争取直接参与决定世界事务的平等地位，依据国际问题本身的是非曲直独立地作出判断和决策，是国家扮演主要角色的前提条件。

第二，在世界经济、政治与军事关系中具有不可忽视的强大的实力。一般来说，实力是国家发挥主角作用的基本依据和重要手段。国家在国际社会中的地位和作用在某种程度上是建立在实力基础之上的，实力包括政治实力、军事实力与经济实力。在综合国力中，虽然以经济与科技为中心，军事实力至关重要，但普及政治思想教育，弘扬民族文明，统一全国人民意志，也是不可忽视的重要因素。当今世界，综合国力的较量，不仅是军事实力、经济实力和科技实力的对比，而且是人力和人心的对比。在国际政治格局中，充当主角的国家，不仅应当是经济富国、军事强国，而且也必须是政治大国，即具有独特的政治意识形态，自成体系的、完整的政治战略和推行对外战略的政治实力。如果只在某一方面居世界前列，虽也能发挥主角作用，但决不会成为头号主角。

第三，具有关键性或制衡性作用，影响全局。在国际政治中，实力强大的国家的地位举足轻重。它们影响和制约着世界形势的发展，牵动着国际全局，成为当然的主角，世界上发生的重大事件无不同它们发生联系，这是众所周知的。但是，有些国家实力虽然相对弱小，但一旦处于国际政治中的制衡地位，又能精于外交、善于处理国际关系，也会产生重大影响，完全能扮演国际政治格局中的主要角色。20世纪70年代，同美国和苏联相比，中国无论是军事力量、经济力量，还是综合国力，均相差甚远，但为什么中国能同美国和苏联形成大三角关系，成为国际政治格局中的关键部位呢？其主要原因在于，在中美苏大三角关系中，实力相对不强的中国，奉行的是独立自主的和平外交政策，又是属于第三世界的社会主义大国，处于制衡地位。中国站在任何一方，或稍有倾斜，都会改变力量对比，制衡三角关系，影响世界形势的发展。由此可见，一个国家力量的大小强弱，是其在国际政治中发挥作用的物质基础，但相对弱小的国家，如能审时度势，精于外交艺术，处理好国际关系，使自己处于制衡地位，则能实现最佳效果，扮演主要角色，获取更大的国家利益。

（三）当代世界主角的更新

一部国际政治史，可以说是大国控制和制约世界的历史。大国和大国军事集团往往扮演国际政治的主要角色。二战后，世界上出现了“军事大国”、“经济大国”和“政治大国”的分类，甚至产生了“越级大国”的新现象。“大国”不是地域的概念，而是政治术语。它既以数量和规模为依据，又主要看其现代化水平和国际制约力。所谓“军事大国”，即是有相当大的军队规模，为现代化军备所武装、确立和具备外向攻击的战略和能力的国家。所谓“经济大国”，即是有较高的国民生产总值和人均收入水平、经济发达、科技水平高、活跃于世界市场、在各国经济关系中居关键性的主导地位的国家。“经济大国”是“富国”，属“发达国家”，但“富国”或“发达国家”，不全是“经济大国”。它们之间的主要区别，不是国民生产总值、人均收入水平和科技发达方面的某些差异，而在于在国际经济关系中的地位和作用的大小。“富国”或“发达国家”一旦处于世界经济中的关键性的主导地位，就上升为“经济大国”。所谓“政治大国”，除具备相当的综合国力外，在国际社会中必须确立独特的自成体系的政治战略。“超级大国”就是“军事大国”、“经济大国”和“政治大国”之和，在国际事务中往往推行强权政治的政策。毫无疑问，“超级大国”是国际政治格局中的主要角色，起关键性作用，而各类大国虽然能扮演主要角色，但其主角作用是局部性的，不会是全方位的，只能起制衡性的作用。只有“军事大国”变成“政治大国”，或“经济大国”变成“政治大国”，或“政治大国”变成“经济大国”或“军事大国”，才能充当起关键性作用的主要角色。这就是说，关键性的主角至少是具有两类大国的身份，单一大国只能是制衡性的主角。

二战后，充当世界政治格局主要角色的国家和地区有：美国、苏联（俄国）、中国、西欧（德国）、日本和以不结盟运动为代表的第三世界。这些主角分别属于垄断资本主义国家、社会主义国家和发展中民族主义国家，但均以国家权益为主要出发点，或推行强权政治外交，常以意识形态的异同为借口，干涉别国内政，并相互争霸；或坚持独立自主的和平外交，反对霸权主义，促进国际社会的进步和整个世界的和平与发展；或实施不结盟外交，坚持非集团和平等参与国际事务的原则，开创了国际政治的新局面。这些主角的作用，或以本国的实力为依据，或以联合面目出现，表现为关键性的支配力量和制衡力量，在世界政治格局中的地位和作用不尽相同。

三、世界政治格局的转换

自从17世纪40年代出现威斯特伐利亚格局到20世纪90年代初美苏两极格局终结，350多年的时间里，世界基本政治格局发生了五次大的变化：

（一）威斯特伐利亚多极格局

直接动因："三十年战争"（1618—1648年）。它发生于17世纪上半叶，是以德意志为主要战场的一次席卷欧洲的战争。它是欧洲国家间争夺领土、王位、霸权以及各种政治矛盾和宗教纠纷尖锐化的产物。战争基本上是以德意志新教诸侯和丹麦、瑞典、法国为一方，并得到荷兰、英国、俄国的支持；神圣罗马帝国皇帝、德意志天主教诸侯和西班牙为另一方，并得到教皇和波兰的支持。战争经历了四个阶段：捷克一普法尔茨时期（1618—1624年）、丹麦时期（1625—1629年）、瑞典时期（1630—1635年）、法兰西一瑞典时期（1635—1648年）。

确立途径："威斯特伐利亚和约"。1648年10月24日，参战各方代表齐集明斯特市政厅签署《奥斯纳布吕克条约》和《明斯特和约》。奥斯纳布吕克和明斯特两个城市都在威斯特伐利亚境内，故两个和约统称《威斯特伐利亚和约》。和约规定：法国得到洛林的三个主教区（梅林、图尔、凡尔登）和整个阿尔萨斯（斯特拉斯堡除外）；瑞典获取西波美拉尼亚及东波美拉尼亚的一部分、维斯马城和不来梅、维尔登两个主教区，从而得到了波罗的海和北海沿岸的重要港口；正式承认荷兰和瑞士独立；威斯特伐利亚境内勃兰登堡、萨克森、巴伐利亚等邦诸侯的领地大体恢复到战前的状况，诸侯在领地内享有内政、外交上的自主权。关于教派问题，和约重申1555年的奥格斯堡宗教和约继续有效，承认德意志境内新旧教地位平等。

格局样式："多极"。此和约导致奥地利哈布斯堡皇朝失去大量领地，削弱了皇朝对神圣罗马帝国内各邦国的控制，使皇朝陷入中衰。神圣罗马帝国被其他国家分成300多个小国，沦为二流国家。德国陷入封建分裂的时代，德意志完全成了地理概念。意大利各邦仍处于四分五裂的状态。法国得到通向德意志的战略通道，实力大增，为后来称霸欧洲打下基础。瑞典获得波罗的海和北海沿岸重要港口，成为北欧强国。和约在欧洲大陆建立了一个相对均势状态的格局。此和约导致法国、荷兰和瑞典这三大欧洲新霸主的崛起。

但威斯特伐利亚和约所形成的多极格局并非是一种神圣的稳定局面。事实上，各国的兴衰更替以一种令人目眩的速度进行着。到18世纪末，就已经有许多曾经的大国衰落了。但也应看到，资产阶级与封建势力的斗争内涵在其中的。在宗教势力的抗争中，新教势力取得了重大胜利。

（二）维也纳多极格局

直接动因："拿破仑战争"。法兰西第一共和国（1799—1804年）和法兰西第一帝国及百日王朝（1804—1814年，1815年）时代，法国资产阶级为了在欧洲建立法国的政治和经济霸权，同英国争夺贸易和殖民地的领先地位，以及兼并新的领土而与奥、普、俄、英为核心的反法同盟进行的一系列战争。法国以外的列强先后组成七次"反法同盟"，对付法国大革命以及以后的拿破仑·波拿巴。拿破仑·波拿巴在前五次反法同盟中战果辉煌，曾建立了一个幅员辽阔的拿破仑帝国。1812年6—11月法俄战争的失败是拿破仑败绩转折点。与此同时，法军在西班牙屡遭失败，被迫撤出马德里。1813年2月，俄、普、英、西、葡、瑞、奥结成第六次反法同盟，1814年联军向法国本土进军。同年3月30日巴黎守军投降，4月13日拿破仑在巴黎枫丹白露宫签署退位诏书。拿破仑本人在退位后被流放到地中海上的一个小岛——厄尔巴岛。1815年2月26日拿破仑逃出小岛，3月20日回到巴黎。路易十八逃跑，百日王朝开始。但好景不长，欧洲各国迅速组成第七次反法同盟。1815年6月18日拿破仑的军队在比利时滑铁卢战役中全军覆没，7月15日他正式投降。法兰西第一帝国覆灭，路易十八再度复辟。拿破仑被流放至圣赫勒拿岛。延续15年之久的拿破仑战争至此结束。反法同盟取得了胜利，封建王朝复辟，但它动摇了欧洲封建制度的基础，唤起了欧洲民族觉醒，促进了欧洲资本主义发展，加速了欧洲的历史进程。列宁认为，它表现了帝国主义关系和民族解放运动交错在一起的异常复杂的情景。

确立途径："维也纳会议"。1814年10月到次年6月，在奥地利首都维也纳聚集了除土耳其以外、包括几乎所有欧洲国家的王公贵族、高官显宦，为战胜法国革命、打败拿破仑弹冠相庆。出席会议代表共216名。但是，真正操纵这次会议的是俄、英、奥、普四国。俄国沙皇亚历山大一世、英国外相卡斯尔莱、奥地利首相梅特涅和普鲁士首相哈登堡是会议的主宰。整个会议没有正式议事日程，除讨论《最后决议案》外，从未正式召开过大会。一切重大问题都由四强在幕后决定，许多决定是在梅特涅书房里经过讨价还价才成交的，故有人说这次会议是“梅特涅书房里的交易”。法国的塔列朗作为战败国代表出席。他多谋善变，机警圆滑，利用各种矛盾，充分施展外交手腕，改变了法国所处的不利地位，他本人也成为会议的活跃人物之一。四大国举行这次会议的目的很明确：瓜分赃物，满足自己的领土扩张野心；恢复法国大革命前的秩序，在各国复辟封建旧王朝；惩罚法国，防止其东山再起；防止和镇压欧洲新的革命运动。但是，四大国在宰割欧洲和瓜分殖民地问题上各怀野心，矛盾重重。大国之间的争吵是严重的，昔日的反法盟国几乎兵戎相见。也就在这时，拿破仑从厄尔巴岛潜回法国，建立百日王朝，这时会议桌前的“斗士们”才暂时妥协，于1815年6月9日即滑铁卢战役前几天，匆忙成交，维也纳会议草草收场。

格局样式：“多极”。维也纳会议的《最后总决议案》充分满足了列强争夺领土的野心。英国取得了地中海的马耳他；从法国手里夺得西印度群岛的多巴哥和圣路西亚以及印度洋上的毛里求斯，控制了通往东方的战略要地，巩固了海上霸权；从荷兰手里取得南非的开普敦殖民地和锡兰（斯里兰卡）。俄国夺取了波兰十分之九的土地，并继续占有芬兰和比萨拉比亚（罗马尼亚领土）。奥地利取得波兰的加里西亚，恢复了对意大利北部伦巴底和威尼斯的统治，并占领了萨尔斯堡、提罗尔和达尔马提亚沿岸。普鲁士夺得了波兰的波兹南和格旦斯克，合并了经济最发达的莱茵区和威斯特伐利亚，取得了萨克森五分之二的领土和原属瑞典的波美拉尼亚。弱小民族被任意宰割。波兰被第四次瓜分，只剩下克拉科夫及其毗邻地区组成一个共和国，由俄奥普三国共同“保护”。德国和意大利继续保持四分五裂的政治局面，这倒正合沙俄和奥地利的意愿。比利时被强迫并入荷兰，称为尼德兰王国。挪威被并入瑞典。法国受到制裁，其领土限以1790年疆域为界，东北边境的17个城堡由反法联军占领3－5年，赔偿7亿法郎并交出海军。按照“正统主义”

原则，恢复欧洲各国封建旧王朝的统治。波旁王朝在法国、西班牙和那不勒斯王国复辟，萨伏伊王朝在撒丁王国复位，教皇又成为教皇国的首脑。德意志大大小小的王公们重新袍笏登场，奥伦治王朝再次统治尼德兰。

维也纳会议是欧洲少数列强采用高压手段，逆历史潮流而行，其强行恢复封建旧秩序，重新炮制欧洲的政治地图，无视各国民族的历史条件和各国人民的意愿，任意宰割弱小国家。这次会议建立起来的维也纳多极格局，使欧洲维持了近 10 年的均势，但受资本主义经济政治发展不平衡规律的制约，处于上升地位的资本主义列强很快开始了新的瓜分世界的拼命撕杀。

（三）“凡尔赛—华盛顿体系”多极格局

直接动因：“第一次世界大战”（简称“一战”，1914 年 8 月—1918 年 11 月）。这是一场主要发生在欧洲但波及到全世界的非正义的帝国主义世界大战。当时世界上大多数国家都卷入了这场战争。战争过程主要是同盟国和协约国之间的战斗。德意志帝国和奥匈帝国是同盟国，英国、法国、意大利、俄罗斯帝国和塞尔维亚是协约国。在 1914 年至 1918 年期间，很多在亚洲、欧洲和美洲的国家（特别是美国）都加入了协约国。战场主要在欧洲。值得注意的是，意大利虽是同盟国，但是后来英国、法国及俄国与意大利签订密约，承诺给予意大利某些土地，结果意大利加入了协约国对抗同盟国。这场战争是欧洲历史上破坏性最强的战争之一，大约有 6500 多万人参战，1000 多万人失去了生命，2000 多万人受伤。战争的导火索是 1914 年 6 月的萨拉热窝事件。战线主要分为东线（俄国对德奥作战）、西线（英法比对德作战）和南线（又称巴尔干战线，塞尔维亚对奥匈帝国作战）。其中西线最惨烈，著名的战役有马恩河战役、凡尔登战役和索姆河战役。

确立途径：“凡尔赛会议”、“华盛顿会议”。第一次世界大战后，英国、法国、美国、日本等战胜国，通过巴黎和会及华盛顿会议建立的帝国主义和平体系。1919 年 1 月 18 日—1920 年 1 月 21 日，第一次世界大战的战胜国与战败国在巴黎凡尔赛宫召开和平会议。其间，协约国同德国于 1919 年 6 月 28 日签订了《协约和参战各国对德和约》，通称《凡尔赛和约》。会议决定建立“国际联盟”。对德和约部分规定：确定了战后德国的新疆界；德国放弃其海外一切殖民地及领地；限制德国的军备及确定德国的战争赔款。此外，协约国还同德国的盟国分别签订了和约。协约国同德国及其盟国缔结的上述一系列和约，构成了凡尔赛体系。巴黎和会未能解决远东及太平洋问题，美国为打击日本独霸中国的政策，削弱英国的海上霸权并拆散英日同盟，于1921年11月12日—1922年2月6日举行华盛顿会议，美、英、日、中、法、意、比、葡、荷九国出席。1921年12月13日，美、英、法、日签订了《美、英、法、日关于太平洋区域岛屿属地和领地的条约》（通称《四国条约》），以取代英日同盟。1922年2月6日，美、英、法、意、日签订了《美、英、法、意、日五国关于限制海军军备条约》（通称《五国海军条约》），同一天，出席会议的九国还签署了有关中国问题的《九国关于中国事件适用各原则及政策之条约》（通称《九国公约》），确定了美国提出的在中国实行"门户开放，机会均等"政策的原则。

格局样式："多极"。华盛顿会议实质上是巴黎和会的继续和补充，帝国主义战胜国占支配地位，非欧洲大国美国、日本第一次参与主宰世界事务，以侵犯中国权益，最后完成了帝国主义在第一次世界大战后对世界的重新瓜分，从而建立起战后帝国主义国家间的多极结构，即凡尔赛—华盛顿体系格局。这个体系格局暂时维持了资本主义世界的平衡。但是，随着资本主义世界经济、政治危机的发展，以及帝国主义国家间发展不平衡的加剧，自20世纪30年代起，该体系被德、日、意法西斯国家的一系列侵略行径所打破。1939年9月，德国进攻波兰，发动了第二次世界大战，凡尔赛—华盛顿体系格局彻底崩溃。正如法军元帅福煦所预言的："这不是和平，这是20年的休战。"

必须注重指出的是，1917年俄国十月革命的胜利，开辟了人类历史的新纪元。苏维埃俄国已经成为世界多极格局中代表正义、维护和平的独特一极，对当时和未来世界格局的正面影响不容忽视。

（四）"雅尔塔体制"为基础的"两极基本政治格局"

直接动因："第二次世界大战"（简称"二战"，1931年9月—1945年9月）。这是一场主要发生在欧洲和亚洲但波及到全世界的反法西斯的正义的世界大战。当时世界上大多数国家都卷入了这场战争。战争过程主要是同盟国和轴心国之间的战斗。德、意、日是轴心国，它们具有"三反动"的特点：对本国优秀文化传统的反动；对资本主义民主制度的反动；特别反对共产主义。在亚洲和欧洲先后组成战争策源地，企图称霸全球。为此，以美、苏、英为主，建立了广泛的反法西斯统一战线，中国是其中重要力量。经过全世界人民同心协力的不懈努力，德意日被打败。1945 年 9 月战争结束。这场战争是历史上规模和破坏性空前的战争。先后有 61 个国家和地区（是第一次世界大战的 2 倍!）、20 亿以上的人口被卷入战争，军民死亡 1.0221 亿余人。

确立途径："德黑兰会议"、"雅尔塔会议"、"波茨坦会议"等。二战中后期，美、英、苏三国领导人罗斯福（后杜鲁门）、斯大林、丘吉尔（后艾德礼），为了尽快消灭法西斯，进行了频繁会晤，比较出名的是 1943 年 11 月的德黑兰会议、1945 年 2 月的雅尔塔会议和 1945 年 7 月底到 8 月初的波茨坦会议。在这些会议中，在确定打败法西斯的战略与策略的同时，还秘密确定了维持战后和平，尤其是维护美、苏两大国利益的重要原则与世界基本框架结构。

格局样式："两极"（雏形），或称"雅尔塔体制"。

（五）

20 世纪 90 年代初苏东剧变后，世界政治格局也随之发生了根本的转变，呈现了旧格局终结、新格局待立的态势。

第二节　两极政治格局的确立与终结

第二次世界大战结束以来，世界局势发生了巨大而深刻的变化。在世界基本政治格局中，两极的确立、终结与多极化的发展对世界各国和战后世界历史产生了巨大影响。

一、两极政治格局的确立与首次受到冲击

（一）两极政治格局的确立

反法西斯的第二次世界大战，打破了以"凡尔赛—华盛顿体系"为根基

的旧政治格局，为战后新格局的建立准备了条件。第一，帝国主义势力严重削弱。战前的六个资本主义大国，德、意、日被打垮，英、法元气大伤，只有美国在战争中发财暴富，不久即成为超级大国。第二，社会主义力量大增，加剧了旧体系的分崩离析。苏联经受住了战争的严峻考验，成为了拥有强大实力、享有较高威望、能与美国抗衡的社会主义大国；东欧诸国建立了人民民主政权，走上了社会主义道路；中国、朝鲜、越南在抗日战争胜利后，经过国内解放战争，建立了社会主义的人民共和国。第三，民族独立解放运动蓬勃发展，直接动摇着旧殖民体系。菲律宾、缅甸、印度、巴基斯坦等国取得了政治独立；许多尚处在殖民主义统治下的国家正在兴起民族独立解放运动。这一切既表明旧格局已被打破，也显现了战后世界新政治格局的确立。

雅尔塔体制是二战后期美、英、苏三国领导人通过频繁会晤，主要是通过 1943 年 11 月的德黑兰会议、1945 年 2 月的雅尔塔会议和 1945 年 7 月底到 8 月初的波茨坦会议秘密确定的，是关于结束二战、维持战后和平，尤其是维护美、苏两大国利益的重要原则与世界基本框架结构的总称。它对战后世界做出了有利于美、苏两大国利益的原则规定和具体安排。第一，欧洲（包括德国与柏林）被一分为二，东部受苏联节制，西部归以美国为首的西方；苏联与波兰的领土疆界往西挪，把德国东普鲁士北部包括科尼斯堡地区 1.4 万平方公里的土地和波兰 20 万平方公里的土地划归苏联，把东普鲁士其余 10.1 万平方公里土地补给波兰。第二，把中国的大部分、日本、韩国作为美国的势力范围；苏联在中国东北地区的优越权予以保证；中国大连港国际化；南库页岛归还苏联，千岛群岛交给苏联；朝鲜由苏联节制；蒙古现状予以维持。第三，亚、非、拉过去受英、法控制的殖民地、半殖民地，通过“非殖民化”方式，美国可以插足。第四，成立联合国等国际机构，美、苏可以通过一票否决权或以强大的经济、军事实力加以控制。

雅尔塔体制的实施结果表明，它对保证世界进步力量最后取得反法西斯战争的胜利，埋葬旧的世界政治格局，保卫战后初期社会主义革命的成果，维持世界较长时期的相对和平局势有积极的一面，但与此同时也具有相当明显的消极面。由于该体制是大国主宰世界的产物，实质上是大国划分世界势力范围，当时就给相关国家和人民带来了灾难。重划国界，分裂别国，人口大迁移，使那些弱国、小国和人民深受其害。二战刚刚结束，英、美就放手镇压了希腊革命；美国全力扶植蒋介石集团在中国发动了内战；英、法公开重返昔日的殖民地反攻倒算。由于该体制很大程度上确立了美、苏在世界上的两极地位，带有强权政治的浓厚色彩，因此是未来世界动荡不安的重要根源。因为它既有承认旧有的世界政治经济秩序的内涵，又留下了许多固有的矛盾和新产生的重大分歧，为以后相同制度国家间矛盾的激化、不同社会制度国家间的冲突，尤其是美、苏两大国间的长期对抗埋下了隐患。

（二）两极政治格局的形成与首次受到冲击

从二战结束到整个50年代，世界政局的发展表现为帝国主义与社会主义两大阵营的对抗。两极政治格局得以确立、扩展，美、苏矛盾初步表面化，雅尔塔格局也首次受到了冲击。

帝国主义阵营是美国一手筹划建立的，目的在于冲破雅尔塔格局，全面“领导世界”。通过实施“马歇尔计划”、“杜鲁门主义”，从经济与政治的结合上把西方资本主义国家纳入到美国的全球战略轨道。1949年4月4日建立的“北大西洋公约”军事政治组织，标志着帝国主义阵营的形成，完成了雅尔塔体制所确定的对西方主要大国和世界上某些地区的控制。与此同时，对以苏联为首的国际共产主义运动发起了冷战战略，实施遏制政策，经济上封锁，政治、外交上孤立，军事上包围，并纠集和鼓动盟国发动了朝鲜战争、印度支那战争；开始酝酿和部分推行“和平演变”社会主义国家的方针、政策。

针对以美国为首的帝国主义阵营的挑战，苏联与刚刚建立社会主义制度的欧亚国家团结起来，逐步组成了社会主义阵营，进行了全面的反击。1947年9月，成立了“欧洲九国共产党和工人党情报局”。1949年1月，建立了“经济互助委员会”。1947—1949年间，苏联与东欧各国先后签订了16个“友好互助同盟条约”。1955年5月14日，苏联与东欧诸国正式建立了“华沙条约”军事政治集团组织。在此之前的1950年2月，中苏签订了“友好互助同盟条约”。社会主义阵营逐步形成。在朝鲜半岛，打败了美国及其仆从军；在印度支那，赶走了法国殖民者；1959年1月1日，古巴在美国后院树立了红旗。冷战战略破产。

两大阵营的对抗，核心是冷战与反冷战，遏制与反遏制，其中包含有确立和重划雅尔塔格局的内容。中国与古巴革命的胜利，众多的民族国家从殖民统治下获得独立，首次冲击了两极政治格局。美、苏作为此时对抗的主角，已从昔日的盟友变成了公开的敌手。美国的举动完全是逆历史潮流而动。苏联基本上代表历史的进步，主要是为了捍卫社会主义制度，推进国际共产主义运动、民族民主解放运动的发展，但也显露出大国主义、大党主义的倾向。这样，美、苏对抗已带有某些争霸世界的苗头，是未来两个超级大国全球争霸的基础和先声。

二、两极政治格局的终结与原因

（一）两极政治格局终结的主要标志

两极基本政治格局到 20 世纪 80 年代末 90 年代初终结了。其主要标志有三：第一，从 1989 年开始，社会主义的东欧诸国先后出现了剧变。1990 年 10 月 3 日，联邦德国与民主德国正式合并，以美、苏控制的以不同社会制度和意识形态为基础的西欧与东欧、两个德国（包括东西柏林）的政治面貌大变。第二，“华沙条约组织”于 1991 年 7 月 1 日公开正式解散，苏联陆续从东欧撤回了大部分核武器与驻军。“北大西洋公约组织”也宣称由原来的军事政治组织逐步改造为政治军事组织，美国从西欧有关国家撤出了部分核武器与军队。以美、苏为核心的两大军事集团对抗消失。第三，苏联在世界上存在了 69 年后，于 1991 年 12 月 26 日公开宣布解散。随后成立的“独联体”内部矛盾复杂多变，甚至一些地区武力冲突不断。立陶宛、爱沙尼亚、拉脱维亚在此之前已从苏联独立出来，正式加入了联合国。昔日作为与美国在全球对峙的超级大国实体不复存在了。这是两极政治格局终结的核心标志。

（二）两极政治格局终结的主要原因

导致两极政治格局“寿终正寝”的原因是什么？众说纷纭。事实上，恩格斯早年关于“历史事变”是“有无数互相交错的力量，有无数个力的平行四边形”综合作用的结果的论断，是科学的。①

首先，根本动因是国际社会基本矛盾不断发展，世界基本政治力量不断转换、互相作用的结果。

二战后，世界上出现了罕见的美、苏两个超级大国之间的矛盾。它们长期争霸全球，矛盾不断激化，祸及了别人，也削弱毁灭了自己。二战后，世界上资本主义国家间的矛盾并未消失，经济、政治发展不平衡的规律体现得更突出。美国作为超级大国出现后，西欧、日本不久先后崛起，增大了与美国、与苏联间的矛盾。它们从美国手中“争权”、从苏联方面“夺权”，冲击了两极格局，加速了旧格局的瓦解。社会主义与资本主义国家间、社会主义国家间的矛盾，本是客观存在，但有人故意淡化、不承认或过于轻视西方“和平演变”社会主义的事实和危险，忽视社会主义国家经济出现的严重问题，外交上奉行大小霸权主义、依附主义，使得这些国家形势剧变，甚至解体，导致世界政治格局急变。中国革命的胜利，打破了美、苏想在中国划分势力范围的企图；新中国国力的增强，以及坚持反对霸权主义的斗争，加速了两极格局的瓦解。“第三世界”遭受美、苏全球争霸的危害最深，决定了它们在反对霸权主义、促进和平与发展的斗争中，始终表现出不屈不挠的意志，起着主力军的作用。这组矛盾的深化与扩展，促使美、苏两极格局危机日增。可见，众多基本矛盾的出现与发展，群体力量的消长与努力，是使世界两极格局解体的根本原因。

其次，历史动因是以美、苏为主角的两极格局从形成之日起，就存在历史的负面，后来又恶性扩展了这种负面，使之无法解脱的结果。

在两极格局形成过程中，就内涵着历史的负面，后又恶性膨胀这种负面。第一，强权政治恶性扩展。突出体现在美、苏以超级大国的实力和方式进行全球争霸，把强权政治的内容和范围扩展到了历史上前所未有的程度。以美国为首的西方集团对苏联等社会主义国家长期推行冷战与“和平演变”的战略和政策，削弱了苏联，使相关国家和人民饱尝复辟、战乱之苦。美国也在倒行逆施中危机日深。苏联的霸权主义同样发展到可恶的程度，是战后

① 恩格斯：《致约·布洛赫的信》(1890 年 9 月 21［—22］日)，《马克思恩格斯选集》第 4 卷，人民出版社，1995 年版，第 697 页，

强权政治扩展的重要一面。它对东欧和其他一些社会主义国家奉行“大家庭”的“家长式”控制，并把它们拖上了与美国全球争霸的轨道，国内经济政治混乱，使依附的国家深受其害。第二，军备竞赛疯狂升级，这是强权政治扩展的又一重要体现。美、苏为争霸全球，军备竞赛全方位展开。常规武器频繁更新，核武器竞相膨胀。到1987年，美已有2.6万个核弹头，苏也存有2.2万件核武器，核发射手段超级，且打击水平一度持平。20世纪80年代，为打破这种均势，美推出了“星球大战计划”，苏以每年耗资150亿美元的速度加快推进太空争夺。在此之前，百万大军集团对峙，不断进行大规模军事演习，在欧亚掀起轮番布置核武器的热潮。其结果是，世界和平遭损，双方能源、财力巨耗，政治上众叛亲离，内外矛盾激烈、尖锐。苏联国裂制改，美国进一步衰弱。第三，在第三世界国家不断策动局部战乱。战后世界的局部战争和动乱原因复杂，但许多有美苏的插手。它们为了实现其独霸全球的野心，或直接出兵侵略他国，如格林纳达、阿富汗；或支持一派，打击一派，策动别国内乱或国与国之间的战争，如安哥拉、中美洲国家等，危害了这些国家和世界的和平，也给自身套上了一个个绞索，到头来以身败名裂告终。

第三，直接动因是苏联、东欧剧变的结果。东欧是苏联对付以美国为首的资本主义国家集团的政治基础和重要力量，又是战后两极政治格局中不容忽视的合力因素。东欧诸国走上社会主义道路后，由于制度的优越性，生产力有较大发展，社会主义的民主政治也得到较大发展，一改昔日的长期遭受列强蹂躏的地位，沿着社会主义道路前进。以美国为首的西方为了各自国家利益和反共产主义的需要，使东欧诸国成为了它们冷战与和平演变的重要目标和直接对象。苏联在战后初期，主要是反对冷战、捍卫社会主义成果、维护世界和平，但到后来变为超级大国，把东欧逐渐变成了与美国争霸全球的“棋子”、“筹码”而任意摆布。戈尔巴乔夫上台后又以其“新思维”改造东欧。东欧诸国在这种双重压力和“改造”中无所适从，加上内部经济模式的弊端充分暴露后，经济发展滞后，到了1989年底矛盾终于激化，动乱先后骤起。这些国家的原核心领导集体普遍步步退让，反社会主义的势力内外勾结，乘机兴风作浪，使之一个个党易帜、国变色，亲西方的势力纷纷上台；一旦大权在手，个个声明脱离过去的那个“大家庭”，纷纷倒向西方。以民主德国（东德）1990年10月3日被联邦德国（西德）和平统一、1991年6月28日“经济互助委员会”解散、1991年7月1日“华沙条约组织”终止为标志，维系苏联与东欧诸国的经济、政治、军事纽带全部拉断。这样，两极基本政治格局之一的东欧基础坍塌了，两极基本政治格局因此受到了严重的损伤。

苏联于1991年12月26日公开宣布解散，是两极基本政治格局最终结束的核心标志。苏联解体，远因于苏联长期奉行超级大国的霸权主义外交政策，使得苏联综合国力急剧下降。针对这一状况，戈尔巴乔夫一上台就提出了“根本改革”的思想，结果这一“根本改革”起码从三方面直接推动了苏联的解体：一方面，先从国内的经济改革着手，想振兴苏联经济。然而大搞加速战略，加速的对象又没找准，使经济改革陷入困境。不久又很快转入仿效西方的政治体制改革。到头来，经济倒退，政局混乱，尤其是反社会主义势力和民族分裂势力一齐向苏共压来，戈尔巴乔夫步步退让，苏共名存实亡。国家机器成为反对派利用的工具，国内大乱。另一方面，逐步提出并推行了一整套迎合西方的外交“新思维”，对以美国为首的西方不断献媚。以1985年11月美、苏首脑里根与戈尔巴乔夫日内瓦会晤为起点，历经1986年6月的雷克雅未克会谈，1987年12月8日双方在华盛顿签订“中导条约”，1988年5月双方在莫斯科的会见，1988年底的在美国商讨，到乔治·布什上台后美苏首脑1989年12月2—3日在马耳他的会面，因戈尔巴乔夫基本迎合了美国对东欧剧变的认识，以此为转折，美、苏由原来的敌手变成了一定程度上的、苏联依附美国等西方国家的伙伴。从此，苏联把振兴经济和政体改革乃至政局稳定基本系于西方的支持和援助上了。为了取得西方的欢心，苏联主动从昔日的世界热点地区退去，把昔日的盟友当成了包袱甩掉。这些做法虽然在一定程度上有益于缓和世界紧张局势，因为毕竟两个超级大国的对抗有所缓解，世界上与美、苏有关的热点问题降温了，旧冷战的气氛淡化了，但同时引起了苏联民众思想认识上的空前混乱和反社会主义势力、民族主义分裂势力的空前嚣张。第三方面，苏联国内改革的混乱、外交上的步步退让，赢得了以美国为首的西方的欢悦，增进了它们和平演变苏联的信心和决心。西方为此最大限度地联合了起来，展开了群体倒苏的狂潮。1989年5月，美国总统乔治·布什“超越遏制战略”的出台，表明西方已把分裂、改制苏联作为西方国家的总方针，并且很快地加紧推行，加剧了苏联的内外危机。1991 年苏联高层领导人发动的“八一九事变”，是希望保持苏联完整的一次尝试，但因各种原因很快失败，加速了苏联解体、改制的进程。事变刚一结束，回到莫斯科的戈尔巴乔夫就于 8 月 22 日宣布辞去苏共总书记的职务，实际上解散了苏共。这一重大举动，使苏联失去了核心的政治联系纽带与支柱，整个国家机器随之散架。苏联的原 15 个加盟共和国的绝大多数先后宣布脱离苏联，标志着苏联解体已成事实。12 月 8 日，俄罗斯、白俄罗斯、乌克兰三国领导人签署《明斯克协议》，宣布成立“独立国家联合体”；12 月 21 日俄罗斯等 11 国在阿拉木图签署的《关于独立国家联合体议定书》，表明苏联作为一个国家实体已不存在。12 月 25 日，戈尔巴乔夫宣布辞去总统职务和在第二天最高苏维埃最后一次会议上宣布苏联解体，使国际法意义上的苏联消失。苏联的解体，不仅使作为超级大国的苏联不复存在，而且最后完成了世界两极政治格局解体的过程。

这样，以美、苏为核心的两极政治格局就在综合力量的作用下最终瓦解。

三、两极政治格局终结的意义

历史的进步意义：旧格局的终结，程度不同地削弱了美、苏的力量，结束了两个超级大国长期恶化世界和平环境的局面，给现实的世界和平与发展增添了某些积极因素，为早已出现的世界其他政治力量的进一步发展提供了一些有利条件和机遇，有助于世界多极化的不断推进。

负面影响：由于这次旧格局的打破，具有资本主义相对得势、国际共产主义运动跌入低潮等特点，这是一种突出的历史性负面，对未来建立新的世界格局会有消极影响，对历史的不断进步是一种不小的惰力。另外，这次格局转换，旧格局已破，新格局未能建立，世界具有相对失衡现象，新旧不稳定因素和矛盾相继突出，使得世界形势变幻莫测，会一定程度地阻碍世界新格局尽早地顺利地形成。对这些负面影响，需要世界各国共同努力去克服。

第三节　当今世界政治格局态势与走向

该节对世界多极化进行了集中探讨。分析了多极化的内涵与当今态势、多极化的现今状况与未来样式、世界多极政治格局的优点与多极化走向。

一、多极化的内涵与当今态势

(一) 多极化的内涵

目前关于世界政治格局的争论十分激烈。“无极”也好，“单极”也好，“多极”也罢，都离不开一个最基本的概念——“极”。“极”的含义究竟是什么？什么样的国家或国家集团才能称得上是一“极”呢？这是解决争论的基本前提。就目前情况看，有关“极”的确切定义及划分“极”的标准尚无定论，这也是造成争议的重要原因。

“极”一词，在新华字典中，有四种解释：一是“顶端”、“最高点”、“尽头处”；二是地理学和物理学的概念，指地球的南北两端，磁体的两端或电路的正负两端，如南极、北极，阳极、阴极；三是副词，“最”、“达到顶点”；四是“竭尽”，如极力、极目。[①] 如果把这些解释综合起来，“极”既有内涵“顶端”、“最”的意思，又有共同处于一个统一体中，谁也离不开谁，以及两者相互对抗又相互吸引的意思。这就是“极”的原始的、用得较多的含义。

二战结束后，西方的国际政治学者将此概念借用到国际政治的研究领域，用以表述以雅尔塔体制为基础的、美苏成为超级大国并在全球争霸的格局为两极格局。这个比喻形象，较符合实际，因为当时的世界已明显划分为两大阵营，即以美国为首的西方（帝国主义）阵营和以苏联为首的东方（社会主义）阵营，世界上其他许多国家大部分都追随美国或苏联。两大阵营严

① 《新华字典》（修订本），商务印书馆，1998年版，第212页。

重对立，共同存在于当时的国际社会。尽管这是一种“恐怖的稳定”，毛泽东把它称之为“冷战共处”，但它与其他因素合力，毕竟维持了半个多世纪的世界和平，新的世界大战始终没有打起来。从这个意义上说，两极格局的提法是准确的。因为它明确地显现了两极格局的主角是美、苏两个超级大国，又形象地表明了美、苏两家的排斥与对抗、牵制与制衡，两大阵营势均力敌，从而维持了世界局势的相对稳定。

冷战结束后，中国主流观点认为，走向多极化成为当今世界的一个重要特征。单极和多极的矛盾，称霸和反霸的斗争，成为国际斗争的焦点。[①] 对于这一结论，从官方的角度看，在世界上除了美国以外，提出异议的不多。

如果把这些结论深入理解的话，五个方面的事实不可忽视：

一是这里所说的“单极与多极”中的“单极”，其实就是“超极”，也就是“超级大国”（美国）；“多极”其实就是“多强”（俄罗斯、欧盟、日本、第三世界、中国等），也可以理解为“潜在极”、“次极”、“准极”、“雏形极”等。不管是“单极”还是“多极”，他们都是当今世界的“主角”力量，在世界上起着举足轻重的作用，只是作用的水平、程度、大小有别，性质有异。

二是“单极与多极”是并存的，并且有着密切的相互关系。说其是并存，不仅是指他们在当今的世界上有突出的综合国力、有突出的国际影响力，而且是多数国家或舆论承认的。即使个别国家或学者口头不承认，但作为突出力量是客观存在的。说这些主角力量是“极”，仅仅理解为并存还不够，根本在于它们之间有着密切的关系。所谓“关系”，即事物内在规律性的表现和事物间的必然联系，关键在于相互作用。事物并存，但各自孤立封闭，无法形成关系。互不往来，无关系可言；只有相互作用，才能产生关系。所以说，关系不仅仅指并存，而主要来源于相互作用。相互作用，主要表现为相互制约、相互依存和相互渗透，从而构成关系的内涵。[②] 冷战后，在经济全球化和区域化推动下，各国之间的相互依赖性日渐提高。对外投资

① 江泽民：《机械化和信息化是我军建设的双重历史任务》（2000 年 12 月 21 日），《江泽民文选》第 3 卷，人民出版社，2006 年版，第 159 页。

② 梁守德、洪银娴：《国际政治学理论》，北京大学出版社，2000 年版，第 143—144 页。

和经贸已经把各国紧密地捆绑在一起了，经济的互动互利程度已经使各国很难互相为敌了。[①] 它们很大程度上是在相互制约、相互依存和相互渗透中成“超”、成“极”的。

三是单极和多极的矛盾，称霸和反称霸的斗争，成为国际斗争的焦点。承认它们之间的相互依赖，并不能回避其矛盾和斗争。称霸和反称霸的斗争，从来没有停止过，有时还很激烈。在斗争中体现各自的价值，一方面，促进国际社会的进步、优化、均势，推进国际关系的民主化，世界多极化的成长；另一方面，则产生负作用。

四是“多极化”中的“化”，本义为性质或形态改变。如果将它放在名词或形容词后，表示转变成某种性质或状态。[②] 那么“世界多极化”可以理解为多极（多强）正在转变之中，也可以理解为多极格局正在转变之中，又可以理解为“单极与多极”均在转变之中。我们说“走向多极化是当今世界的一个重要特征”，就是认为世界多极格局已经有了相当的基础，已经有了雏形，并且这个雏形正在羽毛丰满的发展过程之中。这里的“多极化”，是指政治多极格局形成过程中的部分性质和状态的转变，而不是已经完全形成，即新的政治格局尚未确立。

五是在“单极与多极”并存的客观现实下，世界经济多极化格局不仅早已形成，而且是世界政治多极化格局逐渐形成的基础。资本主义世界美、欧、日三大经济中心出现在 20 世纪 60 年代中后期，这是不争的事实，如果加上苏联，以及世界石油输出国组织的建立和采取有效的石油定价、石油限产，说世界五极经济格局已经形成，有充分的依据。苏联解体后，俄罗斯经济世界一极的地位丧失，但世界经济多极格局中的美国、日本、欧盟、石油输出国组织等经济地位在上升，称霸和反称霸的斗争亦在加强。

（二）世界政治多极化的初显

当人们在普遍谈论美苏划分势力范围构建两极格局秩序时，不少具有世

① 郑永年：《理性回应亚洲版“北约”（大势）》，《环球时报》2007 年 3 月 21 日。

② 《新华字典》（修订本），商务印书馆，1998 年版，第 185—186 页。

界战略眼光的政治家就提出了多极化的新见解。

毛泽东于1946年开始论述处于两个阵营之间的中间地带。他说："美国和苏联中间隔着极其辽阔的地带，这里有欧、亚、非三洲的许多资本主义国家和殖民地、半殖民地国家。美国反动派在没有压服这些国家之前，是谈不到进攻苏联的。"[①] 根据后来情况的发展，1963年，毛泽东又将一个中间地带划分为两个中间地带，他说："我看中间地带有两个，一个是亚、非、拉，一个是欧洲。"在此基础上，1974年，毛泽东又明确提出"三个世界"的战略划分，即"美国、苏联是第一世界。中间派，日本、欧洲、澳大利亚、加拿大，是第二世界。……亚洲除了日本，都是第三世界。整个非洲都是第三世界，拉丁美洲也是第三世界。"[②] 毛泽东在这些论述中虽没有使用"世界格局"这一概念，但实际上就是分析欧洲、日本和包括中国在内的第三世界各种力量的发展变化、分化组合对世界形势的影响。

阿登纳和戴高乐是欧盟一体化的积极倡导者和推动者，他们主张和推动建立欧洲共同体的初衷和目标之一，就是要在欧洲形成一支独立于美、苏两个超级大国之外的"世界第三种势力"。阿登纳说："我们的目标必须是在联合起来的欧洲建立一个第三种力量，这种力量虽然远不如两个强国那样强大……"[③] 戴高乐认为，欧洲只有联合起来，才能成为美、苏两个超级大国之外的"世界第三种势力"。

在中国，有的学者提出，20世纪60年代"世界走向多极化就逐渐明显了"，美、苏这两种体制"真正稳固的时期至多不过15年左右，早在50年代后期，以苏美为首的两大阵营都出现了裂痕"[④]。进入20世纪70年代后，国际上越来越多的人开始谈论世界正在向多极化阶段过渡。有的学者认为，美国总统尼克松1971年7月6日在堪萨斯城发表的世界存在五大中心力量的论点，使多极化的"看法变得更为可信了"。尼克松在讲话中，承认美国

---

① 毛泽东：《和美国记者安娜·路易斯·斯特朗的谈话》（1946年8月6日），《毛泽东选集》第4卷，人民出版社，1991年版，第1193页。

② 毛泽东：《关于三个世界划分问题》（1974年2月22日），《毛泽东外交文选》，中央文献出版社、世界知识出版社，1994年版，第600—601页。

③ 阿登纳：《阿登纳回忆录》（1945—1953），上海人民出版社，1976年版，第377页。

④ 潘光主编：《当代国际危机研究》，中国社会科学出版社，1989年版，第1页。

在国际事务中的作用在降低，在今后5—15年间，将出现“五个强大的力量中心：美国、苏联、西欧、日本和中国。这五股力量将决定本世纪最后三十年的世界前途”，美国应该“巧妙地利用各种相互斗争的力量，为美国的利益服务”。①

（三）当今格局态势的歧见

苏联解体标志着两极政治格局的终结。此后世界政治格局呈现出什么样的态势，众说纷纭。

单极说。该观点认为，两极政治格局终结后出现了由美国主导的单极世界，或称“单极阶段”，② 它既反映一种力量对比的现实，也代表美国的目标追求。例如，在俄罗斯有人说：“冷战后，世界的格局实际是单极的，即美国独霸世界。美国和欧盟联手打击南联盟，轰炸中国驻南使馆，这是在向世界试探，看各国作出如何反应。”现在的问题是要形成一种力量，推动多极世界的形成。③ 菲德尔·卡斯特罗说：现在我们处于美国专权的单极世界。④ 1997年美国《时代》周刊刊文声称两极世界已发展成为单极世界。⑤ 白俄罗斯总统卢卡申科对记者说，在苏联解体后，出现了一个“单极世界”。兹比格纽·布热津斯基说得更绝对：“美国在全球的首要地位，就其范围和性质而言，都是独一无二的。”⑥

多极过渡说。该观点认为，两极格局终结，使原有的多极化趋势凸显出来，并日益明显，并不可逆转。世界正处于制约单极和向多极化过渡时期。中、俄、法、第三世界等许多国家都这样认为，而且积极推动其发展。我们倾向这一观点，并且认为“一超多强”的多极政治格局的雏形正

---

① Department of Stater, Unitet Stater Bulletion VOL. 65, no. 1674 (July26, 1971) P. 9511 Kissinger, White House Years, p. 191.

② 王世霞、王树春：《单极还是多极——对当前国际格局的冷思考》，《俄罗斯研究》2000年创刊号。

③ 《国外理论动态》，2000年第1期，第3页。

④ 《参考消息》，1997年8月17日。

⑤ 《人民日报》1997年9月9日。

⑥ 兹比格纽·布热津斯基：《大棋局：美国的首要地位及其地缘战略》，上海人民出版社，1998年版，第254页。

在形成。

不是单极也不是多极过渡说。如亨廷顿就提出，冷战后，世界进入单极与多极竞争时期，美国一极力量是任何其他一极所不能比拟的，但不能主宰一切，而要受到多极化力量牵制，现在实际上是单极与多极并存，即“单极＋多极”。约瑟夫·奈认为，说现在多极已取代单极，或是单极世界都不贴切，“现今的力量分配正像一盘三维棋盘：在最高层，军事是单极的美国远远超过其他国家；中间一层，经济是多极的，美国、欧洲、日本占了世界总产量的2/3；而最低的一层面，代表了跨越世界的各国政府无法控制的跨国关系，其力量结构更为分散。”

以上观点从不同角度对客观现实进行了评估，在不同程度上揭示了两极政治格局终结后的世界格局态势。

关于多极的现今样式，主要有以下几种认识：

五极说。五极是指美、欧、日、中、俄，其中对两个国家的评估差别最大，一个是中国，另一个是俄罗斯。中国原先被认为是潜在的一极，甚至仅被看作“并非全球性而是地区性的国家”[①]。但近年来由于综合国力的迅速增强而成为最被看重的一极。对俄罗斯，俄著名历史学博士阿列克谢·阿尔巴托夫在1998年撰文说“俄在21世纪不会起任何作用”，他分析五极的经济实力，认为五国国内生产总值占世界生产总值的比重分别为：美占21%，欧盟占21%，日本占8%，中国占7%，俄只占1.7%。但多数学者认为，俄罗斯的综合国力仍不能忽视。目前对五极说认同者相对较多。

四极说。四极说有两种提法：欧洲人把日本排除在“极”之外，认为只有美、欧、中、俄四极，而日本同伊斯兰世界一样，是一个假设的力量中心，是参与的竞争者。日本官方的四极说是把欧洲排除在外的美、中、日、俄四极。日本在1998年发表的年度外交蓝皮书就提到，“日本将积极参与建立四极框架”。

三极说。有人更重视从经济上来看待“极”，提出世界目前和未来是三极，其中有美、欧、中三极说，美、欧、日三极说，美、欧、亚三极说，北

① 兹比格纽·布热津斯基：《大棋局：美国的首要地位及其地缘战略》，上海人民出版社，1998年版，第210页。

美、扩大了的欧洲、以及日本为中心的亚洲集团三极说。

六极说。美国前国务卿基辛格认为至少是六极。从大国力量来看，印度可能是继美、欧、日、中、俄之后的第六极。

二、多极化的现今状况与未来样式

（一）多极化的现今状况

多数学者认为，一超与多强并存，概括出了世界政治格局的现今状况。

一超，即超级大国美国。它是“当今世界超强的一极”。① 作为苏联解体后仅存的“超级大国”，综合国力世界第一；在世界上占有突出的支配地位，并在世界上称王称霸，在当今世界的众多国家中，的确没有一个国家可以与之比拟。按照兹比格纽·布热津斯基说的：“美国在全球力量四个具有决定性作用的方面居于首屈一指的地位。在军事方面，它有无可匹敌的在全球发挥作用的能力；在经济方面，它仍然是全球经济增长的主要火车头，即使它在有些方面已受到日本和德国的挑战（日本和德国都不具有全球性力量的其他属性）；在技术方面，美国在开创性的尖端领域保持着全面领先地位；在文化方面，美国文化虽然有些粗俗，却有无比的吸引力，特别在世界的青年中。所有这些使美国具有一种任何其他国家都望尘莫及的政治影响。这四个方面加在一起，使美国成为一个唯一的全球性的超级大国。”②

我们承认美国是当今世界唯一超级大国，但并不是说美国单极独霸着世界。冷战后美国企图一手遮天，并付诸了行动，取得了某些进展，但事与愿违者居多。

在经济上，美国依仗经济全球化以及掌控新科技革命的优势，保持着头号超级经济大国的地位。但日本的经济水平与美国的差距逐年缩小，欧盟的国民生产总值超过美国，发展中国家呈现出龙腾虎跃的景象。经济基础决定上层建筑，硬要说多极化经济格局之上已形成了一个单极政治格局，在理论

① 江泽民：《目前形势和经济工作》（1999年11月15日），《江泽民文选》第2卷，人民出版社，2006年版，第422页。

② 兹比格纽·布热津斯基：《大棋局：美国的首要地位及其地缘战略》，上海人民出版社，1998年版，第32—33页。

与实际依据上难以服人。

在军事上，十多年来美国霸气冲天，但很难说军事上的成功就是政治上的独霸。1999 年，美国领导北约一些成员国空袭科索沃 78 天，最终国际社会接管了科索沃，米洛舍维奇下台并被西方送进了监狱。通过这些行动，美国拓展了在巴尔干的控制范围，然而西欧“近水楼台”，得之更多。另外，原南斯拉夫分了又分，使美国从中渔利又难以控制；美国的这些行为，又加剧了与俄罗斯、中国的矛盾。美国野蛮地用 5 枚导弹轰炸中国驻南大使馆，造成中国记者 3 人死亡，使馆被毁，使中国人民加深了对美国霸权行径的同仇敌忾，促使中俄战略协作伙伴关系进一步加强。2001 年“9·11”恐怖事件发生后，美国纠集多国部队武力占领了阿富汗、伊拉克，在军事上控制了这两个国家，也软硬兼施地使这两国的某些周边国家亲美。然而以此就断言美国已独霸了中东，恐怕言过其实。伊朗、叙利亚等国家并不听命于美国。阿富汗、伊拉克亲美政权的建立，并没有使这两个国家的政局和缓，而是更加动荡。反对恐怖主义由于与全球霸权战略搅和在一起，出现了“反恐反恐，越反越恐”的怪现象。即使在美国的“后院”拉丁美洲，美国的“大棒”也没有使古巴、委内瑞拉等国家屈服。非洲的政治局势，也不能认为是由美国控制的。各国对美国说“不”的声音不断高升，这是客观存在的事实。

在外交上，美国企图联合并控制欧洲，利用并制约日本，挤压和削弱俄罗斯，用接触加遏制的办法对付中国，主导中东事务，分化第三世界，打击它不喜欢和反对的国家。它在表面上看威风凛凛，其实举步维艰。欧洲的联合图强，非洲联盟的建立，亚欧会议召开，上海合作组织的成长，“10＋1”、“10＋3”、“1＋1＋1”行动[①]等，处处显现出美国无可奈何的窘景。

在文化上，美国采取“硬扩张”和“软拓展”交织的手段，[②] 大搞“文化霸权”，其结果，美国的自我感觉与客观现实并不一致。美国文化的影响扩大了，这是事实，如好莱坞文化、科技信息文化、乡村音乐等，其优秀部

① “10＋1”，即东盟十国与中国合作；“10＋3”，即东盟十国与中国、韩国、日本合作；“1＋1＋1”，即中国、韩国、日本合作。

② 高祖贵：《美国与伊斯兰世界》，时事出版社，2005 年版，第 40 页。

分对世界产生了积极影响，其粗俗、糟粕的部分对世界传统优秀文化的破坏作用也不能否认，但以此认为美国在文化上达到了单极独霸的目的，恐怕并非事实。亚洲文化、伊斯兰文化等，并没有被美国从根本上“西化”。世界文化的多样性存在仍然是不争的事实。亨廷顿关于“文明冲突论”的观点我们并非完全赞同，但他认为冷战后“人类历史上第一次全球政治成了多极的和多文明的政治”的结论，① 应该说言之有据。至于美国政府大搞“输出民主”、“人权外交”，以此干涉别国内政，更是不得人心。就是美国国内也有人认为“欠妥”，提醒政府收敛自己，如乔治·凯南这个“遏制战略”的创始人，在他 95 岁（1999 年）高龄时，还忠告美国政府不要自以为是，他说：“把自己看作政治启蒙中心，当作世界其他很大一部分地区的老师，整个这种趋势在我看来是考虑欠妥的，自高自大是不可取的。如果你觉得我们国内生活有值得其他地方的人民效仿之处，那么，正如昆西·亚当斯坚持的那样，最好的方式不是说教，而是借助实例。”② 哥伦比亚大学教授杰拉德·柯蒂斯认为，把国家对外政策变成道德上的“十字军”是极其危险的。③

对世界多强，有各种各样的说法：

俄罗斯。虽然它已没有昔日苏联“超级大国”的“威风”，但也并非是“瘦死的骆驼”。说它是世界“一强”，应该说有充足理由：国土面积 1710 万平方公里，世界第一，地大物博世界公认；军事实力虽不及以前，但依然雄厚，许多人认为它仅逊于美国；科技水平、宇宙开发、外交影响等，虽不及苏联时期，但仍居于世界一流行列之中。

欧洲联盟。作为集体“一强”，也有突出的理由。一体化水平的首屈一指（经济一体化、科技一体化、政治一体化、外交力求用“一个声音说话”、已有共同的安全计划等），使之成为了“准国家实体”。国民生产总值在欧共体十二国时，就已超过了美国，是当今世界资本主义三大经济中心之一；外交影响力也在加强，英国、法国一直是联合国安理会的常任理

① Stephen M. Walt, “*Building up New Bogeymen*,” in Foreign Policy, No. 106, Spring 1997, p. 177, Washington Post, August 3, 1999.

② Washington Post, August 3, 1999.

③ 《参考资料》1999 年 9 月 8 日，第 52 页。

事国。

日本。如果现在就把它说成是世界政治的“一强”，有许多人不赞成，日本人自己也不理直气壮。但作为一个国家，经济、科技的总体水平高，并正在逐步缩小与美国的差距，是客观事实。经济基础决定上层建筑，日本依此加快谋求政治大国地位的努力已引人注目。

第三世界。有人故意漠视这一力量的存在，这是不合适的。从他们崛起之日起，其担当国际事务生力军的作用就在不断发挥。冷战结束后，他们千方百计地稳定地区或国家政局，发展经济，团结合作，尽力参与创建国际新秩序活动。尽管他们在成为多极世界中一极的进程中仍有不少不确定的因素，但其地位和作用是其他政治力量无法取代的。况且，这一力量中的巴西、印度等大国，近年来发展态势明显。中国一直把第三世界力量的崛起不仅看作是多极化发展的内容，而且认为是多极化趋势的重要特征。1996 年 12 月 2 日，江泽民在巴基斯坦国民议会大厦发表演讲中指出：“以广大发展中国家崛起为重要特征的多极化趋势，犹如滚滚洪流，势不可挡。”①

中国是当今世界独特的力量。这么说的主要依据在于：中国实力虽不如某些西方发达国家，但它是一个拥有丰富资源和巨大市场的大国，发展潜力巨大，又是联合国安理会常任理事国，对地区和全球局势的发展变化有着不容忽视的制约与平衡作用。中国政治上凝聚力强，外交上坚持反霸而自己不称霸，奉行独立自主的和平外交政策。综合国力日趋增强，对国际事务的参与分量日增，对外关系已经进入新中国成立以来的最好时期。“中国作为一个社会主义国家和世界上最大的发展中国家，在多极化进程中所处的地位和发挥的作用，与西方大国迥然不同”，②“是维护世界和平与稳定的一支重要力量”。③

---

① 《人民日报》1996 年 12 月 2 日。

② 江泽民：《当前的国际形势和我们的外交工作》（1998 年 8 月 28 日），《江泽民文选》第 2 卷，人民出版社，2006 年版，第 197 页。

③ 江泽民：《目前形势和经济工作》（1999 年 11 月 15 日），《江泽民文选》第 2 卷，人民出版社，2006 年版，第 423 页。

（二）未来格局的样式

各种事实表明，世界的现在不是、未来也很难是单极独霸，未来世界将是多极的政治格局。

20 世纪 70 年代，世界已经形成多极的经济格局。苏联解体后，世界经济格局仍是多极，这是不争的事实。美国想在经济、政治上完全控制世界，只能是一厢情愿。经济的多极化必然要求政治的多极化相适应。

世界政治的多极化已有“雏形”。如不发生颠覆性的冲击，政治多极化只会前进，不会倒退。

世界多样性是世界多极化的基础。当今世界是个丰富多彩的世界，有近 200 个国家，约 2500 个民族，各国发展的历史阶段不同，文化背景、社会制度和价值观各异，每个国家都希望保持自身的特点并在稳定中得到发展。世界经济政治发展不平衡更加突出。任何一种管理模式都绝不可能推广到整个世界，决定了这个世界应该是一个多极化的世界。①

世界上的绝大部分国家认可多极化，并且积极推动多极化发展。

欧盟多数成员国主张多极化发展。法国主张多极化的态度、立场非常鲜明。早在 1995 年，希拉克总统就对美国《时代》周刊说：“我们所了解的两极世界已不复存在，明天的世界将是多极世界，其中最重要的一极将是欧洲。”1999 年 8 月，希拉克在法国使节会议上重申，只有当欧盟本身成为一个真正的强大实体时，多极世界才能够切实存在。英、德、意都是主张世界多极化的，但声音相对弱一些。不过在反对美国导弹防御计划的态度上，各大国是完全一致的。②

俄罗斯明确提出要建立一个多极世界。1998 年初，叶利钦说，俄罗斯积极支持建立多极世界的主张。他在国情咨文中提出，对外政策构想的实质是，坚决捍卫俄罗斯的国家利益，增强俄在世界事务中的作用，以加强国际关系中的稳定与合作，确立多极世界。普京任俄罗斯总统以后，基

① 江泽民语，《人民日报》1999 年 7 月 17 日。

② 张中云：《政治多极化发展的若干问题》，《思想理论教育导刊》2000 年第 9 期，第 30 页。

本延续了叶利钦的主张，坚持、积极推进多极化，抗衡美国挤压的作为鲜明。

日本官方没有明确主张多极化。主要是不便明确反对美国的单极主张，特别是担心引起世界各国，尤其是亚洲各国对其向外扩张的警惕。[①] 但它大力谋求政治大国地位，特别是千方百计地争当联合国安理会常任理事国，说明日本不甘心永远做美国的“政治小伙伴”。

中国主张世界多极化。积极参与多极化，竭力推动多极化，建立多极化世界是中国外交的一个重要战略目标。在多极化问题上，中国旗帜鲜明，立场坚定，活动积极。中国在重大的国务活动和国际场合中，都表明赞成世界多极化发展的立场。中国广泛参加双边、多边活动，都是为了推动多极化发展。中国主张多极化，也反对将来可能形成美中两极格局的说法。因为这种预言既违背当今的现实，也违背世界发展的潮流。从政治上来讲，中国反对霸权主义，自己也不搞霸权主义，即使强大起来也决不搞霸权主义。其实，把中国与美国相提并论，旨在宣扬“中国威胁论”，用心险恶。中国可以争取成为多极世界中的一极，但决不会做“超级大国”，中国的这一外交立场，得到多数国家的赞同和支持。

发展中国家的多数更是赞成并积极推动世界多极化的发展。

这种要求世界政治多极化的声音和努力，就是不可阻挡的历史潮流。美国企图建立单极世界和确立世界霸权，是世界各国人民绝对不能接受的，也是不可能实现的。

三、多极政治格局的优点与走向

（一）多极政治格局的优点

当今世界各国赞同并积极推进多极化，是认识到了“多极比单极好”。[②]

世界格局走向多极化，“是时代进步的要求，符合各国人民的利益。多极化格局使世界各种力量逐渐形成既相互借重又相互制约与制衡的关系，有利

---

① 张中云：《政治多极化发展的若干问题》，《思想理论教育导刊》2000 年第 9 期，第 30 页。

② 江泽民语，《人民日报》2000 年 4 月 14 日。

于避免新的世界大战的爆发，有利于遏制霸权主义和强权政治，有利于推动建立公正、合理的国际政治经济新秩序，有利于实现各国人民对和平、稳定、繁荣的新世界的美好追求，也有利于广大发展中国家抓住机遇、发展自己。”[①]

第一，建立多极政治格局，符合世界发展的客观规律。自从17世纪40年代出现威斯特伐利亚格局到今天，350多年的时间里，世界基本政治格局发生了五次大的变化，多数是多极格局，威斯特伐利亚格局是多极格局，维也纳格局是多极格局，凡尔赛—华盛顿体系格局也是多极格局，只有二战后形成的以“雅尔塔体制”为基础的格局才是两极格局，并且在很短的时间内就形成了多极经济格局，出现了美苏之外的政治一极——第三世界，美国不承认第三世界的作用，但第三世界的崛起是客观事实；苏东剧变后旧格局打破，经济政治多极化发展，说明多极化符合世界发展的客观规律。

第二，推动世界格局走向多极化，是时代进步的要求，符合各国人民的利益，有利于世界和平与安全。这种多极化格局，不同于历史上大国争霸、瓜分势力范围的局面。[②] 世界进入近代以来，世界的各极（列强）无一不是为了争霸世界、瓜分势力范围，祸国害民，搅得世界不得安宁。二战以后，美苏两个“超级大国”长期争霸，多次酿起新的世界大战的危机。现今世界的多极化发展趋势，是世界和平与发展力量增强的结果。欧盟是世界上一体化程度最高的区域性联合体，欧洲国家为维护世界和平、促进共同发展正在发挥重要作用。[③] “第二次世界大战以后，国际政治中积极的因素是第三世界的兴起。在联合国中，第三世界的成员增加了。对这个变化的价值要给予充分的估量。”[④] 第三世界在战后国际舞台上的崛起是当今时代的头等大事，它在国际关系中占有重要的地位，发挥着积极作用。中国与俄罗斯同是当今世界两强，两国在2001年7月17日签订了《中俄睦邻友好合作条约》，条

① 中共中央宣传部：《“三个代表”重要思想学习纲要》，学习出版社，2003年版，第92—93页。

② 江泽民语，《人民日报》2000年9月7日。

③ 江泽民：《共同创造一个和平繁荣的新世纪》（2002年4月10日），《江泽民文选》第3卷，人民出版社，2006年版，第477页。

④ 本书编写组：《邓小平外交思想学习纲要》，世界知识出版社，2000年版，第84—85页。

约中写上了在不结盟、不对抗、不针对第三国的基础上，发展两国的长期睦邻友好和互利合作，写上了两国世代友好、永不为敌的和平思想和永做好邻居、好朋友、好伙伴的思想、方针和原则。[①] 两国以此为指导，确立、发展战略伙伴关系，建立和不断完善上海合作组织。中俄在促进世界多极化、维护全球和平与稳定方面进行了卓有成效的战略协作。[②] 正是这些力量，不断推动世界和平、人民合作、国家发展、社会进步这个时代的潮流。有人认为文明必然引起冲突，但中国认为，“现在世界向多极化发展，不同的思想文化可以相互交流，而决不应该只引起冲突。”[③]

第三，推动世界政治格局走向多极化，有利于遏制霸权主义和强权政治，避免新的世界大战的爆发。二战结束至今，新的世界大战始终没有爆发，这是“合力”作用的结果。其中有美、苏这两个最有资格打世界大战的国家始终没有准备好、苏联解体后美国“一只巴掌拍不响”、垄断资本家找到了新的发财“门路”、新科技革命制约等原因，但不可否认也有新生的和平与发展的力量出现，联合反霸，各国形成了既相互借重又相互制约与制衡关系等原因。欧洲联盟由小到大、由弱到强，有自己图强的目的，又有从苏联手中夺权、从美国手中争权、反对美苏两霸、维护世界和平的意愿与作用。第三世界的崛起，不仅是世界历史进步的突出表现，而且是制约世界大战爆发、维护世界和平的主要力量。第三世界国家发起、组织了各种区域、地区、世界性的组织和运动，团结起来，用集体的力量对当时两个超级大国的倒行逆施进行了灵活多样的长期斗争，打乱了两个超级大国称霸全球的战略部署，有效地维护了世界和平。第三世界国家利用一切机会和场所，采取了许多具体措施，有力地限制了霸权主义、强权政治在世界上的为所欲为；实行和平、中立、不结盟的政策，不参加任何大国的军事集团，不准在本国领土上建立外国军事基地，提倡建立和平区和无核区等，使得霸权主义者无

---

① 江泽民：《共创中俄关系的美好未来》（2001 年 7 月 17 日），《江泽民文选》第 3 卷，人民出版社，2006 年版，第 304—305 页。

② 江泽民：《共创中俄关系的美好未来》（2001 年 7 月 17 日），《江泽民文选》第 3 卷，人民出版社，2006 年版，第 305 页。

③ 钱其琛语，塞缪尔·亨廷顿：《文明的冲突与世界秩序的重建》，新华出版社，1999 年版，第 431 页。

所适从。第三世界从万隆会议到历次不结盟运动首脑会议，无不把争取世界和平作为自己的奋斗目标，把反对战争、反对军备竞赛、主张和平共处、维护地区和世界和平写进会议公报或宣言中；支持美、苏加快核裁军谈判，支持欧洲和全世界人民反对在欧洲部署各种导弹的和平斗争，等等，都成为了战后制约新的世界大战没有爆发的重要因素。[①] 现在这些多极政治力量，不仅实力增强了，而且总结经验教训后团结、合作的水平进一步提高。随着世界政治经济多极化的推进，避免新的世界大战更成为可能。

第四，推动世界政治格局走向多极化，有利于建立公正、合理的国际政治经济新秩序。对二战后乃至当今的国际政治经济秩序进行整体考察，准则、机制、态势都欠公正、合理，新霸权主义与强权政治盛行，旧经济体系与新殖民主义并存。美国遵循“强权既公理”的“以强凌弱”理论与原则，公开倡导建立“一球一制一式”（一个地球、一个资本主义制度、一种美国模式）的国际秩序，遭到世界各国的普遍反对。各国纷纷提出建立不同于美国的国际新秩序模式。特别是中国主张的“各国政治上应相互尊重，共同协商，而不应把自己的意志强加于人；经济上应相互促进，共同发展，而不应造成贫富悬殊；文化上应相互借鉴，共同繁荣，而不应排斥其他民族的文化；安全上应相互信任，共同维护，树立互信、互利、平等和协作的新安全观，通过对话和合作解决争端，而不应诉诸武力或以武力相威胁。反对各种形式的霸权主义和强权政治。中国永远不称霸，永远不搞扩张”。[②] 中国为建立国际新秩序提出了新准则、新目标，树立了新形象，做出了新努力。

第五，积极推动世界多极化，是实现国际关系民主化的重要前提条件。两极或单极世界体系下的国际关系，表现为强权统治，超级大国左右世界，其实质是支配与被支配、压制与被压制的不平等关系。在这种旧的世界体系下，国际关系和国际事务中不可能有真正的民主而言。多极化的发展则有利于更多的国家参与、共商国际事务，合作解决全球性问题，由此在国际事务

① 吕有志、戴德铮主编：《当代世界经济与政治》，高等教育出版社，2003 年版，第 116 页。

② 江泽民：《全面建设小康社会，开创中国特色社会主义事业新局面》，《江泽民文选》第 3 卷，人民出版社，2006 年版，第 567 页。

中贯彻民主原则，体现各国的共同利益。而以平等参与、互利合作为特征的国际关系民主化，又是世界多极化顺利发展的基本保障。越来越多的国家以平等身份参与处理国际事务，能够更好地遵循公正、合理的国际法准则办事，抑制大国以强凌弱的强权政治行为，有助于多极化世界的建构。中国积极推动世界多极化和国际关系民主化进程。中共十六大、十七大报告明确提出中国积极促进世界多极化，表明中国共产党对世界多极化的积极态度，同时也更加明确地表明了中国共产党推动世界多极化发展的目的是“推动多种力量和谐并存，保持国际社会的稳定”。如果没有国际关系的民主化，“多极化、全球化都将步入歧途，公正合理的国际新秩序将无从建立，世界和平与发展的总目标就将落空”。①

（二）世界多极政治格局形成的曲折历程

世界政治走向多极化是大势所趋，“不可逆转”，② 但其发展不会一帆风顺。多极化格局的形成将是一个曲折的、长期的过程。主要原因有以下几点：

第一，多极化政治格局的形成是世界力量重新组合和利益重新分配的过程，在这一过程中，各国都把国家利益放在对外关系的首位，谋求在新的世界格局中的最佳位置，矛盾和斗争是必然的，国际形势为此会变得更加错综复杂，并将产生多种不确定因素。

第二，美国构建单极世界、谋取世界霸权的图谋，是多极化趋势发展的最大障碍。从目前来看，美国是世界上唯一的超级大国，其绝对实力和对世界的影响力是其他国家和力量所无法相比的。美国凭借其强大实力采取单边主义外交，逆时代潮流而动，谋求构建单极世界，为多极化进程增添极大障碍。

第三，国际旧秩序是阻碍世界多极化发展的重要因素。冷战结束后，在

---

① 教育部社政司组编：《高校“两课”教育教学热点难点问题解析》，中国人民大学出版社，2003 年版，第 342—343 页。

② 胡锦涛：《高举中国特色社会主义伟大旗帜，为夺取全面建设小康社会新胜利而奋斗——在中国共产党第十七次全国代表大会上的报告》（2007 年 10 月 15 日），《人民日报》2007 年 10 月 25 日。

国际旧秩序的运行机制下，霸权主义和强权政治依然存在，南北贫富差距不断扩大，全球化条件下第三世界国家的整体利益呈分化态势，在国际舞台上合力作用的发挥受到制约。为此，世界主要力量共同推进世界多极化的进程具有艰巨性和曲折性的特点。

对世界多极化发展要有足够的认识。由于多极化进程中充满单极与多极的较量，而建立多极格局的保障机制尚未形成，真正能对霸权主义形成制约的力量还是有限的，所以多极化发展进程有时也会出现一定程度的反复，甚至使单极占据上风，但世界多极化不可逆转。

第三章

国际政治秩序论

第一节　国际政治秩序的内涵与嬗变

建立国际政治新秩序，是当今世界关注的又一热门话题。这里先从一般意义上探讨国际政治秩序的多层涵义，然后重点考察当今国际政治秩序的基本特征和破旧立新的主要动向，最后分析未来建立国际政治新秩序的条件与困难。

一、国际政治秩序的词义阐释

"秩序"一词，涵义广泛，学术界有不同解释。概括起来，主要有三种观点：

一种观点认为，"秩序"是指一种良性状态，是形容性质的用法，指明形势的特点。《新华字典》[①] 和《现代汉语词典》都把"秩序"解释为"有条理、不混乱的情况"。[②]《英汉辞典》认为"秩序"（order）一词有一种涵义是指"事物整顿好的状态或有规则的和谐的安排与布局"。[③] 有的学者干脆认为，"秩序，即序列、稳定，它与无序、混乱相对，意为整齐划一，稳

---

① 《新华字典》（修订本），商务印书馆，1998年，第614页。

② 中国社会科学院语言研究所词典编辑室编：《现代汉语词典》（修订本），商务印书馆，1998年，第1624页。

③ 《英汉辞典》，国防工业出版社，1988年版。

定有序”。[1]

另一种观点认为，“秩序”是指一种中性状态，纯粹是描述性质的，指明客观的排列组合状况。有人认为，“秩序”的真实情况既可能是整齐有序的，又可能是混乱无序的，它本身不带价值判断。一些学者在采取“体系—结构”分析方法时经常用到这个概念。《韦氏二十世纪词典》认为“秩序”与英文 sequence 相对，表示“事物或事件的次序或安排”。[2]《英汉辞典》认为它表示“事物接连发生的方式”。[3]《辞海》则说“秩序”是指“人或事物所在的位置，含有整齐守规则之意，如：遵守秩序；社会秩序良好”。[4]

再一种观点认为，“秩序”是指一种行为规范和制度，这属于主观的范畴，带有命令、规定、规则的意思。“秩序”常常由下列格式来表达：“禁止××”、“必须××”等。除了上述正文内容外，它还有附则，如违反有关规定，将受到严厉处罚之类，并指明执行处罚的机关与方式。这是“秩序”的保障机制，亦是其关键部分，它表明制定者要求行为者的行为受到预期的约束与安排、以达到整齐有序的良性状态。《韦氏二十世纪词典》指出“秩序”的又一种涵义为“一种确定的方法或制度”。[5]《英汉辞典》释义为“按照某些特定的规律或规则运行的制度”。[6]《俄语字典》释义为“完成某事的规则和存在的体制”。[7] 日本《新世纪百科辞典》解释为“为使事物正确运行的顺序和规则”。[8] 法学界大多采用这种观点。

“秩序”本不是国际政治学中的概念，后来人们根据实践的需要创造了“国际秩序”或叫“世界秩序”的概念。与“秩序”相对应，学术界的“国际秩序”概念的争论也延伸下来，但内涵的范围扩大了，如经济秩序、政治秩序、军事秩序、文化秩序，地域性秩序、全球性秩序、甚至宇宙空间秩序

---

① 梁守德、洪银娴：《国际政治学理论》，北京大学出版社，2000 年版，第 237 页。

② 《国际政治研究》，1991 年第 2 期，第 101 页。

③ 《英汉辞典》，国防工业出版社，1988 年版。

④ 《辞海》（缩印本），上海辞书出版社，1980 年版，第 1751 页。

⑤ 《国际政治研究》，1991 年第 2 期，第 101 页。

⑥ 《英汉辞典》，国防工业出版社，1988 年版。

⑦ 《国际政治研究》，1991 年第 2 期，第 101 页。

⑧ 《新世纪百科辞典》，日本：学研社，1987 年版。

等等。由于对“秩序”概念的分歧，“国际秩序”的定义也五花八门。

1965 年，西方一些学者在意大利开会讨论世界秩序问题。会议主持人是法国著名国际政治学权威阿隆·雷蒙，他提出“秩序”的五个可供选择的定义：现实的任何有规则的安排；各组成部分的有序关系；生存的最低条件；共存的最低条件；美好生活的必要条件。与会者经过热烈的讨论，多数倾向于第四个定义，认为世界秩序就是生活在国际社会的成员国相互共存的最低条件。①

差不多与此同时，英国著名的国际关系学者赫德莱·希尔也正从事一个有关世界秩序的研究项目。希尔认为，世界秩序是对人类活动和国家行为所作的旨在维护世界稳定、和平、合作的一种合理安排。他强调，在个人与国家关系上，应确定国家的支配地位；在国家与国家体系关系上，应偏重国家体系的支配作用。要建立世界秩序，主要应依靠国家体系的支配作用，基本的途径是“核均势”。②

雷蒙和希尔的观点在当时产生了较大的影响，在西方学术界赢得了“雷蒙—希尔世界秩序观”之称。

斯坦利·霍夫曼在总结他的老师阿隆·雷蒙的理论的基础上，从新的角度提出了世界秩序的定义。这位哈佛大学的著名教授认为世界秩序有三个不可分割的定义要素：世界秩序是国家间关系处于和睦状态的一种理想化的模式；是国家间友好共处的重要条件和有规章的程序，它能提供制止暴力、防止动乱的有效手段；是合理解决争端和冲突，开展国际合作以求共同发展的一种有序的状态。③

霍夫曼强调，世界秩序不同于联合国体制，它还不是现实，它有一个逐步形成的过程，它需要众多国际关系角色的长期努力；世界秩序也不同于世界政府，它应是通向世界政府的过渡状态。霍夫曼认为，尤其重要的是，既不要视世界秩序为维持世界现状，也不要把它与世界革命等同起来，世界秩

① 倪世雄等：《当代西方国际关系理论》，复旦大学出版社，2001 年版，第 458 页。

② 倪世雄等：《当代西方国际关系理论》，复旦大学出版社，2001 年版，第 458 页。

③ Stanley Hoffmann，*Primacy or World Order*，p. 109. and p. 188.

序是“世界政治深刻的、渐进的，但是有限度的变革过程”。[①]

美国哈佛大学国际和地区问题研究所所长塞缪尔·亨廷顿对国际秩序的研究成果丰富，他的《变化社会中的政治秩序》、《如果不是文明，那又是什么——冷战后世界的范式》、《文明的冲突与世界秩序的重建》、《西方文明只此一家，并非普遍适用》等著作，在中国和世界的学术界很有影响，争论也大。他并没有对“世界政治秩序”的定义作出确切的解释，他说：“‘政治秩序’一词，指的乃是一种目标，而非某种现实。”“政治秩序也部分地取决于政治制度的发达程度和新兴社会势力被动员起来参与政治的程度二者之间的关系。”[②] 他认为，冷战后正在形成以八大文明为基础的新国际秩序，西方文明的衰落和其他文明的上升，必然会出现“文明的冲突”。“在来临的时代，文明的冲突是对世界和平的最大威胁，而建立在多文明基础上的国际秩序是防止世界大战的最可靠保障。”“和平与文明的未来都取决于世界各大文明的政治、精神和知识领袖之间的理解和合作。”在未来时代，主要文明间战争的防止需要各国遵守三个规则：第一，避免原则，即核心国家避免干涉其他文明的冲突，这是多文明和多极世界的和平的首要前提条件；第二，共同调解原则，即核心国相互协商遏制和休止彼此文明间的断层线战争；第三，求同原则，即所有文明的人民都应探寻并努力扩展与其他文明在价值观、惯例和习俗方面的共性。人类必须学会如何在复杂的、多极的、多文明的世界内共存。要“延缓西方的衰落”，“保持西方的团结”，其方案就是守住北大西洋公约，以之为“西方文明的保障机构”，而且要明确“它的主要目的就是保卫和维护这个文明”。亨廷顿自己把它称为“‘文明的冲突’模式”。[③]

在中国，有的学者认为：“所谓国际秩序，是各主要国际行为主体以和平的或非和平的方式达成的行为准则，以及实施、修改和维护这些准则的有关措施。国际秩序的目标是实现国际社会正常运转的外部条件，即和平与稳

---

① Stanley Hoffmann，*Primacy or World Order*，p. 109. and p. 189.

② 塞缪尔·亨廷顿：《变化社会中的政治秩序》，生活·读书·新知三联书店，1988 年版，第 1 页。

③ 塞缪尔·亨廷顿：《文明的冲突与世界秩序的重建》，新华出版社，1999 年版，第 2 页。

定。国际秩序由两大要素组成，一是当时国际社会公认的行为准则（即原则），二是体现和保障国际秩序原则的运行机制，两者相辅相成，缺一不可。”[①] 也有学者认为：“所谓国际秩序，实质上是指处理国际事务、处理国与国之间关系的指导原则。”[②] 还有学者认为，“国际秩序”指的“是国际社会中主要角色围绕某种目标和依据一定规则相互作用形成的运行机制，它表现了国家在国际社会中的位置和顺序，具有相对稳定性”。[③]

吸收众家的共识，针对某些分歧，根据自己的研究，直面“当今国际政治秩序”，我们认为，当今国际政治秩序是指旧冷战结束以来，由世界上的主权国家、国家集团等行为主体，按照什么样的政治规范、准则、原则、目标行事，建立或维系的某种国际政治机制和整体态势。这个定义，出于以下慎重思考：

从时间概念上看，国际政治秩序的出现，与世界近代史的开始同步。世界进入当代以来，国际政治秩序出现了新态势、新特点。冷战结束以来，又有了新变化。这里主要探讨的是 1991 年 12 月以来的国际政治秩序。

从行为主体上看，建立或维系国际秩序的是世界上的所有主权国家、国家集团（包括各类国际组织、各种会议、论坛等）、宗教势力、经济因素、文化因素等。它与“世界格局”的行为主体相比，还是有区别的：“世界格局”的行为主体主要指的是世界的“主角力量”，即世界上有突出影响的国家或国际集团；“国际秩序”的行为主体更宽泛一些。“世界格局”如两极格局，是美、苏两个超级大国支撑与维持的；与此同时的国际秩序，美、苏在其中也起突出作用，其他因素（宗教势力、经济因素、文化因素等）也会直接影响国际秩序的好坏。

从奉行的准则上看，国际秩序通常奉行的是国际行为规范。国际行为规范，是国际社会以声明、条约、宪章形式确定国家的权力、权利与义务，处

① 杨洁勉：《试论国际秩序的运行机制》，中国现代国际关系研究所编：《国际政治新秩序问题》，时事出版社，1992 年版，第 388 页。

② 周荣耀：《国际新秩序问题简议》，中国现代国际关系研究所编：《国际政治新秩序问题》，时事出版社，1992 年版，第 34 页。

③ 梁守德、洪银娴：《国际政治学理论》，北京大学出版社，2000 年版，第 238 页。

理国家间竞争与合作关系，解决国际争端的原则、准则和法律的统称。按照什么样的规范、准则、原则、目标行事，就会产生什么样的国际秩序。换言之，国际行为规范决定国际秩序的性质、种类、好坏，两者是有机联系的，但不认为国际行为规范就完全等同于国际秩序，前者是标准、依据，后者是结果、客体。这里是把国际行为规范放在影响、决定国际秩序优劣的关键位置和评判标准。

从追求的目标看，自从进入有阶级社会以来，人类社会在不断的进步，追求和谐、稳定的国际秩序的努力从来没有停止过。但由于时代背景、国家利益、阶级地位、个人经历等原因，目标的设定差别很大，取得的效果始终未能尽如人意。

从国际保障机制和秩序的整体态势看，某种国际政治保障机制和整体态势是国际政治秩序的客观结果。由于奉行的国际行为规范的差异，当今世界出现了纷繁复杂的国际政治秩序保障机制和秩序的整体态势。国际保障机制是重要的，但既不能把它与行为准则等同，实际上行为准则决定国际保障机制；又不能把国际保障机制与整体态势等同，国际保障机制是整体态势的重要内容和保证，整体态势又“以国际机制为纽带和依据”。① 国际机制较为权威的界定是：“一系列隐含的或明确的原则、规范、规则和决策程序的组合，围绕着这一组合，行为者的期望在特定国际关系领域内相互融合。”② “我们把对相互依赖关系产生影响的一系列具有控制性的安排称无国际制度”，这些控制性的安排包括“活动的程序、规则或组织制度”。③ 现今所存在的各种国际机制的理解，大都延续了上述界定的基本精神和内涵。我们认为，国际机制是指国家和国际共同体为稳定国际秩序、促进共同发展、规范国际行为而建立的一系列交往规则和有约束性的制度性安排。我们甚至认为国际机制必须以相应的国际组织如联合国为载体、依托，否则就很难实施国

① 梁守德、洪银娴：《国际政治学理论》，北京大学出版社，2000 年版，第 239 页。

② 斯蒂芬·克拉斯诺：《国际机制》，康乃尔大学出版社，1983 年版。参见屠启宁：《国家·市场与制度》，《世界经济与政治》，1999 年第 8 期

③ 罗伯特·基欧汉、约瑟夫·奈：《权力与相互依赖——转变中的世界政治》，中国人民公安大学出版社，1992 年版，第 5、22 页。

际机制。探究国际机制的内涵，不能忽视对国际规则、程序与组织的全面审视。[①] 现今的国际准则、国际机制有合理成分，但也存在弊端，所以国际政治秩序的态势良莠并存。

国际政治秩序有两层涵义：一是指客观方面，它表明国际关系体系中，各个行为主体之间分化组合的状况，位置排列的次序，相互作用的方式，包括国际组织。二是指主观方面，它是由各国公认的、用来指导国际关系实践的行为规范的总和，具体包括国际惯例、国际道义、国际法原则、国际关系准则、国际条约制度，以及负责这些法规得以遵守的或制裁违法者的保障机制。保障机制是国际秩序的重要组成部分，它力图在没有中央权威的多国体系之中，实现对国家权力的制约。保障机制历史上曾经出现过两类模式：均势制度和集体安全制度。均势制度最古老，现今仍存在，它表示各国或集团之间权力相互抗衡，用卡斯尔雷的话说就是："应该阻止任何一国变得强大到足以把它的意愿强加到他国身上"。[②] 集体安全制度直到国际组织产生以后才得以应用。它的精髓就是要求依恃权力共同组合，保证以压倒优势的实力对付可能出现的侵略者，或实施有效的国际制裁。伍德罗·威尔逊是集体安全制度的倡导者，他认为"权力共同组合就是所有对恶者进行反击的国家的组合"。[③] 现今一些理论家分析了均势制度和集体安全制度在保障国际秩序、维持和平方面的突出缺陷后，进而提出了建立"地球村"、"世界政府"等模式作为保障机制。事实上，这种主张是以削弱国家权力为代价的，实施起来不会顺利。

由此可见，国际秩序既包括国际行为规范，又包括行为主体按照一定规范活动之后的结果，二者是有机联系的。通常，政治家希望各国普遍遵守国际规范，从而达到良性的状态；理论家则倾向于把国际秩序作为一个客体来考察，总结其演变的规律，评判某些行为规范的得失。前者是由因索果，后者是由果索因。

---

① 星野昭吉、刘小林编著：《全球化与全球问题的解决》，中国社会出版社，2004年版，第121—122页。

② 倪世雄、金应忠：《当代美国国际关系理论流派文选》，学林出版社，1987年版，第167页。

③ 《参考资料》1991年2月28日。

从现实的国际政治中不难发现：一方面，应当遵守国际秩序正确规范的行为体却是其制定者和监督执行者；另一方面，行为体之间是主权平等的关系，没有一个超越它们之上的国际权威机构，来裁判国际秩序的合理性及行为者的守法性。各国对国际秩序的理解和遵守，往往从其自身的国家利益与价值观念出发，表现出互不一致的无秩序的行为。这种矛盾反映了在现存多国家、多制度之下，国际秩序理想与现实之间的根本冲突。

二、国际政治秩序的当今态势

（一）新与旧的交织

依据上述定义，从宏观上分析，当今国际政治秩序呈现出新与旧交织、和谐与欠和谐并存的整体态势。

当今的国际政治秩序，如果从性质上看，大致可分为“旧”与“新”两种，并且互相交织。

旧的国际政治秩序是资本主义时代的产物，1991年底以来有较大的变化，但实质未动。旧的国际政治秩序一般是指以少数殖民主义、帝国主义、霸权主义国家为主体，顽固推行强权理论、政策，以及不合理的国际规范、原则、体系所构成的机制与态势，这种机制与态势导致国际社会长期动荡不安，导致世界绝大多数弱小国家的政治难以正常发展。它代表历史的落后与反动，受到世界正义力量的不断冲击，正日趋走下坡路。

二战后至今，新的国际政治秩序一直在积极的建构之中，其主体是世界上广大爱好和平、进步，争取发展的国家和人民，他们大多以和平共处五项原则为行动准则，努力净化国际环境和互促经济发展，在与国际旧秩序的抗争中不断完善自身，目前正朝着和平、稳定、公正、合理、和谐的目标奋进。它代表着历史的进步与主流，具有蓬勃向上的趋势。

但具体分析起来却非常复杂。存在“旧”中有“新”、名“新”实“旧”、“新”“旧”并存的现象。当今世界存在四类国家：发达资本主义国家、发展中的民族主义国家、社会主义国家、原苏联东欧地区剧变后的国家，[1] 由于这些国家的性质、水平、大小不同，所以追求的国际政治秩序目标差异明显。就是在同一类国家中，统治阶级上层和下层劳动人民的认识也有区别。但不能为此否认共同的目标追求，经济全球化的扩展、全球问题的严重，使得和平、稳定、发展等已成为各类国家、各层次人们共同关注的问题。这也是当今建立国际新秩序呼声日益高涨的重要原因。同时，还应该看到，经济、政治旧秩序与新秩序之间共存和激烈抗争，要廓清是非，需要大智慧；要破旧立新，需做好长期奋斗、不懈努力的准备。

当今的国际政治秩序，如果从总体上看，和谐的态势在上升，但是欠和谐的问题也很严重。后者对前者的负面影响不容忽视，但也不宜估计得过分严重。

和谐的态势在上升主要体现为：和平与合作已成为当今世界的潮流。

和平态势上升主要指两个方面：一是宏观世界和平呈现新气象，新的世界大战长期没有打起来。由于苏联的解体，美国没有了超级对手，世界大战难以打起来，如果做得好，甚至可以避免。当今世界虽然很乱，但如果认真甄别，在现存的200多个国家和地区中，多数国家的多数时间是不存在战争、没有动乱的。旧热点问题大多得到解决或降温，新热点问题正在千方百计调解。二是以和平方式解决国际争端和历史遗留的问题取得新进展。中国的香港、澳门按照“一国两制”顺利回归，解决朝鲜核危机的“2+4”谈判成绩斐然，[2] 等等。

合作的态势主要体现在：一是各种国际组织雨后春笋般的出现、扩展、优化。昔日六国组成的“欧洲共同体”，即将扩展为三十七国的“欧洲联盟”；“非洲统一组织”已经优化为“非洲联盟”；“东南亚国家联盟”不仅成员国增多，而且“10+1”、“10+3”活动搞得有声有色；[3] “上海合作组织”成立以来的作为引人注目；“联合国”的国际影响力仍首屈一指。二是合作的水平提高。大国之间普遍建立或致力于建立各种各样的伙伴关系。仅从中国的角度看，中国与美国之间，由原来的建设性战略伙伴关系，上升为建设

① 吕有志、戴德铮主编：《当代世界经济与政治》，高等教育出版社，2003年版。

② “2”指的是韩国、朝鲜；“4”指的是中国、俄罗斯、美国、日本。

③ “10+1”即东盟十国与中国合作；“10+3”即东盟十国与中国、韩国、日本合作。

性战略合作伙伴关系，以及当今的积极、合作、全面关系，并共同决定稳步建立应对共同挑战的伙伴关系；中国与俄罗斯之间，战略协作伙伴关系发展为全方位；中国与欧洲联盟之间，由原来的全面合作伙伴关系提升为全面战略合作伙伴关系；中国与日本之间，由原来的面向21世纪的和平与发展的友好合作伙伴关系上升为战略互惠伙伴关系；中国与东盟之间，由原来的睦邻互信伙伴关系提升为战略合作伙伴关系等。

肯定当今国际政治秩序"旧"中有"新"，并不否认其中存在严重的问题。"旧"的东西根深蒂固，花样翻新，沉渣泛起；"新"的东西处境艰难，步履维艰。破"旧"立"新"的任务艰巨。

随着技术进步与人们相互交往的不断增多而滋生的全球问题触目惊心：核扩散、环境污染、生态失衡、资源危机、吸毒贩毒、贸易保护主义、南北经济鸿沟、极端教旨主义、极端民族主义与种族主义导致的国家分裂与扩展运动。世界步入"问题政治"的时代，政治家潜心专注的目标不再局限于军事安全与领土争端，而是全方位的。

曾几何时，美苏以两极对峙之势，维持了40多年的平衡，或曰冷战和平，或曰"冷战共处"。① 现在，由于东欧剧变、苏联解体，带来了两大后果：一是社会主义事业遭受严重挫折，要阻止国际政治秩序的大倒退，需要付出巨大努力；二是由于两极大厦倾斜，矛盾纷争失去控制，世界形势动荡不安、瞬息万变。冷战的最大胜利者——美国，既没能独霸全球，又没有赢得真正而持久的世界和平。美国利用自己的所谓"软实力"与"硬实力"优势，在世界上"大显身手"，入侵巴拿马，轰炸南斯拉夫，两次打伊拉克，攻下阿富汗，制服利比亚，偏袒以色列，制裁伊朗、朝鲜，大搞北约东扩，在原苏东地区制造"颜色革命"，今天说这个国家是"邪恶中心"，明天又骂那个是"无赖国家"，搅得世界乌烟瘴气。广大弱小国家受害匪浅，叫苦不迭。

恐怖主义严重危害当今的国际政治秩序。恐怖主义是指一种通过制造恐怖气氛、引起社会注意以威胁政府或社会，为达到某种政治或社会目标服务

① 毛泽东：《同蒙哥马利元帅谈国际局势》（1960年5月27日），《毛泽东外交文选》，中央文献出版社、世界知识出版社，1994年版，第422页。

的，无论弱者或强者都可以采用的，针对非战斗目标（特别是无辜平民目标）的暗杀、爆炸、绑架与劫持人质、劫持交通工具、投毒、危害计算机系统以及其他形式的违法或刑事犯罪性质的暴力、暴力威胁或非暴力破坏活动等。恐怖主义并非近些年才出现的。其泛滥，是当代阶级、民族、种族和宗教矛盾尖锐冲突的产物，是战后残酷的国际政治斗争中孕育的一个怪胎；其泛滥，与强权政治和霸权主义长期横行、东欧剧变、苏联解体有关；其泛滥，是一些国家在幕后对恐怖主义支持和利用的结果；其泛滥，与近年来美英等国以反恐为名、行奉行全球霸权主义之实的错误战略、政策有直接关系。以 2001 年发生在美国的“9·11”恐怖事件为标志和转折点，近些年恐怖主义的猖獗达到了历史的空前水平。巴厘岛、意大利、西班牙、英国、俄罗斯的恶性恐怖事件接连发生；中东，特别是在被美国占领的伊拉克、阿富汗，恐怖主义达到了触目惊心的程度；巴基斯坦、巴勒斯坦等国的爆炸、暗杀、绑架、劫机事件频繁发生，大量的无辜民众惨遭涂炭。整个世界谈“恐”色变。铲除恐怖主义这一恶瘤，既刻不容缓，又要全方位正确应对，其中不断推进建立真正的国际政治经济新秩序是最佳选择。

（二）复杂原因促成

承认当今国际秩序中和平、合作态势上升以及新政治秩序的存在，一是说明当今的国际政治秩序不是那么糟糕，宏观的、长期的世界和平是客观存在的，世界人民受到了这种长期的、宏观的和平之惠。二是证明现存的国际政治秩序的行为主体的努力、行为准则的实施、保障机制的监管和行动等还存在明显弊端，但并不是一无是处。新科技革命成果的运用、信息全球化的扩展、地区一体化的发展等，严重危害着弱小国家利益的现象存在，但在制约世界大战爆发的问题上，应该承认它的正面作用。联合国等国际组织的作用应该肯定，特别是联合国的维持和平部队的功勋卓著。三是说明国际法准则的创新和实施有根本的影响力。如反对侵略战争与和平解决国际争端的原则的提出、完善、实施，就是突出的一例。

世界是复杂的，长期以来，世界各国人民饱受战争灾难，纷纷要求反对侵略战争，维护世界和平，和平解决国际争端。

在世界舞台上，社会主义国家首先明确宣布反对侵略战争，力争和平解决国际争端，只要存在一丝和平希望，也从不放过。十月革命胜利后第二天发布的苏维埃俄国的《和平法令》，第一次界定“兼并或侵占别国领土的行为”涵义，公开声明侵略战争“是反人类的滔天罪行”。苏维埃俄国身体力行，先后同许多国家签订了“互不侵犯条约”。中华人民共和国倡导的和平共处五项原则，把“互不侵犯”放在国家关系的突出地位，旗帜鲜明地反对侵略战争，得到了世界各国的一致赞同。

正是在社会主义国家和世界各国的共同努力下，联合国在国际法文件中首次更改了传统国际法关于国家拥有“诉诸战争权”的规定，并将战争明确区分为侵略战争和反侵略战争，正式宣布禁止侵略战争和非法使用武力。《联合国宪章》关于“宗旨与原则”的规定中首先指出：“维持国际和平及安全；并为此目的，采取有效集体办法，以防止且消除对于和平之威胁，制止侵略行为或其他和平之破坏；并以和平方法、且依正义及国际法之原则，调整或解决足以破坏和平之国际争端或情势。”宪章要求各国“在其国际关系上不得使用威胁或武力，或以与联合国宗旨不符之任何其他方法，侵害任何会员国或国家之领土完整或政治独立”。经过多年对“侵略定义”问题的审核和争论，最终于 1974 年 12 月 14 日由联合国大会正式通过了《关于侵略定义的决议》。决议除前言外，共分八条。第一条明确将侵略定义为：“侵略是指一个国家使用武力侵犯另一个国家的主权、领土完整或政治独立，或以本《定义》所宣示的与联合国宪章不符的任何其他方式使用武力。”决议指出：“一个国家违反宪章的规定而首先使用武力，就构成侵略行为的显见证据。”决议列举七种主要形式，不论是否经过宣战，都构成侵略行为，即：第一，一个国家的武装部队侵入或攻击另一国家的领土；或因此种侵入或攻击而造成的任何军事占领，不论时间如何短暂，或使用武力吞并另一国家的领土或其一部分；第二，一个国家的武装部队轰炸另一国家的领土，或一个国家对另一个国家的领土使用任何武器；第三，一个国家的武装部队封锁另一国家的港口或海岸；第四，一个国家的武装部队攻击另一国家的陆、海、空军或商船和民航机；第五，一个国家违反其与另一国家订立的协定所规定的条件，使用其根据协定在接受国领土内驻扎的武装部队，或在协定终止后，延长该武装部队在该国领土内的驻扎期限；第六，一个国家以其领土供另一国家使用让该国用来对第三国进行侵略行为；第七，一个国家或以其名义派遣小分队、武装团队、非正规军或外国雇佣军，对另一个国家进行其严重性相当于上列各项行为的武力行为，或者该国实际卷入了这些行为。决议还专门授权联合国安理会，除上述七种主要形式外，有权依照《联合国宪章》的规定确认新的侵略行为。决议最后特别指出，殖民地半殖民地和附属国人民争取民族自决的斗争，符合国际法文件的规定，是应该享受的正当权利。联合国的“侵略定义”“绝不妨碍”被压迫民族和被压迫国家取得这些权利，以及“寻求和接受支援的权利”。

反对侵略战争与和平解决国际争端是不可分割的。同战争方式相比，和平解决国际争端，时间可能拖得长一些，但损失较小，后遗症会少，也不至于造成新的危害。依据国际法的规定，和平解决国际争端的主要方式有：当事国的直接谈判、第三国的斡旋和调停、组织国际调查委员会调解、联合国安理会的调解和仲裁及国际法院的裁决和判决等等。国际争端种类繁多，性质各异，错综复杂，要真正实现和平解决是极为困难的。总结国际关系的经验，国际争端的和平解决必须具备三个基本条件：第一，以反对帝国主义和霸权主义为前提。因为世界近代以来的国际争端多为帝国主义和霸权主义造成的，和平解决首先要区分侵略与反侵略的界限，坚持原则，主持正义。和平解决是公正合理的解决，不能偏袒侵略者。第二，求同存异。国际争端都是激烈的，矛盾重重，但从世界全局出发，均能找到共同点。当今世界各类国际争端的解决应以和平共处五项原则为基础。只要从和平共处五项原则出发，共同点就会增多。在这些共同点上，不同社会制度和不同宗教信仰的差异，民族纠纷和领土争吵，以及地区冲突，都存在着互相了解、互相尊重、互相同情和互相支持的可能性。求同存异为国际争端的和平解决开辟了切实可行的途径。第三，互谅互让。国际争端的和平解决不能是你吃掉我或我吃掉你，应该是相互妥协，互谅互让。中国政府在解决港澳回归、边界争端和海岛主权等问题上提出的“一国两制”、“互谅互让”、“主权搁置下的共同开发”，是和平解决国际争端的良好方案，在世界范围内产生了较大影响。在这些方案中，有谅解，有妥协，照顾了各方利益。①

① 梁守德、洪银娴：《国际政治学理论》，北京大学出版社，2000 年版，第 266—268 页。

联合国这一世界上最大的国际组织，从它成立以来，人们对它的评价一直褒贬、毁誉不一。如果仅从它对国际政治秩序优化的作用来讲，三个方面的贡献不容忽视：第一，联合国不是世界立法机关，但长期以来，它在国际造法中以其独特方式发挥了作用。《联合国宪章》特别是总纲部分，确认并发展了国际法的基本原则，是国际法重要的渊源。联大有关解释国际法原则或绝大多数会员国通过的决议，不失为国际习惯法的证据。国际法院的裁决及咨询意见，对国际法的发展具有重要影响。尤其是在联合国主持下制定的成百项条约，对于建立新国际法律秩序和调整国家间政治、经济、海洋、外空等方面的关系，产生了不可替代的作用。这些条约已成为各国从事竞争不可缺少的"交通规则"，是现代国际法的主要组成部分。[①] 第二，与众多的国际组织相比，联合国的成员国最多，职权范围最广，对国际关系的影响最深远，发挥了它多边外交"协调中心"[②] 的作用。国际社会需要联合国来协调，正像联合国需要国际社会来支持一样。第三，联合国已成为发展解决各种国际争端的一个重要渠道。尤其最近 10 年来，它在调解地区纠纷中取得了一系列突破，国际威信大大提高。但同时也存在着一个值得深思的问题：一方面，作为这个组织重要基础的集体安全体系[③]，发挥的作用始终甚微；而另一方面，从宪章第 40 条演化出来的"联合国维持和平部队"，却发挥了显著的作用。维持和平部队的出现，对 60 多年前的宪章缔结者来说是一个意外的发展。由于成效显著，维持和平部队于 1988 年 9 月 29 日获得了诺贝尔和平奖。这与其说是联合国的一项荣誉，还不如说是世界舆论对联合国的一种合理的期待。这种期待之后得到了丰厚的回报，维持和平部队正日益发挥着更加突出的作用。可见，联合国等国际组织，在促进国际政治秩序向好的方向转变过程中发挥了积极的作用，同时又发挥着对国际政治秩序优化的监管和推动作用。

国际社会正是在这样新的准则的指导下，在联合国等国际组织的监管

---

① 梁西：《联合国与中国——纪念周鲠生先生诞辰一百年》，《武汉大学学报》（社会科学版）1989 年第 4 期。

② 《联合国宪章》第 1 条第 4 项。

③ R. Higgins，The Development of International Law Through The Political Organs of The United Nations，pp. 35—48.

下，化不利为有利，维护了世界宏观和平，使得国际政治秩序“新”与“旧”并存，“旧”中有“新”，或曰“旧”中有“亮点”。为未来破“旧”立“新”提供了条件和基础，积累了经验和教训。

但当今国际政治秩序“旧”与“新”相比，“旧”的东西表现太多，“新”的东西处境艰难，举步维艰。

霸权主义与强权政治是维持国际政治旧秩序的基础和主要内容。“强权即公理”是它的理论支柱；“强凌弱”、“众暴寡”是它的不变原则；建立国与国之间的统治和服从、奴役和依附、压迫和被压迫的不平等关系是它的最终目的。这种祸害人类的错误理论、原则、追求，本该像过街老鼠一样人人喊打、彻底清除，但在当今世界，特别在西方，或并不以为耻，反以为荣，公开倡导，大行其道；或花样翻新，粉墨登场，明明是旧，非要说新，使得国际旧秩序积重难返。

国际法与国际组织存在的弊端十分明显。现行的国际法在不断进步和发展，它的实施使国际秩序不断好转。但它存在许多不完善的地方，漏洞百出：在内容上落后于时代，许多地方自相矛盾；在许多方面有利于西方、富人等。有这些突出的问题存在，就很难根治战争、消除动乱。对联合国等国际组织，我们在肯定其优点的同时，也必须承认其不足。正如中国著名法学家梁西先生早就指出的：“联合国在按宪章第 13 条促进国际法之发展与编纂方面，还有许多事情要做。”“宪章有关‘制裁’非法使用武力的规定，其可行性甚小或效力很弱，使联合国的安全体制濒于瘫痪。宪章‘自卫’条款，常为各种军事行动辩解，在实施条件及程序上存在明显的漏洞。有关建立新国际经济秩序的许多原则及规范，尚未获得确切的法律效力。有关宪章过时条款的修改及对大国滥用否决权的制约方面，也大大落后于形势的发展与需要。法律手段之不足，必然会影响到联合国效能的发挥。”① 结果使得有些国家违反国际法而逍遥法外，少数大国、强国操纵国际组织，主宰世界事务。行为规范、监管机制存在的弊端，是国际政治秩序问题严峻的表现，也是重要原因。

① 梁西：《联合国与中国——纪念周鲠生先生诞辰一百年》，《武汉大学学报》（社会科学版）1989 年第 4 期。

新科技革命、经济全球化是双刃剑。对世界的和平与发展、国际秩序的优化是动力，但也是重要的负面因素。

经济基础决定上层建筑。西强东弱、北富南穷，南北差距的客观存在和继续拉大，是国际经济旧秩序的重要表现，对国际政治秩序的优化阻碍甚大。

恐怖主义、极端主义、分离主义的猖獗，严重恶化着国际环境和国际秩序。

面对国际形势的重大变化和国际秩序的突出特点，各国或国家群体出于自身追求最佳利益的考虑，先后提出和实施了各自的建立国际政治新秩序的方案。内容和效果有明显的差别。

三、国际政治秩序的未来变数

（一）破旧立新的任务艰巨

建立国际政治新秩序是当今世界发展的客观要求，但也是一个浩大的系统工程，具有长期性和复杂性，必须作长期的努力。

国际秩序作为维系一个国家生存与发展的外部环境和条件，各国均把建立国际新秩序看作是争取解决与自身利益密切相关的众多国际问题的机遇和权益。正因为如此，多年来，在建立国际政治新秩序问题上，发展中国家与发达国家之间存在着严重的分歧和较量。由于西方发达资本主义国家是国际政治经济旧秩序的制定者和维护者，它们绝不会轻易地放弃国际旧秩序，同意建立国际新秩序，相反，它们必然要顽固地抵制和反对发展中国家改变国际政治经济旧秩序。

国际政治旧秩序有复杂的运行机制和保障机制，其不合理内核不会随着冷战结束而迅速改变。从冷战后国际关系发展进程来看，作为旧秩序实质特征的霸权主义和强权政治依然通过变换了的方式和途径存在于当今世界。西方国家竭力想把自己的价值观念和社会发展模式、文化和生活方式强加给别的国家，用它们的标准作为尺度强行要求世界其他国家据此来决定国际关系的性质和方式。美国作为当今世界唯一超级大国，在国际关系中很少考虑国际社会的利益和他国利益，“美国利益”至上是其制定外交政策所奉行的基本理念。而所谓“美国利益”又是没有范围和空间界定的，这为它在世界范围内追求霸权利益提供了方便。事实说明，霸权主义和强权政治是今日世界动荡的根源，是国际政治新秩序建立的最大障碍。不反对霸权主义、强权政治，建立国际政治新秩序不过是一句空话。①

随着两极政治格局的终结，综合国力西强东弱、北强南弱态势没有减缓，反而在加剧，这种不利于社会主义国家和发展中国家的现象，要彻底扭转和改变很难。

苏东剧变后，社会主义事业处在低潮，西方强权政治、霸权主义加强，要复兴前者，击退后者也非易事。

国际经济力量的杠杆基本上仍掌握在西方少数国家的手里，夺取和掌握这些杠杆也不是短期能实现的。

（二）辞旧迎新并非渺茫

种种事实表明，建立国际政治新秩序需要一个长期复杂的过程，也是一个从现有秩序不断演变最终实现国际政治新秩序的过程，是中国外交的长远目标之一。“速胜论”脱离实际，“渺茫论”也不可取。只要世界各国共同努力，持之以恒，与时俱进，不断按该思路奋进，建立国际政治新秩序的目标终将会实现，光明世界前景乐观。这是因为：

尽管人类社会沧桑巨变，国际舞台风云变幻，国际社会也历经种种考验，走过了不平凡的历程，但是应该承认，冷战结束以来，破旧立新的事业成绩斐然。联合国体现了世界各国人民“欲免后世再遭今代人类两度身历惨不可言之战祸”、“彼此以善邻之道，和睦相处”的崇高精神，承载了国际社会共同促进经济社会发展的美好愿望，它的成立是人类历史上一件具有划时代意义的大事，是人类和平进步事业发展的一座重要里程碑。由于广大会员国的共同努力，使联合国在维护世界和平、推动共同发展、促进人类文明等方面发挥了重要作用，取得了巨大成就。② 欧洲联盟等组织在破旧立新方面的贡献也值得肯定。

---

① 吕有志、戴德铮主编：《当代世界经济与政治》，高等教育出版社，2003 年版，第 80 页。

② 中共中央文献研究室编：《十六大以来重要文献选编》（中），中央文献出版社，2006 年版，第 993—994 页。

尽管地区动荡不断、局部冲突时有发生，但各国更加重视对话与合作，更加重视以谈判的方式解决争端。遵守国际责任，承担国际义务，以和平方式解决争端，采取有效集体措施，共同维护地区和全球安全，越来越成为国际社会实现持久和平、普遍安全的必由之路。

尽管强权政治依然存在，国际关系民主化尚未实现，但对话交流、和睦相处已成为国际关系的主流，各国互相尊重、平等相待日益成为国际社会的重要共识。尊重国家主权和领土完整，尊重各国自主选择社会制度和发展道路的权利，越来越成为不同社会制度、不同发展水平国家互相建立和发展关系的指导原则。

尽管世界发展还很不平衡、贫穷和饥饿仍在不少国家肆虐，但国际社会已经制定了减少贫困、促进发展的目标，加强合作、共同发展日益成为各国的普遍选择。加强国际合作，促进共同发展，实现互利共赢，越来越成为实现各国共同发展繁荣的重要途径。

总之，尽管新世纪面临许多严峻挑战，但也为人类社会发展展现了光明前景。要和平、促发展、谋合作是时代的主旋律。世界多极化和经济全球化的趋势深入发展，科技进步日新月异，世界生产力显著提高，全球经济保持总体增长，各类全球性和区域性合作生气勃勃，国际关系民主化不断推进。人类正以前所未有的速度发展进步。① 这是国际政治经济新秩序的突出成果，阶段性进取。世界历史虽然背负沉重，但毕竟在不断进步。觉醒的世界人民不会被人为的困难所吓倒，既然他们能从西方残酷的殖民统治下独立，并无畏地在国际舞台上大有作为，就一定有决心和能力废除旧的国际政治秩序，建立真正的国际政治新秩序。

第二节　西方国家主张的国际政治新秩序

该节对美国、欧盟、日本、俄罗斯的国际新秩序论进行了探讨，认为美

① 中共中央文献研究室编：《十六大以来重要文献选编》（中），中央文献出版社，2006 年版，第 994—995 页。

国是单极独霸的构思，欧盟旨在联合图强，日本是为了谋求政治大国地位，俄罗斯是力求扮演好“世界大国”的角色。

一、美国推销的国际政治新秩序

（一）三位总统的方案

20世纪末以来的美国，乔治·布什、比尔·克林顿、乔治·沃克·布什先后在台上执政，分别实施了超越遏制战略和世界新秩序战略；参与和扩展战略；单边主义、先发制人战略和小布什主义。建立国际政治新秩序一直是这些战略的重要内容，只不过这三位总统提的不是“国际新秩序”，而是“世界新秩序”，两者实质相同，但前者和后者有区别，前者仅指的是“国家间关系”，后者“包括国内事务”。①

乔治·布什总统，在美国仅执政4年（1989—1993年），但却经历了苏东剧变的整个过程。执政的前两年多，奉行超越遏制战略，在苏东剧变中起了举足轻重的作用，并打赢了两场战争（1989年底入侵巴拿马和1990年8月攻打伊拉克）；执政的后一年多，出台了世界新秩序战略。根据他涉及建立世界新秩序的不下50次的谈论，可以看出，乔治·布什总统所设计的世界新秩序战略主要有以下特点：第一，目标的双重性：和平与自由并提。和平，即制止侵略，和平解决争端，实现稳定，实现法治，实现繁荣；自由，即将美国的自由推广到全世界，促进各国的自由、民主和人权，实现“政治多元化”、“经济私有化”和“自由市场经济”。第二，结构的双结合：美国的领导和盟国结合并发挥联合国作用的国际合作；美国的军事实力和各地区盟国结合的“新集体安全机制”。第三，原则的双调门：既主张和平解决争端，一致反对侵略，减少并控制军火，公正对待各族人民，又强调“确保美国在全球的战略利益”。这些原则的要害是局限于处理国际事务的方式，而不强调消除国际争端的根源，甚至会以美国的全球利益为由带来新的麻烦。第四，做法上的双手段：既要依靠联盟、联合和联合国，又宣称要“明智地

① 梁守德、洪银娴：《国际政治学理论》，北京大学出版社，2000年版，第271页。

动用武力”。[①] 海湾战争是“建立这种世界秩序的第一次尝试，它向世界其他任何地方以后出现的暴君发出一个信号”。[②]

比尔·克林顿总统，在美国执政8年（1993—2001年），奉行参与和扩展战略。该战略有三大支柱：经济、安全和民主。它基本继承了乔治·布什建立世界新秩序的构思，但强调的重点有异：第一，强调充当世界警察。前美国参谋长联席会议主席鲍威尔毫不掩饰地说，海湾战争唤醒了美国充当世界警察的意识，当世界需要警察时，究竟谁会被召唤出来恢复和平呢？将是我们。第二，把“经济安全”上升到安全的第一位。以高科技为手段，保证“经济安全”，维护国家安全。第三，强调以美国为领导建立集体安全体系。这与历史上威尔逊的“集体安全”和罗斯福的“四警察”一脉相承。提升“北约”军事、政治的安全作用，不赞成欧洲再成立一个单一的独立的军事机构附属于欧洲联盟。强推“北约”东扩计划。第四，谋求对美国有利的国际合作。与欧洲继续合作，但必须与美国的意愿一致；与俄罗斯建立合作关系，但主要在解决地区冲突、人权等问题上。与俄罗斯进行核谈判，促使俄罗斯逐步削减进攻性的战略核武器。让俄罗斯同意美国参与中、东欧事务；发展与中国的合作，但只能局限于地区性或专门领域。第五，强调实力外交。克林顿总统接受约瑟夫·奈的理论，认为在新形势下，实力的内涵已经扩大，它包括硬实力和软实力。硬实力，是指军事力量、经济发展水平和科技水准等；软实力，是指“民主制度、自由市场体制和西方文明”。“所有的国家，包括美国，都要学会运用新的权力源泉——改善国际体系结构，推动相互依赖，发展共同文化价值来实现自己的目标”。[③] 克林顿政府保持硬实力外交，加大软实力外交的力度，试图以美国式的制度、体制、道义、民主、文明来改造即将进入21世纪的世界。第六，强调必要的干预。出兵索马里、轰炸南斯拉夫，无视联合国，实行单边主义，危害国际秩序。

---

① 梁守德、洪银娴：《国际政治学理论》，北京大学出版社，2000年版，第271页。

② 乔治·布什总统1991年4月13日在亚拉巴马州马克斯韦尔空军基地发表的演说。倪世雄等：《当代西方国际关系理论》，复旦大学出版社，2001年版，第465页。

③ Joseph Nye, “*The Transformation of World Power*,” Dialogue, No. 4. 1990.

乔治·沃克·布什总统，是21世纪美国的第一位总统，在两届的任期中（2001—2008年），继承了他父亲和克林顿的世界新秩序的“衣钵”，但也显现了小布什的特色。

“9·11”事件发生前，小布什大搞单边主义。小布什一上台，就把克林顿政府的单边主义推上了新高度。首先坚持部署国家导弹防御系统。2001年12月13日，美国不顾俄罗斯的反对，单方面退出1972年美、苏签订的“反导条约”，① 为美国最终部署国家导弹防御系统（NMD）扫清了法律障碍。其次放弃执行《京都议定书》。2001年3月28日小布什公开否定《京都议定书》，实际上撕毁了他的前任与国际社会签署的该协议。② 接着，2001年7月，小布什政府正式要求参议院“无限期推迟”批准《全面禁止核实验条约》；③

---

① 全称为《美苏关于限制反弹道导弹系统条约》，是1972年5月26日美国和苏联签署的一项双边条约。该条约于同年10月3日生效，无限期有效。条约规定，反弹道导弹系统包括反弹道导弹截击导弹，反弹道导弹发射器和反弹道导弹雷达，双方只能各自部署两个（后改为一个）有限的反弹道导弹系统，分别保卫首都和一个洲际导弹发射场；不得研制、实验或部署以海洋、空中、空间为基地的和陆基机动的反弹道导弹系统及其组成部分等。这一条约通过限制双方利用反弹道导弹系统保护整个领土的能力，确保美苏两国建立在“相互确保摧毁”基础上的“恐怖平衡”，以防止核战争，被国际社会视为全球战略稳定的基石。目前有32个裁军和核不扩散条约与这一条约挂钩。冷战结束后，美国成为唯一的超级大国，借口防范所谓“无赖国家”拥有大规模杀伤性武器和远程导弹的威胁，不断要求修改反弹道导弹条约，2001年12月13日，美国宣布退出反弹道导弹条约（6个月后生效）。

② 据世界资源研究所公布的调查报告，按人均计算，美国是全球最大的二氧化碳排放国。1997年，联合国《气候变化框架公约》第三次缔约国大会通过的《京都议定书》首次确定了发达国家减少温室气体排放量的具体指标。克林顿政府承诺，要执行该议定书。但是，小布什上任后于2001年3月28日公开否定《京都议定书》，实际上撕毁了他的前任与国际社会签署的该协议。

③ 1996年9月，联合国以158票对3票通过了《全面禁止核实验条约》，迄今已有161个国家的政府签署，其中84个国家的国会或相当于国会的机构已经批准。但条约规定，必须有44个具有核能力的国家批准，条约才能生效。而44个具有核能力的国家中，还有13个国家尚未批准，1997年，克林顿总统将《全面禁止核实验条约》提交参议院，但一直未得到共和党操纵的参议院的批准。布什上台之前就表示，不会寻求国会批准《全面禁止核实验条约》。2001年7月，布什政府正式要求参议院“无限期推迟”批准《全面禁止核实验条约》。2001年11月13日，联合国第二届促进《全面禁止核实验条约》生效大会在纽约召开，美国拒绝参加。

2001年7月，全盘否定《禁止生物武器公约》。[①] 小布什上台不到一年，就决心废除四项国际条约，引起国际社会的震惊和强烈不满。英国报刊评论，“布什预告美国利己主义的到来”。德国报刊认为，美国“正走在通往流氓国家的道路上”。[②]

“9·11”事件发生后，小布什政府实行“先发制人战略”。2001年9月11日，恐怖分子劫持四架民航客机，其中两架撞击美国纽约世界贸易中心双塔楼，双塔楼轰然坍塌，一架撞击美国首都华盛顿的国防部五角大楼，使之严重受损，另一架在飞行途中坠毁，这一大规模恐怖袭击事件，导致近3000人遇难，被称为“9·11”事件。这一极为残忍的屠杀大量平民的恐怖事件的发生，美国做梦也没有想到过，全世界也极少有人预料过。[③] 这对刚刚进入21世纪的世界是一次“击倒性打击”，对“超级大国”的美国无疑是奇耻大辱。美国的反应强烈、迅速。“先发制人战略”很快确立、实施。该战略是一个军事战略，也是一个外交战略。为谋求美国的绝对安全，其决定加大军事投入，以达到世界1/3的比例，决心尽快建立“高、大、全”的国家导弹防御系统，提出“阻止”、“威慑”、“击败”、“放心”四位一体的防务战略，降低使用核武器的门槛，声称美国核武器可以对付“紧迫的、现实的突发事件和危险”，甚至把“因台湾地位出现的军事对抗”都列为美国核打击的计划，把一些不听美国话的国家诬蔑为“无赖国家”、“邪恶中心”；组成反恐部队对阿富汗、伊拉克进行了“先发制人”的军事占领，组成了亲美政权，把萨达姆等人送上了“断头台”。但在国际上却出现了“反恐反恐，越反越恐”的尴尬局面。

---

① 2001年7月，美国以“危及国家安全和情报机密”为由，拒绝接受国际社会经过6年艰苦谈判才达成的旨在加强《禁止生物武器公约》的草案。据这项谈判的观察员罗森堡说，美国政府反对该协议书是没有道理的，因为该协议书提供的保密措施比美国1997年批准的《禁止化学武器公约》还要多。而美国代表表示，“仅靠修改议定书草案不可能产生美国可以接受的结果”。

② 李慎明、王逸舟：《2002年：全球政治与安全报告》，社会科学文献出版社，2002年版，第34页。

③ 只有美国的伊恩·莱塞等著的《反新恐怖主义》一书在1999年进行过警告：恐怖主义“或是炸毁纽约的世界贸易中心”。该书2002年由新华出版社翻译成中文出版，见该书第2页。

小布什在第二任期开始后，实施“小布什主义”。由于阿富汗战争，[①]以及占领伊拉克，不仅没有捉住本·拉登，而且造成美军大量伤亡，[②]导致国内外反对之声猛升。小布什政府骑虎难下，不得不调整其全球战略。“小布什主义”[③]主要有以下特点：第一，在价值观念上，继续关注不同宗教、文化的冲突，对于美国的道德继续给予宗教般的维护，并且继续保持这样的信念，即西方文明受到了威胁，应以军事力量打击“邪恶国家”，以捍卫西方文明为名，维护美国的经济利益。另一方面，继续保持对所谓“极权主义”的关注，继续推行美国的民主理念，特别在俄罗斯周围大搞所谓“颜色革命”。第二，在世界格局问题上，继续坚持美国的主导地位和单边主义，不接受现实主义的权力平衡主张，也不接受自由主义的多边主义主张，接受一些保守派学者所提出的加强说服和谋求合法性的建议。在对外关系中，采取一些行动改变美国形象，诸如派军队参与海啸救灾。第三，继续强调动用军事力量的必要性，坚持建立导弹防御系统。由于在伊拉克深陷泥潭，“先发制人”的做法有所收敛。美国目前已无力再发动一场“先发制人”的战争，在战略上不情愿地接受了一些多边的做法，更多地以外交手段来解决问题，诸如继续参与朝核六方会谈，以及通过其他方式对伊朗施压。第四，继续坚持对以色列的支持，为了解决中东问题，在巴勒斯坦已完成大选的情况下，调整中东政策，推动和谈，不改变继续把西方式民主强加给中东的做法。第五，对于强调国际制度、妨碍美国权力扩张的欧洲，特别是在小布什第一任期内给美国制造了麻烦的法国和德国，不接受一些新保守派所要求的那样坚持强硬态度，而是注重修复关系。对于经济地位日益上升的中国，以

---

① “9·11”事件发生后，美国认定这一事件为本·拉登领导的“基地”组织所为，要求阿富汗塔利班（“伊斯兰学生军”）政权将在阿富汗境内的本·拉登引渡到美国受审，遭到拒绝。2001年10月7日，美国在其盟国支持下，对阿富汗发动了代号为“持久自由”的空中军事打击，阿富汗战争爆发。11月11日，在美国空军支援下，阿富汗反塔利班政权的北方联盟军队发起地面进攻，塔利班武装迅速溃退，11月13日撤出首都喀布尔，12月7日又撤出其根据地坎大哈。美国对阿富汗大规模空中打击暂告一段落。此后，美国领导的联军长期在阿富汗境内清剿塔利班和“基地”组织残余。

② 2003年3月占领伊拉克到2007年8月22日，美军在伊拉克共死了3721人。

③ 有人认为“小布什主义”是指布什政府执政两届的美国全球战略，有人则认为是布什政府执政第二届的美国全球战略，本书倾向于后者。

及在国内加强中央权力的俄罗斯，采取了一些新保守派所希望的强硬态度，但继续以合作为基调。对于拉美一些反美的国家，继续采取施压的态度。第六，对于联合国等国际组织，基于新保守主义的立场极不愿与之打交道，但是不得不在很多事情上与之合作。事实上，在反恐、核不扩散、伊拉克重建以及许多国际问题上，美国都是离不开联合国的。第七，在宇宙空间大肆扩张，2007 年 8 月公开的“百星计划”就是明证。① 总之，在小布什第二任期内，尽管新保守主义在理念上居主导地位，但实际政策却不完全依从新保守主义的设计。小布什政府的政策只能说是一种带有强烈新保守主义色彩的，糅合了现实主义、自由主义等不同主张的东西。

（二）单极独霸的构思

如果把美国近二十年的世界新秩序论进行概括，就是：推行超级强权政治和霸权主义是其实质，实现“一球一制一式”（一个地球、一个资本主义制度、一个美国模式）的目标是其最大的愿望，美国意欲独霸世界、乃至宇宙是公开的秘密。

具体内容主要有八点：第一，美国有条件和必须充当未来世界新秩序的“领袖”与“灯塔”。第二，以美国为榜样，用美国的价值观改造世界，按美国的目标、模式建立一个“和平与安全、自由与法治”的世界新秩序，即美国式的单极世界，或者叫美国式的“一球一制”的世界。第三，以军事实力为后盾，建立以美国军事力量为保障的国际安全结构。第四，在不削弱领导地位的前提下，与同盟国发展伙伴关系，“以公平地分担责任和义务”，也与其他国际力量相互配合，尽快消化苏联、东欧剧变后的成果，尽力压缩俄罗斯的实力和国际影响力。第五，采取软硬兼施手段，促变中国等社会主义国家以及其他广大“不听美国话”的发展中国家，严格控制已经亲美的国家与地区。第六，重拳出击恐怖主义，并以此为良机巩固、扩展其全球战略。第七，利用联合国等国际组织为美国国家利益服务。第八，利用高科技优势称

① 现在太空中的 800 多颗卫星有一大半是美国的，美国还是不放心，为保护它的太空优势，又模仿“千舰海军计划”，五角大楼提出“百星计划”，并且“执著”推进。《环球时报》2007 年 8 月 17 日，第 8 版。

霸宇宙空间。

美国要建立“一家独霸”的世界新秩序的主张，是强权政治和霸权主义的超级修改版，名“新”实“旧”，遭到世界上绝大多数国家，尤其遭到中国和广大发展中国家的坚决反对，也遭到美国的盟国以及俄罗斯的冷遇。正如法国前总理希拉克 1991 年 6 月 17 日在法兰西学院院士会议的讲话中所说，美国企图建立的世界新秩序，是要人们承认它是当今世界的独一无二的建筑师，这不会为国际社会所接受，美国式的“单极世界”或“以美国为轴心的世界”是不会实现的。

二、日本、西欧追求的国际政治新秩序

（一）日本谋求政治大国的地位

20 世纪末以来，日本高层政坛高频震荡，政府频繁更替，仅首相就换了 11 位，执政最长的 6 年多，最短的仅 2 个多月。但他们对建立国际新秩序均有各个侧面的阐述。

日本政府正式宣布参与建立国际新秩序，是 1990 年 3 月 2 日海部俊树首相在日本国会发表的《首相施政方针演说》中提出的，海部宣称，“世界正处在历史性变化之中”，日本“必须参与构筑国际新秩序，开展‘有理想的外交’”，并将“运用经济、技术力量和经验，积极参加旨在建立新秩序的国际努力”作为其施政的首要方针。这在战后历届内阁尚属首次。海部明确表示：“我们谋求的新国际秩序是：第一，保障和平与安全；第二，尊重自由与民主主义；第三，在开放的市场经济下确保人类生活理想的环境；第四，必须争取以对话协调为基础建立稳定的国际关系。”① 勾画出了日本谋求建立的国际新秩序的基本轮廓。1991 年 6 月，日本政府咨询机构“临时行政改革推进审议会”发表一份“中间报告”，题为《对外政策的基本理念（指导思想）与具体改革事项》，其中强调，日本外交应以日本宪法前言中“自由与民主主义”、“和平主义”与“国际协调主义”等项原则为基础，作出以下努力：第一，为实现国际和平作贡献；第二，积极参与国际社会秩序

① 《读卖新闻》（日本）1990 年 3 月 2 日晚刊。

的形成与运作；第三，为巩固市场经济作贡献；第四，支援各国旨在民主化的改革努力和积极配合人权问题；第五，为解决地球环境问题、人口问题等人类共同面临的问题作贡献；第六，为人类共同财产——科学技术的发展作贡献。而政府开发援助则是表现国家意志的“最有效的手段”。① 这是对海部关于国际新秩序目标的补充，显示了20世纪90年代日本“新秩序外交”的基本方向。

宫泽喜一，尽管是自民党内护宪鸽派的代表人物，却在其首相任内做出了一个“创举”，在相当程度上影响甚至改变了日本和东亚的政治路线图：受海湾战争的刺激，出台了海外派兵法（联合国维和法，即PKO法案），战后首次把自卫队派到了柬埔寨，从而确立了后冷战时代日本国家战略的调整方向。

细川护熙，对内政治上实行民主主义，经济上实行市场主义；对外支持联合国的活动，重视亚洲，发展日美关系，谋求两国经济一体化。

羽天孜认为，日本绝对不会再成为军事大国，不过有可能会成为政治大国。提到政治大国（它和军事大国不同的地方在于不使用武力解决问题），比如说在伊拉克问题上，不能使用武力，而应该通过互相对话来解决问题，这是最重要的。对于中国来说，也是一样的。羽田说，他认为当然是多极世界。人类社会发展到今天，已经进入了信息时代，信息时代的突出特点，就是信息发出点的多元化和信息接受的平等化，因此不可能出现由一个国家，哪怕是像美国那样的超级强国，来控制和独占全部信息的情况。在21世纪，至少日本、中国和欧洲联盟可以构成多极世界中的几个“极”，而相对于“一极世界”而言，构成世界范围内的“极”的数量越多，世界的和平与稳定就越有保障，世界的经济发展也就越具有理性，世界的民主趋势也就越不可逆转。而在这些“极”当中，日本与中国的地位和作用将会日益凸显出来。日本与中国是多极世界中的两极。

村山富市政府在对外政策方面主张开展有日本特色的和平外交，强调国际关系中的“对话与协调”。其坚持《日美安全保障条约》，承认自卫队合法，力主日本在非军事领域内为国际社会作出贡献。在日本成为联合国安全

① 《读卖新闻》（日本）1991年6月18日，《东京新闻》（日本）1991年6月25日。

理事会常任理事国问题上，主张“应在亚洲国家所普遍支持中自然求得解决”，同时强调“重视亚洲”的外交。

桥本龙太郎政府在政治思想上坚持自民党现实主义的保守政治路线，对内致力于振兴和发展日本经济。在外交方面，桥本沿袭日本的既定路线和国策，开展“自立”外交。桥本重视提高日本的国际地位，发挥日本在国际社会中的作用，明确提出要使日本成为“为世界稳定与发展发挥主导作用”的国家。他主张日本要积极争取成为安理会常任理事国，派自卫队参加联合国维和行动，在联合国这个大舞台发挥“负责任的国际作用”。桥本一直强调要加强日美同盟关系，并实现了日美同盟的重新定义，通过了日美安保新指针和《周边事态法》。但桥本同时重视与亚洲国家发展关系，重视中日关系，曾数次访华。桥本还在国会内发表演讲称，“全世界正在把关注的目光从日本投向中国，中国是不可忽视的存在。”

日本首相小渊惠三在参议院决算委员会会议上表示，日本坚持“不开发、不拥有、不引进核武器”的“无核三原则”和继续推行谋求政治大国的外交政策。

日本首相森喜朗在日本临时国会上所作的施政演说中，提出要建立“21世纪的日本外交”。为了迎接更加和平、持续繁荣的21世纪，日本必须以国际社会主要一员的觉悟去构想、去发言、去行动。他认为，日本要注视21世纪的国际社会，设定全球的坐标轴，以先见性和战略性积极而创造性地展开外交，使日本成为世界各国信赖的国家。日本要为与中国的面向21世纪的友好合作伙伴关系的进一步发展而努力。日美关系是日本外交的基轴，而且越来越重要。日本将在与普京总统建立的信赖关系基础上，继续为缔结和平条约而竭尽全力。朝鲜半岛的形势在南北首脑会谈后继续出现向前发展的动向，日本政府将与美韩两国紧密携手，为东北亚新时代的到来而倾注全力。

2001年4月18日，小泉纯一郎在竞选自民党总裁时曾许诺说：“如果当上首相，不管遭到任何批判，都一定要参拜靖国神社。”之后，他分别于2001年8月13日、2002年4月21日、2003年1月14日、2004年1月1日、2005年10月17日、2006年8月15日六次参拜靖国神社，一再伤害曾遭到日本军国主义铁蹄践踏的亚洲各国人民的感情，破坏国际秩序。小泉纯一郎政府继续加强日美同盟，在北方领土问题上进行没有期限的外交谈判，拼命冲击联合国常任理事国地位，把日本的防卫战略由“国内有事”扩展为“周边有事”，让日本的自卫队堂而皇之地以联合国“维持和平部队”的名义大批、频繁地走出国门等。

安倍晋三任首相后，迅速出访中、韩两国，并与中国领导人就建立“战略互惠关系”达成了共识。他一方面谋求与中国改善关系；另一方面却坚持强硬保守路线，继续强化在很大程度上具有“剑指”中国性质的日美军事同盟，大搞“价值观外交”,[①] 妄图建立排除中国的“大亚洲”。安倍晋三在2007年8月22日访问印度时，不仅给印度大批贷款，而且在印度国会公开呼吁建立由民主制国家组成的“大亚洲”伙伴关系，并说“这一伙伴关系是一种联盟，我们拥有共同的根本价值观如自由、民主和对基本人权的尊重以及战略利益”。他表示：“如果日本和印度以这种方法联合起来，这个‘大亚洲’将逐渐演变成一张覆盖整个太平洋地区的大网，把美国和澳大利亚也包括在内。”就是没有提及中国。[②]

概括起来说，日本主张的国际政治新秩序，主要包括：不赞成美国的单级独霸战略，主张建立一个以西方价值观为基础，美、日、欧起主导作用的多极世界，谋求日本在国际新秩序中的政治大国地位，争做亚洲“主导性一国”，争当西方在政治上的“平等一员”；强调经济、技术力量对形成国际新秩序的决定作用；把资产阶级的自由、民主、“资本主义式的市场经济”作为国际新秩序的重要目标；主张联合国应发挥更大作用，但必须让日本成为安理会常任理事国之一；快速推进日本的军事实力和对周边、国际事务的影响力，积极参与美国的地区导弹防御系统，积极支持美国的反恐战略，极度热心联合国的维持和平行动等。日本的国际新秩序构想和行动，实质是让富国主宰世界，用西方的价值观统治世界，以自己的实力和行动“主导”亚洲乃至世界。日本的国际新秩序的构想提出和实施后，在周边国家中基本没有市场，在世界上响应者也很少。

---

① 《参考消息》2007年8月26日，第3版。

② 《参考消息》2007年8月23日，第1版。

（二）欧盟联合图强

西欧国家众多，想在当今世界掌握话语权的国家不止一两个。欧盟建立国际新秩序的主张表现在：主要方式是推进欧洲联盟的经济、政治、科技、安全一体化；核心内容是反对美国独霸天下，抢夺苏联、东欧剧变后的战略成果和争当世界集体一极；以欧安会的《新欧洲巴黎宪章》和欧共体的《马斯特里赫特条约》为指导建立欧洲新秩序，并以其作为样板向全世界推广，建立起国际新秩序，西欧在其中变成平衡或支配的力量；全力推进欧洲联盟的东扩，与美国一起大搞“颜色革命”，挤压俄罗斯的战略空间；尽力打击恐怖主义，维护西欧的和平、安全和在亚非拉的既得利益。其实质是西方价值输出论，西方制度扩张论，资本主义经济决定论，大欧洲联合图强争极论。这些主张和行动在广大发展中国家中反应淡漠，美国、俄罗斯在很多方面也不赞成。

三、俄罗斯设计的国际政治新秩序

（一）叶利钦、普京的设计

1991年底俄罗斯从苏联分离出来，重新立国。当时它面临着与美、欧、日相比更加严峻而复杂的国内外环境，因此确立它的国际政治新秩序论很难，并且经过多次调整。

叶利钦成为新立国的俄罗斯总统后，内外交困。国内经济糟糕，政治反对派公开“叫劲”，分离主义猖獗；独联体各国争权夺利，原东欧地区的国家动荡不休；西方国家对苏联解体弹冠相庆的同时，口头承诺的大量援助不能兑现，还给俄罗斯“尽出坏点子”（如“休克疗法”），外交上对俄罗斯实施挤压和渗透。但俄罗斯重新立国后有两个方面不容忽视：资本主义制度的恢复，“隔代”承继了沙皇俄国的众多“遗产”和实行了现今西方的“三权分立”、“多党制”；直接继承了原苏联的仍为世界第一的幅员辽阔的国土（1710万平方公里）和联合国常任理事国的地位。立国之初，叶利钦制定的俄罗斯内外战略和国际新秩序设想，总体是围绕求稳定、盼和平，寄托与西方的蜜月外交来实现自己的政治抱负。应该说，叶利钦最初对欧美是忠诚的。他以欧美宪法为典范，以西方观念为原则，[①] 以俄罗斯的一往情深和热情全身心地扑向西方的怀抱。然而，西方回报叶利钦的却是淡漠、甚至冰凉的“屁股”，西方掩饰着历史蔑视、排斥、恐惧、遏制流露出来的冷淡、计较，盘算促使叶利钦为代表的俄罗斯政治家在外交上的听话、成熟，甚至流露要对俄罗斯的军事和民用核潜力实行“直接国际控制”。[②] 这种结果，使叶利钦大受刺激，加之他的总统地位逐步巩固和国内政局的好转，独联体与原东欧地区情况对俄罗斯不妙，而东方特别是中国“风景这边独好”，使叶利钦逐步调整、确立了俄罗斯外交战略与国际新秩序主张：20 世纪末的国际关系发生了冷战结束、两极体制消逝、多极化发展的深刻变化，建立国际政治经济新秩序成为时代的迫切要求和历史发展的必然。其目标是：世界的和平稳定、公正合理，反对美国的单极独霸，赞成世界的多极化发展；主张确立新的具有普遍意义的安全观，认为必须摒弃“冷战思维”，反对集团政治，必须以和平方式解决国家之间的分歧或争端，不诉诸武力或以武力相威胁，以对话协商促进建立相互了解和信任，通过双边、多边协调合作寻求和平与安全；淡化全人类价值观，把俄罗斯国家利益放在首位，纠正单方面让步外交，实行大国复兴战略，使俄罗斯外交“永远符合俄罗斯的大国地位”，发挥世界突出政治一极的作用；把对西方的“一边倒”，先是改为“双头鹰”，后确立为“全方位”外交政策，围绕维护俄罗斯国家利益、特别是俄罗斯大国复兴这一核心目标，与世界各主要力量建立平等、务实的伙伴关系；外交的重点依次为独联体、西方发达国家（特别是美国）、亚太地区（特别是中国）；外交的优先方向是为国内经济转轨、政局稳定创造国际有利

---

① 在苏联历史上曾经制定过四部宪法：1918 年《俄罗斯社会主义联邦苏维埃共和国宪法》，随后各加盟共和国相继通过了自己的宪法；1924 年《苏维埃社会主义共和国联盟宪法》以及各加盟共和国自己的宪法。1936 年苏联宪法；1977 年苏联宪法。作为苏联的加盟共和国，俄罗斯曾经于 1925 年、1937 年、1978 年通过了自己的宪法。苏联解体后，1993 年 12 月 12 日俄罗斯通过并实施了反映新社会制度的新宪法：继承和效法西方国家的宪法，突出强调了保障人的公民权利和自由；以“俄罗斯联邦即俄罗斯是民主的联邦的法制国家。这个国家采取共和国的管理形式”取代以往以工人阶级为主导力量的社会主义全民国家的提法；以“私有制受到法律保护”取代生产资料公有制；以“三权分立”原则取代过去“议行合一”制度；实行多党制。

② 《军方高级官员指责西方欺骗俄罗斯》，英国《独立报》1992 年 8 月 1 日。

条件，积极参与多边国际政治、经济和安全机制，在联合国等国际组织以及其他重要国际事务中努力发挥应有的作用；[①] 强烈反对北约东扩，反对北约轰炸南斯拉夫，反对美国避开联合国大搞单边主义。

20 世纪的最后一天，叶利钦出人意料地自动退出了政治舞台。[②] 他实现了自己 1993 年的诺言："我确实想创造一个政治家正常地、文明地、平静地离开政治生活的先例。"不过，他不可能根除"在俄罗斯，从来没有谁是自动放弃权利的"现象。[③] 随着叶利钦总统生涯的结束，他的政治冒险和探索，包括外交的努力和挫折，不同程度地成为继承者普京总统的参数。出手不凡的普京总统，在他的两届任期内，"对叶利钦的外交是良性的继承、巧妙的修正和大胆的突破。叶利钦最终在竞选总统的模式中实现了指定接班人的万全安排，推出一个政治上不亚于自己、在其他方面比自己更强的强手"。[④] 普京的国际新秩序主张与俄罗斯外交战略包括以下几方面：

对 21 世纪国际秩序态势、走向作出了新概括。其认为：当今世界正经历历史性的变革；和平与发展仍是时代主题；世界多极化和经济全球化作为当前人类发展阶段的重要趋势，其发展进程存在不平衡和矛盾的现象；国家

---

① 主要依据江泽民与叶利钦 1997 年 4 月 23 日在莫斯科共同签署的《中俄关于世界多极化和建立国际新秩序的联合声明》，《人民日报》1997 年 4 月 24 日。林军：《俄罗斯外交史稿》，世界知识出版社，2002 年版，第 455—517 页。

② 叶利钦辞职的决定曾使他的心腹们愕然失措，使他的亲人悲喜交加。不过，叶利钦自动辞职对于两个人不意外：叶利钦和普京。俄罗斯重要报纸《共青团真理报》的报道和《普京访谈录》中都认为叶利钦向他物色的接班人普京首次提出这一想法是在 2000 年 12 月 14 日。普京没有思想准备，并托词婉绝。叶利钦现身说法说服普京表态并最终使后者同意接受了他的建议。在此基础上，叶利钦为自己的辞职和普京的代总统上任作了精心安排。据叶利钦在《总统马拉松》中的回忆，他的决定比这更早些，1999 年 8 月初，叶利钦就劝说过普京担任总理职务，普京最终按照军人方式表示"安排到哪里，就在哪里工作"之后，叶利钦追问道："包括担任最高职务？"普京答称："不知道，鲍利斯·尼古拉耶维奇。我没有准备。"叶利钦补充说："考虑一下，我相信您。"其实，按照叶利钦自己的说法，他在罢免了普里马科夫之后，开始意识到普京将忠实地支持他。

③ 叶利钦：《总统笔记》，东方出版社，1995 年版，第 368 页。

④ 林军：《俄罗斯外交史稿》，世界知识出版社，2002 年版，第 517 页。《中华人民共和国和俄罗斯联邦关于 21 世纪国际秩序的联合声明》，《人民日报》2005 年 7 月 2 日。

间的相互依存关系大大加强；21世纪人类面临的中心任务是维护全人类和平、稳定和安全，在平等、维护主权、互相尊重、互利和确保子孙后代发展前景条件下实现全面协调发展；人类拥有共同实现上述目标的机遇，也面临国际恐怖主义、大规模杀伤性武器扩散、贫富差距、环境恶化、传染病、有组织跨国犯罪、贩毒等诸多全球性挑战；建立国际新秩序的过程将是复杂而漫长的。

对建立国际政治新秩序的准则、途径提出了新建议。其认为：只有以公认的国际法原则和准则为基础，在公正、合理的世界秩序下，才能解决人类面临的问题；世界各国应严格遵守互相尊重主权和领土完整、互不侵犯、互不干涉内政、平等互利、和平共处的原则；应充分保障各国根据本国国情选择发展道路的权利、平等参与国际事务的权利和平等发展的权利；必须和平解决分歧与争端，不采取单边行动，不采取强迫政策，不以武力威胁或使用武力；各国的事情应由各国人民自主决定，世界上的事情应以多边集体为基础通过对话和协商决定；国际社会应彻底摒弃对抗和结盟的思维，不寻求对国际事务的垄断和主导权，不将国家划分为领导型和从属型。

为优化国际环境的机制、架构增添了新内容。其认为：联合国是世界上最具普遍性、代表性和权威性的国际组织，其地位和作用不可替代；联合国应在国际事务中发挥主导作用，成为制定和执行国际法基本准则的核心；区域一体化是当前国际形势发展的重要特征；建立在地区开放、平等合作和不针对其他国家基础上的多边区域组织在国际新秩序形成过程中发挥着积极作用；呼吁国际社会共同努力，建立互信、互利、平等、协作的新型安全架构；呼吁和平利用外空，防止外空武器化和军备竞赛，为此应制定相关的国际法律文件；面对新威胁和新挑战，必须进一步采取有效措施，防止大规模杀伤性武器及其运载工具以及相关材料的扩散；应在国际法框架内，通过政治、外交和国际合作解决扩散问题；促进落实以《联合国宪章》和其他相关国际法准则为基础，在联合国主导下，建立应对新威胁和挑战的全球系统的倡议；应在新的安全架构内，加强国际合作、共同探索切断恐怖主义资金来源和社会根基的途径，根除恐怖主义和极端主义思想，即暴力、种族、民族和宗教仇恨等思潮；在此问题上不应采用双重标准；国际社会所有成员应坚决谴责恐怖分子和恐怖组织对人权的粗暴侵犯；必须防止恐怖主义组织获取、使用大规模杀伤性武器及其运载工具。[①]

对俄罗斯的国际地位、外交应对进行了新调整。其认为：俄罗斯是地跨欧亚的“欧洲国家”，却也在朝着更加独立的“欧亚国家”缓慢过渡；是“世界大国”却孕育着对“世界强国”的追求；是高举“自由民主旗帜”的国家却又不被西方认可；想进入“发达国家”行列，因种种原因只能被列入中等收入和“较发达国家”的行列；是联合国安理会常任理事国，但地缘环境和国际影响受到挤压。这些国际定位，反映了俄对自身实力和潜力的客观判断，是一种留有伸展余地的战略选择和内敛，也是俄现实条件和地位的真实写照。俄罗斯未来不会收缩为一个“地区大国”，要守住“世界大国”的实质地位，并朝着“世界强国”的目标迈进。在外交上，进行了以下四方面的调整：第一，举“民主自由”旗子，崇尚西方，尊重东方，走适合自己的路，是俄对外政策和策略的基本趋向之一。第二，适应经济全球化、区域化大潮，寻找立足点。普京呼吁，为了在全球竞争条件下立足，俄必须比别的国家发展更快，要在增长的速度、商品和服务质量，以及教育、科技和文化水平方面都要超过别人，这关系到俄经济的生死存亡，关系到在迅速变化的国际条件下俄罗斯的国际地位。第三，突出战略重点，保持东、西、南三大方向相对平衡，即主要在东西方之间寻求平衡与协调，同时注意对俄南部周边地区施加重要影响力，利用与独联体国家的特殊关系和合作机制优势，平衡和协调与东、西、南三方其他国家间的关系，从中取得最大利益和好处。第四，在战略收缩与适度进攻中求发展。不把独联体其他国家视为与西方对抗的“战略缓冲带”，而视其为“战略合作带”；把俄罗斯南部“恐怖高发带”变成“友好合作带”；肯定俄与欧盟及北约间的合作成果，但指出“俄与北约发展关系时必须考虑到北约成员国内部关于北约发展模式和前景的争论尚未结束，北约的地理性扩大缺乏合理的依据”。[②] 这表明俄对北约力争化较量为合作的意愿。2003 年伊拉克战争开始，俄罗斯对西方的态度趋于

① 林军：《俄罗斯外交史稿》，世界知识出版社，2002 年版，第 517 页。《中华人民共和国和俄罗斯联邦关于 21 世纪国际秩序的联合声明》，《人民日报》2005 年 7 月 2 日。

② Путин В. В. Выступление на заседании Совета Безопасностн. 28 января 2005 года. http://www.kremlin.ru/appears/2005/01/28/2125－type63378－83182.shtml.

强硬：反对伊拉克战争；在俄罗斯最大私人能源企业尤科斯问题的处理上，坚决不理会西方的呼吁，把涉嫌经济犯罪的董事长霍特尔科夫斯基打入监狱；2007年，俄将先进的核打击力量公开亮相，宣布战略轰炸机与航空母舰重新巡航、游弋。俄的强硬态度以及与美欧的抗衡，与普京许诺兑现“军事现代化”有关，[①] 是为了反击美欧对俄的咄咄相逼。但“别以为美俄在死磕”，[②] 他们不会走向老路。普京在慕尼黑讲话中痛快淋漓地表达了对美国在东欧部署反导体系的不满和愤怒，之后不久，在八国峰会上他又出其不意地提出了愿意和美国合作，共同使用阿塞拜疆战略基地的建议，令对手跌破眼镜。俄罗斯目前的力量无法同美国全面抗衡，但是它选择了一个正确的时间为切入点（小布什政府在伊拉克问题上焦头烂额），拉开同美国正式较量的架势，美国拿它也没有办法，俄罗斯反而赢得了敢作敢为的大国名声，俄罗斯迫切需要这种声望，以确保它的战略利益特别是战略空间和能源利益不会受到美国的侵犯，这正是普京的过人之处。[③] 上述四个调整正是普京上台时确定的“内部目标高于外部目标”、坚定性与灵活性相结合、外交活动的“经济性”外交三原则的细化与扩展。

（二）扮演好“世界大国”的角色

概括俄罗斯的国际政治新秩序主张，主要有八点内容：第一，反对单极独霸，赞赏多极格局。摒弃“超级大国”的冲动，安心扮演好“世界大国”的角色，同时争取“世界强国”地位，即“当代世界有影响的力量中心之一”的地位。[④] 正如普京所说：“即使就所处位置和面积大小来说，俄罗斯也是一个全球性大国。”[⑤] 第二，选择资本主义制度，举“民主自由”旗子，崇尚西方，尊重东方，走适合自己的路，以此影响世界。第三，以经济复兴

① 2002年，普京总统在国情咨文中提出三大任务：经济翻番，消除贫困，实现军队现代化。

② 陆钢：《美俄若搞冷战，对中国没有好处》，《环球时报》2007年8月30日。

③ 陆钢：《美俄若搞冷战，对中国没有好处》，《环球时报》2007年8月30日。

④ КОНЦЕПЦИЯ ВНЕШНЕЙ ПОЛИТИКИ РОССИЙСКОЙ ФЕДЕРАЦИИ. http://www.scrf.gov.ru/Documents/Decree/2000/24－1.html.

⑤ 《答〈华尔街日报〉记者问》，《普京文集》，中国社会科学出版社，2002年版，第584页。

为中心，以国家稳定为大局，以军事现代化为目标，奉行全方位外交政策，提升综合国力，以此优化国际秩序。第四，赞成以公认的国际法、《联合国宪章》、《和平共处五项原则》为基础建立公平合理的国际新秩序，处理复杂多变的国际事务、国家关系，建立新型的安全架构，推进世界的和平与发展事业，但均要以维护俄罗斯的国家利益为根本。第五，平衡和协调与东、西、南三方其他国家间的关系，从中取得最大利益和好处。重视与独联体、欧盟、美国、中国、印度等国的协作、合作，但从不淡化软硬兼施手段的运用。第六，通过各种途径，采取各种方式对付恐怖主义、极端主义、分离主义、“颜色革命”，维护国内稳定和周边安全，并以此为良机巩固、扩展其全球利益。第七，提升俄罗斯在联合国等国际组织中的地位与作用，为俄罗斯国家利益服务。第八，利用高科技优势与美国等争夺宇宙空间和北极权益。

第三节 南方国家倡导的国际政治新秩序

一、从普雷维什命题到本·阿里的认识

发展中国家是最早在世界上提出建立国际新秩序的。

二战后，最早提出打破国际旧秩序、建立国际新秩序思想的是阿根廷的经济学家劳尔·普雷维什。他认为，世界经济旧秩序是由发达资本主义这个“中心”和发展中国家这个“外围”构成的。“中心”剥削“外围”，是造成发展中国家贫困、落后的总根源。使“中心”与“外围”相互平等是当务之急，如订立国际协定以稳定初级产品价格、发达国家向发展中国家开放市场、对发展中国家实行单方面关税优惠等。1949 年该理论公之于世后，在世界上引起较大影响，被誉为“普雷维什命题”。该命题虽没提出建立国际新秩序的概念，但思想内容已很明确、具体。

1964 年，七十七国集团在日内瓦召开的联合国第一届贸易和发展会议上，首先提出了在全世界范围内建立国际经济新秩序的目标。同年 10 月，第二次不结盟国家首脑会议通过的宣言指出：“所有国家都有责任为迅速建

立一种新的和公正的经济秩序贡献力量。”1973 年，第四次不结盟国家首脑会议所通过的《经济宣言》，第一次提出“国际经济新秩序”这个概念。1974 年，联合国第六届特别会议在七十七国集团推动下，由其起草并通过了《关于建立国际经济新秩序的宣言》、《行动纲领》和《各国经济权利与义务宪章》等，形成了指导发展中国家进行建立国际经济新秩序斗争的共同纲领。

这个共同纲领，包括三项内容：第一，改变发展中国家同发达国家在不平等基础上形成的旧的国际分工，建立公正合理的国际分工，改变世界经济中的生产、消费和贸易格局；第二，保证发展中国家对其资源的开发实行有效的控制，根据主权原则限制和监督跨国公司的活动；第三，改变发展中国家在国际事务中的无权地位，为此必须改革现有的一些国际机构的体制和规章，使发展中国家能更充分地、有效地参与国际事务的决策过程。

20 世纪 70 年代末，七十七国集团又提出对世界经济体系，包括对生产、贸易、货币体系进行根本性结构改革的主张。要求发达国家把劳动密集型工业转移到发展中国家，发展中国家可利用先进国家的技术和工艺，建立原料和燃料的“下游工业”，根本改变发展中国家单纯生产和出口初级产品的格局。

可见，在此以前，广大发展中国家由于面临的经济形势严峻，要求改变不合理的国际经济关系、建立合理公正的国际经济新秩序的呼声和主张占主导面。当然，其中也有建立国际政治新秩序的内容，但相比之下影响较小。

进入 20 世纪 80 年代，尤其是 90 年代以来，这种局面有较大改观。虽仍把建立国际经济新秩序作为主要的任务，但已注意加强建立国际政治新秩序的呼吁和两者的相互结合，如主张加强南南合作和通过南北对话改善发展中国家状况的提法就是明证。近年来，主张反对各种形式的霸权行为和强权政治，特别是反对一两个或少数几个大国控制世界事务，建立一个和平、公正、平等的国际政治新秩序的呼声日高。1991 年 1 月 25 日印度总统文卡塔拉曼在向全国发表的讲话中说：“发展中国家需要和平，因为它们正面临一项历史性任务——消除殖民主义痕迹，发展本国经济，因此建立一个新的国际秩序很有必要。它将是民主的、真正多边的、建立在公平与公正基础上的国际秩序。”1991 年 4 月 24 日，突尼斯总统本·阿里在接见新华社记者的谈话中也强调，新的国际秩序“只有建立在法律、正义和平等的基础上才能实现并产生效果”。

随着两极格局的结束，发展中国家要求建立公平、合理的国际新秩序的愿望更加强烈。在以后历届的联合国大会上，发展中国家不断阐述自己的观点和主张。它们表示：持久的国际新秩序只能通过我们的共同努力来产生，而不能靠一个超级大国发号施令；建立国际新秩序不只是一个国家的责任，而是不管南方或北方、东方或西方等各国的责任。发展中国家要求在主权国家平等的原则基础上，而不是大国主宰世界的实力地位基础上建立国际新秩序。

发展中国家所希望建立的国际新秩序的主要内容是：主张改变发展中国家同发达国家在不平等基础上形成的旧的国际分工，建立公正、合理的国际分工；改变世界经济中的生产、消费和贸易格局，保证发展中国家对其资源的开发实行有效的控制，并根据主权原则限制和监督跨国公司活动；主张加强南南合作，特别是推动区域一体化，积极参与南北合作，促使国际新秩序的建立；改变发展中国家在国际事务中的无权地位，使发展中国家能更充分、有效地参与国际事务的决策过程；主张加强联合国的作用，增加发展中国家在联合国安理会常任理事国的席位和在联合国的发言权；主张政治与经济新秩序协调推进。

二、中国倡导的国际政治新秩序

中国主张的国际新秩序，经历了毛泽东、邓小平、江泽民、胡锦涛四代领导集体的发展过程。中国的主张符合世界各国人民的根本利益，有利于世界的和平、稳定、进步和发展，尤其反映了广大发展中国家的核心要求和主张，所以世界舆论反响积极、强烈，得到了广泛的支持、赞同或理解。

（一）“中国主张”的形成与内容

1. 毛泽东思想的独具匠心的分析。

毛泽东对国际新秩序的概念虽然没有进行过明确的概括，但对战后国际秩序的特征、实质、走向等问题进行了独具匠心的分析。

关于战后国际秩序，毛泽东从不同的角度做过大量的分析。他在1960年5月27日同英国陆军元帅蒙哥马利的谈话中说："现在的局势我看不是热战破裂，也不是和平共处，而是第三种：冷战共处。"① "冷战共处"之说，不仅精练地指明了战后国际旧秩序的整体态势和运行机制，而且指出了战后国际旧秩序的实质是以反对共产主义的强权政治、霸权主义为支撑的冷战战略在其中作祟。"不是热战破裂，也不是和平共处"，而是"冷战共处"之说，可以理解为"冷战共处"是国际旧秩序，"和平共处"是国际新秩序；国际旧秩序仍然猖獗，国际新秩序方兴未艾，破旧立新的任务艰巨。但毛泽东并没有为此感到悲观失望，他说：冷战有好的一面，也有坏的一面。坏的一面是它可能转化为热战，好的一面是有可能转为和平共处，所以我们要有两个方面的准备，向好的方面做转化工作，美国制造紧张局势，就制造出更多反对它的人，使这些国家反对美帝国主义。这正在动摇整个资本主义世界的基础。②

2. 邓小平理论的一整套新方案。

邓小平继承发展了毛泽东关于该问题的思想，根据国际形势的新变化，提出了具有中国特色的建立国际新秩序的一整套主张。

1988年12月21日，邓小平在会见印度总理拉吉夫·甘地时，全面提出了以"和平共处五项原则"为准则，建立国际新秩序的问题。他说："世界总的局势在变，各国都在考虑相应的新政策，建立新的国际秩序。霸权主义、集团政治或条约组织是行不通了，那么应当用什么原则来指导新的国际关系呢？最近，我同一些外国领导人都谈到了这个问题。世界上现在有两件事要同时做，一个是建立国际政治新秩序，一个是建立国际经济新秩序。关于国际经济新秩序，早在1974年我在联合国发言时，就用了很长时间讲这个问题。③ 这个问题我们一直在提，今后也还要提。关于国际政治新秩序，

---

① 毛泽东：《同蒙哥马利元帅谈国际局势》（1960年5月27日），《毛泽东外交文选》，世界知识出版社、中央文献出版社，1995年版，第421—422页。

② 毛泽东：《同蒙哥马利元帅谈国际局势》（1960年5月27日），《毛泽东外交文选》，世界知识出版社、中央文献出版社，1995年版，第421—422页。

③ 时任中国代表团团长邓小平副总理在联合国大会关于原料和发展问题的特别会议上的发言。全文刊登于《人民日报》1974年4月11日。

我认为，中印两国共同倡导的和平共处五项原则是最经得住考验的。这些原则的创造者是周恩来总理和尼赫鲁总理。这五项原则非常明确，干净利落，清清楚楚。我们应当用和平共处五项原则作为指导国际关系的准则。我们向国际社会推荐这些原则来指导国际关系。”① 拉吉夫·甘地赞同邓小平的建议，中印两国当时发表的《联合新闻公报》称：“双方强调，经过历史检验最具有生命力的是由中印两国共同倡导的互相尊重主权和领土完整、互不侵犯、互不干涉内政、平等互利、和平共处五项原则，是搞好国与国关系的基本指导原则，也是建立国际政治新秩序和国际经济新秩序的基本指导原则。”②

邓小平不仅认为和平共处五项原则是建立国际新秩序的最好原则，而且认为该原则是建立国际新秩序和处理国与国之间关系的“最好方式”。他指出，其他方式，如“大家庭”方式、“集团政治”方式、“势力范围”方式，都会带来矛盾，激化国际局势。东欧剧变、苏联动荡后，他更强调，现在确实需要以和平共处五项原则作为新的国际政治、经济秩序的准则，并主张要反复讲，要有所作为，要“积极推动”。③

实践证明，邓小平提出的关于以和平共处五项原则为基础建立国际政治经济新秩序，国际经济新秩序与国际政治新秩序要相互结合、同时推进，要有所作为等一整套主张，是理论上的重要创新，具有强大的生命力，受到世界的普遍赞誉或支持。

3.“三个代表”重要思想的新主张。

江泽民对建立国际政治经济新秩序的问题，始终给予高度的关注，依据毛泽东、邓小平的一系列论断，他提出了许多新主张，进一步丰富发展了毛泽东思想、邓小平理论。

（1）根据历史经验和现实状况提出了建立国际政治经济新秩序的新要求与新目标。

---

① 邓小平：《以和平共处五项原则为准则建立国际新秩序》（1988年12月21日），《邓小平文选》第3卷，人民出版社，1993年版，第282—283页。

② 《人民日报》1998年12月24日。

③ 邓小平：《善于利用时机解决发展问题》（1990年12月24日），《邓小平文选》第3卷，人民出版社，1993年版，第363页。

江泽民提出，建立国际政治经济新秩序，要从当今世界的实际情况出发，反映世界各国人民的普遍愿望和共同利益，体现历史发展和时代进步的要求。[①] 应该保障各国享有主权平等和内政不受干涉的权利，保障各国享有平等参与国际事务的权利，保障各国享有平等的发展权利，保障各个民族和各种文明共同发展的权利。[②] 各国政治上应相互尊重，共同协商，而不应把自己的意志强加于人；经济上应相互促进，共同发展，而不应造成贫富悬殊；文化上应相互借鉴，共同繁荣，而不应排斥其他民族的文化；安全上应相互信任，共同维护，树立互信、互利、平等和协作的新安全观，通过对话和合作解决争端，而不应诉诸武力或以武力相威胁。[③] 江泽民指出，我们主张在和平共处五项原则的基础上，"建立和平、稳定、公正、合理的国际新秩序"。[④]

江泽民这些精辟系统的阐述，进一步充实了邓小平关于国际新秩序的主张。除了政治新秩序外，还包括安全以及文化领域中的新秩序，第一次提出了和平、稳定、公正、合理的新目标。

（2）针对冷战后国际秩序的新特点、新走向，具体提出了建立国际政治经济新秩序的新内容与新方针。

建立国际政治新秩序的主要内容有六点：第一，各国应互相尊重国家主权，平等相待，求同存异，友好合作，和睦相处；第二，任何国家都不应谋求霸权，操纵国际事务，不得推行弱肉强食的强权政治；第三，各国不分大小、强弱、贫富，都应当作为国际社会的平等成员，参与国际事务的讨论和解决；第四，各国有权根据各自的国情独立自主地选择本国的社会、政治、经济制度和发展道路，任何国家尤其是大国不应把自己的意识形态、价值观

① 《江泽民论有中国特色社会主义（专题摘要）》，中央文献出版社，2002 年版，第 541 页。

② 《江泽民论有中国特色社会主义（专题摘要）》，中央文献出版社，2002 年版，第 543—544 页。

③ 江泽民：《全面建设小康社会，开创中国特色社会主义事业新局面》（2002 年 11 月 8 日），《江泽民文选》第 3 卷，人民出版社，2006 年版，第 566—567 页。

④ 江泽民：《加快改革开放和现代化建设步伐，夺取有中国特色社会主义事业的更大胜利》（1992 年 10 月 12 日），《江泽民文选》第 1 卷，人民出版社，2006 年版，第 243 页。

念和发展模式强加于别国；第五，互相尊重国家领土完整和不可侵犯的原则，任何国家不得以任何借口侵犯或吞并他国领土；第六，国家之间发生争端应当通过和平方式合理解决，在国际关系中不得使用武力或以武力相威胁。

建立国际经济新秩序的主要内容有五点：第一，各国有权选择符合本国国情的社会制度、经济模式和发展道路；第二，各国有权对本国资源及其开发实行有效控制；第三，各国都有权参与处理国际经济事务；第四，发达国家应尊重和照顾发展中国家的利益和需要，在提供援助时不应附加任何政治条件；第五，加强南北对话和合作，在商品、贸易、资金、债务、货币、金融等重要国际经济领域作出必要的调整和改革。[①]

（3）面对21世纪新的国际形势和旧的安全观盛行，提出了推动建立国际政治经济新秩序的新安全观和新途径。

江泽民指出，历史告诉我们，以军事联盟为基础，以加强军备为手段的旧安全观，无助于保障国际安全，更不能营造世界的持久和平。这就要求必须建立适应时代需要的新安全观，并积极探索维护和平与安全的新途径。

新安全观的核心，应该是互信、互利、平等、协作。和平共处五项原则以及其他公认的国际关系准则，是维护和平的政治基础；互利合作、共同繁荣，是维护和平的经济保障；平等对话、协商和谈判，是解决争端、维护和平的正确途径。[②] 各国的安全是相互依存的，再强大的国家，离开国际合作也难以有真正的安全。裁军的目的在于增进安全，而安全必须是各国的普遍安全。裁军不应成为强国控制弱国的工具，更不应成为少数国家优化军备，进而谋求单方面安全优势的手段。只裁别人的不裁自己的，边裁边扩，甚至为了所谓自身安全而牺牲他国安全；或者只要求别国严格履约，自己却将国内法凌驾于国际法之上为所欲为，这种搞双重标准的做法是对国际裁军努力

---

① 时任外长钱其琛在第46届联合国大会上的发言：《建立和平稳定公正合理的国际新秩序》，《人民日报》1991年9月26日。

② 江泽民：《建立适应时代需要的新安全观》（1999年3月26日），《江泽民文选》第2卷，人民出版社，2006年版，第313页。

的嘲弄，有悖于裁军的根本宗旨和目标。[①]

（4）针对当今霸权主义、恐怖主义的猖獗，提出了破旧立新国际秩序的新方略与新思路。

“反对霸权主义和强权政治，维护世界和平，促进人类进步”，是中国外交的一些立场和政策。[②] 江泽民至少从三个方面提出了新思路：第一，任何国家都不能以任何借口干涉他国内政，更不能持强凌弱，侵略、欺负和颠覆别的国家；第二，中国始终是反对霸权主义、维护世界和平与地区稳定的坚定力量；第三，中国反对霸权主义，也反对一切形式的恐怖主义。

反对恐怖主义是江泽民全新的思想。恐怖主义由来已久，冷战结束后呈上升趋势，“9·11”事件发生后引起了世界的广泛关注。中共十六大报告专门就此阐述了我们的立场和主张：第一，中国反对一切形式的恐怖主义。既反对国际恐怖主义，也要反对国家恐怖主义；既反对针对美国和发达国家的恐怖主义，也要反对针对其他国家的恐怖主义；既反对针对军事、安全目标的恐怖主义，更要反对针对平民的恐怖主义；既反对恐怖袭击，也反对用恐怖袭击进行报复和伤及无辜平民。第二，要加强国际合作。恐怖主义往往是跨国犯罪，涉及的范围十分广泛，决定了打击恐怖主义必须加强国际合作。对待恐怖主义问题不能搞双重标准，必须有正确共同的认识，才有可能有效合作。第三，标本兼治，防范和打击相互结合。加强防范是基础，打击是重要手段。防范的有效途径是进行合作，合作可采取交流情报、信息共享、相互支持、联合行动等方式。打击要狠、准、稳，不能为了自身的利益胡乱打击。只有把防范和打击相互结合起来，才能最大限度地减少恐怖分子的可乘之机。第四，恐怖主义有违历史潮流，它是人类的公害，是当今世界不安定的现实原因。维护世界和平、建立国际新秩序必须反对恐怖主义。恐怖主义不是制约霸权主义的力量和因素，反而会为强权政治和霸权主义横行霸道提供借口和可乘之机。恐怖主义产生的原因十分复杂，有对强权政治和霸权主义不满的因素，有极端民族主义和宗教极端势力情绪的反映，有因南北差距

---

① 江泽民：《建立适应时代需要的新安全观》（1999 年 3 月 26 日），《江泽民文选》第 2 卷，人民出版社，2006 年版，第 313—314 页。

② 《中国共产党章程》（2002 年 11 月 14 日通过），《中国共产党第十六次全国代表大会文件汇编》，人民出版社，2002 年版，第 63 页。

扩大、贫困国家和地区社会动荡引发的矛盾冲突所致，又有冷战后突出的民族、宗教、领土矛盾和冲突得不到解决的原因等。恐怖主义要打击，但要制止恐怖主义的猖獗，必须努力消除上述产生恐怖主义的一系列根源。

4. 科学发展观的新构思。

以胡锦涛为首的中国第四代领导集体，根据国内外形势的新变化，对中国的国际新秩序建议又增添了新的内容。

（1）倡导坚持多边主义，实现共同安全。胡锦涛说，和平是人类社会实现发展目标的根本前提。没有和平，不仅新的建设无以推进，而且以往的发展成果也会因战乱而毁灭。无论对于小国弱国还是大国强国，战争和冲突都是灾难。因此，各国应该携起手来，共同应对全球安全威胁。我们要摒弃冷战思维，树立互信、互利、平等、协作的新安全观，建立公平、有效的集体安全机制，共同防止冲突和战争，维护世界和平与安全。

联合国作为集体安全机制的核心，在保障全球安全的国际合作中发挥着不可替代的作用。其作用只能加强，不能削弱。《联合国宪章》确定的宗旨和原则，对维护世界和平与安全发挥着举足轻重的作用，已经成为公认的国际关系基本准则，必须得到切实遵循。安理会作为联合国维护世界和平与安全的专门机构，其维护世界和平与安全的权威必须得到切实维护。

应该鼓励和支持以和平方式，通过协商、谈判解决国际争端或冲突，共同反对侵犯别国主权的行径，反对强行干涉一国内政，反对任意使用武力或以武力相威胁；应该加强反恐合作，坚持标本兼治，重在消除根源，坚决打击恐怖主义；应该按照公正、合理、全面、均衡的原则，实现有效裁军和军备控制，防止核扩散，积极推进国际核裁军进程，维护全球战略稳定。

（2）倡导坚持互利合作，实现共同繁荣。胡锦涛说，发展事关各国人民的切身利益，也事关消除全球安全威胁的根源。没有普遍发展和共同繁荣，世界难享太平。经济全球化应该使各国特别使广大发展中国家普遍受益，而不应造成贫者愈贫、富者愈富的两极分化，使21世纪真正成为“人人享有发展的世纪”。

应该积极推动建立健全开放、公平、非歧视的多边贸易体制，进一步完善国际金融体制，为世界经济增长营造健康有序的贸易环境和稳定高效的金融环境；应该加强全球能源对话和合作，共同维护能源安全和能源市场稳定，为世界经济增长营造充足、安全、经济、清洁的能源环境；应该积极促进和保障人权，努力普及全民教育，实现男女平等，加强公共卫生能力建设，使人人享有平等追求全面发展的机会和权利。

发达国家应该为实现全球普遍、协调、均衡发展承担更多责任，进一步对发展中国家特别是重债穷国和最不发达国家开放市场，转让技术，增加援助，减免债务。发展中国家要充分利用自身优势推动发展，广泛开展“南南合作”，推动社会全面进步。中国将尽自己所能，为推动各国共同发展作出积极贡献。

（3）倡导坚持包容精神，共建和谐世界。胡锦涛说，文明多样性是人类社会的基本特征，也是人类文明进步的重要动力。在人类历史上，各种文明都以自己的方式为人类文明进步作出了积极贡献。存在差异，各种文明才能相互借鉴、共同提高；强求一律，只会导致人类文明失去动力、僵化衰落。各种文明有历史长短之分，无高低优劣之别。历史文化、社会制度和发展模式的差异不应成为各国交流的障碍，更不应成为相互对抗的理由。

应该尊重各国自主选择社会制度和发展道路的权利，相互借鉴而不是刻意排斥，取长补短而不是定于一尊，推动各国根据各国国情实现振兴和发展；应该加强不同文明的对话和交流，在竞争比较中取长补短，在求同存异中共同发展，努力消除相互的疑虑和隔阂，使人类更加和睦，让世界更加丰富多彩；应该以平等开放的精神，维护文明的多样性，促进国际关系的民主化，协力构建各种文明兼容并蓄的和谐世界。①

（4）中国以身作则，营造良好的国际环境。胡锦涛说，面对深刻变化的国际形势，中国高举和平、发展、合作的旗帜，坚定不移地走和平发展道路，坚定不移地奉行独立自主的和平外交政策，在和平共处五项原则的基础上同世界各国发展友好合作关系。按照大国是关键、周边是首要、发展中国家是基础、多边是重要舞台的外交总体布局，全方位开展对外工作，为全面建设小康社会营造良好的国际环境。② 中国将始终不渝地把自身的发展与人

① 中共中央文献研究室编：《十六大以来重要文献选编》（中），中央文献出版社，2006 年版，第 995—997 页。

② 中共中央文献研究室编：《十六大以来重要文献选编》（中），中央文献出版社，2006 年版，第 1036—1037 页。

类共同进步联系在一起，既充分利用世界和平发展带来的机遇发展自己，又以自身的发展更好地维护世界和平。中国将一如既往地遵守《联合国宪章》的宗旨和原则，积极参加国际事务，履行国际义务，同各国一道推动建立公正合理的国际政治经济新秩序。中华民族是热爱和平的民族。中国的发展不会妨碍任何人，也不会威胁任何人，只会有利于世界的和平稳定、共同繁荣。①

中共十七大报告，对上述思想进行了新的发展。明确提出："我们将继续积极参与多边事务，承担相应国际义务，发挥建设性作用，推动国际秩序朝着更加公正合理的方向发展。"② 增添了新内容，转换了新角度，做出了新决策。由原来的力破，改为参创、推动，中国在其中发挥建设性作用。

（二）"中国主张"的特色与反响

概括中国的国际政治新秩序主张，主要有八点内容和特色：第一，高举和平、发展、合作的旗帜，推进世界政治多极化，以和平、稳定、公正、合理、和谐为目标建立国际政治新秩序。第二，以和平共处五项原则为基础建立国际政治新秩序。因为这五项原则符合国际法，与《联合国宪章》的宗旨和原则一致，非常明确，干净利落，清清楚楚，最具有生命力，是处理国与国之间关系的"最好方式"。第三，承认世界的多样性，推进多边主义，力主共同努力，使世界更加美好。各国政治上相互尊重，共同协商；经济上相互促进，共同发展；文化上相互借鉴，共同繁荣；安全上相互信任，共同维护，树立互信、互利、平等和协作的新安全观，通过对话和合作解决争端，而不应诉诸武力或以武力相威胁。第四，通过正确途径，采取集体安全方式反对强权政治、霸权主义、恐怖主义、极端主义、分裂势力等。第五，中国以全面建设社会主义小康社会为中心，以国家稳定为大局，坚持走和平发展道路，提升综合国力和国际影响力，以此优化国际秩序。第六，中国坚持奉

① 中共中央文献研究室编：《十六大以来重要文献选编》（中），中央文献出版社，2006年版，第998页。

② 胡锦涛：《高举中国特色社会主义伟大旗帜，为夺取全面建设小康社会新胜利而奋斗——在中国共产党第十七次全国代表大会上的报告》（2007年10月15日），《人民日报》2007年10月25日。

行独立自主的和平外交总政策，按照大国是关键、周边是首要、发展中国家是基础、多边是重要舞台的外交总体布局，全方位开展对外工作，在国际事务中发挥建设性作用；坚持“和平统一、一国两制”和“不放弃武力”的基本方针，促进我国和平统一的神圣使命，推进世界的和平稳定、共同繁荣。第七，充分肯定、发挥联合国等国际组织的地位与作用。第八，建议建立国际经济新秩序与国际政治新秩序要相互结合，同时推进，中国要有所作为，发挥建设性作用。

中国的主张符合世界各国人民的根本利益，有利于世界的和平、稳定、进步和发展，尤其反映了广大发展中国家的核心要求和主张，所以世界舆论反响积极、强烈，得到了广泛的支持、赞同或理解。

由此可见，以美国为首的西方发达国家的国际新秩序主张，是在维护和扩展旧秩序，理所当然遭到世人的反对。广大发展中国家的主张，尤其是中国的主张，代表了人类的正义和进步，得到世界绝大多数国家、人民的欢迎与逐步确认，使当代破旧立新的斗争有了正确的理论指导和明确的奋斗目标。

第四章

战争与革命论

第一节　经济因素与战争

关于什么是战争，学术界有许多种说法，该节对此进行了学术分析。战争的分类复杂。有阶级社会以来的战争，应该说有正义、非正义之分，支持正义、反对非正义战争，是正确立场。战争的成因、进程、结果均是合力的推动，而经济因素影响巨大。该节对第二次世界大战胜利的石油因素和德日法西斯在其中失败的经济因素进行了重点探讨，提出了笔者的学术认识。

一、人类战争的类型与动因

（一）战争的内涵与分类

关于什么是战争，学术界有许多种说法。

毛泽东早在1936年就说过："战争——从有私有财产和有阶级以来就开始了的，用以解决阶级和阶级、民族和民族、国家和国家、政治集团和政治集团之间在一定发展阶段上的矛盾的一种最高斗争形式。"①

① 毛泽东：《中国革命战争的战略问题》（1936年12月），《毛泽东选集》第1卷，人民出版社，1991年版，第171页。

后来，有的说战争“就是打仗”。[①] 有的说战争“就是使用暴力的冲突”。[②] 还有人认为，战争是有组织的群体之间暴烈的冲突。[③] 其认为战争作为使用暴力的冲突，它应该有一个标准，即暴力达到何种程度才算是战争。对此，学术界有一种得到较多人认可的界定，即战争是指死亡1000人以上的冲突。[④] 例如，斯德哥尔摩国际和平研究所的年鉴在界定“重大武装冲突”时就接受了这样的界定。[⑤]

对于上述判断和界定，不能绝对化肯定和否定，应该从特指和泛指的层面去分析。毛泽东的定义是特指人类进入有阶级社会以来的定义，至今闪耀着智慧的光芒，用这一定义解释这个时期发生的各种战争（包括出现过的社会主义国家之间的战争、苏联发动的霸权主义战争）均有正确的指导意义。但他的确不能解释原始形态的战争，因为毛泽东的定义明确说了，是判断“从有私有财产和有阶级以来就开始了”的战争，而对以前的战争是排除在外的。有人非要用这个定义，研究原始形态的战争，是南辕北辙；硬说这个定义过时了，是不尊重客观事实。毛泽东根本就没有涉及，怎么就说过时了呢？而其他定义，基本是泛指各个时期、各种类型的战争，对于我们深化对原始形态的战争的研究，对当今、未来的战争的判断，均有重要的参考价值。对战争复杂性研究的尝试和具体成果，也有值得肯定的层面。但淡化民族、阶级、国家、所有制等问题，去谈论、界定战争，就会使人难以把握“从有私有财产和有阶级以来就开始了”的战争，特别是现今战争的实质与根源。

战争的类型受各种各样因素影响，分类更加复杂。

---

① 《新华字典》（修订本），商务印书馆，1998年版，第621页。

② 李少军：《国际政治学概论》（第二版），上海人民出版社，2005年版，第235页。

③ Ronald J. Glossop，Confronting Wao，Jefferson and London：McFarland，1983，pp. 7—8.

④ 该标准出自于J. David Singer and Melvin Small，*The Wages of War*，*1816—1965*：*A Statistical Handbook*，New york，1972，pp. 19—22.。转引自Conway W. Hendersen，Intenatinal Relations，Boston：McGraw-Hill，1998，p. 129。

⑤ 斯德哥尔摩国际和平研究所编，中国国际问题研究所译：《SIPRI年鉴1999》，世界知识出版社，2000年版，第3页。

从历史的角度分类：有原始社会（或称原始形态）的人类战争和从原始土地公有制解体以来（或叫文明时代）的人类战争之分。对于原始社会有没有战争，学术界分歧大，笔者是赞成有的，[①] 并且赞成这样的结论：人类原始形态的战争带有很多动物群斗的痕迹，而且在长达百万年的漫长年代里，战争的形态和性质发生变化的速度缓慢。在这个演变过程中，就人类起源来说，从“动物”发展为“人”的转折关键是劳动（制造和使用工具）。相应地就战争的起源来说，从“动物群斗”发展为“人类战争”转折的关键则是借助工具（武器）有目的、有组织地与同类群斗。就人类社会的演变来说，从“原始社会”演变为“文明时代”转折的关键是私有财产、阶级和国家的出现。相应地就人类战争的演变来说，从“原始形态战争”演变为“文明时代战争”转折的关键则是运用武器和专门军事组织，以暴力手段解决民族和国家之间的矛盾，战争成为政治的继续。[②]

因战争的性质分类：原始形态战争的性质现今研究不够，无法说清，仅

① 马克思、恩格斯对此进行过分析，有代表性的论述有三处：1. 马克思在1881—1882年，认真研读美国民族学家和社会历史学家刘易斯·亨利·摩尔根1877年出版的《古代社会》一书之后，写的一篇读书笔记。马克思明确而具体地论述了原始社会的战争：“土著部落起源于一个原始人群，……他们不断移居……每个移居者的团体都带有武装殖民的性质。他们力求获得并保持新得到的地域……他们（土著）之间经常发生战争，凡是相持最久的战争，照例都是起源于讲着不同语言的部落之间的战争。”见马克思：《摩尔根〈古代社会〉一书摘要》，人民出版社，1956年版，第95—101页。2. 马克思：《政治经济学手稿》，分析了原始社会会发生战争的原因：“一个共同体（即原始社会的部落）所遭遇的困难，只能由其他共同体所引起，后者或者是先占领了土地，或者是到这个共同体已占领的土地上来骚扰。因此，战争就是为了占领的土地来骚扰。因此，战争就是为了占领生存的客观条件，或者是为了保护并永久保持这种占领所要求的巨大的共同任务、巨大的共同工作。”见《马克思恩格斯全集》第46卷上册，人民出版社，1963年版，第475、490页。3. 恩格斯1884年写的名著《家庭、私有制和国家的起源》中明确讲到了原始社会的蒙昧时代“各部落之间战争不断”，而且指出这种部落之间的战争“进行得很残酷，使别的动物无法和人类相比”。以后由于生产力发展，出现了剩余产品，出现了私有财产，于是“古代部落对部落的战争，（已经）开始蜕变为……攫夺牲畜、奴隶和财宝而不断进行的抢劫，变为一种正常的营生”。见《马克思恩格斯选集》第4卷，人民出版社，1995年版，第9、96、106页。又见李巨廉：《战争与和平——时代主旋律的变动》，学林出版社，1999年版，第9页。

② 李巨廉：《战争与和平——时代主旋律的变动》，学林出版社，1999年版，第18—19页。

从原始土地公有制解体以来（或叫文明时代）的人类战争看，一般来说，可以区分为正义或进步的战争和非正义或反动的战争，前者主要包括革命战争、反抗外来侵略和保卫祖国的战争，后者主要指侵略和扩张战争、兼并战争、争霸战争。决定这些战争性质和类型的，不取决于谁先开第一枪，在阶级社会中，在战争问题上区分其正义、非正义，还主要有这样一些基本问题，即这个战争具有什么样的阶级性，它是由什么引起的，它是由哪些阶级进行的，它是由什么样的历史条件和历史经济条件造成的，它是为了什么目的而进行的。我们马克思主义者并不是无条件地反对一切战争。一般来说，作为社会主义国家和共产党人，我们应该支持正义或进步的战争，反对非正义或反动的战争。不弄清楚这些，我们关于战争的一切谈论都是纯粹的空谈，都是字面上的和没有结果的争论。①

从战争的地域、规模和范围分类：自从有阶级社会以来，主要可区分为国内战争和国际战争、世界战争和局部战争。国内战争，指的是国家内部阶级集团的战争。国际战争，是国家间或国家集团间的战争，是国际冲突的军事化和武力化。国际战争，包括局部战争和世界战争。世界战争，即世界大战，是军事集团间多国参加和波及全球大部分地区的战争。世界战争的特征是：规模大，范围广，参加国多，破坏性强，争夺目标涉及全球。20 世纪的国际社会已发生过的两次世界战争莫不如此。局部战争，主要是国家间局限在地区范围内的战争，其最大特征是战争的目的、范围、规模、手段和破坏作用的有限性。从这个意义上说，局部战争就是有限战争。②

近些年又有人对有阶级社会以来的战争分为如下三类：古典战争（classical wars）、总体战争（total wars）和后现代战争（postmodem wars）。③

古典战争，是指自威斯特伐里亚和约签订之后，国家之间所发生的在政府指导下使用武装力量的战争。这种战争被认为是克劳塞维茨式的战争，其主要特点是：（1）参与军事冲突的是国家；（2）军事行动具有政治目的；

① 列宁：《战争与革命》(1917 年 5 月 14 日［27 日］)，《列宁选集》第 3 卷，人民出版社，1972 年版，第 70—71 页。

② 梁守德、洪银娴：《国际政治学理论》，北京大学出版社，2000 年版，第 176 页

③ Mark R. Amstutz，*Intaeenational Conflict and Cooperation：An Introduction to World Politics*，McGraw-Hill College，1999，pp. 255—261.

(3) 军事行动遵从国际规范与准则，有明确的开始与结束。因此该战争被认为是追求合法外交目标的理性行动。

总体战争，是内涵现代科技和工业化成果而出现的冲突模式。这种冲突模式作为一种国际战争，其特点是无限制地使用暴力，目的在于彻底打败对手。这种战争也发生在主权国家之间。但它所要摧毁的是对手的整个社会，而很少顾及对于民用设施和民众的保护。其破坏性是最大的。两次世界大战都是这样的战争。

后现代战争，是二战结束后，尤其是冷战结束之后的一种战争模式。大多是国内战争，但也有外力干预的战争。这种战争的发生，与苏东剧变后两极格局解体有关，伴随着国家数量的日益增多和民族分裂进程的加剧，特别是在一些国家政权软弱无力和失去政治控制力的情况下，内战频度明显加大。而大小霸权主义、恐怖主义、分离主义、分裂主义、极端教旨主义的膨胀等，使得外力干预的战争不断发生，美国出兵巴拿马、出兵索马里、两次攻打伊拉克、北约轰炸南斯拉夫等均是如此。

(二) 人类战争发生的原因

两千五百多年前的古代，就有一些中国的著名思想家，对战争起源提出过很有哲理的观点。战国时代军事思想家吴起（吴子），就论述过引起战争的五种原因："一曰争名，二曰争利，三曰积恶，四曰内乱，五曰因饥。"[①] 被誉为"东方兵学鼻祖"的孙子，则把战争的根源高度概括为一个"利"字。他抓住这个"利"字来论述有关战争的诸多问题。而其名著《孙子兵法》，全书（共 5913 字）多处讲到"利"，但没有一处提到"义"。由于中国文字的特点，"名"、"利"等几个简单的字，即可包容广泛含义和作多种多样的理解。

西方对战争问题的研究，最早可追溯至古希腊的历史哲学和古罗马的法学。古希腊历史学家修昔底德[②]在其八卷本巨著《伯罗奔尼撒战争史》中，

---

① 《吴子·图国第一》。

② 修昔底德（Thucydides，约公元前 460—前 404 年），曾任雅典将军，参加过伯罗奔尼撒战争。

从军事、政治、心理上论述了公元前 400 多年所发生的雅典与斯巴达之间的战争。他说：人由于荣誉、惧怕或利益的原因而进行战争。到了中世纪，基督教思想家则说：战争出自人类本性中一种根深蒂固的邪恶——“原罪”。他们认为，人类始祖亚当和夏娃违反上帝禁令偷吃禁果，于是道德败坏便侵入他们体内，并遗传给后裔，因此人人皆有“原罪”。“原罪”是发动战争的重要根源。

进入到近代，人们视野扩大。一些西方学者从社会学和国际政治学的角度，提出战争是人类社会“自然状态”的产物。16 世纪意大利政治思想家尼科洛·马基雅弗利首创这种理论。他认为国际社会处于无政府无秩序的“自然状态”，这是国家间发生战争的主要原因。17 世纪英国政治思想家托马斯·霍布斯把这一理论系统化。在其著作《利维坦》中，强调战争是“自然状态”的必然产物，认为人类要达到“和平与安全”，要有必需的条件，他根据其社会契约说，提出了一个能够达到这些条件的“理想国”方案。[①] 18 世纪法国启蒙思想家卢梭和德国哲学家康德，均认为人在自然状态中是受“本能”、“人体冲动”和“权利欲望”支配的，因此在自然状态下冲突和暴力占支配地位。他们认为，在文明状态的国际范围内，不同国家的目标和利益总带有特殊性，如果没有一个超越各国的权威机构调节和制止各种特殊意志和利益的冲突，战争就成为不可避免的了。[②] 此后，美国现实主义流派主要代表人物汉斯·摩根索[③]从这一思想出发提出了均势理论。他认为人性本恶，争夺强权是人和国家的永恒法则，战争正是渊源于人的这种权欲。在他看来，国内社会和平的维持是由于国家（政府）的存在，因此维持国际和平也需要有一个世界政府，当前世界政府不可能实现，那么构成“均势”就

① 托马斯·霍布斯（Thomans Hobbes，1588—1679 年）在哲学上倡导演绎法，从运动来解释物质现象，并推论于人类社会组织。他 1651 年出版的名著《利维坦》，包括“论人”、“论国家”、“论基督教国家”和“黑暗王国”四个部分。

② 卢梭（Jean-Jacques Rousseas，1712—1778 年）在其名著《论人类不平等的起源和基础》中，虽然认为人类的自然状态是发生战争的根源，但强调人类进化到产生私有财产阶段才陷入可怕的战争状态。

③ 汉斯·摩根索（Hans J. Morgenthan，1904—1980 年），当代美国经典现实主义理论权威。其名著有《国际纵横策论——争强权，求和平》、《科学人与强权政治》、《捍卫国家利益》等。

是维持世界和平所必需的。

随着人类对自然和社会发展的科学研究的进步，以及资本主义社会矛盾和国际冲突的展现，促使19世纪以来西方出现了众多对战争根源的不同解释。黑格尔推动了国家的拟人化以及民族精神和民族冲突的哲学研究。达尔文的生物进化论促使人们把人类社会发展以及国际政治斗争的观点，建立在生物竞争、适者生存的观念之上。麦金德①把空间的和地理中心的观点带进了人类历史发展与国际冲突演进的研究之中。而弗洛伊德②则扩展了这样一种心理学概念，即“人类灵魂深处的黑暗心理力量投射于外界”，造成了社会的冲突。也就是在这一历史时期，诞生了马克思主义的历史观和战争观。一些西方学者评价说：“世界上没有任何人像马克思那样加强了这样的思想，即各个社会经济阶级的生死斗争必然导致冲突。”③

在对战争根源五花八门的说法中，19世纪末和20世纪上半叶，西方曾经相当流行“生物进化说”和“地缘政治说”。生物进化说是把达尔文的进化论运用于社会学，形成社会达尔文主义④。他们强调“战争是自然的需要，是种族之间生存竞争的法则，有历史进步的意义，是社会进化的最高法则”。生物进化说鼓吹种族之间“优胜劣败”的生存竞争，后来发展成为划分“优等”人种与“劣等”人种的反动种族主义理论。地缘政治说则以地理环境来解释人类战争的根源。德国地理政治学家弗·拉采尔⑤就是这种思想的倡导者。不过“地缘政治”（Geopolitik）一词，则是瑞典地理政治学家鲁道夫·契伦⑥创造的。他们强调国家是一个“空间有机体”，通过领土扩张

---

① 麦金德（Halford Mackinder，1861—1947年），英国地理学家，地理政治学奠基人。

② 弗洛伊德（Sigmund Freud，1856—1939年），奥地利心理学家，精神分析学派创始人。

③ 詹姆斯·多尔蒂等著，阎学通等译：《争论中的国际关系理论》（第五版），世界知识出版社，2003年版，第235页。

④ 英国哲学家斯宾塞（Herbert Spencer，1826—1903年），第一个把进化论引入社会学。

⑤ 弗·拉采尔（Friedrich Ratzed，1844—1904年），最早提出“生存空间”的概念。

⑥ 鲁道夫·契伦（Rudolf Kjellen，1864—1922年），发展了拉采尔的思想，除创造了“地缘政治”一词外，还创造了“生态政治”、“人口政治”等术语。

而增加它的力量是自然而合理的，否则它将会由衰落而消亡。因此争夺“生存空间”是人类永无止境的斗争过程。在第一次世界大战后的特定历史条件下，生物进化说与地缘政治说都成为纳粹主义的思想来源，并被引向了极端。希特勒夺取政权后，纳粹德国以此作为思想理论根据，对犹太人实行灭绝人性的种族大屠杀，发动夺取“生存空间”的侵略战争，导致人类有史以来规模最大、战斗最烈、影响最广的战争——第二次世界大战。经过这场人类空前的战争浩劫，今天世人已经很少持这类观点了。不过必须指出，“地理政治学”（Geopolitics）并不等同于纳粹德国的“地缘政治学”（Geopolitik）。我国学界过去常常把两者混淆起来。地理政治学从国家的地理空间研究国家的实力和行为，并扩展到国际关系所致的地理政治格局，它在二次大战后的 60 年代有很大发展。①

在西方关于战争根源的众多说法中，从人类的本性出发分析战争的根源是最古老、也是最普遍的观点。很多学者都在不同程度上承认战争同人的本性有关；但各个不同的学派以及各个不同的学者，又各有不尽相同的理解和解释。大致可以分为两大类别：一类是理性主义者和乐观主义者，强调“人性本善”，他们认为人虽有邪恶行为（如战争），但通过教育和引导，邪恶可以转变为善良，可以减少以至消灭战争。另一类是悲观主义者和现实主义者，强调“人性本恶”，他们认为人的邪恶本性永远是战争的因素，人类自我改正的可能性即使存在也是微乎其微，需要寻觅抑制这种邪恶的方法。

中世纪基督教思想家圣·奥古斯丁②是“人性恶”论的早期代表之一。他认为人类的求生欲中有一种“自维因素”（Self-preserva-tion），每个人都在追求其个人利益，而这种追求并未能按照理性的指引去做。他阐发了基督教的“原罪”与“神恩”之说，强调人的堕落出于本性，这种邪恶本性就是战争的根源；人无法自觉扭转这种堕落的后果，必须依靠上帝赐“爱”于人的心灵。直到 20 世纪，著名的基督教现实主义代表人物莱·尼布尔，仍强

---

① 杰弗里·帕克：《20 世纪的西方地理政治思想》，解放军出版社，1992 年版。

② 圣·奥古斯丁（Saint Augistine，354—430 年），被尊为教父的基督教思想宗师。他阐发的“圣父、圣子、圣灵三位一体”论，奠定了西方神学的基础。

调自私、自大和伪善是人的“原罪”，战争就是起源于这种“人类心灵中黑暗和无意识的因素”。他说：知识的每一个进步，技术的每一次创新，都包含邪恶的潜在可能性。邪恶的基础就是“自我”。人类总是力图使自我绝对化，“这一直是人类生活中最后的一个罪孽，这一罪孽又总是导致人类最残酷的流血冲突”。①

当代现实主义代表人物汉斯·摩根索，也是“人性恶”论者。他认为：“人行为中的邪恶之所以普遍存在”，是因为人对权力根深蒂固的贪求。不过摩根索强调：“政治现实主义以人性的多元概念为基础。现实的人是‘经济人’、‘政治人’、‘道德人’、‘宗教人’等等的综合。一个仅仅是‘政治人’的人恐怕是头野兽，因为他根本没有道德制约。一个仅仅是‘道德人’的人恐怕是个傻瓜，因为他毫无深谋远虑。一个仅仅是‘宗教人’的人恐怕是位圣徒，因为他根本没有七情六欲。”② 西方著名历史学家汤因比也主张“人性恶”，他说：“战争是人类暴力和残酷性的一种特殊表现形式”，“这些坏的冲动是人的本性生来具有的，是生命本身的一种本质表现”。③ 另一西方著名心理学家弗洛伊德，强调人生来具有两种本能——“生存本能”（eros）与“死亡本能”（thanatos），前者是性欲、恋爱、建设的动力，后者是杀伤、虐待、破坏的动力。他认为人类战争的原因，就在于这种最古老的永恒人性，即人的“侵犯性、存坏性和冲动等”。④ 西方现代行为学创始人康·洛伦兹⑤从研究动物到人类的行为，强调人类的好战行为具有先天性的基因。他专门写了名为《论侵犯性》（On Aggression）⑥ 的书，论述“人类的

---

① 莱·尼布尔（Reinhold Niebuhr，1892—1971 年），美国神学家，著有《道德的人和不道德的社会》。引文见肯尼思·N. 华尔兹：《人、国家与战争：一种理论分析》，上海译文出版社，1991 年版，第 18—23 页。

② 汉斯·摩根索：《国际纵横策论——争强权，求和平》，上海译文出版社，1995 年版，第 18 页。

③ 阿·汤因比：《展望 21 世纪》，国际文化出版社，1985 年版，第 248 页。

④ 《国外社会科学动态》1979 年第 9 期，第 21 页。

⑤ 康·洛伦兹（Konad Lorenz，1903—1989 年），奥地利学者，著有《动物与人类行为研究》等。

⑥ 英文 Aggression 也译“攻击”，引文见洛伦兹：《论侵犯性》，1963 年纽约版，第 271 页。

好斗性是一种真正的无意识的本能。这种好斗性，即侵犯性，有其自身的释放机制，同性欲及其他人类本能一样，会引起特殊的、极其强烈的快感”。洛伦兹认为，单凭理智的力量是很难克服人的侵犯性本能的。所有这些都是着重从“人性本恶”的角度去论述战争根源。

理性主义者和乐观主义者则不同。17 世纪的唯理性主义哲学家斯宾诺莎[①]，把人类定义为兼有理性和感情的生命。理性是“上帝无限智慧”的一部分，因此“善良”对人类有共同的客观意义。他用人的理性和行动的狂热（感情）相对立的二元观点，去分析战争的根源，认为现实生活中人的行为不是由理性、而是由感情所驱使，因而经常卷入冲突，但人的理性将导致合作与和谐。实用主义创始人之一威廉·詹姆斯[②]认为，虽然战争根植于人类的好战本性，但这种坏的“冲动欲”是可以被引导和转移的。他建议大批地安排最具“冲动欲”的青年人，到煤矿和商船上做工，去建造大楼和修筑马路，以转移其“冲动欲”。20 世纪英国著名思想家柏特兰·罗素[③]更加明确地强调：人类本性中的“冲动”，既是战争的根源，也是科学、艺术和爱的来源。他说：“一个社会如果没有想象力，不爱冒险，不久就会变成一个停滞不前的社会。”但是，“就是那个产生一切最好东西的活动力（‘冲动’），也产生战争与战争爱好”。“问题是要控制这些冲动，不要使它们把战争作为出路”。从这种观点出发，罗素呼吁理性，提倡要发展一种“积极的、富有冲动和热情的生活”，以引导人们的“冲动”向好的方面而不是向战争发展。

还有一种“文化冲突说”。他们与大量的“人类本性说”相反，认为人类的各种“侵犯性”，如破坏财物、残害同类、武器屠杀等等，都是属于一种后天的“文化习得”（即属于一定的文化模式所形成的行为）。玛格丽特·

---

① 斯宾诺莎（Benedict de Spinoza，1632—1677 年），生于荷兰，著有《伦理学》。

② 威廉·詹姆斯（William James，1842—1910 年），美国著名哲学家，著有《真理的意义》等。

③ 柏特兰·罗素（Bertrand Russell，1872—1970 年），晚年积极投身和平运动，发表《罗素—爱因斯坦声明》，要求禁止核武器。引文见其《社会改造原理》一书，上海人民出版社，1959 年版。

米德[①]说，战争是文化发明，而不是生物需要。波罗尼斯拉夫·马林诺夫斯基[②]宣称：战争并非人类生来具有的产物，“人类永远不会在侵犯性冲动的直接驱使下进行大规模的战斗……一切形式的战斗都是复杂的文化反应”。他们强调：民族之间和国家之间的战争，表面看起来是种族对抗，是生物对抗，实际上都是文化的冲突和对抗。P. 索罗金[③]在其《社会的和文化的动力学》中，提出了“元社会”（grand society）的概念，认为历史是由富有激情和幻想的各种文化的长波运动构成。他统计和分析了自公元前6世纪以来的战争与动乱，得出结论说：人类各种文化无论其本身还是彼此之间，本来都是协调的；只是由于内部或彼此间的平衡遭到严重破坏时，才会引起战争与动乱。因此，索罗金强调，战争与动乱的高峰通常发生在一种类型的文化向另一种类型文化过渡的时期。[④]

总的来说，今天的西方学者，已经很少单纯从“人性”的角度来论述战争根源，而是越来越趋向于多角度、多层次解释。美国著名国际政治学家、当代西方国际关系理论现实主义流派代表人物之一昆西·赖特[⑤]，就强调战争起因的多元性。他告诫人们不要采取过分简单的研究方法。他说：“在现实中，一场战争产生于一种总体情势，它最终几乎涉及到人类历史迄今发生的一切，直到战争爆发的那一瞬间。”[⑥] 他把战争的历史发展分为五大时期——动物时期、原始时期、文明时期、近代时期和现代时期，并且这样解释战争的起因：“战争在历史上某些时期比较经常，比较激烈，比较广泛，

① 玛格丽特·米德（Margaret Mead，1901—1978年），美国人类学家，著有《文化发展的连续性》等。

② 波罗尼斯拉夫·马林诺夫斯基（Bronislaw Malinowski，1884—1942年），波兰社会人类学家，英国伦敦大学教授，后受聘于美国耶鲁大学，著有《科学的文化论》等。

③ P. 索罗金（Pitirim Sorokin，1889—1968年），生于俄国，曾任克伦斯基的秘书，十月革命后移居美国。从1931年起长期担任哈佛大学社会学系主任。1949年退休后致力于和平研究。

④ 索罗金：《和平研究——成就与挑战》，Westview press，1988年版，第33页。

⑤ 昆西·赖特（Quincy Wright，1890—1970年），著有《战争研究》、《国际关系研究》、《国际法在防止战争中的作用》等。他后来被认为是当代和平研究的先驱。

⑥ 昆西·赖特：《战争研究》卷Ⅰ，University of Chicago Press，1942年版，第17页。

持续时间也比较长，在另一些时期则不是那样。在历史上，有些国家经常同对手兵戎相见，有些国家则根本未动过干戈。……这种变化不定的情况表明，战争的起因应该到各种不同的社会制度和社会关系中去寻找，而不应该到人的本性中某种永恒不变的特点中去寻找。然而进行战争的终归是人。因此，人的本性中必定有某些品质，使人能够在情况合适的时候发动战争和参加战争。”昆西·赖特还说：“战争并非如人们有时候所说的那样，是由于争夺自然界的有限资源而引起。”他认为，经济因素对战争起因的直接和间接影响的重要性，要比政治野心、思想信仰、心理错觉（非理性的心理状态）小得多。①

美国另一国际关系学家查尔斯·霍奇斯，则对人类发生战争的原因作这样的解释：“总的来说，战争的发生有政治、军事、经济和社会四个方面谋求权力和安全的动力。”他对政治方面的“动力”作这样的解释：从王朝时期的家族安全、荣誉和扩大君权，再到现代民族主义和帝国主义的相互关系紧张，“变成一种螺旋形迅速上升的利益冲突”。军事方面的“动力”，他强调军国主义和军备竞赛；经济方面的“动力”，他强调“人口日益增长的压力和工业化国家对原料和市场不断扩大的需要”；社会方面的“动力”，他认为“人的本性仍然是进行战争的基本因素。引起战争的心理原因不断起作用，愤怒、好斗、贪婪、偏见——这些东西不是单独表现出来的，而是与其他引起冲突的因素联在一起表现出来的”。②

美国当代现实主义流派代表人之一肯尼思·N. 华尔兹③，在其1959年出版的《人、国家与战争：一种理论分析》一书中，对战争根源从三个层次上进行了很有意义的解释。第一个层次（第一种基本概念）是人的本性和行为。他说：“战争的最重要根源在于人性和人类行为：自私导致战争，误向

① 《不列颠百科全书》（第14版）、美国《国际社会科学百科全书》（1968年版），关于“战争”（war）这一条目，就是由昆西·赖特撰写的。他对战争观作了最简明的阐述。

② 见美国1979年出版的《科利尔百科全书》，霍奇斯撰写的“war”这一条目。

③ 肯尼思·N. 华尔兹（Kenneth N. Waltz，1924年—），著有《人、国家与战争：一种理论分析》、《国际政治的冲突》、《国际政治理论》等。引文见其《人、国家与战争：一种理论分析》一书，上海译文出版社，1991年版。

的进取冲动导致战争，愚昧也导致战争。其他的根源是次要的，而且必须根据上述因素加以解释。……人的邪恶或其不轨行为导致战争，个人的美德如能普及则意味着和平。”因此他强调：“要消除战争就必须启发和提高人类的良知，或保证其社会心理的再调整。”第二个层次（第二种基本概念）是国家内部体制的缺陷。他说：“人性是战争根源，但不是唯一的根源，国家的性质也是根源之一。”“国家内部的缺陷是造成战争的根源之一……只有改造国家，才能减少战争或永远结束战争。”“和平与战争分别为好的和坏的国家的产物。”华尔兹紧接着提出了这样的问题：“好的国家难道就意味着和平吗?”他说：“坏的国家导致战争。从广泛意义上说，这是正确的。但这一论断的对应的一面，即好的国家意味着世界和平，则是一个非常令人怀疑的命题。”由此就导入到第三个层次（第三种基本概念）即国际体系。他说：“人生活在国家里，而国家则存在于由国家组成的世界里。如果我们要着力研究战争是如何发生的，那么除了考察国家的作用，它的社会、经济性质和政治体制之外，还应集中观察称之为国家社会的世界体系。”华尔兹强调，迄今为止国际关系的特点是处于无政府状态，缺乏一个真正有权威的管辖机构。他引用卢梭的论述说，战争发生并不仅仅是由于人或国家邪恶，甚至也不是因为国家（好的或坏的国家）之间存在的分歧所致。“战争之所以发生是因为没有什么能防止它，由于缺乏一个超级的权威机构，这样冲突就经常通过武力来加以解决。”华尔兹作为一个国际政治学家，特别强调了国际体系对制止战争的作用。他说：“这三个层次的每一个层次所分析的根源都是重要的。……要充分阐述国际政治，就需要把第三种基本概念视为一种结构，其他两个层次上的根源正是在这一结构之内起作用的。”

人们对于一个动态事物的认识，也许必须经过一个从“简单”到“复杂”再到“简单”的演变过程。这第二个“简单”是在高一层次上对事物的本质有更加深刻而准确的认识。关于人类战争的根源，人们最初以比较直观的视角作出比较简单的解释。修昔底德曾经说过，假如你想知道人们为什么打仗，只要询问他们，他们就会告诉你。[①] 后来人们进一步深入到探索人类

① 詹姆斯·多尔蒂等著，阎学通等译：《争论中的国际关系理论》（第五版），世界知识出版社，2003 年版，第 326 页。

引发暴力冲突（战争）的多方面的因素：从人类的本性到地理的和社会的环境，从生物冲动、心理状态到社会的文化习得，从意识形态到政治、经济矛盾，从个人心理和行为到社会制度和社会条件，从国家体制到国际体系，进行了多方面、多领域的广泛探索，出现了五花八门的假说和解释。这些假说和解释，促使人们对战争根源的认识深入一步，但它们之中即使具有真理性，也都会因为陷于某个领域而带有片面性。现在人们对战争根源的认识，已进入到高一层次的多方面、多领域的科学综合阶段，但同时也要求人们从众多复杂的因素中，获得更加深刻的本质性的认识。

我们认为，战争是人类多元因素和矛盾的延续，但在很大程度上是由人类的生存与发展这两大本能演化出来的。经济的因素是总根源。

恩格斯说："随同人，我们进入了历史。"[①] 笔者基本赞成这样的观点，人类在私有财产和阶级出现以前的漫长的原始社会就存在战争。这种人类社会最初的形态（原始形态）的战争，是从动物的群斗演化而来的。而原始形态的战争与文明时代的战争相比带有很多动物群斗的痕迹：如手段（武器）低劣、方法简单、规模范围小、随意性和肆无忌惮性（即无制约性）。文明时代的战争，则日益运用先进的武器和专门军事组织，以暴力手段解决阶级、民族和国家之间的矛盾，成为经济、政治的继续。

历史上引发战争的原因是多种多样的，有阶级的原因、民族的原因、经济的原因、政治的原因、意识形态（包括宗教）的原因等等；而且在不同的时期会有不同的变化。但作为对人类社会发生战争的总根源（即最根本的动因），不应该是很多的。在笔者看来，战争与和平是由人类的生存与发展这两大本能演化出来的。从历史唯物主义的观点来看，物质的存在是第一性的，人类的生存与发展的本源也是物质性的。人们的一切冲突（战争），归根结蒂都是源于、也最后落脚于物质性的社会利益。这里所说的物质性的社会利益，并不是今天市井上把一切都归结于一个"钱"字的那种理解，而是

---

① 恩格斯：《自然辩证法》，《马克思恩格斯选集》第3卷，人民出版社，1995年版，第274页。但人类在何时出现的，考古学界和人类学界还没有十分肯定的结论。以前推测为大约在地质史的第三纪末和第四纪初，即距今约100多万年前。现在有人认为距今300多万年前。存在私有财产和阶级的社会历史时期，仅有5千年左右。研究原始社会的战争是一个有意义的课题，有待深入。

指作为社会的人所赖以生存和发展的全部客观实在，即既包括人类赖以生存和发展所必需的自然条件（如人口、土地、资源等），也包括人类社会历史实践过程中所创造的物质财富，还包括在此基础上发展起来的人类社会成员的心理需要（如归属感、自尊心和荣誉感、自我实现的需要等等），以及相应的社会需要（如人身安全，繁殖、养育和训练后代等等）。纵观历史，当人类不同群体的生存和发展，受到各种因素的限制时，就会发生矛盾争端，争执不下的结果往往就发生武装冲突（战争）。

长期以来，在我国学界存在一种观念，总是把战争看成是私有制和阶级斗争的产物，强调战争是政治的继续。这虽然确实能够解释人类历史上的不少战争，但在认识上过分强调则有一定的片面性。原始社会没有私有制和阶级，但存在着不同物质利益的群体，它们之间的利益冲突会引起战争。社会主义国家虽然消灭了私有制和剥削阶级，但不同社会主义国家之间（包括同一社会主义国家内的不同社会群体之间）也有不同的利益，它们之间的利益冲突也会引发武装冲突（战争）。

其实，战争与政治的结合，或者说战争之所以成为政治的继续，是人类社会发展到一定历史阶段的结果。在漫长的原始社会时期，人类的生存与发展的本能需要，直接地同自然的物质利益连在一起，战争的发生往往就直接和简单地由人类不同群体的物质利益冲突引发，不存在什么政治的继续。以后随着生产力的提高，人类的活动能力和范围增强和扩大，物质利益冲突也越来越复杂化。从私有制以及阶级和国家出现之后，人类不同群体复杂化的物质利益冲突就上升为（或曰集中为）政治矛盾，并形成为意识形态的矛盾。战争就逐渐脱离原始自然的直接物质利益冲突，转而依附于政治，成为解决国家与国家、阶级与阶级、集团与集团之间矛盾的最高斗争形式，成为政治的一个特殊部分（即成为政治的特殊手段，也就是我们通常所说的："战争是政治通过另一种手段——即暴力——的继续"）。但是，如果我们再深入一步探究：政治的基础是什么？政治的最终目的是什么？那我们就会发现，政治归根到底要落脚到物质利益上。这也就是马克思主义所说的：政治是经济的集中体现。从战争发生的根源来说，"政治"只不过是"战争"与"物质利益"之间的"二传手"。我们可以用这样一个公式来简单表述：物质利益矛盾——→政治机制抗争——→军事形态冲突。

历史上一切冲突的根源是生产力状况及其交往的形式。当人类社会的生产力不够发达时，社会不可能有足够丰富的物质财富满足整个人们的普遍需要，而且其发展水平又很不平衡，人与人之间、群体与群体之间就必然产生矛盾，形成物质利益冲突。在这种情况下，为了维持一定的社会物质生活秩序，就会形成一定的、适合于当时的生产力状况的生产方式和分配方式，并在此基础上形成一定的政治上层建筑（包括意识形态）来保护和巩固它。这样，一方面就在人类各个不同群体（不同的集团、阶级、民族以至不同的国家）之间，形成一定的物质利益界限，使大家具有某种共同遵守的利益规范，以免在冲突中同归于尽。这就具有抑制冲突的作用。但另一方面，这种不同物质利益界限的存在，又必然会发生变动和带来矛盾，并由此产生冲突和引发战争。因此从历史唯物主义的观点来看，人类社会战争的发生、发展、演变及其走向消亡，最终在于人类物质生产的发展。从根本上说，只有人类社会生产发展达到极高的程度，物质财富以及在此基础上的精神财富能够充分满足不同人群的广泛需要，并由此而形成了新“人”时，人类社会的战争才有可能逐步走向消亡。

总之，“每一历史时代的经济生产以及必然由此产生的社会结构，是该时代政治的和精神的历史的基础。”[①] 战争也是这样。该节的以下两个部分，就是这种认识的案例分析：石油因素与第二次世界大战的胜利；“经济力量”与德、日法西斯的失败。

二、石油因素与第二次世界大战的胜利

随着科技的发展和社会的逐渐现代化，物质资料的构成也发生了很大变化，石油越来越具有重要的地位。占有石油的多寡，不仅对人们的常规生活带来极大的冲击，而且对于现代战争产生巨大的影响。正如斯大林讲过的，石油“是生命攸关的问题，因为谁拥有更多的石油，谁就能在未来的战争中占指挥地位。谁拥有更多的石油，谁就能指挥世界的工业和商业。自从各先

① 恩格斯：《1883 年德文版序言》，《马克思恩格斯选集》第 1 卷，人民出版社，1995 年版，第 252 页。

进国家的船只改用了马达发动以后，石油就成了世界列强在平时和战时争夺优越地位的命脉了”。[①]

在第一次世界大战中，协约国帝国主义集团之所以能胜利，其中原因之一就是因为占有一定数量的石油。法国福煦将军就曾洋洋自得地说过，我们有充足的石油，“否则我们就会输掉这场战争”。英国寇松勋爵也引用过一句石油企业家常说的一句话：“协约国是乘着石油的浪潮驰向胜利的。”

第二次世界大战与石油的密切关系，同样可以说是在世界战争史上空前未有的。美国海洋专家杰拉尔德·J. 贡曼曾讲过：“第二次世界大战期间石油产品的需求量之大，实在异乎寻常，它简直成了一个决定胜负、生死攸关的大问题。”[②] 它不但在很大程度上影响了第二次世界大战的爆发与初战，而且更大程度上影响了第二次世界大战的进程。

(一) 石油因素与同盟国初战的失利

轴心国发动侵略战争的目的是争夺世界霸权，这是毫无疑问的，但在战略方向的选择上，进攻什么国家和地区则是有所考虑的。保护或夺取战略物资，达到其“以战养战”的企图，则始终是轴心国的既定方针。

法西斯国家战略物质的匮乏，是他们发动侵略战争的动因之一。[③] 据“霍斯巴赫备忘录”记载，希特勒在 1937 年 11 月 5 日讲过，经济问题乃是日本和意大利扩张欲望的基础，对德国来说，“经济上的困窘也同样变成了推动力”。[④] 就在德国进攻波兰前十天的一次高级将领会议上，他又讲了发动侵略战争的这种“理由”：“经济情况迫使我们没有别的选择，我们必须行动。”[⑤]

初战的胜利，并没有从根本上改变法西斯德国经济上的困境。当然，德

---

① 斯大林：《联共（布）第十四次代表大会，中央委员会的政治报告》(1925 年 12 月 18 日)，《斯大林全集》第 7 卷，人民出版社，1958 年版，第 230 页。

② 杰拉尔德·J. 贡曼：《美国海军政策》，海洋出版社，1982 年版，第 242 页。

③ 德意日战前石油只有英法美产量的 1/52（德、意、日 3.5 百万吨，英、法、美 1710 百万吨）。

④ 《世界史研究动态》，1982 年第 7 期，第 221 页。

⑤ 利德尔-哈特：《第二次世界大战史》，1971 年纽约版，第 198 页。

军横扫欧陆，掠夺了不少被占领国的资源，但由于战争中不断的大量消耗，空、潜、舰、机械化部队和大批人力一起高速“转动”。使得德国的石油、钢铁、粮食很快捉襟见肘，尤其是石油，使希特勒伤透了脑筋，逼得他不得不改变自己的军事战略，加快走上历来德国军事家最忌讳的“两面作战”的老路。

1940年6月28日，当德军正在法国境内与英法军队大战时，苏联为了建立防止法西斯侵略“东方战线”，占领了罗马尼亚的比萨拉比亚和北尔科维纳，这对希特勒来说是一个沉重的打击。因为希特勒把罗马尼亚油田看作是德国石油的供应来源，况且当时海外石油来源已被切断。7月29日，他对约德尔谈起，如果德国试图占领罗马尼亚油田，那就有可能不得不同苏联作战。随即调往波兰两个装甲师和十个步兵师，以作对抗。1941年1月19日，希特勒曾对墨索里尼说：“以前俄国根本算不上什么危险，因为丝毫也不能危害我们，不过，现在处于空军时代，来自俄国和地中海的空袭，可使罗马尼亚油田变成一片黑烟滚滚的废墟，而这些油田正是轴心国的命脉。”[①]

希特勒对于高加索的油田、乌克兰的粮食更是垂涎欲滴。苏联石油的丰富是世人有目共睹的，有人估计苏联石油蕴藏量约为50亿吨，年产达2800万吨左右，而巴库油田的产量就占苏联原油供应的2/3，相当于欧洲轴心国石油产量的两倍半（轴心国1941年的产量约为1200万吨）。[②]尽管希特勒的攻苏有种种“偏见”，然而一个重要的企图是想取得苏联巨大的石油资源与其他战略资源，“替德国战时经济服务”，以彻底击败英国并展开对美国的斗争。[③]这个意图不仅在希特勒的作战命令中有明确的记载，当时的美国报纸《纽约时报》也清楚地看到了这一点。1941年6月26日（即德军进攻苏联后的第4天）《纽约时报》的社论中写道：“德国在俄国取得迅速而全面的胜利，将是英国和美国的最大悲剧，这种胜利能够使希特勒不理睬英国的封锁，而且在很多年内保证自己的石油和粮食供应……然后占领印度，占领近东的一些油田，同日本结成暂时的同盟来占领中国，并从两大洋威胁美国。”

---

① 利德尔-哈特：《第二次世界大战史》，1971年纽约版，第17、204页。

② 博·黑恩贝克：《石油与安全》，商务印书馆，1976年版，第204页。

③ 瓦尔加：《战后资本主义经济之变化》，上海生活书店，1947年版，第179页。

正如后来西德军事研究协会评论的："英国对欧洲的封锁愈加紧，则俄国的丰富的矿业资源对德国的工业也就变得愈重要，同样的，俄国的粮食生产对于德国人的供应也是如此。……于是，也就使他（指希特勒）决定要在其自己所选定的时间中对俄国发动攻击。"[①]

在亚洲，毛泽东对日本曾一针见血地指出："日本国度比较小，其人力、军力、财力、物力均感缺乏，经不起长期的战争。日本的统治者想从战争中解决这个困难问题。"[②] 为此，日本发动了侵略朝、中的战争，初战却并未解决日本的根本问题，反而加重了其经济恐慌。美国日本史研究专家 F. C. 琼斯说：由于中国没垮台，加上航运又不可能，日本对中国资源的掠夺就极不便利。[③] 另一美国作者科恩也分析出了其中的原因：运不出，就地炼铁块，"也遭到了惨败"。[④] 苏联作者也指出："虽然日本占领了中国的大片领土，战争也给日本造成了严重的经济紧张状态。"[⑤]

当然也应看到，日本对中国的独占和对印度支那的独吞触犯了美国、英国和荷兰的利益，美国带头在经济上采取了一些措施。为此，日本想另找出路，曾向荷政府提出"保护"荷属东印度的要求，但遭荷兰拒绝。[⑥] 日本并不死心，又利用德国在欧洲虎视眈眈、杀气腾腾之机，向荷兰政府提出了锡、橡胶和石油等 13 种重要物资及其数量，要求其保证对日输出，结果又没达到目的，反而带来的是美、英、荷的全面禁运。

日本深感石油问题必须亟待解央。日本政府仔细计算了石油的消耗量，当时石油储藏量仅 940 万吨，国内每年能开采的石油仅 40 万吨，能生产的

---

① 西德军事研究协会编：《第二次世界大战决定性会战——德国人的见解》，台北版，第 197 页。

② 毛泽东：《论持久战》（1938 年 5 月），《毛泽东选集》第 2 卷，人民出版社，1991 年版，第 448 页。

③ F. C. 琼斯·休顿、R. B. 皮尔斯：《1942 年的远东》（上），第 25、105 页。

④ 科恩：《战时和重建时期的日本经济》，美国：明尼苏达大学出版社，1949 年版，第 12、116、117 页。

⑤ J. H. 波斯佩洛夫主编：《苏联伟大卫国战争史》（6 卷本），苏联：国防部出版社，1960 年版，第 348 页。

⑥ 日本国际政治学会太平洋战争原因研究部：《走向太平洋战争之路》第 9 卷，朝日新闻社，1963 年东京版，第 72—74 页。

人造石油也只有30万吨，而“当时日本每年需要大约500万吨石油，其自给能力不过只有10%”。① 如果不进口，不到两年，石油库存即将消耗殆尽。没有石油，日本三军就会寸步难行，那就只好唯英美阵营是听了。况且当时情况越来越严重，仅1941年4—9月的半年时间，石油库存就已减少了1/4。而据日本军部估计，仅中国战场就要三年才能结束战争。

面临这种危机局面，日本“南进派”势头大增，各界纷纷发出呼吁：南进！在最短的时间内打败英美，尽快夺取东南亚富饶的产油区。当时的军令部长永野修身直接向裕仁天皇表示：有了三国同盟，就不可能调整对美邦交，从而断绝了石油来源，这样下去，眼前仅有两年的贮藏量，倘若打起来，一年半就消费罄尽，与其坐待石油逐渐枯竭，倒不如先发制人，除此别无他途。这种呼吁马上得到实施，1941年10月17日，东条内阁应运而生，11月5日就“决心对英美荷开战”，“以死中求生”。12月8日日本袭击了珍珠港，揭开了太平洋战争的序幕。毫无疑问，发动太平洋战争的最主要的直接因素之一就是石油。

曾亲身参加袭击珍珠港和中途岛海战的日本海军军官渊田美津雄和奥宫正武在战后分析日本战略时认为，日本与英、美等国“如此大规模的冲突显然是一场旷日持久的斗争，在这场斗争中拥有充足的战略自然资源，将是决定最后胜负的重要因素。尤其是日本应该迅速取得石油，这是现代战争的头等重要的支柱。所以石油对于制定日本战争初期的战略是一个最重要的因素。后来，促使日本决定打仗的，恰恰也是石油”。② 这一结论是符合实际的。东条英机在1941年1月21日帝国议会的演说也从另一面印证了这一事实。他说：“指导帝国目前正在进行中的大东亚战争的关键，一方面在于确保大东亚的战略据点，另一方面在于把重要资源地区收归我方管理和控制之下。”③

在意大利，墨索里尼一直为石油的缺乏而搜肠刮肚。意大利的海军力量在意大利三军中是最强大的，然而墨索里尼却从未让其大规模出动，根本的

① 服部卓四郎：《大东亚战争全史》，原书房，1975年东京版，第43页。
② 渊田美津雄、奥宫正武：《中途岛海战》，商务印书馆，1980年版，第30页。
③ 张继平等编：《第二次世界大战史》，甘肃人民出版社，1984年版，第331页。

原因是燃料油的补给完全不足。由于意大利的石油来源不足，加上其海军从1935年起就是战时编制，物资过早消耗，又得不到充分的补充，到1940年6月，海军库存的燃料油只有大约180万吨，那时估计海军在战争状况下每月平均需用燃料油20万吨。[①] 面对这种困境，墨索里尼除了亲自向希特勒发出呼吁，要求帮助接济原料和燃料外，也像德日一样，妄图通过扩大战争来夺取石油。1940年夏秋之间，意大利乘法国败降，攻占了英法在非洲的殖民地，原因概出于此。1940年10月12日，墨索里尼知道希特勒未通知他，就占领了意大利早已垂涎的罗马尼亚，大为不快。他对自己的女婿、外交部长齐亚诺说："希特勒总是把既成事实放在我们面前，这一次我要以其人之道还治其人之身。他将从报纸上发现我已经占领了希腊。这样，平衡才能重新建立起来。"[②] 随之意大利于10月20日向希腊发动了进攻。这次进攻也与石油的运输和争夺有直接关系。

我们知道，第一次世界大战的战场实际上只局限于欧洲一隅，而第二次世界大战的战场却远远超出了这个范围。除了中国、太平洋、欧洲、北非和地中海地区这几个重要战场以外，战斗在陆地、天空、海洋全面展开，几乎波及全球。发生军事行动的地区的面积广达2200万平方公里，等于第一次世界大战的五倍半。世界大多数国家的人民都卷入了战争的旋涡，有80%以上的人口都直接或间接地参加了这次战争，使这次战争真正具有世界性质。究其根底，轴心国的这种为争霸夺取资源，尤其为夺取石油而扩大战争，使战火越烧越大，不能不算其动因之一。

战争的规模越大，给人类带来的浩劫越巨。由于轴心国发动并扩大的这次战争使人类每小时要付出的代价约3500万马克，全世界因战争而遭到的损失约达1.35万亿美元。战争中总共死了5500万人，伤3450万人，失踪300万人，总计近1亿人，超过了第一次世界大战的三倍。对人类历史上的这一空前浩劫负责的当然并不是石油本身。石油固然可以被利用来杀人，但它同样可以给人类带来利益。可诅咒的应是帝国主义、资本主义制度，是发

① 布加拉丁：《地中海海战——第二次世界大战中的意大利海军》，海洋出版社，1982年版，第3页。

② 加莱阿佐·齐亚诺：《齐亚诺日记（1939—1943）》，商务印书馆，1983年版，第348页。

动这场人类灾难的法西斯政权、法西斯主义及其那些法西斯罪魁。

（二）石油“武器”与同盟国最后的胜利

法西斯的侵略行径，使世界人民更进一步认清了法西斯的本质，他们团结起来，同仇敌忾，运用石油这种有力的武器，与其他因素相结合，阻止住了轴心国法西斯继续扩大战争的企图。

同盟国是怎样有效地运用了石油这种“武器”呢？

首先，利用了石油优势，全速开动战争机器，短期内生产出了超过轴心国的武器装备，并且很快地用到了反侵略战争中。

轴心国的“闪电战”在战争初期确实给同盟国以重大损失，但并没有打掉民主国家人民的反抗意志和资源优势。经济力量对比，也不弱于法西斯国家。据苏联经济学家瓦尔加统计，到 1941 年，德国及其占领区的石油每年生产不到 14 万吨，盟国则为 2000 万吨。丘吉尔在日本偷袭珍珠港后讲过：据他所见，英帝国、苏联，现在又加上美国，具有两倍或者甚至三倍于敌人的力量。斯大林也在 1942 年 11 月 6 日指出：“如果从人员后备和物质资源的观点来考察这两个同盟的力量对比问题，那么不能不得出结论说，在这方面英苏美同盟无疑占着优势。”[①]

此时的盟国已不是以占据优势而沾沾自喜，而是以优势为基础开始了战争动员。他们一方面扩大石油生产，同时利用石油优势加紧军备生产。在苏联，由于社会主义制度的优越性，能够做到动员全国力量抗击敌人。在英美，战时领导也能担起战争的责任，加快了军工生产步伐。美国为了使石油能保证供应，还专门成立一个石油管理局，由内政部长兼任局长。英国的丘吉尔更是大权独揽，用一切办法让石油为战争服务。

丘吉尔在一次演说中说，英国在 1938 年只能生产 400 架飞机，到 1942 年 11 月，在军备上“已有一切必要的东西”。[②]“直到 1940 年 6 月，美国在物力、人力以及心理上对战争还没有思想准备”，甚至行动上也没有很好准

① 斯大林：《伟大的十月社会主义革命二十五周年》（1942 年 12 月 6 日），《斯大林文选》，人民出版社，1962 年版，第 316 页。

② 焦敏之著：《苏德战争史——苏联怎样战败德国》，郭沫若序，光明书局，1947 年初版、1950 年四版，第 234 页。

备。在1941年时，由于武器不够，新入伍的陆军士兵还只能“用扫帚把当步枪，用锯木头的架子代替反坦克炮进行训练”。[①] 经过动员，美国很快成为了民主国家“名副其实的军火库”。[②] 苏联不仅短时期内做到了“动员全国力量抗击敌人”，[③] 而且保证了比德国规模更大的军工生产和各种供应。据斯大林统计，1943年以后的三年中，仅苏联一国，最重要的武器生产水平已超过了法西斯德国。[④]

盟国的军工生产之所以能在短时间内很快超过轴心国，其他原因姑且不讲，与拥有丰富的石油储备和石油资源有直接关系。因为有充足的燃料作动力，才能使各种机器高速运转，物资及时调拨周转，保证武器的数量和质量；因为有石油作为人造橡胶和润滑油的原料，才能使汽车、大炮、装甲车及时装上轮子，使各种战争机器保养得好，并及时被送上前线阻止轴心国的入侵。

其次，有效地实行了石油禁运，切断轴心国的石油动脉。

毋庸置疑，开战初期，英法美等国由于推行“绥靖政策”，在石油等战略物资上给了轴心国或明或暗的大量供应，使得轴心国得以发动战争并取得战争初期胜利。当英法美搬起“石头”砸在自己脚上，使战火烧到自己头上的时候，不得不主动与苏联等国结成广泛的反法西斯统一战线——这一被人称为“超国家的行政机构”。[⑤] 在这个机构管理下，一方面共同决定对轴心国断绝一切战略物资包括石油及其产品供应；另一方面对轴心国占领的油田和石油设施、仓库进行了有效的破坏，如迈科普油田的设施，都尽可能地被撤走的苏联人民摧毁了。德军占领此地后，尽管费了九牛二虎之力，也没有

① 《世界史研究动态》1981年第11期，第2页。

② 舍伍德：《罗斯福与霍普金新》（上册），商务印书馆，1980年版，第313页。

③ 伊万诺夫主编，军事科学院译：《战争初期》，上海译文出版社，1979年版，第250页。

④ 斯大林：《伟大的十月社会主义革命二十五周年》，《斯大林文选》，人民出版社，1962年版（内部发行），第451页。

⑤ 威廉·哈代·麦克尼尔著，叶佳译：《美国、英国和俄国——它们的合作与冲突(1941—1946)》（下册），上海译文出版社，1978年版，第1146页。

使之产生大的效能。[①] 1943年8月1日，盟军第十五航空队对普洛耶什蒂油田的一次空袭，就烧毁了5万吨左右的原油和精炼能力的50%，这就给德国从罗马尼亚进口石油造成很大困难。[②] 最重要的是同盟国对轴心国运输线的严密封锁和对商船队的有效攻击。1939年，德国已拥有一支效率高的现代化商船队，它的船相当新，机械化程度较高，速度快，加上战争开始后，德国又夺取了大批客、货油船（估计战争中共夺取挪、丹、荷、比、法、希、南、英、苏客、货油船共3191只，达330.7223万吨位），使之如虎添翼。盟国实行有效的海上封锁后，就没有发挥多大作用。除少数几艘船只有能力突破盟军布下的封锁线外，所有行驶国外的远洋航行都放弃了。在战争的其余时期，商船仅限于从西班牙和瑞典装运某些重要的作战物资、军需品，以及在办得到的地方维持沿海的贸易，以便减少内河运输网的负担。[③]

据丘吉尔回忆，1942年9月，英国空军在北非、地中海特别注意袭击敌人的运输船队。向北非运输给养的轴心国船只到10月份就有40%被击沉，汽油损失达66%。到秋季的4个月里，轴心国的船只损失达20万吨以上。这对隆美尔的军队来说，是一个严重的打击。[④]

这种对海上运输的成功封锁，对德国、意大利打击十分沉重。“因为封锁立即造成了某些原料的缺乏，其中最重要的是燃油和橡胶”。[⑤]

在太平洋上，依靠海军作战的日军由于盟军对其实行海上封锁，从南方殖民地和占领区资源的进口急遽减少，以至于完全断绝。美国战略轰炸调查团的统计曾从侧面证实这个问题。[⑥]

---

① 阿诺德·托因比、维罗尼卡·M. 托因比编，孙基亚译：《希特勒的欧洲》（上册），上海译文出版社，1980年版，第300页。

② 博·黑恩贝克：《石油与安全》，商务印书馆，1976年版，第204页。

③ 阿诺德·托因比、维罗尼卡·M. 托因比编，孙基亚译：《希特勒的欧洲》（上册），上海译文出版社，1980年版，第408—409页。

④ 丘吉尔：《第二次世界大战回忆录》第4卷，商务印书馆，1975年版，第528页。

⑤ 阿诺德·托因比、维罗尼卡·M. 托因比编，孙基亚译：《希特勒的欧洲》（上册），上海译文出版社，1980年版，第409—410页。

⑥ 日本历史学研究会编：《太平洋战争后期》，《太平洋战争史》第4卷，东洋经济新报社，1954年版，第86页。

第三，直接运用石油武器打击和阻止了敌人的进攻。

如果说同盟国在经济封锁方面比较成功的话，那么在直接运用石油武器打击和阻止敌人进攻上做得更有成效。这不仅体现在护航的成果上，而且体现在同盟国互相援助上；不仅体现在对重点石油地区和产地的保护上，而且体现在决定第二次世界大战结局的决定性战役上。

太平洋战争爆发后，盟军在对轴心国进行全面封锁的同时，对石油重点产区实行了重点保护。在各方面实行了武装护航，在陆地开辟了一条又一条交通线，保证兵员和战略物资互通有无。为使中东殖民地和石油不被轴心国夺去，英军不惜代价出兵占领并守住了中东地区，坚持1942年在北非登陆。美国之所以后来也同意北非登陆，除了自身安全和争霸考虑外，也想夺取石油资源。据罗斯福儿子伊利奥回忆，1943年1月22日晚上，罗斯福在宴请摩洛哥、苏丹客人时说摩洛哥可能有很大的藏油量，曾让苏丹和几家美国的大公司订立合同，委托他们来实行开发。①

从波斯通往苏联的陆上交通线虽有间断，但确实为苏联送去了不少战略物资，曾受到斯大林的赞赏，在这方面英军也有其贡献。1941年8月29日，丘吉尔给斯大林的信中曾提到这个问题，“我们进入波斯的目的，不仅在于保护油田，而且要开辟一条敌人无法切断的通往俄国的路线”。② 这样做的结果，逐渐拉开了战备物资供给的比例差距。据统计，在开战的第一年中，从美国运去的石油相当于一战第一年的80倍。③ 尤其在油料的补给方面，轴心国与同盟国之间的差距更大。仅以日美苏三国为例，1942年以后，日本为2000万吨，美国为8.5亿吨，苏联为1.2亿吨。美国为日本的42.5倍，苏联为日本的6倍。④

这样巨大的差距，给轴心国的军事侵略带来了厄运。莫斯科战役、斯大林格勒战役、瓜岛战役、阿拉曼战役就是明证。

---

① 伊利奥：《罗斯福见闻秘录》，上海新群出版社，1949年版，第103—104页。

② 丘吉尔：《伟大的同盟》，《第二次世界大战回忆录》第3卷，商务印书馆，1975年版，第683页。

③ A. 马努克扬、K. 柯查列兹：《资本主义石油市场》，财政经济出版社，1956年版，第15页。

④ 日本《兵器与技术》杂志，1981年8月号。

德军在莫斯科战役的失败，是德国法西斯在开战后所遭到的第一次大失败，迫使德军防御。苏军之所以能在莫斯科给德军以迎头痛击，无疑与战争的正义性、苏联的社会主义制度、军民的同仇敌忾、苏联共产党和以斯大林为首的军事领袖的英明指挥这些因素相关，而强大的经济力量因素，尤其是石油也起了很大作用。据德国军事研究协会透露："由于缺乏燃料和冬季油料，所以装甲车和摩托化车辆都不能行动，而无线电台也都无法工作，使这个集团军的补给能力维持一种可以接受的水准，每天需要 26 列车的物资。但在这个紧急的阶段中，每个能到达的列车通常都不超过 8 列，最多也只有 10 列。"这样"就其全体而言，补给情况已经陷于瘫痪"，"在以后的战斗中，局部的撤退往往会变成张惶失措的溃败"。①

著名的斯大林格勒战役，被人们称为第二次世界大战的转折点。希特勒发动这个战役，除了要破坏这个工业中心，卡住交通枢纽，还想"夺取高加索油田和进入高加索山区的隘口"。② 德军统帅部认为，如果占领了南方的工业中心，以及高加索的石油资源，就会彻底摧毁苏联的力量。1942 年 4 月 29—30 日，在德意两国元首会谈中，德方在谈到东线即将发动的攻势矛头是指向高加索油田时，里宾特洛甫说：一旦苏联石油告罄，苏联便要屈膝投降了。夏季攻势发动前夕，希特勒对进攻斯大林格勒的德军第六集团军司令鲍留斯将军讲得更彻底，"如果我拿不到迈科普和格罗兹尼的石油，那么我就必须结束战争"。战争一开始，德军很顺利。8 月 8 日，占领了年产 250 万吨石油的迈科普油田，但设施已被苏联人破坏，使德军无法开采。8 月 25 日，德军坦克部队距格罗兹尼四周的最大油田中心只有 50 英里，距黑海也仅 100 英里。8 月底 9 月初，向高加索进攻的元帅李斯特发起攻击，但并未得手。总司令鲍留斯被俘，残部投降。究其原因，德国学者认为"决定因素还是燃料的缺乏"。③ 这样讲未免言过其实，有为德军开脱之意，但不可否认德军燃料因供应不上对这次战役失败的结局所产生的影响。鲍留斯的 30 万军队，在 12 月 12 日被苏军围困时，

① 联邦德国军事研究会编：《第二次世界大战中的重要会战》，台北版，第 15 页。

② 特雷弗罗珀编：《希特勒的作战指令》（1939—1945），1964 年伦敦版，第 117 页。

③ 联邦德国军事研究会编：《第二次世界大战中的重要会战》，台北版，第 15 页。

如果燃料充足，坦克跑得会更快，不会每天仅逃 40 公里，也不会那么快全军覆灭。

瓜达卡纳尔岛战役，是太平洋上日军中途岛海战失败后，决定日军海空军前途的战役。在这次战役中既是日美双方海军的一次较量，也是陆、空军的一次较量，更是双方经济力量的一次较量。持续半年的瓜岛战之所以以日军的惨败而告终，除了战略、战术上指挥有误外，美军的经济力量给日军以很大打击。日本承认："争夺瓜岛的海空军战如今已呈现消耗战的状态。日本海军缺乏军工生产的后盾，海空战力与美国相比每况愈下，其烦恼日甚一日。"①

阿拉曼战役曾被丘吉尔评价为："它实际上标志着命运的关键。"② 英军为什么胜利？德军为什么会失败？燃料油问题起了很大作用。德军在北非发动进攻的目的是征服埃及，控制苏伊士运河，席卷中东大油田，继而北上进攻高加索，与苏联境内南下的德军会师。为了打赢这次战役，英美政府曾做了巨大努力。据战后有人统计，盟军在北非登陆的那一年，即从 1942 年 11 月 8 日起到 1943 年 11 月 7 日止，运往法属北非的货物共有 940 万吨，而其中将近一半，即 470 万吨的货是石油产品。③ 而德军燃料油供应则相对不足。当时隆美尔梦想突破阿拉曼防线，但至少缺几千吨汽油。后来隆美尔自己总结这次进攻失败的原因时讲："汽油是完成我们计划至关重要的条件，但没有运到。卡瓦莱罗（意军总参谋长——作者注）已经许诺的有些汽油船被击沉了，有些耽误了，而另一些油船甚至还没有起航。此时凯瑟林（德军驻意总司令——作者注）可惜也未能遵守他的诺言——在紧急时期一天空运五百吨到前线。"④

战争史告诉我们，谁的后备多，谁的力量来源多，谁在人民群众中更能得到支持，谁就能在战争中取得胜利。同盟国战时具有优势的石油资源和储

---

① 服部卓四郎：《大东亚战争全史》，原书房，1975 年东京版，第 343 页。

② 丘吉尔：《第二次世界大战回忆录》第 4 卷，商务印书馆，1975 年版，第 541 页。

③ A. 马努克扬、K. 柯查列兹：《资本主义石油市场》，财政经济出版社，1956 年版，第 15 页。

④ 《第二次世界大战史》（周刊连载），英国帕内尔出版公司，第 39、1068 页。

备及其有效的利用，就使得同盟国经受得住重大挫折的考验，一经真正动员起来，不仅能保持后方战略物资源源不断运往前方，也有条件回过头来阻止住敌人的进攻，并最后消灭敌人。

综上可见，战争与“经济力量”是密不可分的。但也必须指出，“经济力量”的含义是指两个内容“人和武器这种材料”。如果我们把石油当作一种武器，在战争中，石油占有的多少，可以对战争的整个进程及其结局产生重大影响。正如马克思形象比喻的：“刺刀尖碰上了尖锐的经济问题会变得像软绵绵的灯芯一样。”然而，战争的胜负不能仅从物质这一方面看，关键“取决于居民的质与量”。世间一切事物中，人是第一个最宝贵的。物质多少固然重要，但主要应看人的主观能动性。毛泽东说得好：“战争的胜负，固然决定于双方军事、政治、经济、地理、战争性质。国际援助诸条件，然而不仅仅决定于这些；仅有这些，还只是有了胜负的可能性，它本身没有胜负。要分胜负，还须加上主观的努力，这就是指导战争和实行战争，这就是战争中的自觉能动性。”从第二次世界大战史实中可明显看出，初战时，轴心国石油缺乏，他们能胜，不能不认为他们冰中刮炭、节流开源做得有效果；英法美初战败北，不能不归结于其推行“绥靖政策”、当轴心国“嗷嗷待哺”时送去滚滚原油及其产品的结果。1941 年后，轴心国接连失败，从其领导人对石油与其他战略物质的过于追求方面寻找根蒂，不难窥见“石油”这一武器所产生的作用；同盟国能阻止住法西斯的强攻，也与其领袖们正确地运用石油这一武器有直接关系。

三、经济力量与德日法西斯的失败[①]

同盟国与德、日法西斯在第二次世界大战中的胜、败，是由综合因素促成的结果。而“没有什么东西比陆军和海军更依赖于经济前提”。[②] 马克思

---

① 意大利法西斯在第二次世界大战失败的研究作者欠深入，这里暂缺其内容。

② 恩格斯：《反杜林论》(1876 年 9 月—1878 年 6 月)，《马克思恩格斯选集》第 3 卷，人民出版社，1995 年版，第 510 页。

曾形象地比喻道："刺刀尖碰上了尖锐的经济问题会变得像软绵绵的灯芯一样。"①

（一）战争初期德日法西斯猖獗一时的经济前提

20世纪的上半叶，法西斯主义在世界上曾猖獗一时。意大利墨索里尼法西斯主义、德国希特勒法西斯主义、日本军国主义曾在欧、亚、非横行霸道。意大利把地中海沿岸许多国家囊括其中；德国形成了"第三帝国"，它的武装部队统治的地区，从大陆欧洲的大西洋海岸一直延伸到高加索山脉的西北端，从挪威北部的北角一直延伸到利比亚沙漠；日本的军队于1941年12月7日—1942年5月，在不到半年的时间里，迅速占领了北起阿留申群岛，南到澳大利亚北岸，西迄印度洋东岸，东达中途岛的广大地区。

德、日法西斯在第二次世界大战初期取胜的原因很多，如军事的高科技应用、注重突然袭击、被侵略国家疏于防备、西方的"绥靖政策"推动、组成轴心国等等，均是重要原因。而德、日此时，有一定的物质基础和一时的超过其敌对国军事实力的事实不能忽视。

根据丘吉尔的说法："在战争爆发前的这一年里，德国的军火生产的总产量可能比英法两国合起来的产量最少超过一倍，或可能超过二倍。"② 另据计算，这一年德国军火生产的产量，超过英国的24倍。这种超过英法两国之和的军事工业的优势，使得德国能于1940年5月纠合起136个师（包括10个装甲师与7个摩托化师）的总兵力，在1558架轰炸机、1290架战斗机以及24500门大炮的掩护下，一举击溃有103个师（包括7个轻装甲师）和1300架第一线作战飞机的英法联军而取得了欧洲战争的初期胜利。③

日本南进战略实施时，曾集中了将近40万人的陆军（15个师团）、1600架飞机（其中有500架是以航空母舰为基础），向资本主义世界的主要

---

① 马克思：《反革命在维也纳的胜利》（1848年11月6日），《马克思恩格斯选集》第1卷，人民出版社，1972年版，第317页。

② 丘吉尔：《风云紧急》，《第二次世界大战回忆录》第1卷，商务印书馆，1975年版，第302页。

③ 丘吉尔：《最光辉的时刻》，《第二次世界大战回忆录》第2卷，商务印书馆，1975年版，第27—29页。

大国——美、英、法、荷发起了挑战。

德国与日本本来是资源小国，何以能使之军事实力如此膨胀，并取得初战的胜利呢？从经济战略和政策的角度分析，至少有三方面的因素值得关注：

第一，对内的搜刮。从希特勒上台之日起，法西斯德国就通过国家预算、发行公债、通货膨胀、没收犹太人的财产、建造“人民汽车”、建造“力量富于喜悦”的轮船、修筑汽车大道等名目榨取工人、农民的血汗钱、工人福利费，甚至残废军人抚恤金和职工保险费的基金，有100亿马克被无理剋扣，[①] 从而搜刮并集中了很大一部分国民收入与财富用于军事工业。据统计，1933—1939年间，德国国民收入总额共计3801亿马克，而同一时期，希特勒政权从人民身上就榨取了1592亿马克，占国民收入总额的39%。同时大力压缩其他一切开支，大力扩大军费开支。1933—1939年，德国的军费总开支共计900亿马克，占同期国家支出总额的60%以上，[②] 其结果，军事工业扶摇直上。

从1927年3月日本爆发金融危机开始，日本政府就通过“紧缩财政”、猛增税收、通货膨胀、增加工人劳动时间等方法来解脱危机，使之搜刮并集中了很大一部分国民收入与财富用于军事工业，促使军事工业扶摇直上。

第二，西方的“绥靖政策”。当德国遍体鳞伤地退出一战之后，帝国主义集团出于争霸和消灭共产主义的需要，千方百计地从各个角度扶植其兴起，大批的美元、英镑、战略物资源源不断地涌向德国。据统计，仅1923年的“道威斯计划”实施后的7年中，德国就得到外国贷款和投资326亿马克。美国资本集团投资了10亿美元，英国约2亿马克。[③] 这样不仅使之重新成为经济大国，而且使德国的军事实力恶性膨胀。

列宁说过，“日本……没有别国的帮助，它无论在财政上或军事上都没

---

① 阿柏特·诺而登著，矛弓翻译：《德国历史的教训》，生活·读书·新知三联书店，1958年版，第172页。

② 阿柏特·诺而登著，矛弓翻译：《德国历史的教训》，生活·读书·新知三联书店，1958年版，第172页。

③ 维纳·洛赫：《德国史》（下册），生活·读书·新知三联书店，1980年版，第961—962页。

有独立行动的能力”。[①] 第一次世界大战结束后，西方列强对日本采取“绥靖政策”。它们不仅怂恿日本侵占朝、中，而且直到太平洋战争爆发前，一直在给日本输送战略物资，使得日本经济力大增，军事实力恶性膨胀。

第三，仰仗对外的掠夺。第二次世界大战的一个显著特色，是由一系列局部战争走向席卷全球的世界大战。之所以形成这一特点，原因之一就是德、日经济实力处于相对较软弱的地位，需要通过对外掠夺“以战养战”的方式来增进自己的经济与军事实力。

希特勒在1939年5月23日的一次秘密军事会议上就公开宣布：“不侵略外国的领土，不夺取它们的资源，就不可能解决德国的经济问题。”[②] 而“绥靖政策”的又一严重恶果，也在于助长了法西斯德国聚敛财富、增强实力。据统汁，仅仅由于兼并了奥、捷两国，德国的劳动力就增加了17.9%，铁产量增加了34.6%，钢产量增加了11.6%，电力增加了10%，赛璐珞增加了4.2%，水泥增加了13.5%，石油增加了11.3%，铁矿石增加了1/3，锰矿石增加了1/4，并且还占有了产量占全欧产量1/4的捷克锑矿。除此之外，德国还向两国掠夺了价值1.05亿美元的黄金储备。占领捷克，又极大地增长了德国的军事实力。当时捷克的斯科达兵工厂，是仅次于德国克虏伯的欧洲第二大兵工厂，该厂于1938年8月至1939年9月生产的武器便等于同期英国备兵工厂产量之和。捷克作为欧洲大陆的第5大军事强国所拥有的大量军事装备，几乎是完整无损地全部移交给了德国，包括飞机1382架，高射炮501门，重型大炮2175门，装甲车469辆，机关枪43810挺。1937年底，希特勒的战略设想原来计划要到1943—1945年以后才能对英法宣战，他之所以提早到1939年9月发动战争，究其原因，就在于兼并了奥、捷，极大地加强了德国的经济和军事实力。1941年6月德国之所以胆敢进攻苏联，继又进入了与美国交战的状态。这与其说是依赖于德国经济、军事实力的继续增长，倒不如说是依赖于对大半个欧洲的征服与掠夺。由于兼并了波、丹、挪、比、荷、法六国，德国的钢产量增加到了3180万吨，铁产量

① 列宁：《共产国际第二次代表大会》，《列宁全集》第31卷，人民出版社，1958年版，第198页。

② 列·库达科夫：《现代国际关系史》，世界知识出版社，1958年版，第436页。

2420万吨，煤产量27500万吨，原油开采量（产油国罗马尼亚沦为附属国）156.2万吨，人造汽油4116万吨。另外，还直接掠夺了铜135万吨，铅2万吨，锡0.95万吨，镍0.9万吨，液体燃料880万吨。德国对被占领国家的财政掠夺也达到很大规模，1939—1940年及1940—1941年的两个财政年度内，这一数字共计446亿马克。而同一时期，德国国家预算收入的总额不过是844亿马克。由于占有了被占领国家的兵工厂，德国的军火产量猛增，飞机的年产量达到2.55万架，坦克与装甲车的年产量达到1.21万辆，从而使德国才可能于1941年纠集一支数达190个师共550万人（包括附属国军队）的庞大兵力进攻苏联。

自卢沟桥事变到珍珠港事件四年多时间内，日本从中国以及朝鲜的被占领区掠夺去的物资达5390万吨，日本正是依靠内外掠夺，使之战争力量急剧膨胀。

（二）战争中后期德日法西斯“刺刀尖”逐渐“变软”的经济动因

毛泽东说：“战争的胜负，固然决定于双方军事、政治、经济、地理、战争性质、国际援助诸条件，然而不仅仅决定于这些；仅有这些，还只是有了胜负的可能性，它本身没有分胜负。要分胜负，还须加上主观的努力，这就是指导战争和实行战争，这就是战争中的自觉的能动性。”①

战争初期，同盟国遭受了极大的损失，但后来逐渐由被动转变为主动。究其原因，轴心国与同盟国资源的悬殊和动员的早晚与成败在其中产生了重要影响，使之攻守易位。

1942年夏季，第三帝国达到最大范围，这片辽阔的地区的潜在资源总数非常巨大，假若法西斯德国最大限度利用的话，世界历史怕是另一番不可想象的景象，问题是他们不肯也不能这么做。甚至下令“总动员”也在斯大林格勒战役之后。

为什么希特勒政府不肯及早“总动员”呢？

首先，德国法西斯虽企图征服全世界，但从战争头一天起，心中便萦绕

① 毛泽东：《论持久战》（1938年5月），《毛泽东选集》第2卷，人民出版社，1991年版，第478页。

着一个阴影，怕爱好自由的各国人民联合，怕德军抵挡不住盟国的军队。因此他们解决矛盾的方法之一是趁各国未能实现联合之际，马上集中强大的兵力逐一各个击破。表现在外交上就是大搞挑拨离间，在世界上大放“和平”烟幕，而不去过早地进行公开的总动员，尽可能晚地暴露其实质，达到其一比一战争，最后全部吃掉的目的。

其次，在一比一战争的条件下，他们自以为事先已积聚了足够的军需品和第一线军队，依靠这些和“闪电战”即可以使第一次打击成为决定性打击的手段，所以无需过早总动员。这样当法西斯德国正准备发动一场侵略战争时，尽管他们深知本国的经济力量极端脆弱，但迷信现有的军事力量，不听别人的劝告，不肯进行“深度”的武装。当德军轻而易举地在法兰西战役中取得决定性胜利后，就更增添了他们的这种颠狂野心，甚至在战争两次延长下去时也仍然如此。第一次延长，是由于未能如愿打赢不列颠战役，而在对德军发布的节日命令中（1941 年 1 月 1 日），就预言“将取得”德国历史上“最伟大的胜利”。第二次是进攻苏联，“鸡还没孵出来就先点数目”，也是提前宣称布尔什维克主义已被粉碎，彻底消灭只不过是时间问题。甚至在 1941—1942 年，法西斯德国大吃败仗，美国也已参战时，希特勒的经济和政治顾问们还未能说服他着手在德军所占领的生存空间内充分动员其资源。

第三，除了希特勒政府恐惧联合国家的力量，迷信自己暂时的军事力量外，对其控制下的各被压迫的人民亦不放心。现代的战争，不仅需要庞大的军队，而且需要后方人民的动员，把全国人民都卷入战争，使全国的经济都为战争服务。希特勒政府不敢相信德国和其他各国人民都愿为他们作战，为他们牺牲，同时又怕总动员后一旦把一切财力与物力消耗殆尽，又来一次像 1918 年的德国十一月革命事变。那次教训使他们每每忆起都不寒而栗，因而不敢过早总动员，只是到 1942 年斯大林格勒战役的失败，才迫使希特勒下了决心总动员。而希特勒唯恐人民明了处境的险恶，到此时还不肯发布削减民用消费的措施，使后勤供应更加恶化。

其实，尽管法西斯德国政府实行了“总动员”，由于他们始终进行的是不义的侵略战争，对外烧杀抢掠，无恶不作；对内敲骨吸髓，草菅人命。希特勒匪帮实行的这种“吃人生番的政策，使得世界各国人民都起来反对德国。在各国共产党的领导下，此时在法西斯德国的后方已形成了反对法西斯的第二条战线，与盟国的军队一起直接冲击着法西斯的“新秩序”，使法西斯匪帮顾此失彼，当然不能进行有效动员。虽然希特勒为挽救危机，于1944年2月，任命了有能力的军备军火生产部长施佩尔，也曾使军备生产不断上升。但这仅是杯水车薪，由于不能获取多余的人力物力，根本无法使前线的巨大损失得到应有的补充。

正如阿诺德·托因比所评论的：“鉴于当时德国已经失去了多么大一部分一度归它所有的外国资源，以及德国国内当时正遭受着多么严重的轰炸，应当认为：施佩尔的功绩是卓越的。但是，到他取得这种成绩时，情况已经很清楚，这是白费力气了。因为，这时原料的缺乏——这个问题一直像摩克里斯的剑那样高悬在希特勒的脖子上——正十分严重地暴露出来，而德国生产能力灾难性地一落千丈，也正使当时缺乏原料的影响变本加厉。事实上，到了1944年秋季，情况已经一清二楚，德国已经觉得自己无力把这场战争再支撑上几个月了。”①

日本法西新在“盛极”之时，也曾建立过一个规模很大的殖民帝国。拥有石油、铁矿、锡、有色金属和稀有金属、橡胶以及各种种植园作物等丰富资源。假若这些被日本政府称为“资源圈”、“补给圈”的一切加以充分利用的话，日本法西斯的失败决不会那么迅速。问题是他们并没有，而且不能够这么做。

与德国法西斯不同，为了实现自己的野心，日本在其“共荣圈”内进行过不断的动员，在一定范围内甚有效果，使日本的武器生产在1944年达到历史的最高峰。然而，在这种增长的同时，煤、生铁、钢铁、铝等基本物资的生产开始锐减，消费物资的生产完全陷于崩溃的状态。

这种生产过早崩溃的原因何在呢？也就是说，为什么日本战时政府不能够充分利用其占有的人力和物力资源呢？

盟军在日发动太平洋战争后，加强了海上封锁，使日本从南方殖民地和占领区资源的进口急遽减少，以至于完全断绝；日本垄断资本间相互的对立

① 阿诺德·托因比、维罗尼卡·M. 托因比编，孙基亚译：《希特勒的欧洲》（上册），上海译文出版社，1980年版，第15页。

斗争，促使日本政府不可能充分利用他们占有的资源；作为日本盟国的德意两国并未、也不可能给其必要的援助等，均为重要原因。

然而，最根本原因乃是发动和不断扩大的侵略战争本身。一方面，战争从经济上讲，就等于国家把自己的一部分资本白白扔到水里。因此，战争经济的继续，牺牲了非军事生产部门，基础工业以及建立在它们之上的军需生产也必然逐渐缩小。促使日在“九一八”事变以后，国内经济发生了多次危机。日政府为了摆脱危机，在占领区内加强“以战养战”的掠夺政策，他们破坏了旧的经济体系，并没有建立即使能维持沦陷区主要经济部门的简单再生产的新的经济体系，并没有能够把那些经济统一成一个经济整体。遇到的尽是“被占领区人民反对掠夺的绝对无法压抑的抵抗”。结果，必然是原料输入的急剧减少。不能根本解决这些危机，只会不断加剧危机。另一方面，不义战争给日本人民带来的无比痛苦，促使劳动生产率的低落。日本人民的缺勤、怠工、劳动纪律松弛现象日趋严重。名古屋的一个大飞机制造工厂，1944 年的缺勤率平均达到 26%。爱知县的飞机制造工厂，曾出现平均缺勤率达到 65%的情况。这种劳动生产率的低落，使日战时经济危机更加严重。正如日本人自己所评论的：“日本虽然控制了资源丰富的广大地区，却没有把这种丰富的资源迅速变为军事力量的经济力和政治指导力。”以至于后来不仅使“劳动力枯竭，人民甚至得不到维持动物般生存所需要的那种程度的消费的情况，意味着整个经济已经从基础上开始瓦解，即使利用现有的储备把武器生产提到了较高的水平，但是这种生产的寿命，至多也不能超过几个月”。①

法西斯轴心国的敌手，“非侵略的民主国家加在一起，无论在经济方面和军事方面无疑都比法西斯国家强大。”②

然而，同盟国的这种经济和人力上的巨大潜力，在第二次世界大战中不是立即表现出来的。英、法、美在战前虽然有着的明显优势，但并没有积极

① 日本历史学研究会编：《太平洋战争后期》，《太平洋战争史》第 4 卷，东洋经济新报社，1954 年版，第 34、66 页。

② 斯大林：《在党的第十八次代表大会上关于联共（布）中央工作的总结报告》（1939 年 3 月 10 日），《斯大林文选》（1934—1952），人民出版社，1962 年版（内部发行），第 215 页。

备战，用在防御法西斯的入侵上，而是钩心斗角，尔虞我诈；大搞“绥靖政策”，祸水东引，使统一战线不能及时建立，同盟国没有统一的协调计划，力量分散。法西斯德国则乘机疯狂地扩军备战，使自己的军事优势很快超过了对手，“德国以凯旋式的行进踏遍了整个欧洲，一举击败了被认为头等军队的法国军队”。① 迫使英军在敦刻尔克大撤退。社会主义苏联面对军事实力暂时优势的德国，一方面对德军的突然袭击缺乏足够的认识，另一方面在欧洲没有反对德国法西斯军队的第二战场，促使苏德战场爆发后的头五个月里，苏军节节败退，伤亡惨重，瞬间社会主义的苏联受到了民族存亡的严峻考验。尽管如此，军事的暂时失败并没有摧毁这些国家人民的反抗意志，经济力量对比也还不弱于法西斯德国。据苏联经济学家瓦尔加统计，到1941年，德国及其占领区的石油每年生产不到1000万吨，盟国则为2000万吨，前者在1941年前每年产钢4000万吨（1941年减少），盟国23000万吨。丘吉尔在日本偷袭珍珠港后讲过：“据我所见，英帝国、苏联，现在又加上美国，他们……具有两倍或者甚至三倍于他们的敌人的力量。……大不列颠和合众国的海军力量曾经大大优于——而且现在仍然大大优于——三个轴心国联合在一起的舰队。”②

这种明显的优势就使得同盟国经受得住重大挫折的考验，一经站稳脚跟，不仅能保证后方支援源源不断，更有条件回过头来战胜敌人。后来，同盟国进行了有效的动员。主要体现在以下两点：

第一，同盟国“尽管它们的政治制度和意识形态各不相同，所有交战的强国都已转变成为‘从事战争的公司’”，“在每一个国家里，战争真正变成了总体战”。③ 动员了超过法西斯国家的人力和物力。

当德国法西斯的军队打败法国、不列颠面临着入侵威胁时，日本偷袭美国的珍珠港后，法西斯德军入侵苏联时，这些国家很快都实行了总动员，采

① 斯大林：《伟大的十月社会主义革命二十五周年》（1942年10月9日），《斯大林文选》（1934—1952），人民出版社，1962年版（内部发行），第310页。

② 丘吉尔：《伟大的同盟》，《第二次世界大战回忆录》第3卷，商务印书馆，1975年版，第540、552页。

③ 亨利·米歇尔：《第二次世界大战》（上册），商务印书馆，1981年版，第4—5页。

取了许多有力的措施，如：严格控制工业生产；大力征召尤其是大量妇女为战争服务，扩大入伍的年限；延长劳动时间；严格控制民用消费等等。到1943年以后，英国就“为国内或战场上的为战争服务的工作，动员了比起在这次战争或以前的任何一次战争中世界上任何国家在人口中占更大比例的男子和妇女”。[①] 据英国政府的资料，从1939年6月起至1944年6月，应征入伍和从事工业劳动者增加了350万人。全国14岁到64岁的男子，已动员了93.6%；14岁到59岁的妇女，已动员了44.4%。在1600万适龄妇女中，有710万人参加了生产或在军队中服役。其中有200多万妇女是第二次世界大战时期初次参加劳动的。[②] 在军备上“已有一切必要的东西”。[③] 军队人数由1939年的50万增加到1943年的950万人（包括自治领的300万），民兵1940年已有100多万人。飞机1938年每月仅能生产400架，1941年底每月已能生产2000架，到1944年7月共造了10.3万架。大炮由1941年的每月3万门增加到1942年的4—4.5万门。坦克制造速度也较快，到1943年已生产了2.5万辆。[④] 舰只增长速度此时也超过了损失吨数。

美国的成绩也很可观。军队最高数字曾达1400万人，物质上成了“名副其实的民主军火库”。[⑤] 飞机生产1942年一年就达4.8万架，超过了德意日三国同期生产的总和，到1943年4月，每月就达7000架；坦克在战时四年中生产了7.5万辆；自动推进炮，1943年一年就制造了2.22万辆。到了1945年时，美国在海上行驶的船只已达3600万吨之多，[⑥] 超过了德意日船只总和。

① 丘吉尔：《伟大的同盟》，《第二次世界大战回忆录》第3卷，商务印书馆，1975年版，第454—455页。

② 《英国纪事》第10期，伦敦版第3页，1954年1—2月。转引自弗·格·特鲁汉诺夫斯基：《英国现代史》，第366页。

③ 丘吉尔1942年11月的演说，转引自焦敏之著，郭沫若序：《苏德战争史——苏联怎样战败德国》，光明书局，1947年初版、1950年四版，第234—236页。

④ 丘吉尔1942年11月的演说，转引自焦敏之著，郭沫若序：《苏德战争史——苏联怎样战败德国》，光明书局，1947年初版、1950年四版，第234—236页。

⑤ 舍伍德：《罗斯福与霍普金新》（上册），商务印书馆，1980年版，第313页。

⑥ 安德烈·莫鲁瓦：《美国史——从威尔逊到肯尼迪》，上海人民出版社，1977年版，第286页。

苏联的成就更显著。不仅短时期内做到了“动员全国力量抗击敌人”,[①]而且保证了比德国规模更大的军工生产和各种供应。据统计，从1943年以后的3年中，苏联最重要的武器平均年产量为：坦克和自动炮已达到了3万多辆，飞机4万架，大炮12万门，迫击炮10万门，机枪45万挺，其他物质源源不断。同时期，德国军工生产的平均年产量仅为：坦克和自动炮1.88万辆，飞机2.6万架，大炮3.53万门，迫击炮2.12万门，机枪27.6万挺。显而易见，仅苏联一国，此时最重要的武器生产水平已赶上而且超过了法西斯德国。

第二，这种有效的动员已超出了一国或一种社会制度的范围。为了消灭法西斯，在世界上建立了广泛的反法西斯统一战线，并组成了被人称为“超国家的行政机构”。[②]

在这个机构管理下，英美1942年1月成立了联合参谋长委员会，联合原料委员会和联合船舶调度委员会，1942年6月又成立了联合生产与资源委员会和联合粮食委员会。苏联在华盛顿和伦敦各设一个专管物资供应的大型代表团，具体指导和调配战时的人员、物资、武器和船舶。虽然矛盾重重，斗争激烈，但却使各盟国战时的生产、物资的分配、人力的运用、战场的选择都起到了比起法西斯德国集团来讲极大的发展和灵活的运用。如在军需品生产问题上，由于联合生产与资源委员会的领导，各国的专门化方面确实有相当程度的发展：加拿大承担建造反潜艇的小型护卫舰，这使美国船厂摆脱了这一任务；英国承担为驻扎在英国本土的美国部队提供兵营和其他设备；美国人承担规模足以供给所有盟国的各种武器的生产（商船、运输机、原子弹则为最显著的例子）；苏联则向盟国提供了不少战略物资。为使盟国的优势充分合理的应用，除了把战略重点放在欧洲，然后是其他战场外，盟国还创造了有名的“互助”措施：美国向其他盟国采用了“租借法”，英国实行了“逆租借法”，苏联则运用了“议定书”的方法，越过了许多障碍，使盟国不至于因支付的手段而延误了消灭法西斯。战时的大同盟为战胜共同

---

① 伊万诺夫主编，军事科学院译：《战争初期》，上海译文出版社，1979年版，第250页。

② 威廉·哈代·麦克尼尔著，叶佳译：《美国、英国和俄国——它们的合作与冲突(1941—1946)》(下册)，上海译文出版社，1978年版，第1146页。

主要敌人——德国法西斯作出了大可称道的贡献。

同盟国为什么敢于动员，而且取得那么大的成就呢？

苏联作为社会主义国家，代表着最先进的生产关系，代表着最广大劳动人民的利益，当法西斯匪帮这伙代表着最反动、最残忍的剥削阶级利益的外敌企图扼杀这种新生制度的时候，以斯大林为首的苏维埃政府立即动员人民群众以及一切物质资源，去捍卫社会主义制度和自己的阶级利益就是必然的了。苏联人民长期以来体验到了社会主义制度的优越性，当然会一呼即应，以极大的热忱、无比的毅力，投入到凡是能为消灭法西斯作出贡献的各行各业中，保证了军需供应，而且很快超过了敌人。

英美等国作为资本主义国家，面临着严重的民族危机，广大人民理解到这是关系国家存亡的大事，因此在战时愿意与政府有效的合作，对于政府的一些措施一般还表示支持。这是英美等国敢于动员并在战时取得巨大成就的根本因素。当然不能抛开其他重要的因素，如苏联人民抗击法西斯入侵给他们赢得的宝贵时间等。

（三）1945 年德日法西斯最后覆灭的经济因素

轴心国与同盟国资源的悬殊和动员的早晚及成败，对德日法西斯在战争中产生了许多严重的后果。

第一，经济问题迫使德、日法西斯不得不处处依赖“闪电战”、“速决战”，而不能作长期战争准备。

德日法西斯在经济上的脆弱，对手潜力的巨大，就导致其战略的制定者处处考虑到在自己经济条件和军事暂时优越的前提下，以最小的经济损失，尽量短的时间去达到最大的政治企图和经济野心。这样一来，“闪电战”、“速决战”这种战争的方法就被拿来当作它们在第二次世界大战中的主要作战手段。不仅战术上依靠它，而且被提到了战略的高度。

“闪电战”、“速决战”作为一种战术思想去指导现代战争，无疑有它的独到之处，它可以乘其不备、出其不意，集中优势兵力，速战速决，达到惊人的战役结果。法西斯德国之所以会在很短的时间内囊括欧洲大部，其中一个重要的方面不能不归结为采用了这种战术。

但把“闪电战”、“速决战”提到战略的位置，这是“绝对不合于战略原则”，是“根本大错”。[①] 战略总要考虑到战争的一个整个过程，它本身有很多因素促成，总有进、退、进攻、防守、胜时、败时，仅仅顾及一方面而不考虑另一方面，不能算是好的战略。况且一次战术的胜败并不能说明战略上已完全成功或失败，实质上相差甚远。把“闪电战”、“速决战”作为战略，就仅有进攻的一面，而没有防御的一面，只能打别人，不准备别人打自己。这样，赌注就会全押在打胜仗上，而不防备打败仗，并且往往会把战术的胜利作为战略上的胜利看待，结果战略上不去作长期战争准备，那么它们军队的下场只能是遭到更大的打击，并会产生连锁反应，甚至会一溃千里。

德国闪击苏联的历史很能说明这个问题。当 1941 年 6 月 22 日法西斯德国进攻苏联时气势汹汹，也没有半年以上的战争准备，仗还没打，希特勒就幻想：“俄国军队在德国军队第一次打击下，就将遭到失败，比法国军队 1940 年的失败更为惨重。”[②] 还没把莫斯科攻下，“1941 年秋天，希特勒下令减少战时生产，开始恢复原状，他认为战争实际上已经结束了”。[③] 其实苏联的优势并没有很好地发挥。结果苏联全民动员后一组织反攻，在莫斯科、斯大林格勒、库尔斯克顶住并消灭德军大量有生力量后，德国便在政治、经济、军事上产生了一片恐慌。希特勒不得不下总动员令和再次扩大战时生产，但他已失去了时间，苏联及其盟国已经进行成功的动员，敌后的反抗运动也蓬勃兴起，使之交通运输更加困难，后勤供应不上，“闪电战”失去了必备的条件，于是在 1943 年法西斯德国不得不公开放弃自己原来的“闪电战”方针。“……大吹大擂的‘闪电战’的妄谈，已为持久战是不可避免的沮丧号泣所代替。”[④] 而这种拼消耗的持久战是德国的经济绝对不能承担的，法西斯德国战争的前途就很显然了。

日军闪击中国也很能说明这个问题。“七·七事变”爆发后，日军并没

① 焦敏之著，郭沫若序：《苏德战争史——苏联怎样战败德国》，光明书局，1947 年初版、1950 年四版，第 72 页。

② C.A. 尤尼昂斯基等：《外交史》第 4 卷（上册），生活·读书·新知三联书店，1980 年版，第 182 页。

③ 阿诺德·托因比、维罗尼卡·M. 托因比编，孙基亚译：《希特勒的欧洲》（上册），上海译文出版社，1980 年版，第 299 页。

④ 斯大林：《最高统帅命令》（第 195 号，1943 年 5 月 1 日莫斯科市），《斯大林文选》（1934—1952），人民出版社，1962 年版，第 341 页。

有半年以上的战争准备，幻想三个月灭亡中国。当时的日本杉山元陆相甚至扬言“支那事变可以在一个月内完全结束”。结果，费了一年半的时间，投入总兵力的2/3以上也没解决，终于不得不采取“长期持久的态势”。而这种陷入泥沼般的长期消耗战是日本人力物力绝对不能承担的。当时，在华北派遣军中任参谋的加登川幸太郎这样写道：“现在回忆起来，笔者在任时，整个方面军一天平均死伤50名，50名虽不多，但一年就有18000人离开了战列，是大消耗战。”日军第11军司令官冈村宁次（即以后的侵华日军总头目）在1939年展望战争的前景时就哀叹“久则钝兵挫锐攻城则力屈”，惊呼“长期持久的战争对帝国有百弊而无一利”，“久暴师则国用不足”。日本在中国抗战的长期消耗下，加上盟军的打击，它的经济贮存逐渐减少。在无数战争消磨中，它的士气慢慢颓废，磨掉了锐气，把它拖得精疲力竭，一步步“使日本法西斯本身走上崩溃的道路”。

第二，经济问题加速了法西斯德军重蹈东西两线作战的覆辙，也是促使日本军国主义向美、英、荷、澳、印支诸国开战的主要原因。

德国的地理位置决定了德军绝不能两线作战，第一次世界大战失败的前车之鉴也曾促使法西斯德军竭力避免。虽然战争初期成绩不小，可最终还是陷入了这种“自杀步骤”，[①] 最后像其前辈一样在两面夹击中灭亡。究其本来力图避免而结果又不得不踏上这个“绝境”的原因，不外乎希特勒的“偏见”；希特勒一贯的反共产主义思想基础；希特勒对东方不放心，怕德攻英不下时苏联乘机西攻；希特勒关于打败苏联会使英国讲和的幻想（或者说是“把征服俄国作为最后解决英国的预习”）；突袭英国失败等等。另外还有一个重要方面就是经济问题。

众所周知，德国法西斯发动战争的企图之一，即为解决经济问题。希特勒为此曾不断唠叨，就在德军进攻波兰前十天的高级将领会上，他又讲了发动侵略战争的这种“理由”：经济情况迫使“我们没有别的选择，我们必须行动”。[②] 德军横扫欧陆之后，军力大增，经济上掠夺了大量的战略物资，

---

① 利德尔-哈特：《第二次世界大战史》，1971年纽约版，第194页。

② 威廉·夏伊勒著，董乐山、郑开春、李天爵译：《第三帝国的兴亡》，商务印书馆，2009年版，第278页。

但由于一则他还不肯过早总动员，二则这次战争的特点——大量的空、潜、舰、机械化部队和大批人力、资源投入战争，致使德国的石油、钢铁、粮食捉襟见肘，尤其是石油，可以说是希特勒进行战争的“命脉”，在他的很多次讲话中都体现出对此问题的关心。1940 年 6 月 28 日，当德军正在法境与英法大战，苏联为了建立防止法西斯侵略的“东方战线”，占领了罗马尼亚的比萨拉比亚和作为一笔“小小赔偿”的北布科维纳时，“这对希特勒比‘打一个耳光’还要糟糕，因为从此苏联逼进罗马尼亚的油田，而希特勒本来就把罗马尼亚油田看作是自己的供应地，因为当时海外石油来源已被切断。在其后几个星期中，他对这一危险越来越感到不安，唯恐这样会影响对英国的空袭。因而逐渐怀疑斯大林的意图。7 月 29 日，他对约德尔谈起，如果苏联试图占领罗马尼亚油田，那就有可能不得不同其作战”。[①] 随即调往波兰两个装甲师和十个步兵师，以作对抗。1941 年 1 月 19 日，墨索里尼拜访希特勒，在这次会晤中，希特勒并未透露他的进攻计划（1940 年 12 月 18 日希特勒已下达了巴巴罗萨方案），但意味深长地提起，他曾经接到苏联反对德军在罗马尼亚集结的一份强烈抗议书。以下一段话流露出了希特勒的“内心思想”：“以前俄国根本算不上什么危险，因为丝毫也不能危害我们；不过，现在处于空军时代，来自俄国和地中海的空袭，可使罗马尼亚油田变成一片黑烟滚滚的废墟，而这些油田正是轴心国的命脉。”[②] 希特勒对于高加索的油田、乌克兰的粮食更是垂涎欲滴，在 1941 年 5 月 2 日的备忘录中曾有希特勒的这样一段话：“战争可能继续下去，如果从战争的第三年起，全部武装力量将依靠俄罗斯的粮食来供应的话。”[③] 正如西德军事研究协会评论的：英国对欧洲的封锁愈加紧，则苏目的丰富的矿业资源对德国的工业也就变得愈重要，同样，苏联的粮食生产对手于德国人民的供养也是如此。于是也就使希特勒决定要在其自己所选定的时间对苏联发动攻击。可见，推动希特勒向苏联作掠夺进攻的动机之一，是意图把苏联的，首先是乌克兰的粮食资源为战时德国经济服务。[④] 再者是，通过侵略苏联夺取高加索的石油

① 利德尔-哈特：《第二次世界大战史》，1971 年纽约版，第 198 页。

② 利德尔-哈特：《第二次世界大战史》，1971 年纽约版，第 204、208 页。

③ 瓦尔加：《战后资本主义经济之变化》，上海生活书店，1947 年版，第 179 页。

④ 瓦尔加：《战后资本主义经济之变化》，上海生活书店，1947 年版，第 179 页。

和其他矿产资源，巩固罗马尼亚的油田供应。

法西斯德国的这一调转枪口攻苏，就再也转不回来了。一方面，虽然法西斯德军在1941年冬季以前占领了苏联的大片领土，抢去了不少军用物资，却使英国赢得了时间，在美国与英国殖民地附属国大力支援下，很快充实了力量，取得了海军方面12倍和空军方面20倍于德国的优势，成为德军的劲敌，与美国一起，在东南欧、巴尔干、非洲开辟了新的战场，猛烈地轰炸德国本土，最后在法国西海岸开辟了第二战场，牵制了德军的有生力量，配合了苏军围歼德军。另一方面，大部分德国军队被拖入了社会主义苏联的人民战争的汪洋大海之中，攻不进、拔不出，不是被消灭，就是被俘虏。

同样，也是经济问题推动日本法西斯发动了太平洋战争。

日本的天然资源先天不足决定了其国策的制定者不止一次地申明，要想最终征服世界，必须按照一口口“吃掉”的方法解决。而到了1941年12月7日，日军没把中国这块肥肉全部吞掉，对苏联也未敢动分毫，却为什么要偷袭珍珠港，在太平洋上一齐发动了对美、英、荷、澳、印支诸国的进攻呢？除了德国的鼓励和鼓舞，中国的问题长期得不到解决，需到南方去转移国内不满的视线；对北进遭痛击的不寒而栗；南进势力的加强，东条英机上台等原因以外，还有一个重要方面就是经济问题。

日本法西斯发动战争的企图之一，即为解决经济问题。其结果并未能如愿以偿，反而使得国内经济危机日深。日本人心“思动”。日本政、军界纷纷提出呼吁：南进！日本参谋总长杉山元说：“中国事变照这样下去，没有解决的希望，只有向南伸出脚去。”松冈外相在美国鼓动英、荷对日全面禁运后讲：“如不触及对英美之关系，则从根本上打开对荷印关系毕竟几乎是不可能的。”当时的军令部长永野修身直接向裕仁天皇表示：“有了三国同盟，就不可能调整对美邦交，从而石油来源断绝，这样下去，眼前仅有两年的贮藏量，倘若打起来，一年半就消费罄尽，与其坐待石油逐渐枯竭，倒不如先发制人，除此别无他途。”10月17日，东条内阁应运而生。11月4日就“决心对英、美、荷开战”了。

然而，这一南进就再也不能光彩地回来了。日本南进的第一声枪响，使美、英加快了备战的步伐。日军的炸弹，不仅炸毁了美军海军基地珍珠港内的太平洋舰队的主力，而且炸开了美国“孤立主义”的沉闷空气。罗斯福要求国会拨出包括1089亿美元的军事预算时，“国会报之以雷鸣般的欢呼声，接着便拨出必要的款项”。并且推动了军工生产突飞猛进的进展。正如丘吉尔所说，日本“在太平洋上和占世界人口将近3/4的国家对抗，无疑是非常危险的行为”。“那么，对于年产钢只有700万吨的日本这样的国家，挑起与钢产量约9000万吨的美国作战，更是相当危险的事”，因为“美国的资源和美国的自由把他们团结起来，为了一个目标而共同努力，这一点无论是日本天皇的神威，墨索里尼的口才，或阿尔贝持·施佩尔的组织生产的天才都是不能比拟的”。

当然，日本迫使美国的提早参战，也从反面动员了世界人民组成了最广泛的统一战线，使其多方受敌，最终被世界人民扼死。

第三，经济问题加剧了德、日法西斯政府的统治危机。

在整个战争期间，德国法西斯为了贯彻“以战养战”这一“始终没有改变”的经济政策，对其被占领的国家和被统治的国家在实行惨无人道的政治压迫的同时，还进行了大肆掠夺。许多国家在饱受兵燹之后，又被盗走了大批对德国可能有用的东西，包括原料、粮食、牲畜、机器以及运输设备，各国在不同程度上都遭到了劫掠。据美国的不完全统计，在1940年到1944年这5年中，德国法西斯掠夺别国共达1040亿马克左右（按1939年的物价来估计），占这一时期德国国民生产总值的将近14%。① 仅1944年春计算，就有700多万外国人被法西斯德国征去做苦力。这种大规模的横征暴敛，使得许多国家生产大幅度下降，生活水平明显降低，各种东西严重缺乏，通货膨胀，有些国家的经济（如希腊）甚至全面崩溃。人民忍无可忍，展开了各种形式的斗争，不少国家发展为共产党领导下的游击战争，“这种在敌国心脏的特洛伊木马”，给德国法西斯以沉重的打击。

由于斯大林格勒战役后的转折，走下坡路的希特勒德国法西斯集团到

① 美国战略轰炸调查处、全部经济影响调查室：《德国的国民生产总值，1939—1944年》图2和图3，阿诺德·托因比、维罗尼卡·M. 托因比编，孙基亚译：《希特勒的欧洲》(上册)，上海译文出版社，1980年版，第448页。

1944年夏，已陷于山穷水尽、四面楚歌之中。尽管德国这时已实行了总体战，进行了总动员，把可以搜罗到手的人力、物力和其他后备力量都投入了战争。凡男子15—65岁、妇女17—45岁而尚有劳动能力的都被动员，所谓义务劳役制甚至扩大到65岁以上的男子和50岁以上的妇女。但劳动力以及燃料和各种矿产原料的严重缺乏，使整个经济体系陷入崩溃。到1945年2月，煤的产量降低到1944年的1/5，使铁路、发电厂和军火工业陷于瘫痪；由于汽油严重不足，战斗机大部分无法起飞、坦克不能开动，更加速了军事危机。经济体系的崩溃更使德国本土民用消费生产的指数急剧下降，从1938年的100下降到1945年的18—28。[①] 所有生活必需品供应都极为困难，人民生活愈益恶化，在德国工作的外国人生活更苦，每顿饭仅“有几瓣菜叶和几片萝卜的水一般的清汤”。[②] 人民大众对法西斯政权强烈不满，群众性怠工和逃避“义务劳动”成为了普遍的现象。在德国军队中，由于供应每况愈下，又不断打败仗，失败主义情绪日趋严重，军心涣散，士气不振，士兵投降和逃跑的愈来愈多。尽管希特勒一再颁布严酷禁令，但无济于事。这种“无声的暴动”促使法西斯统治陷入更严重的危机。

战争给广大劳动人民带来了无比灾难，却为德国战争巨头和垄断资本家提供了暴富的大好时机。战争时间越长，占领的地方越多，他们就愈能得到更大的利益。战争期间，资本在5000万马克以上的大公司，由63个增加到108个，它们的资本总额均扩大了一倍，柏林国家大银行的存款额，在战时分别增加了一倍和三倍。同实力强大的老财阀并列，出现了一批法西斯的新财阀。德国法西斯第二号头目赫尔曼·戈林的康采恩的兴起，就是一个显著的例子。这个在20世纪30年代靠剥夺犹太人产业和盗窃国库起家的新康采恩，通过大规模掠夺占领国的财产，财力急剧增长。1941年它的资本达到25亿马克，1943年再上升为60亿马克，从而成为德国和欧洲最巨大的康采

---

① 樊亢等编著：《主要资本主义国家经济简史》，人民出版社，1973年版，第283页。

② 阿诺德·托因比、维罗尼卡·M. 托因比合编，孙基亚译：《希特勒的欧洲》(上册)，上海译文出版社，1980年版，第395页。

恩之一。[①] 但随着战争失败的阴影一天天加剧，法西斯德国已成了“镜花水月”，他们的生财之道眼看要化成泡影，就想用“换马”的方法来挽救危机，加紧了打倒希特勒的密谋，并曾于1944年7月20日派人行刺，虽未遂，但也引起了希特勒集团内一片恐慌。到了1945年之后，连希特勒的法定接班人戈林和得力干将希姆莱也背离了希特勒，致使显赫一时的第三帝国的元首只落得个在地狱中与戈培尔的“鬼魂”相对而泣的结果。为此，阿诺德·托因比曾惊叹：“纳粹内部的这场倾轧，以何种惊人的程度损伤了德国的作战，助长了德国那些敌人的胜利。”[②]

在整个战争期间，日本军阀建立的所谓“大东亚共荣圈”，其实是惨无人道的政治压迫和大肆掠夺。1937年到1945年的军费开支27%是靠对占领地区的直接掠夺，例如1938年6月开始的不到5个月的时间内，日军就在中国的台湾搜刮金制品20多万件，约合黄金22.10756万两，大米总产量的一半要运往日本，台湾的九家糖厂全被日方所操纵。这种罕见的倒行逆施，使得被侵占国人民拿起武器，与侵略者展开了各种形式的斗争，给日本侵略者以沉重的打击。

由于中途岛、瓜达卡纳尔岛海战的转折，到1944年夏，走下坡路的日本军国主义集团已陷入四面楚歌之中。尽管日本这时已多次进行了总动员，“国家管制遍及日本的整个经济”，把可以搜罗到手的人力、物力和其他后备力量都投入战争，但并没能解除日本的困境。由于劳动力以及燃料和各种矿产原料的严重缺乏，加上美军对日本五个工业中心的轰炸，使得日本整个经济体系陷入崩溃。到了1945年6月日本的粮食危机已经达到了十分恶劣的程度。军事当局甚至提出杀老弱病小而解决粮食问题。据当时大阪府警察局长的证言，这时候，全国粮食不足，并且本土将要成为战场，军事当局决定，“老、幼、病、弱有全部杀掉的必要。不能让日本与这些人同归于尽”。为此，极大影响了日本人民的情绪。美国战略轰炸调查处的总结报告中写道：“在1945年7月，68%的人认为日本的失败是不可避免的，几乎有同样

---

① 樊亢等编著：《主要资本主义国家经济简史》，人民出版社，1973年版，第281页。

② 阿诺德·托因比、维罗尼卡·M.托因比编，孙基亚译：《希特勒的欧洲》（上册），上海译文出版社，1980年版，第8页。

多的人感到他们已无力再继续进行战争了。”在日本军队中，由于供应每况愈下，又不断打败仗，军心涣散，士兵和居民不愿“玉碎”，成立了著名的“反战同盟”，1944年改名为“日本人民解放联盟”，当时的参加者已达千人。这种无声和有声的暴动促使日本法西斯统治陷于更严重的危机。

战争给广大人民带来了无比灾难，却为日本战争巨头和垄断资本家提供了暴富的大好时机。战争的规模越大，占领的地方越多，他们就愈能得到更大的利益。新、老财阀得到的利润，从1937年到1944年间分别增长到18—34倍，加强了他们在日本经济中“独霸”的地位。但随着战争失败的阴影一天天变浓，日本胜利已成了“镜花水月”，他们的生财之道眼看被停滞，就用频繁“换马”的方法来挽救危机。1944年7月东条内阁被他们逼退，继任的小矶国昭内阁也找不到出路，维持到次年4月就又垮台了。铃木贯太郎上台组织了“战败内阁”，但也仅仅是昙花一现。足见统治阶级内部的倾轧达到了何种炽烈的程度。虽然他们还高喊“宁可玉碎”，但人力、人心、经济力、军事力已枯竭，高喊只能是歇斯底里。况且希特勒、墨索里尼的“鬼魂”已经在西方相隅而泣，并不能帮助日军阻挡周围世界人民的围歼。结局很明显——只好投降。

回顾第二次世界大战的历史，我们觉得恩格斯的论断很有道理：“暴力的胜利是以武器的生产为基础的，而武器的生产又是以整个生产力为基础，因而是以‘经济力量’，以‘经济状况’，以可供暴力支配的物质手段为基础的。”①

第二节 革命的内涵与经验教训

一、革命的内涵和作用②

革命，一般认为具有根本意义的广泛、深刻的质变。广义看，革命表现

① 恩格斯：《反杜林论》(1876年9月—1878年6月)，《马克思恩格斯选集》第3卷，人民出版社，1995年版，第509页。

② 该部分的某些内容汲取了梁守德、洪银娴所著《国际政治学理论》一书的研究结论。

为多领域的质变，即经济、政治、思想文化和科技的质变等等，如经济革命、政治革命、思想革命、文化革命和科学技术革命；狭义说，革命专指社会革命，即社会制度和社会体制的质变。社会革命是历史发展的火车头，其最深刻的根源就是生产力和生产关系的矛盾、经济基础和上层建筑的矛盾。这种革命区分为国内革命和国际革命。

在阶级社会，社会革命是阶级斗争的集中表现，最典型的是资产阶级革命和无产阶级革命。革命本是一国内部事务，当它走向世界，就变成国际革命，主要是由殖民主义、帝国主义和霸权主义造成的。帝国主义世界体系和法西斯全球称霸，将革命从国内现象变成国际现象。号召和推行国际革命原意是用来对付帝国主义世界体系和世界战争的。帝国主义的阶级压迫和殖民统治必然激起无产阶级和被压迫民族的反抗，用武装革命对付反革命挑起的战争。面对帝国主义战争的威胁，世界人民的态度，一是不怕，二是反对，三是用革命相对抗。只要帝国主义发动战争，那就别怪世界人民搞革命。

无产阶级革命根植于垄断资本主义的生产关系和生产力发展矛盾的尖锐化，是帝国主义侵略政策和战争政策的产物。资本主义大工业创造了无产阶级革命的现实条件，国家垄断资本主义是无产阶级革命的物质准备，向社会主义过渡的“入口”。帝国主义战争异常地加速了垄断资本主义向国家垄断资本主义转变的过程，从而使人类异常迅速地接近了社会主义。帝国主义和帝国主义战争是社会主义革命的前夜。无产阶级革命是绝大多数人为了绝大多数人的利益的革命，它要消灭人剥削人的一切形式，推翻一切剥削集团的统治，建设新的社会主义经济。任何战争都是政治的继续。帝国主义战争是这样，无产阶级革命战争和民族解放战争也不例外。无产阶级革命战争是无产阶级解放政策的继续，民族解放战争则是殖民地半殖民地民族解放政策的继续。其中以俄国十月革命、亚洲的觉醒、中国的民族解放战争和非洲的独立运动最为典型。

帝国主义最主要的特性之一，正在于它残酷统治和掠夺殖民地半殖民地人民，加速那里的资本主义发展，从而使反对民族压迫的斗争扩大化和尖锐化。由此得出结论：帝国主义往往要产生民族战争。帝国主义的侵略给殖民地半殖民地人民带来深重的灾难，但在客观上也刺激了民族资本主义的发展，武装了殖民地半殖民地人民，造成了帝国主义的对立物，为被压迫民族的解放斗争准备了物质条件和精神条件，并且教会他们如何进行斗争。这样，帝国主义就亲自在殖民地半殖民地为自己挖掘了坟墓，使民族解放运动和民族解放战争具有历史的必然性和历史的合理性。在帝国主义的殖民压迫和掠夺下，殖民地半殖民地先后呈现出一些新的因素和新的特征，其中包括：新的经济，即民族资本主义的产生和发展；新的阶级，即民族资产阶级和无产阶级的诞生；新的意识形态，即民族民主意识的传播。正是这些新的因素，奠定了民族解放运动和民族解放战争必然兴起的经济基础、阶级基础和思想基础。特别是帝国主义战争加深了被压迫民族的仇视，唤醒了殖民地半殖民地人民，把他们卷入国际政治生活，促进了民族解放运动的发展。

帝国主义是一个世界体系，帝国主义资产阶级是一种国际力量，帝国主义战争是一种国际行动。帝国主义世界体系和帝国主义战争不仅激起无产阶级革命和民族解放运动的广泛兴起，而且促进了它们的联合。生产力的发展和世界市场的存在，必然促使世界各国紧密联系在一起。欧洲的无产阶级革命和东方的殖民地革命必然联合为一条世界革命战线来反对世界帝国主义战线。为了反对世界帝国主义及其战争，无产阶级和被压迫民族必须加强联合。全世界无产者和被压迫民族联合起来，是著名的世界革命口号。世界革命不是同时发动、同时胜利，它只能是一个国家一个国家地进行。世界革命的直接目标是国际帝国主义，而不是所有的资产阶级。世界革命将通过许多国家脱离帝国主义世界体系的道路发展起来。由于帝国主义世界体系的存在，无产阶级革命不仅仅是国内阶级关系尖锐化的结果，而且也是民族矛盾发展的必然，它将是经过西方对整个东方进行剥削的道路来完成的。要推翻国际帝国主义的统治，只有依靠全世界无产阶级和被压迫民族的共同努力。在世界革命中，民族解放运动具有非常巨大的作用，它是摧毁帝国主义的决定性力量，是无产阶级获得自身解放的首要条件，是社会主义国家得以巩固发展的重要因素。世界革命的结局取决于占人类绝大多数的被压迫民族。无产阶级和被压迫民族从自身的解放出发，把革命作为历史的火车头和社会政治进步的强大发动机。这也是革命成为国际政治主题的关键所在。

迄今为止，社会革命，包括国内革命和国际革命，主要有两种形式，即暴力式革命和改革式革命。暴力革命，指的是无产阶级国内革命战争和民族解放战争。在帝国主义战争不可避免的形势下，暴力革命存在着历史的必然性。改革革命，指的是国际社会建立国际经济政治新秩序的变革。

为什么说在国际政治中改革也是一场革命呢？第一，社会革命包括社会制度和社会体制的变革，暴力革命可以一下子摧毁旧制度，改革也能逐渐使国际社会的旧体制旧秩序发生变化。第二，社会革命的核心是质变，暴力革命可立即实现质变，改革则通过量变达到质变。第三，社会革命的根本功能是解放生产力，发展生产力。暴力革命是这样，改革更是以解放和发展生产力为目的。

当今世界的新现象是改革盛行，对话与合作成为主要活动形式。面对帝国主义以殖民统治为特征的世界体系和帝国主义战争，暴力革命具有历史的必然性。战后亚非拉地区一系列新兴国家的独立，应该说是暴力革命的胜利结晶，也显示了非暴力的改革的功能。殖民统治的崩溃，改革的举措更加突出。暴力革命解放了国际社会的生产力，确立了主权国家的平等关系，改革也能解放生产力，增强新兴主权国家的经济实力，争得国际社会中更为平等的地位。从这种意义说，改革是一种革命，也是一种改良，对话与合作均属于改革的范畴。

长期以来，人们只是视暴力革命为革命，重视暴力革命，歌颂暴力革命，往往不分时间，不看形势，不讲条件，一味贬低改良，否定改革，把国际政治看成暴力革命政治、斗争政治，顽固坚持教条主义的偏见。事实上，“改革”是好事，不是坏事。它虽然不同于“暴力革命”，但也区别于“保守”。“改革”是要变的，是要前进的，但主张渐进，要求在量变中实现质变。“暴力革命”也是要变的，也要前进，但主张突变，要求翻天覆地式的质变。而“保守”则是鼓吹维持现状，不准变，不让前进。“改革”同“保守”是对立的，同“革命”则是一致的，都是国际政治向前发展的运动形式，都是强大的动力。在一定条件下，“改革”更能适应形势的发展，容易为绝大多数人所接受，其作用甚至比“暴力革命”还要大得多。

特别在今天，世界范围内争取和平与发展的斗争，就是一种改革，它正是世界形势发展的必然趋势，也是世界人民在新形势下的创造。许多方面的改革，如社会主义国家经济政治体制的改革、不结盟运动的兴起、第三世界变革国际经济旧秩序与建立新秩序的纲领和行动，开创了国际政治的新局面，是一个伟大的创举。

在今天，贬低改革，否定改革，就是贬低人民群众的创造，否定国际政治的进步，也就无法认清当今世界的新趋势。如果说，“革命”是历史的火车头，那么改革也是历史的火车头。我们在国际政治发展中要确立“双火车头”、“双动力”的新观念，为“改革”正名。邓小平说得好：改革是中国的第二次革命。[①]“改革的性质同过去的革命一样，也是为了扫除发展社会生产力的障碍，使中国摆脱贫穷落后的状态。从这个意义上说，改革也可以叫革命性变革。”[②]

但也不能把革命和改革庸俗化，言必称革命、改革。更不能采取教条主义和机会主义的态度，好像什么都是革命、改革，什么都可以革命、改革。社会主义的根本的东西就是要坚持，不能丢掉。如“四个坚持”就是这样。邓小平说，没有“四个坚持”，特别是党的领导，什么事情也搞不好，会出问题。出问题就不是小问题。社会主义市场经济优越性在哪里？就在四个坚持。[③] 中国和苏联都有这方面的经验教训，苏联表现得尤其明显。

二、十月革命胜利的原因及其经验

苏联解体后，许多著述探讨其中的深刻教训，其观点发人深省，警钟长鸣。但也有人出于各种目的，打着说“新话”的招牌，全盘否定苏联的历史，公开提出十月革命本身就搞错了，是“原罪”，“是一个病态的早产儿”，所以必然会垮台。如美国前总统国家安全事务助理布热津斯基说什么：“把一个犹太血统的德国移民知识分子在大英博物馆公共阅览室中苦思冥想出来的、一种基本属于西欧的思想，移植到一个相当遥远的欧亚帝国的准东方的专制传统之中，再由一个专会写小册子的俄国革命者来充当历史的外科手术师，其结果必然是荒诞不经的。”“共产主义是一种错误的尝试。”“俄国之所

① 邓小平：《改革是中国的第二次革命》（1985 年 3 月 28 日），《邓小平文选》第 3 卷，人民出版社，1993 年版，第 113 页。

② 邓小平：《对中国改革的两种评价》（1985 年 8 月 21 日），《邓小平文选》第 3 卷，人民出版社，1993 年版，第 135 页。

③ 中共中央文献研究室编：《邓小平年谱 1975—1997》（下），中央文献出版社，2004 年版，第 1363 页。

以奉行共产主义，并不是人民大众起义的结果，共产主义是由民主口号掩饰起来的少数人自上而下强加给俄国的。这一明显事实，就决定了共产主义此后的历史道路。”① 根据笔者的研究，大量的历史事实也表明，十月革命的胜利并不像布热津斯基等人所说的那样，起码是四个“了”综合作用的结果：俄国统治者再也不能照常统治下去了，俄国广大人民再也不能照常生活下去了，广大人民群众已经充分发动起来了，布尔什维克党已经成熟了。即革命首先是从帝国主义薄弱环节突破，十月革命正是在这样的薄弱环节中取得胜利的。这才是历史的真谛、历史的逻辑。弄清楚这一点，有正本清源的历史意义，又有确认中国革命胜利正确的深意，更有社会主义革命和建设应该如何搞、应该从中汲取哪些经验教训的本意。

（一）十月革命胜利的客观原因

十月革命的胜利，是俄国各种矛盾普遍激化与各种危机无法解脱的结果。

十月革命前，俄国是帝国主义各种矛盾的集中点，当政者不去缓和，反而采取了激化的政策。各种矛盾突出地表现在：

民族矛盾。沙俄大帝国的形成以及庞大的领土面积，是软硬两手并用的结果，但主要是靠武力兼并所取得的。这种横征暴敛，本来就在被吞并的民族中种下了仇恨的种子，沙皇政府又采取民族高压政策，推行大斯拉夫民族主义。沙皇政府特意把少数民族大多数男丁送到前线充当炮灰，大量惨死他乡。后来成立的克伦斯基临时政府仍不愿退出战争。民族矛盾空前激化。沙俄的 130 多个民族中，少数民族的人数占一半以上（当时俄国人口 1.5 亿左右）。一半以上的人们愤怒了，沙皇政府、临时政府还能照这样统治下去吗？沙皇政府就是在士兵哗变的直接推动下垮台的。被压迫民族的人民群起斗争。在中亚细亚的哈萨克斯坦，因反对征兵而爆发了民族起义，参加者达几百万人。

农民与地主的矛盾。列宁把沙俄定为“军事封建帝国主义”，重要表现

---

① 刘昀献：《10 年来中外学者关于苏联演变原因的述评》，《河南大学学报》2002 年第 1 期。又见《新华文摘》2002 年第 2 期。

就是大量农民与地主矛盾的客观存在。地主残酷压榨农民，在沙皇时期一贯如此，临时政府对此没有任何改变。使得农民与政府、农民与地主矛盾激化，反对征兵、夺取地主财粮、烧毁地主庄园的农民运动接踵而起。

资产阶级与地主农民的矛盾延续。正如恩格斯在1893年2月24日与考茨基夫人共同认识的一样："俄国是被资本主义大工业征服的最后一个国家，同时又是农民人口最多的国家，这种情况必然会使这种经济变革引起的动荡比任何其他地方都更强烈。由一个新的资产阶级土地占有者阶级代替大约50万地主和大约8000万农民的过程，只能通过可怕的痛苦和动荡来实现。但历史可以说是所有女神中最残酷的一个，她不仅在战争中，而且在'和平的'经济发展时期中，都是在堆积如山的尸体上驰驱她的凯旋车。"① 俄国的这一过程，直到1917年还在进行，可见这一矛盾的客观存在与尖锐性。

工人阶级与沙皇政府、临时政府之间的矛盾激化。1915年秋，俄国工人阶级反对战争、反对沙皇的群众性罢工浪潮急剧高涨起来。1916年，罢工事件达1500多起，参加人数超过100万。二月革命胜利后，临时政府倒行逆施，一面在前线发动进攻，一面又从前线调回军队以便镇压革命。前线进攻的惨败，引起群众无比愤怒。1917年7月3日，彼得格勒几十万工人和士兵举行示威游行，要求打倒临时政府。

沙皇政府、临时政府与其他帝国主义国家之间的矛盾也严重激化。它们一直坚持在一战中与对手拼命厮杀，就是明证。

面对这些激化的矛盾，沙皇政府与临时政府采取了反动政策，欺凌下层人民，使得人民已经不能照常生活下去了，只有进行革命反抗。历史表明，十月革命胜利恰恰是人民大众起义的结果，并不是少数人自上而下强加给俄国的。

另外，十月革命的胜利，又是俄国各种危机无法解脱的结果。

战争危机。1914年8月，酝酿已久的第一次世界大战爆发。这次战争是帝国主义强盗为争夺世界霸权、重新瓜分世界而进行的非正义战争。战争爆发后，双方资产阶级政府为了欺骗人民，都极力掩盖其进行战争的目的，

① 恩格斯：《致尼·弗·丹尼尔逊》（1893年2月24日），《马克思恩格斯选集》第4卷，人民出版社，1995年版，第724—725页。

宣称自己是为了“保卫祖国”，是正义的，并且都毫不例外地把战争罪责推给对方。沙皇政府也是如此，并且加入到了以英法为主的协约国集团，与德、奥、匈为主的同盟国集团拼命厮杀。沙俄之所以加入协约国，是害怕德奥要向东、向南扩张，兼并俄国土地，并且把俄国降低到二流国家地位。三年下来，战争夺去了俄国数百万人的生命，整个国民经济遭受重大破坏。大约有40%的工人和农民被迫去当兵，许多工厂倒闭，大片土地荒芜，交通瘫痪，物资奇缺，民不聊生，首都彼得格勒（大战爆发后，将圣彼得堡改名为彼得格勒）供应情况尤其恶劣。前线士兵饥寒交迫，缺乏枪炮弹药，加上将领腐败，使沙皇军队屡战屡败，德国军队占领了俄西部最富庶、人口最密集的部分地区。所有这一切都激起了工人、农民、士兵和知识分子对沙皇政府的深恶痛绝，连资产阶级也对之不满。他们越来越认识到只有推翻沙皇的反动统治，才能摆脱战争苦难。于是，爆发了“二月革命”（俄国1917年2月27日，公历1917年3月15日），推翻了罗曼诺夫王朝，沙皇尼古拉二世退位。沙皇尼古拉二世是个懦弱的君主，时人把他比作法国大革命时的法王路易十六。他的皇后亚历山德拉，原为德意志小邦赫斯的公主，是英国女王维多利亚的外孙女。她迷信神道，宠信妖僧拉斯普汀，操纵政事，民怨甚深。但人民关心的结束战争的危机并没解除，俄国各种矛盾继续扩大。

临时政府危机。二月革命是资产阶级民主革命，历史进步性不言而喻。但建立的克伦斯基资产阶级临时政府起码面对四大危机：一是两个政权并存。沙皇退位后，议会（杜马）代表们就选出了一个委员会来行使国家政权。这个由议会代表们所组成的委员会，自称为临时政府。李沃夫公爵（大地主）为首脑，克伦斯基（社会革命党人）实际起作用。就在临时政府成立的同时，由起义工人和士兵建立了工兵代表苏维埃，拥有革命的武装，是工农民主专政的政权机关，对政府进行“监督”。这样就出现了两个政权不对称的并存局面。二是临时政府仍决定在前线进攻，不退出战争，战争又节节失败，民心丧失。三是制造“七月事变”，危机提升。1917年7月13日，彼得格勒几十万工人和士兵举行示威游行，要求推倒临时政府。尽管这次示威是和平进行的，临时政府却派出军队进行血腥镇压，使400多人伤亡，这就是“七月事变”。接着，临时政府强行解除工人武装，逮捕共产党人，托洛茨基等人被捕，列宁被迫转移到芬兰，俄国民心沸腾。四是临时政府内发生内讧。1917 年夏末，临时政府独裁者克伦斯基与俄陆军总司令科索尼洛夫将军矛盾加剧。克伦斯基指责科索尼洛夫正在策划一次军事政变（这项指责捕风捉影，不确定），于是把被捕的人释放出来，发给武器，让其帮助敉平所谓军事政变。结果政府军队不再支持政府。政权危机全面上升。

社会危机。战争危机，临时政府危机，是社会危机的重要表现，又是社会危机的重要动因。临时政府成立时曾昭告在先，说要尽快召开立宪会议，在俄国建立一个崭新的共和制的政府。然而，临时政府虽然进行过改组（1917 年 5 月 3 日组成由策烈铁里·斯柯别别夫和克伦斯基等六个孟什维克和社会革命党人参加的联合政府），但克伦斯基越来越独裁、反动。他一次又一次地推迟立宪会议的选举日期。同时，他一次又一次地推迟了土地改革。这时，那些急于要分得土地的农民已经起来打土豪、分田地，而前线的士兵也纷纷开小差逃离前线，急急忙忙地赶回家去，以期在那即将到来的土地的再分配中分得一份。少数民族争吵着要自治，而且有几个少数民族要完全脱离俄国而独立。在这段时间里，临时政府总是坚持把战争进行到底，而这个战争在国内已经越来越不得人心了。数百年来，俄国的统一是靠政府权力而不是靠社会亲和力来维持的，这时俄国分裂了，陷于无政府状态。

可见，临时政府的反动和全国危机呼唤“十月革命”的到来，这是大势所趋、人心所向，是顺应历史潮流的产物，不能认为是少数人密谋的结果。

（二）十月革命胜利的理论基础

十月革命胜利，是马克思列宁主义科学指导的结果。

俄国激化的矛盾、全面的危机，呼唤、推动革命的到来。但如果没有正确理论指导，或者革命会失败，或者会走错方向，或者会引起俄国的分裂。

马克思主义是科学，列宁主义也是科学。列宁主义不是对马克思主义的照搬和背离，恰恰是根据时代新变化与俄国国情对马克思主义的坚持与发展。十月革命之所以会胜利，马克思列宁主义的正确指导功不可没。“没有革命的理论，就不会有革命的运动。”①

① 列宁：《怎么办?》（1901 年秋—1902 年 2 月），《列宁选集》第 1 卷，人民出版社，1995 年版，第 311 页。

1. 马克思、恩格斯的"资本主义论",创立了唯物史观与剩余价值论,发现了资本家剥削工人的秘密,肯定了无产阶级的伟大历史使命,指出了无产阶级革命迟早会发生的客观必然性。列宁的"帝国主义论"指出了帝国主义的五大经济特征:垄断突出、金融寡头统治、资本输出扩展、国际托斯开始瓜分世界、最大资本主义国家已把世界全部领土瓜分完毕。同时也指出帝国主义激化了三大矛盾:帝国主义之间、无产阶级与资产阶级、帝国主义与殖民地半殖民地的矛盾。帝国主义就是战争,战争引起革命,帝国主义是无产阶级革命的前夜。无产阶级革命的时间和时机已经到来。宏观上形成了革命即将到来的理论预测和战略准备。没有这个认识,十月革命胜利的全局思维就没基础。

2. 马克思、恩格斯认为,无产阶级革命必须有必要的物质前提。列宁提出了帝国主义是资本主义的最高阶段,"国家垄断资本主义是社会主义的最充分的物质准备。是社会主义的前阶,是历史阶梯上的一级"。[①] 俄国虽然发展资本主义较英、美、法、德等国较晚,但到20世纪初已进入帝国主义阶段。以垄断经济来说,俄国的五金辛迪加垄断了全国铁产量的80%以上,煤炭辛迪加垄断了顿涅茨矿区煤炭开采量的3/4,几家最大的银行掌握了股份银行全部资金的80%以上。尤其是第一次世界大战,"异常地加速了垄断资本主义向国家垄断资本主义的转变,从而使人类异常迅速地接近了社会主义"。[②] 列宁强调指出:"如果社会主义在经济上尚未成熟,任何起义也创造不出社会主义来。"[③] 有人说十月革命胜利是"跨越"的产物,还不太准确。十月革命胜利有必要的物质前提。

3. 马克思、恩格斯认为,在19世纪,资本主义的矛盾在西欧表现最为突出,所以社会主义革命可能首先在西欧爆发。进入帝国主义时代,资本主义已发展为统一的无所不包的世界体系。列宁论证了社会主义革命将在帝国

① 列宁:《大祸临头,出路何在!》(1917年9月10—14日[23—27日]),《列宁选集》第3卷,人民出版社,1995年版,第266页。

② 列宁:《大祸临头,出路何在!》(1917年9月10—14日[23—27日]),《列宁选集》第3卷,人民出版社,1995年版,第266页。

③ 列宁:《大祸临头,出路何在!》(1917年9月10—14日[23—27日]),《列宁选集》第3卷,人民出版社,1995年版,第266页。

主义链条的薄弱环节首先突破。他说："经济和政治发展的不平衡是资本主义的绝对规律。由此就应得出结论：社会主义可能首先在少数甚至在单独一个资本主义国家内获得胜利。"[①] 而"社会主义不能在所有国家内同时获得胜利。它将首先在一个或者几个国家内获得胜利，而其余的国家在一段时间内将仍然是资产阶级的或资产阶级以前的国家"。[②] 俄国是帝国主义一切矛盾的集合点，既有垄断资产阶级和无产阶级的矛盾、大俄罗斯主义势力同各被压迫民族的矛盾，又有人民大众同沙皇与专制主义和农奴制残余的矛盾、俄国帝国主义同外国帝国主义的矛盾。在推翻沙皇专制制度之后，资产阶级临时政府继续推行战争政策，摧残人民民主自由，迟迟不解决土地问题，国民经济濒临崩溃，广大群众忍饥挨饿。要解决和平、土地、面包这些迫切问题，只有实行社会主义革命。在 1917 年，俄国要通过社会主义革命来解决的社会矛盾比西欧国家更为突出，更为迫切。

4. 马克思、恩格斯指出，推翻资本主义和实现社会主义乃是无产队级的历史使命；社会主义革命必须依靠无产阶级的阶级力量，还要有"再版的农民战争来支持"。[③] 列宁论证了俄国无产阶级的特点和优点：俄国无产阶级受沙皇专制主义和资本主义双重压迫，有很强的革命性；它集中的程度高，有很强的战斗力。1910 年，在 500 人以上大企业里做工的人数占工人总数 54%，而当时在工业最发达的美国也仅占工人总数的 1/3 左右；它具有高度的组织性。例如 1917 年 7 月首都圣彼得堡 66%的五金工人已经组织起来，这是"红色的"革命组织，而不像西欧工人那样"黄色的"工联主义组织。俄国无产阶级 1917 年二月革命后已拥有地方性的苏维埃政权，掌握了一定的武装，已开始实行工人监督。它还拥有广大农民和各民族被压迫人民作为同盟军。这就是说，俄国具有首先进入社会主义的经济条件和政治需要，具有比西欧更强大的领导阶级和广泛的同盟军。

---

① 列宁：《论欧洲联邦口号》(1915 年 8 月 10 日 [23 日])，《列宁选集》第 2 卷，人民出版社，1995 年版，第 554 页。

② 列宁：《无产阶级革命的军事纲领》(1916 年 8 月 9 日 [22 日] 以前)，《列宁选集》第 2 卷，人民出版社，1995 年版，第 722 页。

③ 马克思：《致恩格斯》(1856 年 4 月 16 日)，《马克思恩格斯选集》第 4 卷，人民出版社，1995 年版，第 548 页。

5. 马克思、恩格斯认为，社会主义革命是一场无产阶级推翻资产阶级统治的阶级斗争，革命要取得胜利，必须无产阶级有力量能够战胜资产阶级。西欧英、法、德等国未能首先进入社会主义的重要原因之一，就在于资产阶级富于统治经验，善于玩弄让步、妥协、拉拢、欺骗等手腕。相比之下，俄国资产阶级则较为软弱无力，缺少统治经验。加之当时帝国主义大战正酣，各主要帝国主义国家正忙于互相厮杀，顾不上支援。这就便于社会主义革命首先在俄国突破。正如列宁曾指出的：欧洲开始革命之所以困难，是因为那里执政的，既不是像（沙皇）罗曼诺夫那样的白痴，也不是像（临时政府总理）克伦斯基那样的吹牛大王，而是资本主义真正的领导者，这种情况过去在俄国是不存在的。列宁在总结俄国革命的经验时写道："一切革命，尤其是 20 世纪俄国三次革命所证实了的一条革命基本规律就是：要举行革命，单是被剥削被压迫群众认识到不能照旧生活下去而要求变革还是不够的；要举行革命，还必须要剥削者也不能照旧生活和统治下去。只有当'下层'不愿照旧生活而'上层'也不能照旧维持下去的时候，革命才能获得胜利。"①

这些基本理论和创新理论，列宁通过各种渠道与方式使之变成了布尔什维克党的指导思想和意志，具体指导了十月革命。十月革命正是遵循了马克思主义，特别是列宁主义的普遍真理，首先指导俄国奏响了世界第一曲响彻云霄的社会主义革命凯歌。

（三）十月革命胜利的主观条件

十月革命胜利，是布尔什维克党正确领导的结果。

恩格斯在其晚年（1889 年）曾经说过："马克思和我从 1847 年以来就坚持这种立场"，"要使无产阶级在决定关头强大到足以取得胜利，无产阶级必须组成一个不同于其他所有政党并与它们对立的特殊政党，一个自觉的阶级政党。"②

---

① 列宁：《共产主义运动中的"左派"幼稚病》（节选）（1920 年 4—5 月），《列宁选集》第 4 卷，人民出版社，1995 年版，第 193 页。

② 恩格斯：《致格·特里尔》（1889 年 12 月 18 日），《马克思恩格斯选集》第 4 卷，人民出版社，1995 年版，第 685 页。

列宁在俄国建立的布尔什维克党，就是马克思、恩格斯期望组成的这样的党，即新型的无产阶级政党，正是它在“决定关头”正确领导了十月革命的胜利。

布尔什维克党的“特殊”性和正确领导，体现在下述几点：

1. 布尔什维克党形成了一个以列宁为首的、稳定的、团结合作的、“职业革命家”的领袖群体，在十月革命中起到了核心领导的作用。

列宁说：“在现代社会中，假如没有‘十来个’富有天才（而天才人物不是成千成百地产生的）、经过考验、受过专业训练和长期教育并且彼此配合得很好的领袖，无论哪个阶级都无法进行坚持不懈的斗争。”[①] 而且“任何革命运动，如果没有一种稳定的和能够保持继承性的领导者组织，就不能持久”。[②] “无产阶级的自发斗争如果没有坚强的革命家组织的领导，就不能成为无产阶级的真正的‘阶级斗争’”。[③] 列宁同时还强调革命家组织是党的核心领导力量，有着巨大的作用，他说：“给我们一个革命家组织，我们就能把俄国翻转过来。”[④]

后来，布尔什维克党的确形成了这样一个职业革命家的领袖群体：列宁，是布尔什维克党内公认的领袖。斯大林，理论上、军事上、组织上都是一流的。托洛茨基，列宁认为“他个人大概是现在的中央委员会中最有才能的人”，“具有杰出的才能”。布哈林和皮达可夫，列宁说：“依我看，他们是最杰出的力量（在最年轻的力量中）”，“布哈林不仅是党的最宝贵的和最大的理论家，他也是理所当然被认为是全党最喜欢的人物”；“皮达可夫，他无疑是个有坚强意志和杰出才能的人”。[⑤] 另外，还有把沙皇牢底坐穿的斯维

① 列宁：《怎么办?》（1901 年秋—1902 年 2 月），《列宁选集》第 1 卷，人民出版社，1995 年版，第 401 页。

② 列宁：《怎么办?》（1901 年秋—1902 年 2 月），《列宁选集》第 1 卷，人民出版社，1995 年版，第 404 页。

③ 列宁：《怎么办?》（1901 年秋—1902 年 2 月），《列宁选集》第 1 卷，人民出版社，1995 年版，第 414 页。

④ 列宁：《怎么办?》（1901 年秋—1902 年 2 月），《列宁选集》第 1 卷，人民出版社，1995 年版，第 406 页。

⑤ 列宁：《给代表大会的信》（1922 年 12 月 25 日），《列宁选集》第 4 卷，人民出版社，1995 年版，第 745 页。

尔德洛夫，安全工作上十分执着的捷尔任斯基，著名政治家奥尔忠尼启则，军事著名将领伏龙芝、布琼尼等。这些人尽管有这样那样的缺点，但都忠诚于布尔什维克、紧密团结在列宁周围，列宁则与他们“配合得很好”。英明的领袖与一批优秀的“职业革命家”群体的形成，是布尔什维克党成熟的重要标志。以前的、当时的西欧其他工人政党没有达到这样的水平和“人气”，就是马克思、恩格斯直接关怀的德国社会民主党也始终没有形成这样的坚强的领导核心，使得他们的社会主义革命始终难以成功。俄国有了这样一个革命家组织，所以他们在历史关键时刻，能团结一致，力挽狂澜，适时决定起义，首先把俄国翻转了过来，十月革命成功了。

2. 布尔什维克党汲取了第二国际改良主义党破产的深刻教训，根据时代的新变化、俄国的国情，使之逐渐成为组织严密、铁的纪律、密切联系群众的无产阶级先进部队，在十月革命中起到了战斗堡垒的作用。

布尔什维克党是个先进部队，首先体现在它思想基础先进、理论科学上。布尔什维克明确地把党的指导思想确定为“新世界观”，即马克思列宁主义。列宁说：“我们完全以马克思的理论为依据。”[①] 之所以这么做，就是因为马克思主义是科学，并且是人类历史上各种思想体系中最为科学的一种。早在1847年与蒲鲁东的理论争辩的高峰时，马克思就阐明了他和恩格斯代表的学说是“革命的科学”。列宁主义依然。列宁主义的科学性，就在于它依据了马克思主义的基本原理，是在总结世界各国革命经验和革命思想的基础上创新出来的。因而它是最科学的理论。正如列宁在谈及唯物史观时指出的，唯物主义并不像某些人想象的那样，即“‘多半是科学的历史观’，而是唯一科学的历史观”。[②] 马克思列宁主义的先进性、科学性还体现在它代表着历史上最先进的阶级——无产阶级的利益和意志上。“科学越是毫无顾忌和大公无私，它就越加符合于工人的利益的愿望。”[③] “只有以先进理论

---

① 列宁：《我们的纲领》，《列宁全集》第4卷，人民出版社，1984年第2版，第160页。

② 列宁：《什么是“人民之友”以及他们如何攻击社会民主党人?》，《列宁选集》第1卷，人民出版社，1995年版，第10页。

③ 恩格斯：《路德维希·费尔巴哈和德国古典哲学的终结》，《马克思恩格斯选集》第4卷，人民出版社，1995年版，第258页。

为指南的党，才能实现先进战士的作用。”① 科学理论的作用是巨大的，一旦它掌握了群众，就会迸发出无穷无尽的力量；旗子的感召力是突出的，一旦人民群众认识到它的正确，就会义无反顾、勇往直前。

布尔什维克党是一个先进部队，还体现在它是由无产阶级先进分子所组成的。当然，布尔什维克党阶级性非常鲜明，那就是代表整个无产阶级的根本利益和意志。无产阶级的优点和特点是马克思、恩格斯发现和肯定的，那就是革命性、先进性、有组织性。列宁总结第二国际党的积弊和教训，结合俄国国情，提出阶级与党是有区别的，“把作为工人阶级先进部队的党和整个阶级混淆起来，显然是绝对不行的”。② 布尔什维克党只是无产阶级的一部分，是最先进、最觉悟、最积极的一部分，是无产阶级中优秀分子的集合点，因而决定了党的先进性，决定了党是无产阶级先锋队的性质。这一规定性和客观实践，对于十月革命以及后来的社会主义建设意义重大。因为只有布尔什维克党，即共产党“才能团结、教育和组织无产阶级和全体劳动群众的先锋队，而只有这个先锋队才能抵制这些群众中不可避免的小资产阶级的动摇性，抵制无产阶级中不可避免的种种行会狭隘性或行业偏见的传统和恶习的复发，并领导全体无产阶级的一切联合行动，也就是说在政治上领导无产阶级，并且通过无产阶级领导全体劳动群众”。③ 十月革命中，正是这个先进部队冲锋在前，退却在后，以及正确领导，才使十月革命顺利成功。

布尔什维克党是个先进部队，更在于它克服了旧式政党，以及第二国际党组织松散、纪律松弛、成员复杂、思想混乱等缺点。实行民主集中制，组织严密，铁的纪律，成为了无产阶级的最高组织形式，密切联系群众，同机会主义进行不调和的斗争。1912 年 1 月，俄国社会民主工党在布拉格召开了第二次全俄代表会议。这次会议决定把孟什维克驱逐出党，从而结束了布尔什维克党与孟什维克形式上联合在一个党的局面。“脱去了肮脏的衬衫”，布尔什维克党呈现出勃勃生机，1917 年十月革命前夕，布尔什维克党已拥

① 列宁：《怎么办?》，《列宁选集》第 1 卷，人民出版社，1995 年版，第 312 页。

② 列宁：《进一步，退两步》（节选）（1904 年 2—5 月），《列宁选集》第 1 卷，人民出版社，1995 年版，第 473 页。

③ 列宁：《俄共（布）第十次代表大会文献》（1921 年 3 月），《列宁全集》第 41 卷，人民出版社，1986 年版，第 85 页。

有20万党员。榜样的力量是无穷的。这种组织上先进、力量强大、有铁的纪律和规范的政党，得到了群众的普遍拥护，是十月革命胜利的基础和保障。

3. 布尔什维克党制定、实施了正确的路线、方针、政策，为推翻临时政府、促使十月革命的胜利起了摧枯拉朽的作用。

列宁经过精心研究，公开宣布第一次世界大战是帝国主义重新瓜分世界的非正义战争，布尔什维克党应采取的战略和策略是“变帝国主义战争为国内战争”，“让本国政府在这次战争中失败”。这一惊世骇俗的理论和口号，不仅彻底揭露了这次战争的罪恶实质，也使第二国际、沙皇政府、临时政府“保卫祖国”的谎言大白于天下，促使俄国人民猛醒，团结在布尔什维克周围，推翻了沙皇统治，最后打倒了临时政府，取得了十月革命的胜利。

布尔什维克党是一个革命的战斗的党，也是一个代表最广大人民群众利益的党。它在党内和党外努力排除各种干扰，巧妙地把争取和平、民主、土地、面包和民族解决的各种运动汇为革命的洪流，精心组织群众的政治队伍。从此，俄国绝大多数民众看到了前途，看到了光明。人民是真正的英雄。当人民充分发动起来之日，就是俄国旧政权垮台之时。

布尔什维克党在十月革命中做到了原则坚定性和策略灵活性的统一，使“无产阶级上升为统治阶级，争得民主”，根本改变国家的阶级内容，摧毁镇压群众的国家机器，建立无产阶级专政的国家，这是根本原则、近期目标。布尔什维克党从未为此动摇过。但采取什么样的方式，是暴力革命，还是和平方式，这取决于阶级力量的对比，特别要看革命的武装力量掌握的程度。俄国二月革命后，曾经出现过短暂的“两个政权并存的局面”，苏维埃手中有武装，临时政府内矛盾重重，列宁曾提出过和平夺取政权的方式，并为此做过努力。“七月事变”后，两个政权并存的局面消失，临时政府对革命者大肆镇压，和平发展的方式和道路被资产阶级临时政府堵塞，布尔什维克党适时、坚决贯彻武装起义的方针，抓住克伦斯基与科尔尼洛夫内讧的大好时机。1917年11月7日（俄历10月25日）一举武装拿下了彼得格勒和莫斯科，取得了十月革命的胜利。之后，以此为基础，向俄国其他地方凯歌行进，1918年2—3月革命在全国范围内取得胜利。1918—1920年苏维埃政权先后粉碎了高尔察克、邓尼金、尤登尼奇和弗兰格尔等在西方14国策动和支持下的叛乱和联合进攻，保卫和巩固了新生政权，标志着十月革命的最终胜利。

（四）十月革命胜利的历史经验与现实启迪

十月革命的胜利具有深远的历史意义和鲜明的现实意义。

十月革命的胜利是恩格斯认为的许多平行四边形的各种力“融合为一个总的平均数，一个总的合力”的结果。这“无数互相交错的力量”，[①] 在整个十月革命胜利的过程中，可能每一个力量是直接的、间接的、隐形的、公开的、巨大的、微小的，但组合在一起的力量是巨大的、摧枯拉朽的。我们着重强调和讲述了上述的三个方面，认为是最重要的，但并不否认其他力量的作用。这就是十月革命胜利的真正的历史逻辑。某些人否认甚至歪曲这个逻辑，是经不起历史的考度和实践检验的。

关于十月革命胜利深远的历史意义，学术界作过许多有见地的概括。在21世纪的今天，特别是社会主义处在低潮的情况下，从下述角度考察更有意义：

1. 从对苏联和当今的原苏联地区国家的影响看：豪气长存。

1917—1922年，十月革命给俄国人民带来的是什么？是翻天覆地的变化。一方面，在俄国首先出现了一个全新的社会制度，人民当家做主的制度，人民民主专政的国家。这是剥削阶级颠倒的历史由人民重新颠倒过来的大转变。历史本来是人民创造的，但进入有产阶级社会以来，却被有产阶级独占统治地位，这种极不合理的事实，被十月革命重新颠倒过来，体现了俄国人民历史地位的根本改换。另一方面，退出了罪恶的帝国主义战争，使俄国人民不再遭受不义战争的摧残；平定了反革命的叛乱和帝国主义的联合干涉，苏维埃俄国出现了相对稳定的政局，人民可以安居乐业，同力治理战争创伤。十月革命是人民的盛大节日，值得充分肯定。

1922—1991年，十月革命给苏联人民留下的是什么？苏联解体，有人追索十月革命的责任，说是“早产儿”，这不恰当。笔者认为十月革命胜利

---

① 恩格斯：《致约·布洛赫》（1890年9月21［—22］日），《马克思恩格斯选集》第4卷，人民出版社，1995年版，第697页。

恰恰是各种条件综合"成熟"的结果，是"十月怀胎，一朝分娩"，可能个别条件有缺撼，但总体条件成熟了。后来苏联一度成为世界上两个"超级大国"之一，这是客观事实。所谓"超级大国"的内涵有两个层面：一是综合国力超级别；二是在世界上称王称霸的国家。苏联搞全球霸权主义，是后来解体的重要原因。但苏联曾几何时，在综合国力上，达到了仅次于美国的水平，即综合国力提升到世界第二的水平。这是一种辉煌，一种罕见的上升。这个成就是如何取得的？与十月革命有否关系？是有的，生产关系的革命性变革，已被人们公认的是历史前进的表现和动力，十月革命胜利后实行的公有制是史无前例的，也是功不可没的。至于后来，公有制"超度"成为阻力，那是错误的，实践的偏差。不能以后者否认前者。生产力的大解放，使人的精神面貌焕然一新，是十月革命胜利的直接产物，也是苏联综合国力猛升的主要活力。至于后来，苏联人民的积极性减退，是后来众多错误作为、挫伤的结果，也不能记到十月革命的账上。关于苏联模式，人们议论得最多，讨伐之声盈耳，究其事实，苏联模式"新形成的高度集权的经济政治体制在当时确实起过巨大的历史作用，显示了社会主义的优越性"。① 十月革命所追求的马列主义为指导、共产党的领导、人民民主专政、社会主义道路等内涵均包含其中。至于这个模式后来一党揽权、个人专权、层层集权、干部特权、对外霸权的现象和实践，是马克思列宁主义不倡导的，十月革命胜利的目的中也没有这些。奉行和平外交是十月革命的动因和目标之一，苏维埃政权建立的同时就公布"和平法令"便是明证。苏联一直坚持反对帝国主义、殖民主义、种族主义、法西斯主义，但采取大党主义、大国主义，后来逐步膨胀到采取超级霸权主义的战略和政策，这就明显违背了马克思列宁主义，背离了十月革命的初衷，害人、害己、害人民。

1991年以来，苏联因为各种原因解体了，资本主义在原苏联地区全国复辟了。苏联的解体把苏联沉积的"脏水"泼掉了（如霸权主义），但也把社会主义这个艰难中培育的"孩子"丢弃了。一个世人瞩目的社会主义大国分裂成了15个现今西方弱肉强食的对象。从这个意义上说，十月革命的成果被毁了，这是一个历史性的悲剧，应该从中认真地总结其经验教训。但如

---

① 周作翰：《求真思录》，湖南教育出版社，2001年版，第98页。

果简单地说十月革命的影响在现今的原苏联地区不存在了，这也不客观。十月革命胜利的历史，毕竟主要是人民创造的，它是一种进步，是一种辉煌，是一种精神，是一种客观存在。列宁的光辉著作，并没因苏联的解体而消失；阿芙乐尔的炮声，仍在世界人们的心中回荡；每年的十月革命纪念日，仍有成千上万人以各种方式纪念；共产党的主要文献中并没抹去十月革命的丰功伟绩。相信原苏联地区的人民定会通过认真总结这次大挫折的教训，发扬十月革命的精神，重振旗鼓。

2. 从对人类历史和世界历史影响看：四大开辟。

十月革命是人类历史上一次划时代的革命，从根本上推翻了人剥削人的制度，在世界 1/6 的土地上建立起第一个无产阶级专政的国家，这就改变了整个世界历史的方向，划分了整个世界历史的时代，开辟了从资本主义旧世界进入社会主义新世界的新纪元。

十月革命冲破了世界帝国主义战线，动摇了帝国主义的统治中心。在俄国这样一个帝国主义大国里，推翻了资产阶级的统治，无产阶级掌握了国家政权，使广大劳动群众得到了解放，这就为世界各国无产阶级和劳动人民树立了光辉的榜样，增强了他们斗争的勇气和胜利的信心。十月革命开辟了世界无产阶级革命和无产阶级专政的新纪元。

十月革命的胜利打击了帝国主义的后方，动摇了帝国主义在殖民地、半殖民地的统治，鼓舞了殖民地、半殖民地人民的革命斗争。十月革命“在社会主义的西方和被奴役的东方之间架起了一座桥梁，建成了一条从西方无产者经过俄国革命到东方被压迫民族的新的反对世界帝国主义的革命战线”。①十月革命开辟了民族解放运动的新纪元。

十月革命使得马克思主义关于无产阶级革命和无产阶级专政的理论变成了现实，这就从实践上证明了马克思主义的科学性，宣告了第二国际的破产。此外，十月革命的胜利又以极其丰富的斗争经验发展了马克思列宁主义，为世界无产阶级解放开辟了胜利的道路。

3. 从对中国历史的发展进程影响看：史无前例。

---

① 斯大林：《十月革命和民族问题》(1918 年 11 月 6 日—9 日)，《斯大林选集》上卷，人民出版社，1979 年版，第 126 页。

十月革命对于世界的觉醒、中国的觉醒，其影响是巨大的。十月革命一声炮响，给中国送来了马克思列宁主义，使中国的面貌焕然一新。十月革命送来的马克思列宁主义，使得中国众多在苦苦探寻中方向不明的志士仁人、希望革命的知识分子眼睛猛亮，精神振奋。陈独秀、李大钊、毛泽东、蔡和森、董必武、李达、周恩来等革命领袖脱颖而出，在中国革命史中星光灿烂，英气勃发，一致决心“走俄国人的路”，救国救民。就连中国革命的先行者孙中山也为十月革命的精神倾倒，公开宣布把旧三民主义改为“联俄、联共、扶助农工”的新三民主义。

“如果没有十月革命，中国革命的胜利是不可能的。”① 这是因为中国共产党创立到逐步成长壮大，直到最后带领中国人民建立新中国，十月革命的影响始终如影随形。北伐战争、土地革命、抗日战争、解放战争，一直到把蒋家王朝赶到台湾岛上去，均与十月革命的道路、十月革命的精神与中国实践结合相关，结合得好，胜利就大，结合得不好，就会经历曲折，遭受重大损失。但整体看，是结合得好的，中国革命终究成功了。中国革命学习十月革命的经验是诚心的，但逐渐突出中国特色，农村包围城市、武装夺取政权的中国革命道路的实施，与十月革命道路实质一致，但运作的先后顺序有异。中国共产党学习十月革命的经验，建立了人民的军队，双方在党领导军队这一条上是一致的，这支人民的军队的名称开始也称“赤卫队”、“红军”，领导机构为“中国工农红军革命委员会”，后来才根据环境、任务的改变，改为“八路军”、“新四军”、“解放军”，并在瑞金建立了“中华苏维埃共和国中央政府”，后来改为中华人民共和国。统一战线的方式方法是从布尔什维克那儿学来的。但后来扩展为“三大法宝”，做得更有成绩，更符合中国国情，使得“中国共产党所领导的人民革命，从来就是十月革命所开始的世界无产阶级社会主义革命的一个组成部分”，② 并且更具中国特色。如果说十月革命的胜利开辟了人类历史的新纪元，那么中国革命的胜利则开辟了人

① 毛泽东：《在中共七届二中全会上的总结》，《毛泽东文集》，人民出版社，1996年版，第261页。

② 毛泽东：《在苏联最高苏维埃庆祝十月革命四十周年大会上的讲话》，《毛泽东文集》第7卷，人民出版社，1999年版，第314页。

类历史的次纪元（第三个最伟大的胜利[①]）。有人否定十月革命的历史功绩，实际上就是要否定中国革命胜利的历史必然性，否定两者的联系和区别。

十月革命的经验对中国社会主义建设也有直接或间接的影响。正如毛泽东所说："中国人民感到幸运，因为有十月革命和苏联社会主义建设的经验，使自己可以减少或者避免许多错误，可以比较顺利地进行自己的事业。"[②]

从十月革命胜利对现实的启迪看：

1. "不忘老祖宗"，重视理论创新。

这是十月革命、中国革命成功的基本经验之一。十月革命之所以能够胜利，原因就在于：以列宁为首的布尔什维克党正是依据马克思主义的精神，并不拘泥于马克思主义的词句，而且敢于抛弃某些过时的结论，把马克思主义创造性地运用于帝国主义时代的俄国，形成了列宁主义，适时领导俄国无产阶级和人民大众去夺取社会主义革命的胜利，为开创世界社会主义的第一个阵地树立了不朽的功勋。中国革命的胜利，是毛泽东等中国共产党人把马列主义普遍真理同中国的具体实践相结合，形成了毛泽东思想。没有马列主义毛泽东思想的指引，中国就不可能实现社会主义。西方其他发达国家、多数发展中国家没有革命胜利，一则是因为统治阶级的强大；二则与这些国家的共产党或把马列主义当成洪水猛兽，或把它看成异端邪说、伪科学相关。这不是经验，而是这些国家的广大劳动人民的教训和悲哀。

社会主义建设是比夺权斗争更艰巨、更细致、更考验理论指导的事业。把马克思主义当教条不行，丢弃马克思主义正确指导也不行。极左或极右都会使社会主义事业遭受损失，甚至毁掉社会主义。这些，苏联和中国都有深刻教训，当然也有经验。苏联综合国力一度猛升，中国社会主义的辉煌，都是理论上不忘老祖宗又与时俱进的结晶。中国左的错误，曾把中国折腾得够呛。苏联从辉煌到解体，其中把马列主义当教条（如固守苏联模式、中止列宁的新经验政策，拒绝社会主义市场经济），背离马列主义（外交上先是犯

① 毛泽东认为，第一个胜利是十月革命，第二个是二战胜利，第三个是中国革命胜利。毛泽东：《在中共七届二中全会上的总结》，《毛泽东文集》，1996 年版，第 261 页。

② 毛泽东：《在苏联最高苏维埃庆祝十月革命四十周年大会上的讲话》，《毛泽东文集》第 7 卷，人民出版社，1999 年版，第 314 页。

大党主义、大国主义错误，后来发展到犯大搞霸权主义严重错误)，公开丢掉了马列主义（戈尔巴乔夫把马列主义换成资本主义实质的“民主的人道的社会主义”）都是重要原因和深刻教训。

十月革命的经验告诉世人，社会主义辉煌与曲折的现实惊醒世人。马克思主义是科学，其基本立场、观点、方法是科学的，它的实质是穷人的理论，是穷人翻身求解放，过上富裕、安康、幸福生活的理论。富人不喜欢这个理论，所以千方百计地诽谤它、抵毁它，想把它置于死地而后快。共产党人千万不能上这个当。丢掉了马克思主义，就等于丢掉了穷人的灵魂，使穷人无所是从，在茫然（思想危机）中“跟着感觉走”，难免会走错路，办糊涂事。与此同时，解放思想、实事求是、与时俱进又是马克思主义的精髓。把马克思主义当教条，采取教条主义态度，就与马克思主义格格不入。正确的做法是，在坚持马克思主义的同时，必须把马克思主义基本立场、观点、方法与时代的变化、本国国情、社会主义进程有机地结合起来。照搬不行，篡改不行，丢弃更不行。马克思列宁主义、毛泽东思想、邓小平理论、“三个代表”重要思想、科学发展观，都是一脉相承的创新理论成果。苏联在列宁之后，斯大林也在理论上有新的贡献，但已有明显的理论缺撼。苏联后来的领导人，理论上新东西不多，倒是理论上教条、背离、丢弃的情况越来越严重，最终搞垮了苏联。中国则在认真总结苏联经验教训的基础上硕果累累，使得中国社会主义事业蓬勃发展。坚持正确理论的同时，进行理论的创新，是十月革命胜利、社会主义建设事业不断推进的不竭源泉、动力和必要条件。

2. “心系老百姓”，始终代表最广大人民群众的根本利益。

十月革命的目的，说到底就是为了俄国劳动人民的根本利益。当时俄国劳动人民需要什么？需要民主，把剥削阶级颠倒的历史，再重新颠倒过来，人民真正当家做主。十月革命实现了这些，把资产阶级临时政府推翻了、打碎了；建立了无产阶级政权、工农兵代表苏维埃政府；解决了人民迫切要解决的和平问题，退出一战，免遭非正义战争的蹂躏、摧残和被杀掳，过上安定、平静的正常生活；解决了土地和面包问题，人民有了土地，有了粮食、面包和必要生活用品。所以在十月革命中，俄国人民支持十月革命是真心的，是全心全意的。中国革命的胜利更是如此。

打江山难，巩固和长久的维持江山更难。难在哪里？涉及的层面很多，但最根本的是新生政权能否真正代表最广大人民的根本利益。得民心者得天下，失民心者失天下，这已成为了历史的规律、客观的真理。苏联的领导者、路线、方针、政策前期深得民心，苏联人民就拥护，社会主义建设就搞得生气勃勃、有声有色；后期的领导人或故步自封、或对外搞霸权主义、或改革时改向，就导致国家动荡、经济停滞、政治危机。结果，大批原子弹库存，人民最基本的生活条件得不到满足，“超级大国”变成了“超级乞丐”。苏联民心的混乱和丧失，是其解体的重要原因和深刻教训。中国也有这方面历史的经验和教训，现在仍面临这一严峻考验。所幸的是中国几代领导人已经看到了这些，形成了邓小平理论、“三个代表”重要思想、科学发展观，并制定、实施了相应的方针政策。人民的向心力在增强，中国特色的社会主义建设更有希望，世界社会主义的认可程度在提升。

历史警戒世人，人民的根本利益不可违。谁失掉老百姓的信任，谁迟早要受到历史的惩罚。

3. 重视新型无产阶级政党的建设和领导作用。

建设一个什么样的党，怎样建设党？并非是近些年才提上议事日程的。列宁早就进行了长期的努力，有了成功的经验：用革命理论和革命风格武装党；以严格的条件、铁的纪律组织党；使党由无产阶级先进分子组成，又密切联系群众；重视职业革命家、忠诚于无产阶级革命事业的人才的培养教育；制定和实施正确的路线、方针、政策，对资产阶级采取革命态度、对机会主义采取不调和的态度；布尔什维克党成为执政党后，很快使工作中心转移，千方百计地抓经济，扎扎实实地搞建设。由此，党经受住了内外压力的考验，从根本上保证了十月革命的胜利，使得相对落后的苏联综合国力不断上新台阶。苏联后来的解体，很大程度上在于共产党的某些领导人出了问题。他们在党内大搞个人崇拜，连续的终身制，奉行大党主义、大国主义，甚至后来的超级霸权主义，在政治上严重损害了社会主义的形象，在经济上严重地阻碍了发展的活力，在外交上成为与美国一样人人喊打的对象。戈尔巴乔夫在位六年，最终搞垮了苏联共产党，先是在宪法中删去了“共产党领导”的条款，1991 年 8 月 22 日干脆辞去共产党总书记的职务，建议解散苏联共产党，导致苏联很快解体，教训空前。

共产党的领导，与马克思主义指导、人民民主专政、社会主义道路一起，是“成套设备”，任何搞社会主义的人们、国家必须坚持的四项基本原则，须臾动摇不得，削弱不得，丢弃不得，也是被邓小平晚年一再坚持，一再提醒的与资本主义市场经济根本区别的“优越性”。[①] 列宁坚持了这个“优越性”，在俄国搞成了一个震撼世界的十月革命，后来的苏联逐渐丢掉了这个“优越性”，使苏联人民重新饱受动荡的苦果；现今的中国坚持这个“优越性”，并且特别重视共产党的建设和领导，中国的社会主义建设就欣欣向荣、蒸蒸日上。

历史是现实的一面镜子。十月革命的历史、精神、经验是人类社会的宝贵财富。它昔日开辟了人类历史的新纪元、新方向、新道路，现今仍在激励奋发向上的人们、国家不断进取、探索新路、逆境中奋起。社会主义代替资本主义是人类历史总趋势，虽然它会经历这样那样的曲折、考验，但终将以扎实的步伐实现共产主义的宏伟目标。做到最低纲领和最高纲领辩证统一，是合适的选择。

三、苏联解体的原因及其深刻教训

（一）苏联解体，远因于超级大国的带病运转

苏联是战后世界上出现的两个超级大国之一。超级大国是指经济、科技、军事实力超级别，在世界上占有明显的支配地位，并图谋进一步称霸世界的国家。但就是这样一个超级大国，却在 1991 年底解体了。为什么？苏联这个超级大国，从形成之日起就“带病运转”，主要表现在两方面：一是作为社会主义大国，想成为超级大国就是“带病运转”。社会主义要求首先应该发展生产，不断增强自己的经济实力。保持一定的军事实力，这是维护社会主义制度、自立于世界之林的必需，但绝不能奉行以称霸全球为目的的军备竞赛，对外大搞军事扩张和强权外交。前者是符合马列主义的，后者则是违背马列主义的。后者不仅会大大损害社会主义的形象，损害马列主义的

① 中共中央文献研究室编：《邓小平年谱 1975—1997》（下），中央文献出版社，2004 年版，第 1363 页。

威望，而且整个国家会被后者搞垮。二是苏联作为超级大国，与美国这个超级大国比，又是“带病运转”的。经济上是这样，军事上是这样，外交上更是这样。“病”长期积累不愿医治，或有“病”乱“治”。苏联解体有有“病”不愿“治”的原因，更有有“病”乱“治”的原因。

苏联这个超级大国的经济“病灶”起码有三个，并且越积越重，相互“感染”。第一，经济实力相对不足，却要硬撑一个超级大国的架子，长久得不到像美国那样的经济补充，难免危机四伏。第二，经济体制功能逐渐衰竭，却长期害怕、排斥社会主义的市场机制。经济发展长期低速徘徊，脆弱的经济基础必然经不住政治大风浪的冲击。第三，过于依赖行政与思想政治工作对经济发展的驱动，忽视经济杠杆的作用，致使经济发展，尤其是企业发展缺乏内在的经济动力，加速了经济体制的僵化，形成了“慢性自杀”的态势。

当然，对于这种种经济“病灶”，我们应该客观分析。一方面，苏联作为社会主义国家，经济上出了毛病，“病灶”不轻，但不是糜烂了、坏死了。那种认为苏联一出世就是“怪胎”，戈尔巴乔夫接手的是一个“烂透”了的或是一个“得了癌症病灶”的苏联的观点，经不起推敲。问题是生了病，而且病不轻，但讳疾忌医，或不去用心医治、恰当医治，有病乱投医、乱下药，才出了“大乱子”。苏联社会主义经济的大发展，任何一个尊重历史的人都不能否认，除非是那些对社会主义从来就怀有刻骨仇恨的人，才不承认这一事实；另一方面，对于苏联的这些经济“病灶”，并非无人知道。多少年以来，不乏仁人志士针砭时弊，呼吁改革。苏联的历届党政领导也确实倡导和实施过改革，但终因对病根在哪里缺乏深刻认识，或者说没有恰如其分的认识，改革如同隔靴抓痒，难有收效。后来又出现了戈尔巴乔夫的改向、抛党之举，把灵魂和核心力量都丢掉了，难免会剧变。

苏联超级大国的另一突出特征是军事上超级别，并在20世纪70年代争得了与美国平起平坐的军事地位。这是一个更大的“病灶”，这种“病灶”与苏联解体的联系至少可从两点上得以体现：一是这种军事地位的取得，是建立在消耗苏联巨大国民财富基础上的。它是酿成苏联后来财力物力日趋紧张、经济滑坡和走向危机的重要因素。二是庞大的军工系统，不仅是国民经济不堪忍受的沉重负担，而且是苏联经济结构调整乃至经济体制改革的严重障碍。

苏联另一个突出"病灶"，就是外交上长期奉行霸权主义，危害至深。恶果之一，对以美国为主要敌手的全球战略的长期推行，两者俱伤，被伤害最大的应该说是苏联。恶果之二，分裂、控制和干涉其他社会主义国家、政党和弱小国家，削弱了社会主义的整体实力，使苏联后来在很大程度上成了孤家寡人。

（二）苏联解体，近因于支柱坍塌与敌对势力作祟

苏联成为超级大国，尤其是奉行霸权主义的历史重负，使国内矛盾百出，"疾病"缠身。如能痛下决心，对症医治，还不致于剧变，更不致于在那么短的时间内解体。问题是戈尔巴乔夫上台后，虽痛下决心进行改革，但改得过火。旧"病灶"不仅没治住，反而有所扩展，并且增添了新"病灶"。经济恶化、指导思想换"魂"、无产阶级专政被取消、苏共解散等支柱的坍塌，加上内外敌对势力联合作祟，苏联在综合危机中瓦解。

首先，经济的空前衰退与恶化，使苏联的存在失去了必需的经济基础。

戈尔巴乔夫上台后，曾尖锐地批判勃列日涅夫时期的苏联经济形势，将其称之为"停滞时期"。为了改变这种状况，他提出了自己的改革蓝图，实施了从"加速经济发展战略"到后来"向市场经济过渡"等一系列改革措施。但六年的历程，苏联经济状况不仅没好转，反而由危机到恶化直至走向崩溃的边缘。到 1990 年，苏联经济出现了战后的第一次负增长，1991 年继续下滑。1990 年年底，莫斯科发生了过冬燃料、食品危机，向西方大国乞求。只有联邦德国总理科尔念戈尔巴乔夫支持德国统一有功，才把储存在西柏林的 5 亿马克的食品紧急运往莫斯科。莫斯科人讲，现在到了靠别人的施舍过活，真是我们的耻辱。这种情况表明苏联已从一个超级大国沦为一个"超级乞丐"。

导致苏联经济严重衰退、恶化的原因是多方面的，最直接的原因是戈尔巴乔夫推行的改革遭到失败。为什么失败？症结何在？如果从经济改革方面看，是由于改革在宏观、微观决策上犯了一系列的错误。

1986—1989 年，是戈尔巴乔夫实行经济改革的第一阶段。开始的时候把改革的基点放在"全面完善社会主义社会"的阶段，并且以经济为重点进

行改革，应该说大方向是对的。但 1986 年 2 月苏共二十七大确认的“加速国家社会经济发展战略”，却把加速的重点放在进一步增加积累（大量限制生产伏特加酒）和把投资重点放在机器制造业上，严重地脱离了苏联的实际。其实，应把加速的重点放在农业和轻工业上，彻底改变重轻农布局才是当务之急。结果事与愿违，积重难返。与此同时，在工业改革上，提出扩大“企业自主权”，也不失为明智之举，可结果是空谈，迎难而退了。更为错误的是在经济体制改革“空转”的情况下，1987 年又把改革重点转向了政治体制改革，用很大精力去琢磨“人道的民主的社会主义”去了，经济体制改革任其自流。结果，民众目光的重点转向了政治，分裂情绪日增，民族冲突四起，罢工不断，经济建设中心转换，经济大滑坡，经济秩序大乱。

1990—1991 年，是戈尔巴乔夫推行经济改革的第二阶段。面对混乱的经济形势，戈尔巴乔夫从“人道的民主的社会主义”指导思想出发，决心进行以资本主义私有制为核心的市场经济改革，在错误的道路上越走越远，对苏联经济的危害巨大。错误之一，把私有化作为改革的目标和终点；错误之二，这一方案是一种实质上极右，方法上严重脱离实际的极左方案，摧残了苏联的经济。

苏联既然在国家赖以存在的“经济前提”、“条件”、“决定性因素”或者说“基本支柱”上发生了严重的问题，那么想维持“苏联”这一座大厦，只能是奢想了。因为基础垮，大厦倾，这是最简单的道理。

其次，抛弃了马克思主义和社会主义，换成了所谓的“人道的民主的社会主义”，使苏联的存在失去了正确的支柱和指导思想。

从戈尔巴乔夫当上苏共总书记到 1987 年十月革命节前，苏联的改革在指导思想上已出现了一些问题。到 1990 年年初，“人道的民主的社会主义”最终形成。

这种“人道的民主的社会主义”，表面上给人以虚无缥缈、玄而又玄的印象，其主旨是资本主义。这里所提的“人道主义”是资产阶级历来提倡的“人本主义”，即“以人为中心”，以资产阶级统治为核心，其目标是实现资产阶级的自由、平等、民主和人权。这里所提的“民主”，即多元主义，经济多元化、政治多元化、意识形态多元化。这些多元化也是以西方资本主义为样板的。经济多元化，主张大力推行个体所有制，以实现资本主义的自由市场经济为最终目标；政治多元化，鼓吹多党制，实行“三权分立”体制，建立资本主义的政治民主模式；意识形态的多元化，即搬用世界上现存的“最美好的东西”。什么是“最美好的东西”？戈尔巴乔夫认为是西方的意识形态。可见，这种“民主”就是资本主义的经济制度、社会结构。这里所提的“社会主义”，也与科学社会主义格格不入，是要实施以资本主义为本质的“社会民主党所积累的丰富的、多方面的经验”。

戈尔巴乔夫本想用这种所谓“灵巧”的思想体系，欲盖弥彰的方法，实现其“和平地”把苏联变成“一个享有人类共同价值观的庞大的民主国家”的目的，其结果只能是饮鸩止渴。一则苏联作为世界上的第一个社会主义大国，取得过举世瞩目的辉煌成果。它之所以能够取得辉煌成果，就是因为当时的苏联以马列主义为指导，制定、实施了正确的路线、方针、政策、措施，苏联人民能够团结一致、艰苦努力、齐心奋战。现在，公开换了指导思想，把所谓的“人道的民主的社会主义”硬塞给了广大的苏联民众，使人们失去了正确的信仰、正确的奋斗目标、正确的行动路线，难免人心散乱，由散乱发展到国家的剧变。二则这种“人道的民主的社会主义”，因是资本主义的主旨，得到了西方的喝彩和支持，也使西方势力有机会“客串”苏联的剧变。结果是苏联的思想和行动靠西方越近，国内就越乱，最后无法收拾。三则这种“人道的民主的社会主义”，以多元化为内容，奉行“彻底的民主化”、“全面的公开性”政策，使各种反社会主义的分裂势力纷纷抬头和制造事端。民族主义势力以分离和独立为目标，反共势力以推翻苏共和夺权上台为目标。美国与西方等国把苏联变为“和平地非殖民化”和“奥斯曼化”为目标，西方社会民主主义势力则以实现自己的“主义”为目标等等，一齐向苏共和苏联政府压来，导致苏联在全面失控中解体。

再次，大搞所谓的“全民国家”，取消无产阶级专政，使苏联的存在失去了“须臾”离开不得的“护身的法宝”和国家“精髓”。

最后，否定了共产党的领导，后来解散了苏共，使苏联的存在失去了领导核心和政治纽带。

在戈尔巴乔夫上台初期，直到1987年前，其改革理论和实践虽有一些不正确的东西，可在坚持党的领导这个问题上，他还是较谨慎的。他一再重申，我们“不能怀疑”党的领导地位，“应当充分地实现”党的领导：在有人攻击苏联长期实行“一党制”时，他还较正确地解释，苏联的一党制国家是历史形成的，关于多党制的辩论是没有根据的，党的领导是“无可替代的”。不过，他的关于“彻底的公开性”、“全面的民主化”口号，已是否定共产党领导的信号和最初表现。

他在1989年12月9日苏共中央全会上明确表态，说宪法的任何一条都可能成为重新思考的问题或者予以取消，这也完全适用于第六条，何况列宁在世时也未把党的领导作用写入宪法。

1990年1月，他访问立陶宛，公开声明“实行多党制并不是悲剧”，“我们不应当像魔鬼怕烧香那样害怕多党制”，即第一次公开表态共产党的领导地位可以改变，多党制可以容忍。1990年2月，苏共全会召开，他在会上宣称：“必须从根本上改变苏共在社会上的地位，放弃一贯正确的奢望，放弃政治垄断地位。”在1990年3月苏联第三次人代会上，宪法第六条关于苏共领导作用的条款被取消，新条款改为：“苏联共产党，其他政党以及工会、共青团、其他社会团体和群众运动通过自己选苏维埃的人民代表并以其他形式参加制定苏维埃国家的政策，管理国家事务。”这样一来，以法律方式取消了共产党的领导地位，仅把之放到与其他社会团体并行的地位。1990年7月的苏共二十八大，是苏联存在时召开的最后一次全国代表大会，大会确立苏共与其他社会团体是“伙伴关系”，苏共发挥“议会党”的作用。1990年10月，苏最高苏维埃颁布的《社会团体法》规定，苏联各政党和组织一律平等，苏联的多党制取得了法律的确认。

到1991年7月的苏共中央全会上，连争取执政党地位也只字不提了。

1991年的“八·一九”事变，仅三天就失败了。戈尔巴乔夫从被软禁地回到莫斯科的第二天，即8月22日就公然辞去了苏共总书记的职务，并建议苏共中央“自行解散”，“各共和国共产党及地方党组织的命运由他们自行决定”。8月29日，最高苏维埃决定暂停苏共在苏联全境的活动，存在了70多年的苏共就这样给葬送了。

历史一再证明，没有无产阶级的政党就不可能有国际共运，没有共产党的领导，就不可能有社会主义革命，不可能有无产阶级专政，不可能有社会主义建设事业的发展。任何削弱乃至取消党的领导的举动，只能导致无政府主义，导致社会主义事业的瓦解和覆灭。[①] 苏联的结局证明了这一真理。由于苏共领导地位的逐步被削弱，直到被解散，苏联失去了领导力量的依托，剪断了纵向与横向的政治纽带和组织保证，国家机器很快散了架，导致国家“大厦”倾塌。苏共领导地位的逐步被否定，直到被解散，出现了“权力的真空”，使无政府主义大泛滥，民族分裂与反共势力空前猖獗。前者乘机纷纷宣布独立，后者马上占据了有利位置，展开了全方位的夺权，大搞瓦解苏联的活动，苏联在一片混乱中被肢解。

在苏联上述四大支柱相继坍塌的同时，内外敌对势力蜂拥而起，并且相互勾结，群体来推倒支撑苏联的支柱，大搞独立风潮。在苏联危机严重的时候，成立了“独立国家联合体”，加剧了苏联瓦解。其中，西方和平演变战略和政策“围剿”式推进，起到了推波助澜的恶劣作用。

（三）苏联解体，受害于戈尔巴乔夫的外交“新思维”

戈尔巴乔夫当上苏联“一把手”后，美苏之间处在战后历史上“冷战隧道”的最黑暗时期，里根的“新遏制”与苏联的反“遏制”处在空前的水平上。戈尔巴乔夫就是在这样的外部环境中，决定在国内进行“革命性改革”，对外抛出“新思维”，且在外交上大规模收缩的。这两个过程几乎是同步发生、结伴行进、互相策动、互为因果的。按照戈尔巴乔夫的设想，经过这两项大的“改革”，未来的苏联将成为世界上独一无二、受人仰视的“苏维埃大厦”。但最终结局是冷战结束，苏联改制、解体，这是很发人深思的，为什么“冷战隧道”的尽头竟是苏联的灭亡？内因是主要的，支柱坍塌与国内外敌对势力的联合作祟毁坏了根基，然而戈尔巴乔夫的外交理论与实践也危害匪浅。

首先，戈尔巴乔夫改革初期的外交新思维与实践，有其宏观大略之处，但已露出明显的对外“奉迎”、“讨好”，助推了苏联的危机。

其次，戈尔巴乔夫改革中期的外交新思维与实践，有某些对世界和平有益的地方，但总体来说，他用“出卖”来换取西方的信任和支持，加剧了苏联的动乱。

---

① 《邓小平文选》第2卷，人民出版社，1993年版，第169、171页。

1987年底到1991年“八·一九”事变之前，苏联大幅度地调整对外政策，纠正霸权主义的历史过错，大步进行战略后退。

教训之一，为了改革，要求外部环境的优化是必要的；放弃同美国和其他西方国家对抗，对外实行战略大收缩，把经济上的利害得失放在首位，这不能说不对。问题是它走到了另一个极端。它不但不再认为西方国家会给苏联造成什么军事威胁，反而急于向他们作出全面的大让步，大规模减核，大规模裁军，急匆匆从热点地区撤兵。不仅不再支持第三世界中同苏联关系密切的国家，反而视他们为负担，急于当作包袱甩掉，对这些国家所承担的义务绝大多数都置之不理了。这至少会带来三方面的恶果：一方面，裁军虽然是必须的，但规模太大就很难立即节省很多资金，重新安置官兵和销毁武器在短时间内还得花很多钱。据估计，把苏联的核弹头减到2500枚，至少要耗费170亿美元，费时10—20年，还会使军人怨声载道，引起军心不稳，导致军队不支持现政府。后来苏军采取中立立场与之不能不说有直接关系。军队不支持，问题就增多。“八·一九”事变中的军队倒向与之也有关系。另一方面，由于对大裁军、大撤军计划不周和政治动荡的影响，不但涣散了军心，而且妨碍了在苏联经济中占很大比重的军事工业的改造和转轨。那么多军工机构的人员不满意，要想有平衡的过渡，很难。第三方面，从热点地区和东欧撤军是应该的，但撤得过快过急，加上该尽的义务不尽了，大说西方的好话，对昔日的一切尽数否定，必然引起被抛弃国家的不满，引起苏联人民的思想混乱，使反对社会主义的思潮蔓延，加速了动乱。撤军、裁军，经济危机得不到缓解，又引起思想和社会的混乱，难免国家会乱。

教训之二，改革、开放、利用外资是必要的，但必须建立在独立自主的基础上。戈尔巴乔夫不是这么做的。他不是为开展对外经济关系如增加出口、引进外资等创造条件，而是把对外开放变成了对外依赖，采取的手段可恶。如以推动东欧的剧变换取西方的支持与援助，以大规模裁、撤军作为交换条件，大搞私有化和建立三权分立体制讨西方的欢心，甚至到了乞求的程度。戈尔巴乔夫与布什在这期间的五次高级会谈就鲜明地体现了这一点。这样就为以美国为首的西方势力公开介入苏联的内部事务提供了“千载难逢”的时机和方便条件，使西方能够在苏联支持分裂势力，诱导苏联和平演变；在苏联改革进程中充当了一个具有相当分量的特殊的“重要角色”，这是苏联与西方关系史上从未有过的事情。这种事情一发生，苏联只好自食苦果。

教训之三，一个主权国家，尤其作为一个独立的、有一定影响的大国，当自己国家出现问题的时候，参考别国的经验教训和意见是必要的，但万万不能把“监护权”让给别的国家。当苏联国内政局剧烈动荡，各派势力纷争不已，经济形势急剧恶化，许多加盟共和国纷纷向联盟中央闹独立、要主权时，戈尔巴乔夫便极力借助美国和其他西方大国的政治支持和经济援助，作为试图稳定局势、渡过各种危机包括他本人领导地位危机的途径，试图用外交上的“成就”来修补内政上的混乱，不断加深对西方的依赖。这样就把对苏联改革的“监护权”交给了西方，尤其是交给了美国，把国家、个人的命运完全拴在美国和西方各国身上，这是饮鸩止渴的做法。

教训之四，作为社会主义国家特别是有巨大影响的社会主义国家的领导人，认识到错了就改，是实事求是的态度。但怎么改？用什么样的方式改？在何时改？却大有讲究。搞得不好，改了局部的，就会伤害全局的甚至国家的、社会制度的根本利益。波兰的“卡廷森林”屠杀波兰军官和领导人事件，德苏互不侵犯条约中的秘密附件，原来都是苏联干的，不对要改；战后奉行霸权主义，控制东欧，入侵捷克斯洛伐克，侵略阿富汗，让古巴出兵安哥拉等，这些错误都需要改。戈尔巴乔夫及其领导集体是怎么改的？大多是在苏东出现反社会主义浪潮、分裂情绪高涨时，全盘端出来的。仅以公布苏德条约中的秘密条款存在一事为例。波兰、波罗的海三个加盟共和国早就对该条款的存在与否耿耿于怀，正在闹分裂，现在突然在闹到高潮时承认了该条款的存在，只能是火上浇油，加速国家的崩溃。可见，毛泽东说的“政策和策略是党的生命，各级领导同志万万不可粗心大意”，是经得住实践检验的真理。路线、政策的误导，会祸及党和国家；策略错误，也会祸及党和国家，必须慎之又慎。戈尔巴乔夫政府不是这么做的。它急匆匆地不合时宜地宣布一大堆昔日的错误和有争议的问题，从原侵占地区和控制地区火速撤兵，不是在做了大量工作后恰时恰地恰量地改正，而有甩掉包袱、出卖盟友之嫌。给人的印象就是过去搞了几十年的社会主义一无是处，西方还抓住这些添油加醋地大肆宣传，造成内外大乱，苏联也就无法挽救了。

最后，戈尔巴乔夫改革后期的外交新思维与实践，指的是“八一九”事变失败到戈尔巴乔夫下台前的作为。这一时期戈尔巴乔夫的作为，对苏联的危害至深。

"八一九"事变失败后，戈尔巴乔夫虽从被软禁地重新回到了莫斯科，但其政治地位和实际权力已被大大削弱，如同强弩之末。西方各国已从昔日的支持戈尔巴乔夫转而全面支持俄罗斯、乌克兰、白俄罗斯等分裂者，甚至背着戈尔巴乔夫支持三国另立"新山头"。"独联体"的成立，西方已知，而戈尔巴乔夫还蒙在鼓里，仍在一厢情愿地搞他的"新联盟条约"。当他 12 月 8 日晚得知"独联体"成立时，只有无可奈何地发脾气的份了。他当晚给叶利钦的一段电话记录，明确反映了戈尔巴乔夫、叶利钦当时的政治地位，戈尔巴乔夫的心理认识，西方对戈尔巴乔夫态度的转变。他说："你们在背后开会密谋，葬送了苏联。我们国家的一些人甚至把这认作是一次政变，因为一切都是背着各共和国的最高苏维埃干的。事前，美国总统已经了解一切，而苏联总统却一无所知。"戈尔巴乔夫以解散苏共的方式向西方寻求支持，其结果是，在西方的一片喝彩声中，苏联在失去核心支柱和政治联系纽带的情况下加速了分裂。

（四）苏联解体的巨大影响与深刻教训

苏联解体，是二战结束以来，乃至近百年世界历史上，国际社会发生的最引人注目的重大事件。主要影响有：

苏联解体，带来了世界基本政治格局的重大转换。苏联的坍塌，是战后长期存在的美、苏两极对峙格局终结的核心标志，使世界进入了旧格局已破、新格局未立的转换时期。苏联的不复存在，世界上的另一个超级大国美国也在继续衰弱。受其他各种力量的牵制，有可能推迟新的世界大战的爆发，可在较长时间内保持世界的宏观和平。苏联的消失，使得早已存在的多极力量因减缓了压力而推进势头大增，为未来尽快形成有益于世界和平与发展的多极基本政治格局准备了条件。

苏联解体，引发了国际局势的复杂多变。西方国家之间的矛盾因苏联这一主要敌人的消失而加剧。美、欧、日已存在的分歧，由于苏联的解体，围绕着分享世界事务领导权和维持本国利益的矛盾和斗争明显突出。美欧矛盾由经济扩展到政治、外交和安全防务领域，双方在解决南斯拉夫危机、法德"联合军团"、北约职能等方面各有打算。美、日经济矛盾政治化趋势日益发展，双方争夺亚太地区经济、政治主导权的矛盾和摩擦表面化。美已把防止欧亚地区出现新的威胁力量作为它在冷战后的首要外交政治目标，并把日、德视为潜在的对手。西欧、日本则把从美国手中争权、谋求世界重要一极定为不变的目标。欧共体一体化的继续推进与苏联的解体相关。而德国重新统一后的“跳升”，已使欧盟，尤其是美、英、法忧心忡忡，分歧扩大。西方国家之间的矛盾从整体上看，尚未成为当今世界的主要矛盾，可上升势头已成为世界局势多变的现实表现和重要动因。民族问题因苏联解体扩展为世界性逆流，尤其是原苏联、东欧、巴尔干地区的族际冲突、国家解体、领土纷争以及宗教冲突频繁发生，形成新的热点后高温难降，危及世界的和平与发展。前南斯拉夫境内的冲突与战火，曾引起世界，特别是欧洲的普遍不安和紧张。

苏联解体，导致了国际力量对比的严重失衡。苏东剧变后，前苏东集团的国家全面向西方靠拢，接受西方的意识形态，极力争取西方的经济援助，谋求加入北约。俄罗斯独立后，依据“世界经济的钥匙掌握在巴黎、华盛顿、东京手里”的认识，曾把外交的重点立足于大幅度和深入地发展同西方国家的“伙伴关系”，争取早日“进入北半球文明大家庭”中。不少第三世界国家在苏东剧变后，开始或进一步向西方倾斜。苏东的剧变，使科学社会主义的力量受到严重的损伤，国际共运和世界社会主义事业进入了低潮，西方资本主义的力量无疑得以增加，在国际力量的“天平”上西方的“砝码”增大。为此，西方在冷战结束的同时，马上发起了两个新的冷战，“一个是针对整个南方、第三世界的，另一个是针对社会主义的”。[①] 这使得历史的负面加厚，要克服和战胜它，无疑需要较长的时间，需要正义的力量付出更大更多的努力。

苏联解体，提供了十分深刻的教训。苏联解体的教训，可从政治、经济、军事、外交、思想、教育诸多方面去总结。如果集中到一点，就是基本路线必须正确并长期坚持不动摇。这一基本路线的内容主要包括：社会主义国家应根据社会主义阶段的最根本任务是发展生产力的原理，集中力量进行社会主义建设，大力发展生产力，为消灭剥削，消除两极分化，最终实现人

① 《邓小平文选》第3卷，人民出版社，1993年版，第344页。

民群众的共同富裕创造条件。为加快社会主义建设和发展，必须实行改革和开放。改革是指改革旧的、不符合当今实际的政治经济体制，解放被旧体制束缚的社会生产力，尤其是建立社会主义市场经济体系是解放和发展社会生产力的必由之路。这也是社会主义制度的自我完善。开放就是要大胆学习和借鉴人类社会创造的一切文明成果，吸收和运用当今世界各国，包括发达资本主义国家的一切先进的管理方法和经营方式，还要引进和借用外国资金，用以加速经济建设和发展生产力。这也是加快发展的必由之路。必须坚定不移地对外开放，无论在建设高度的社会主义物质文明，还是在建设高度的社会主义精神文明时都应该这样。在进行社会主义现代化建设和改革开放的过程中，必须坚持以马克思主义为指导，并不断发展之；必须坚持和完善共产党的领导；坚持和捍卫社会主义方向；坚持和优化组织路线；坚持和完善社会主义民主和法制，力求国家的稳定和长治久安，注意和防止和平演变，这是根本原则，是基本路线的题中之义。苏联在这一基本路线上犯了错误，先是在国内长期推行僵硬的经济政治模式，在国外大搞不断升级的超级大国式的霸权主义，引发了诸多尖锐矛盾和严重问题；戈尔巴乔夫上台后，又逐步推行了一条表面上玄而又玄，实质上丢掉了经济建设这个中心，改党、改制、改方向，丢掉了无产阶级专政，对外奉迎、投靠的所谓“人道的民主的社会主义”错误路线，导致了苏联全面的深刻危机，直至解体。可见，党的基本路线正确与否对一个国家来说生死攸关。无论在这条路线上向“左”或向右摇摆，都不可取，都会毁国祸民危害社会主义大业。苏联的教训，十分深刻，发人深醒。如能正确地总结吸取教训，坏事也会变成“好事”，使人聪明，从中明白道理，真正把马克思主义的基本原理，与世界和本国的实际有机地结合，探索出符合本国实际的社会主义基本路线。在坚持中完善，在完善中坚持，定能使国际共运冲出低谷，健康发展，定会使社会主义国家的建设事业、改革开放的步子迈得更稳、更好甚至更快。用累累硕果和铁的事实，证明社会主义的旺盛生命力和卓越的优越性，“资本主义长存”的鼓噪就会渐趋消退，社会主义代替资本主义终将成为历史的必然。这就是从苏联解体的研究中应该得出的结论。

第三节 “纸老虎”论的科学性与启迪

1946年8月6日，毛泽东在延安和美国记者安娜·路易斯·斯特朗的谈话中，首次提出了“一切反动派都是纸老虎”、“原子弹是美国反对派用来吓人的一只纸老虎”的著名论断。[①] 后来，毛泽东在不同场所又多次重申、阐发了这一论断，引起国际社会正反两方面持久的强烈反响。这里就其中自己不明白的问题：如毛泽东为什么要反复讲这一论断？这一论断的内涵是什么？这一论断产生过什么历史效应？这一论断的理论和现实意义是什么？等等，进行了综合、归纳、探讨。

一、“纸老虎”论的提出与完善

在我看到的文献中，毛泽东谈“纸老虎”问题的地方很多，比较集中的有五次：第一次，即本书开头提到的1946年8月6日在延安与斯特朗的谈话；第二次，是1957年11月18日《在莫斯科共产党和工人党代表大会上的讲话》；[②] 第三次，是1958年12月1日在武昌写的《关于帝国主义和一切反动派是不是真老虎的问题》；[③] 第四次，是1964年1月30日毛泽东同法国议员代表团的谈话：《中法之间有共同点》；[④] 第五次，是1965年1月9日毛泽东《同斯诺的谈话》。[⑤]

---

① 毛泽东：《和美国记者安娜·路易斯·斯特朗的谈话》(1946年8月6日)，《毛泽东选集》第4卷，人民出版社，1991年版，第1194—1195页。

② 毛泽东：《在莫斯科共产党和工人党代表会议上的讲话》(1957年11月18日)，《毛泽东文集》第7卷，人民出版社，1999年版，第321—333页。

③ 毛泽东：《关于帝国主义和一切反动派是不是真老虎的问题》(1958年12月1日)，《毛泽东文集》第7卷，人民出版社，1999年版，第455—458页。

④ 毛泽东：《中法之间有共同点》(1964年1月30日)，《毛泽东文集》第8卷，人民出版社，1999年版，第370—375页。

⑤ 毛泽东：《同斯诺的谈话》(1965年1月9日)，《毛泽东文集》第8卷，人民出版社，1999年版，第396—413页。

毛泽东谈“纸老虎”问题，大致分为三个时期，是针对不断变化的、错综复杂的国际国内形势，纠正人们对此各种偏颇认识的产物。针对性绝大部分准确，某些角度，特别后来对苏联的判断有某些值得商榷的地方。

20世纪40年代中后期，是中国的第二次国内革命战争时期。为了打败蒋介石，解放全中国，毛泽东首次提出、论证了“纸老虎”的观点。

蒋介石集团于1946年上半年，撕毁1946年1月国共两党签订的停战协定、政协决议，在美国支持下发动了全面内战。人们的耽忧提升，能否打败蒋介石，解放全中国，问号多多。正如毛泽东自己认为的，“1946年蒋介石向我们进攻的时候，我们许多同志，全国人民，都很忧虑：战争是不是能打赢？我本人也忧虑这件事”。① 当时的苏联曾经下过命令，“说你们不与蒋介石讲和、打内战的话，中国民族有灭亡的危险”。② 应该说，当时美国记者斯特朗在延安向毛泽东提的问题带有普遍意义。例如，你觉得中国的问题，在不久的将来，有政治解决的希望没有？如果美国除了它所已经给的以外不再帮助了，那么蒋介石还可以打多久？共产党能支持多久？如果美国人民问到共产党为什么作战，我该怎样回答呢？你对于美国是否可能举行反苏战争看法如何？如果美国使用原子炸弹呢？如果美国从冰岛、冲绳岛以及中国的基地轰炸苏联呢？对此，毛泽东均进行了正面的、高屋建瓴的回答，特别作出了原子弹是纸老虎、一切反动派是纸老虎、美国是纸老虎、蒋介石是纸老虎的著名论断。“武装了中国人民的思想，加强了中国人民的胜利信心，在人民解放战争中，起了极其伟大的作用。”③

20世纪50年代中后期，新中国建立的第一个10年中，毛泽东针对国内外出现的三种情况，重申、深化了“纸老虎”的论断。

第一种情况是，美国推行全球扩张主义，在世界上称王称霸。美国出笼了冷战、遏制战略和后来的和平演变战略，主要针对苏联、中国等社会主义

---

①　毛泽东：《在莫斯科共产党和工人党代表会议上的讲话》（1957年11月18日），《毛泽东文集》第7卷，人民出版社，1999年版，第328页。

②　毛泽东：《同苏联驻华大使尤金的谈话》（1958年7月22日），《毛泽东文集》第7卷，人民出版社，1999年版，第388页。

③　毛泽东：《和美国记者安娜·路易斯·斯特朗的谈话》（1946年8月6日），《毛泽东选集》第4卷，人民出版社，1991年版，第1191页。

国家。美国当头，组成帝国主义阵营，在经济上大搞封锁、制裁，在政治上搞反共产主义大合唱，在军事上大搞军事包围圈，先后建立北大西洋公约组织、巴格达条约组织、东南亚条约组织、美澳新条约组织、美日军事联盟，甚至在 1954 年 12 月 2 日与中国台湾当局签署了《共同防御条约》，推出杜鲁门主义、马歇尔计划、第四点计划、道奇计划具体行动，妄图把社会主义国家扼杀在摇蓝中。另外，世界“五大洲，除了澳洲，四大洲美国都想霸住。首先是北美洲，那主要是它自己的地方，它有军队；然后是中南美洲，虽然没有驻军，但是它要‘保护’的。再加上欧洲、非洲、亚洲，主要是欧亚非，主力是在欧亚两洲”。“霸中间地带为主。”挥舞原子弹恐吓世界人民。在这情况下，世界上出现了对原子弹的迷信、惧怕，对以美国为首的西方的迷信、惧怕。为了破除这种迷信和惧怕，毛泽东重申、拓展了“纸老虎”的论断。

第二种情况是，1953 年 3 月 5 日，斯大林逝世，苏联的领导高层发生了大变化，内外政策进行了大调整，影响到了中苏关系和国际共运。赫鲁晓夫在对待斯大林和国际共运总路线问题上，有值得肯定的地方，但全盘否定斯大林和倡导“三和两全”（和平过渡、和平竞赛、和平共处、全民国家、全民党）总路线，内涵修正主义的性质。赫鲁晓夫出现这种错误有各种原因，其中就有对原子弹的迷信、惧怕，“美国人说什么原子弹毁灭性严重，赫鲁晓夫也说得很神气”,[①] 对美国为首的西方的迷信、惧怕。赫鲁晓夫的“对表”[②] 举动，即要求各国共产党、工人党同苏共保持一致，使许多党也有赫鲁晓夫的观点。与此同时，毛泽东又发现，赫鲁晓夫等反对“纸老虎”的论断，存在理论误区，只注意了毛泽东论断的“纸老虎”一面，没有同时强调其“真老虎”的分析；只注意毛泽东在战略上蔑视敌人，而忽视在战术上重视敌人；只注意了一重性，而忽视双重性；忽视“纸老虎”、“真老虎”会互相转化、对立的统一等。针对上述两大问题，毛泽东多次重提、深化了“纸老虎”论断。

---

① 毛泽东：《同斯诺的谈话》（1965 年 1 月 9 日），《毛泽东文集》第 8 卷，人民出版社，1999 年版，第 402 页。

② 吴冷西：《十年论战》（上），中央文献出版社，1999 年版，第 230 页。

第三种情况是，毛泽东在中国高举的总路线、大跃进、人民公社三面红旗，1958 年底他发现出了“热”、“冷”问题。毛泽东说：“在我国，在目前，有些人太热了一点。他们不想使自己的头脑有一段冷的时间，不愿意做分析，只爱热。同志们，这种态度是不利于做领导工作的，他们可能跌筋斗，这些人应该注意提醒一下自己的头脑。另有一些人爱冷不爱热。他们对一些事，看不惯，跟不上。对这些人，应当使他们的头脑慢慢热起来。”[①]针对这些情况，加之上述两种情况，毛泽东 1958 年 12 月 1 日在武昌专门写了《关于帝国主义和一切反动派是不是真老虎的问题》，重申、深化了“纸老虎”的论断。

20 世纪 60 年代前半期，国际局势“冷战共处”延续，中法建交，中苏公开大论战，中国爆炸原子弹，苏联领导人再次更替。毛泽东根据这些变化和人们的疑问，坚持、拓展了对“纸老虎”论断的认识。

1960 年 5 月 27 日，英国名人蒙哥马利访问中国，毛泽东与他进行了一次长谈。[②] 应蒙哥马利的提问，毛泽东认为，现在的国际局势，“我看不上热战破裂，也不是和平共处，而是第三种：冷战共处”。“冷战共处”之说，不仅精练地指明了战后国际旧秩序的整体态势和运行机制，而且指出了战后国际旧秩序的实质是以反对共产主义的强权政治、霸权主义为支撑的冷战战略在其中作祟。“不是热战破裂，也不是和平共处”、“而是冷战共处”之说，可以理解为“冷战共处”是国际旧秩序，“和平共处”是国际新秩序，国际旧秩序仍然猖獗，国际新秩序方兴未艾，破旧立新任务艰巨。世界上有人对此表示忧虑，毛泽东并没有为此悲观失望从而拓展了对“纸老虎”的认识。

1964 年 1 月 27 日，中国与法国正式建交。仅仅过了 3 天，1 月 30 日，毛泽东就接见了法国议会代表团。重提美国是“纸老虎”，并且提到了“苏联也是纸老虎”，说美国和苏联是“两个大纸老虎”。[③] 毛泽东为什么这么

---

① 毛泽东：《关于帝国主义和一切反动派是不是真老虎的问题》(1958 年 12 月 1 日)，《毛泽东文集》第 7 卷，人民出版社，1999 年版，第 457 页。

② 蒙哥马利 (1887—1976 年)，英国陆军元帅，第二次世界大战期间是盟军指挥官之一，后曾任英军总参谋长、北大西洋公约组织盟军最高副总司令。

③ 毛泽东：《中法之间有共同点》(1964 年 1 月 30 日)，《毛泽东文集》第 8 卷，人民出版社，1999 年版，第 372、373 页。

说？因为法国奉行戴高乐主义，公开“顶”了美国。法国的作为暴露了美国“纸老虎”的本质。戴高乐主义主要包括六点：第一，对美国搞独立自主，实质是法国的民族主义；第二，顶住美苏的压力，单独发展核武器，1960年试爆成功了第一颗原子弹；第三，退出北大西洋公约组织的军事机构，并把北约的总部“请”出了巴黎；第四，与苏联缓和关系；第五，与中国正式建交；第六，积极推动欧共体的建设。

发生在1956年3月到1966年3月的中苏“十年论战”，原因是复杂的，既有意识形态的因素，更有国家利益的冲突，还有领导人之间的好恶，其中也夹杂着历史的积怨。“真正的实质问题是不平等，中国人感到受屈辱。”[①]论战主要围绕着如何评价斯大林和执行什么样的国际共运总路线展开，开始是秘密进行的。1963年7月14日，苏共中央机关报《真理报》发表了《苏共中央给苏联各级党组织和全体共产党员的公开信》，在这封公开信中，苏共中央全面地、系统地对中国共产党和中共领导人（毛泽东）指名道姓进行攻击，这样才使公开论战进入一个新阶段，完全公开化。苏共这样的系统攻击，而且采取公开信的形式，是过去论战中未曾有过的第一遭。中共也马上决定以公开信的形式给以回答，决定指名道姓公开批评苏共领导，“特别是可以指名批评苏共第一书记赫鲁晓夫”。[②]后来在毛泽东的领导下，成立评述班子，连续发表了著名的《九评》。[③]中苏关系从蜜月走向冰冻。苏联公开指责中国是“民族主义者”、“种族主义者”、“托洛茨基主义者”。中国公开批评苏联拼凑、执行了修正主义路线，在国际共运中实行分裂主义，用大国沙文主义来代替无产阶级国际主义，走资本主义道路。1964年10月16

① 邓小平：《结束过去，开辟未来》（1989年5月16日），《邓小平文选》第3卷，人民出版社，1993年版，第292—295页。

② 吴冷西：《十年论战》（下），中央文献出版社，1999年版，第632、633页。

③ 这《九评》为：一评《苏共领导同我们分歧的由来和发展》（1963年9月6日）；二评《关于斯大林问题》（1963年9月13日）；三评《南斯拉夫是社会主义国家吗？》（1963年9月26日）；四评《新殖民主义的辩护士》（1963年10月22日）；五评《在战争与和平问题上的两条路线》（1963年11月19日）；六评《两种根本对立的和平共处政策》（1963年12月12日）；七评《苏共领导是当代最大的分裂主义者》（1964年2月29日）；八评《无产阶级革命和赫鲁晓夫修正主义》（1964年3月31日）；九评《关于赫鲁晓夫的假共产主义及其在世界历史上的教训》（1964年7月14日）。

日，中国成功爆炸第一颗原子弹，同一天赫鲁晓夫下台。1964年11月21日，《人民日报》登载经政治局常委会议讨论定稿的《红旗》杂志社论《赫鲁晓夫是怎样下台的?》一文，列举了赫鲁晓夫的12项罪状，说人间正道是沧桑，谁妄图阻挡历史车轮前进，谁就会被轧得粉身碎骨。证明了帝国主义和一切反动派都是纸老虎，修正主义者也是纸老虎。[①] 于是，毛泽东在多次接见外宾时，不仅谈原子弹是纸老虎、美国是纸老虎、一切反动派是纸老虎、修正主义者是纸老虎，还谈苏联也是纸老虎。

冷静分析毛泽东三个时期对国内外形势、纸老虎对象、答疑解惑的准确度。宏观地说，这一论断有一个完善、发展的过程；是大师的“大手笔”，论断高屋建瓴；仔细推敲，每一个时期均存在不同程度的“不足”或“过分”。

解放战争时期，基本准确。特别指出了原子弹、美帝国主义、一切反动派是纸老虎的原因和结果，是理论上的“大手笔”。但因回答问题的主旨、时间和条件的限制，毛泽东在讲“纸老虎”的同时，没有提出“真老虎”的概念，所以对“真老虎”的分析没有展开。“纸老虎”与“真老虎”的关系更不可能谈到。不过，决不能认为毛泽东没有谈到“真老虎”的内容，如毛泽东在说原子弹是“纸老虎”的同时，就说过“原子弹是一种大规模屠杀的武器”。[②] 这也是后来赫鲁晓夫等人误解毛泽东这一论断的重要原因。如果把这些侧面认为是“不足”，未尝不可。但此时不存在“过分”的表现。

20世纪50年代，毛泽东在一系列著述中，坚持、丰富、发展了“纸老虎”的论断。在论述“纸老虎”表现、缘由的同时，专门提出了“真老虎”的概念，并进行了全面分析。补充了以前提出“纸老虎”论断，目的就是为了更好地打败蒋介石，解放全中国。说一切反动派是“纸老虎”，是从战略上考虑的；说一切反动派是“真老虎”，是从战术上考虑的。在战略上要藐视敌人，在战术上要重视敌人。“纸老虎”与“真老虎”是反动派的两重性。“纸老虎”与“真老虎”会互相转化。而且提出“向阶级敌人作斗争是如此，

① 《人民日报》1964年11月21日，第1版。

② 毛泽东：《和美国记者安娜·路易斯·斯特朗的谈话》(1946年8月6日)，《毛泽东选集》第4卷，人民出版社，1991年版，第1195页。

向自然界作斗争也是如此”,[①] 处理各种社会问题更是如此。但此时，已出现了“过分”的判断和认识。主要体现在两个方面：

一方面，“关于目前形势的特点是东风压倒西风”的提法。并且说“所有帝国主义国家都是下午六点钟的太阳，而我们呢，是早上六点钟的太阳。于是乎转折点就来了。就是说，西方国家抛到后边去了，我们大大占了上风了。一定不是西风压倒东风，因为西方是那么微弱。一定是东风压倒西风，因为我们强大”。[②] 我不同意后来赫鲁晓夫对此的理解：“你们老讲东风压倒西风，就是你们中国想压倒大家，要压倒全世界。”[③] 这是攻击和诬蔑。也不同意把东方的形势说得一团漆黑，把西方说得过于强大。毛泽东的上述判断，就是为了扭转有人对形势灰暗看法的。毛泽东提出的 10 点依据,[④] 可以有力地证明东风劲吹，并非灰暗。这一“正名”是对的，可以鼓舞世界人民与帝国主义斗争的信心和勇气。从“纸老虎”的角度，在某种程度是可取的。但由此提升到“东风压倒西风”、“西方微弱”、“东方强大”，西方是“下午六点钟的太阳”，就显得“过度”、“失真”。究其事实，从新旧殖民主义的角度看，西方的确在节节败退，旧殖民体系即将结束。从西方的实力、在世界上的霸权地位上看，“西强东弱”的态势没有扭转，还有加强。发端于第二次世界大战时期的第三次科技革命，在西方已经蓬勃兴起，美欧日的经济发展势头强劲，美国“超级大国”的国际地位，受朝鲜战争、越南战争的打击，大受影响，但整体上仍属“世界第一”。[⑤] 赫鲁晓夫过度吹捧西方强大，要与美国共同主宰世界，压服中国，不正确；但承认西方此时处于优

① 毛泽东：《关于帝国主义和一切反动派是不是真老虎的问题》(1958 年 12 月 1 日),《毛泽东文集》第 7 卷，人民出版社，1999 年版，第 456 页。

② 毛泽东：《在莫斯科共产党和工人党代表会议上的讲话》(1957 年 11 月 18 日),《毛泽东文集》第 7 卷，人民出版社，1999 年版，第 327 页。

③ 吴冷西《十年论战》(上)，中央文献出版社，1999 年版，第 327 页。

④ 即 10 件大事：(1) 二战胜利，东欧国家有可能成为社会主义国家；(2) 中国革命胜利；(3) 朝鲜战争，美国在停战协定上签字；(4) 越南战争，法国败退；(5) 苏伊士运河事件，英法军队被迫撤退；(6) 叙利亚事件；(7) 苏联发射两颗人造地球卫星上天；(8) 英国退出亚洲、非洲一大片殖民地；(9) 荷兰退出印尼；(10) 法国退出叙利亚、黎巴嫩、摩洛哥、突尼斯、阿尔及利亚。见《毛泽东文集》第 7 卷，人民出版社，1999 年版，第 322—327 页。

⑤ 苏联此时还不能称为“超级大国”。

势，需要冷静对待，这一点可取。毛泽东说，东方“是早上六点钟的太阳”，比喻合适。如把此时的东西方形势概括为“东风劲吹，西风弱”，较为恰当，说“东风压倒西风”，作未来趋势的展望可以，因当时并没有达到“压倒”的态势。这对制定正确的战略、策略并非有利，甚至有害。

另一方面，关于实行“大跃进”和人民公社化运动。毛泽东的出发点是好的，想通过这些努力尽快改变中国“一穷二白”的落后面貌。但缺点是忽视了客观经济规律，急于求成，夸大了主观意志和主观努力的作用。1958年底，毛泽东发现“过热”后，进行纠正，这样做是对的。而对“另有一些人爱冷不爱热。他们对一些事，看不惯，跟不上。对这些人，应当使他们的头脑慢慢热起来”的提法，实践证明不正确。其重大恶果是，“使得以高指标、瞎指挥、浮夸风和‘共产风’为主要标志的‘左’倾错误严重地泛滥开来。从1958年底到1959年7月中央政治局庐山会议期间，毛泽东同志曾经努力领导全党纠正已经觉察到的错误。但是，庐山会议后期，毛泽东同志错误地发动了对彭德怀同志的批判，进而在全党错误地开展了‘反右倾’斗争。八届八中全会关于所谓‘彭德怀、黄克诚、张闻天、周小舟反党集团’的决议是完全错误的。这场斗争在政治上使党内从中央到基层的民主生活遭到严重损害，在经济上打断了纠正‘左’倾错误的进程，使错误延续了更长时间。主要由于‘大跃进’和‘反右倾’的错误，加上当时的自然灾害和苏联政府背信弃义地撕毁合同，我国国民经济在1959年到1961年发生严重困难，国家和人民遭到重大损失”。①

20世纪60年代，由于当时的中共领导人认为苏共奉行赫鲁晓夫的修正主义路线，在国际上搞“三无世界”（没有武器、没有军队、没有战争）、大国沙文主义，对美国既犯投降主义，又犯冒险主义；在国内搞全民党、全民国家，全盘否定斯大林、丑化社会主义国家。② 所以断定苏联已经存在一个“赫鲁晓夫修正主义集团”，赫鲁晓夫已经成为一个“修正主义者”，苏联已

---

① 《中国共产党中央委员会关于建国以来党的若干历史问题的决议》（1981年6月27日中国共产党第11届中央委员会第6次全体会议一致通过），《三中全会以来重要文献选编》（下），人民出版社，1982年版，第805—806页。

② 周恩来语，见吴冷西《十年论战》（下），中央文献出版社，1999年版，第866—867页。

经是一个“纸老虎”。毛泽东此时写了两首直接针对赫鲁晓夫的诗，笔者认为已经为之定了性。1962年12月26日，是毛泽东69岁生日。他在这一天写下了《七律·冬云》：“雪压冬云白絮飞，万花纷谢一时稀。高天滚滚寒流急，大地微微暖气吹。独有英雄驱虎豹，更无豪杰怕熊罴。梅花欢喜漫天雪，冻死苍蝇未足奇。”[①] 1963年1月8日，毛泽东在离开杭州之前，作了一首大气磅礴的词《满江红·和郭沫若同志》：“小小寰球，有几个苍蝇碰壁。嗡嗡叫，几声凄厉，几声抽泣。蚂蚁缘槐夸大国，蚍蜉撼树谈何易。正西风落叶下长安，飞鸣镝。多少事，从来急；天地转，光阴迫。一万年太久，只争朝夕。四海翻腾云水怒，五洲震荡风雷激。要扫除一切害人虫，全无敌。”[②] 可见，毛泽东已经把赫鲁晓夫比喻为“熊罴”、“苍蝇”、“蚂蚁”、“蚍蜉”、“害人虫”，作为“敌人”看待了。1964年1月30日，说“苏联也是纸老虎”，美国和苏联是“两个大纸老虎”。[③] 1964年3月31日发表的《无产阶级革命和赫鲁晓夫修正主义》，第一次公开指名道姓地给赫鲁晓夫戴上了修正主义者的帽子，批驳的言辞也愈加尖锐，用毛泽东的话说：以比过去更加清楚的语言，回答修正主义者。如果我们把毛泽东“纸老虎”的认识广义去理解，从中共刚刚发表完《九评》后不久的1964年10月11日，赫鲁晓夫就被勃列日涅夫赶下了台来看，说赫鲁晓夫是“纸老虎”，并不算错。因为他毕竟在理论和实践上有严重的修正主义作为。但把此时的苏联和赫鲁晓夫定性为与美国相同的敌人，同是“两个大纸老虎”，就犯了定性“过分”的问题。这是造成毛泽东晚年“反修防修”方针、政策的“过火”，特别是发动错误的“文化大革命”的重要原因。

毛泽东提出、发展“纸老虎”论断的针对性和准确度，存在开始有“缺憾”、之后“过分”的东西逐渐增多的现象。不过总体看，前期的“缺憾”毕竟后来进行了“完善”；“过分”的毛病产生过严重危害，但并不能据此否

① 王臻中、钟振振主编：《毛泽东诗词鉴赏》，江苏古籍出版社，1990年版，第159页。

② 王臻中、钟振振主编：《毛泽东诗词鉴赏》，江苏古籍出版社，1990年版，第163页。

③ 毛泽东：《中法之间有共同点》（1964年1月30日），《毛泽东文集》第8卷，人民出版社，1999年版，第370、373页。

认毛泽东“纸老虎”论断的针对性绝大部分是准确的客观事实。这已被后来的历史所证明，实践所检验。

二、“纸老虎”论的科学性与有效性

毛泽东提出“纸老虎”论断后，引起了国际社会的强烈反响。支持者有之，反对者也不少，在反对者中，曲解的成分多而杂。我们通过对毛泽东“纸老虎”的论断进行整体分析后，认为它是一个科学的论断。依据有五：

第一，“纸老虎”论断的理论依托科学。毛泽东提出“纸老虎”的论断，依托的是辩证唯物主义和历史唯物主义，遵循的是实事求是。

辩证唯物主义和历史唯物主义，即唯物史观是马克思主义的两大基石之一，与唯心史观相比，是全新的世界观和方法论。唯物史观注重客观现实，又重视历史经验教训的总结和借鉴；注重规律性的变化，又重视变化中的互相转化；注重抓主要矛盾，更重视抓主要矛盾的主要方面；注重事物的实质面，又重视事物的外表面。毛泽东“纸老虎”的论断，恰恰就是根据国内外形势的重大变化，根据沙皇是纸老虎、希特勒是纸老虎的历史事实，指出原子弹、一切反动派是被不少人吹得神乎其神的东西，必须破除对它们的迷信，从本质和长远看，只不过是纸老虎。但从现实看又是真老虎，破坏性很强，成千成万地吃人。从而制定正确的战略战术，在战略藐视敌人，在战术上重视敌人，达到“取胜”的目的。可见，毛泽东“纸老虎”的论断，是对马克思主义基本立场、观点、方法的继承、发展，是唯物的、辩证的、科学的。

实事求是是毛泽东思想的灵魂，是无产阶级世界观的基础，是马克思主义的思想基础，是马克思主义的精髓。① 实事求是一词，古往有之，毛泽东在延安整风时期《改造我们的学习》一文中，赋予了它新的内涵。从词源上看，该词最早出自中国古代成语。《汉书·河间献王传》曰：“修学好古，实

① 教育部马克思主义理论与思想政治教育重点学科、教育部“高校思想政治教育课程建设研究”重大攻关项目创新教材，丁俊萍主编：《毛泽东思想、邓小平理论和“三个代表”重要思想概论》，武汉大学出版社、湖北人民出版社，2006 年版，第 351 页。

事求是。从民得善书，必为好写与之，留其真。”颜师古注：“务得事实，必求真是也。”[①] 其原意是指按真实情况办事，既不夸大，也不缩小的意思。毛泽东对它作了马克思主义的新的诠释，指出：“‘实事’就是客观存在着的一切事物，‘是’就是客观事物的内部联系，即规律性，‘求’就是我们去研究。我们要从国内外、省内外、县内外、区内外的实际情况出发，从其中引出其固有的而不是臆造的规律性，即找出周围事变的内部联系，作为我们行动的向导。”[②] 所以，实事求是，就是从实际出发，寻求事物的规律性，按客观规律办事。毛泽东强调，这种实事求是的态度，就是党性的表现，就是理论和实际统一的马克思列宁主义的作风。毛泽东“纸老虎”的论断，就是从国内外实际出发，辩证的分析原子弹、蒋介石集团、美帝国主义及其他一切反动派“外强中干”的实际。现实的强，由于它脱离人民、逆历史潮流而动，终将会走向灭亡；相对弱小的事物，由于它代表正义，有人民的支持，加之有胜利的信心和勇气，战略上藐视、战术上重视，就一定会克服各种困难，战胜敌人、取得胜利。实践证明，毛泽东“纸老虎”的论断，就是实事求是的产物。它曾激励我们取得革命的胜利，现在仍在促使我们搞好建设和改革，实现中华民族的伟大复兴。

第二，一切反动派是“纸老虎”的分析科学。为了回答有人对“纸老虎”论断的曲解和责难，毛泽东从唯物史观和唯物辩证法的高度，对其论断内涵的“两重性”和“转化”进行了科学的分析。他说，同世界上一切事物无不具有两重性（即对立统一规律）一样，帝国主义和一切反动派也有两重性，它们是真老虎又是纸老虎。历史上奴隶主阶级、封建地主阶级和资产阶级，在它们取得统治权力以前和取得统治权力以后的一段时间内，它们是生气勃勃的，是革命者，是先进者，是真老虎。在随后的一段时间，由于它们的对立面奴隶阶级、农民阶级和无产阶级逐步壮大，并同它们斗争，越来越厉害，它们就逐步向反面转化，化为反动派，化为落后的人们，化为纸老虎，终究被或者将被人民所推翻。反动的、落后的、腐朽的阶级，在面临人

① 《辞海》（缩印本），上海辞书出版社，1980 年版，第 1017 页。

② 毛泽东：《改造我们的学习》（1941 年 5 月 19 日），《毛泽东选集》第 3 卷，人民出版社，1991 年版，第 801 页。

民的决死斗争的时候，也还有这样的两重性。一方面，是真老虎，吃人，成百万人成千万人的吃。人民斗争事业处在艰难困苦的时代，出现许多弯弯曲曲的道路。中国人民为了消灭帝国主义、封建主义和官僚资本主义在中国的统治，花了一百多年的时间，死了大概几千万人之多，才取得1949年的胜利。你看，这不是活老虎，铁老虎，真老虎吗？但是，它们终究转化成了纸老虎，死老虎，豆腐老虎。这是历史的事实。人们难道没有看到这些吗？真是成千成万！所以，从本质上看，从长期上看，从战略上看，必须如实地把帝国主义和一切反动派都看成纸老虎。从这点上，建立我们的战略思想。另一方面，它们又是活的铁的真的老虎，它们会吃人的。从这点上，建立我们的策略思想和战术思想。①

毛泽东关于帝国主义和一切反动派都是“纸老虎”、历史与现实的两个“两重性”的分析和判断，同列宁把帝国主义看做“泥足巨人”一样，都是从它们的本质说的。② 毛泽东的分析更具哲理、更具全面、更具深刻。特别是“纸老虎”、“真老虎”的历史动态性、转化性的分析，更具说服力。

第三，“原子弹”是“纸老虎”的阐述科学。

在毛泽东“纸老虎”的论断中，提出了众多的对象，受到提问、责难最多的当属“原子弹”。毛泽东至少进行了多层面的分析，说明了“原子弹”是“纸老虎”的理由：

毛泽东说原子弹是纸老虎的根本原因，即决定战争胜败的是人民，而不是一两件新式武器。③ 武器重要不重要？很重要。但是，“人要紧，是第一位的，武器是第二位的，是次要的”。④ 人民是历史的创造者，在历史的发展上和现实的生活中，人是决定的因素。马克思主义者重视技术变革的作

① 毛泽东：《关于帝国主义和一切反动派是不是真老虎的问题》（1958年12月1日），《毛泽东文集》第7卷，人民出版社，1999年版，第455—456页。

② 毛泽东：《和美国记者安娜·路易斯·斯特朗的谈话》（1946年8月6日），《毛泽东选集》第4卷，人民出版社，1991年版，第1191页。

③ 毛泽东：《和美国记者安娜·路易斯·斯特朗的谈话》（1946年8月6日），《毛泽东选集》第4卷，人民出版社，1991年版，第1195页。

④ 毛泽东：《帝国主义是不可怕的》（1960年5月7日），《毛泽东文集》第8卷，人民出版社，1999年版，第171页。

用，但是，如果贬低人的因素的作用，夸大技术因素的作用，是错误的。[①]问题是先进武器掌握在谁的手里。先进武器掌握在人民手里，人民就会推动历史的前进；原子弹掌握在反动派的手里，会给人民带来大的、甚至长时间的苦难。但这些反动派总有一天要失败，人民总有一天要胜利。这原因不是别的，一方面，就在于反动派代表反动，而人民代表进步；[②] 另一方面，"只要把人团结起来，手里掌握着武器，帝国主义、殖民主义者就怕我们。当然不是只有打仗这一种方法，还有别的方法"。"所谓纸老虎，就是说美国、苏联脱离了群众"。[③] 从长远的观点看问题，真正强大的力量不是属于反动派，而是属于人民。"得民心者得天下，失民心者失天下"，已经成为客观规律。沙皇、希特勒、墨索里尼、日本帝国主义的垮台都是如此，先进武器并不能最终阻止它们的灭亡。

毛泽东说原子弹是纸老虎，是因为原子弹是美国反对派用来吓人的一只纸老虎，看样子可怕，实际上并不可怕。[④] 提起美国帝国主义，人们似乎觉得它是强大的不得了的，蒋介石曾经拿美国的"强大"来吓唬中国人民。但美国反对派也将要同一切反动派一样，被证明为并没有什么力量。另有一类人是真正有力量的，这就是美国人民。战后美国利用其核优势，时常挥舞原子弹，到处恐吓、侵略不听美国话的国家和人民，企图实现它的奴役全世界人民和称霸世界的野心。但每侵略一个地方，就在自己的脖子上套上一个"绞索"，一头交给被侵略的国家和人民，一头交给美国人民。美帝国主义已被自己制造的绞索套住。[⑤] 美国政府恼羞成怒时，多次扬言要扔原子弹，但

① 《关于国际共产主义运动总路线的建议》（中国共产党中央委员会对苏联共产党中央委员会 1963 年 3 月 30 日来信的复信）（1963 年 6 月 14 日），人民出版社，1963 年版，第 26 页。

② 毛泽东：《和美国记者安娜·路易斯·斯特朗的谈话》（1946 年 8 月 6 日），《毛泽东选集》第 4 卷，人民出版社，1991 年版，第 1195 页。

③ 毛泽东：《中法之间有共同点》（1964 年 1 月 30 日），《毛泽东文集》第 8 卷，人民出版社，1999 年版，第 373 页。

④ 毛泽东：《和美国记者安娜·路易斯·斯特朗的谈话》（1946 年 8 月 6 日）《毛泽东选集》第 4 卷，人民出版社，1991 年版，第 1195 页。

⑤ 毛泽东：《在第十五次最高国务会议上谈国际形势》（1958 年 9 月 8 日），《毛泽东外交文选》，世界知识出版社、中央文献出版社，1994 年版，第 348 页。

都因美国人民和其他国家的干涉而作罢。因为，帝国主义者用核武器威胁其他国家，也使本国人民受到威胁，促使本国人民起来反对核武器，反对帝国主义的侵略政策和战争政策。同时，帝国主义者妄图用核武器毁灭对方，实际上是把自己放在被毁灭的地位。[①] 后来，美国和苏联搞核军备竞赛，搞得世界乌烟瘴气。但始终未能发动核大战，除了双方怕把世界打得乱七八糟、不敢先动手；未准备好，都不敢动；新科技革命制约的原因外，世界人民的团结斗争是根本的因素。[②] 世界历史告诉我们，逆历史潮流而动，与世界人民为敌，就是掌握大量核武器也只能是纸老虎，最终会灭亡。核武器的出现，不能阻止人类历史的前进，不能挽救帝国主义制度的灭亡，正如历史上一切新技术的出现，不能挽救各种旧制度的灭亡一样。[③]

毛泽东还用最新的研究成果，证明原子弹是纸老虎。1965 年 1 月 9 日，毛泽东同斯诺的谈话中，针对美国人 1954 年 10 月宣传原子弹毁灭性严重，全人类会毁灭，赫鲁晓夫也说得很神气，毛泽东批驳说，我最近看见登在香港《新闻天地》杂志的报道说，许多美国专家访问美国原子弹原试验基地比基尼岛，他们登陆后看到老鼠照样在跑来跑去，鱼照样在湖里游来游去，井水还能喝，植物茂盛，鸟类很多，专家在进岛时要开辟道路，砍掉树木。这是在这个岛经历过 12 年的核爆炸试验，隔了 6 年再去的。爆炸之后一两年生物是倒霉的，然后又生长起来。为什么老鼠根本不受影响，没有毁灭？因为它们钻到洞里去了。植物为什么那么多，不受大影响？大概死了不少，剩下一点又生长起来，经过几年又大大发展起来。总之，对那地方的鸟、树、海龟来说，原子弹不过是纸老虎。可能人类要比它们脆弱一些。蚂蚁和细菌

---

① 《关于国际共产主义运动总路线的建议》（中国共产党中央委员会对苏联共产党中央委员会 1963 年 3 月 30 日来信的复信）（1963 年 6 月 14 日），人民出版社，1963 年版，第 25 页。

② 邓小平：《在军委扩大会议上的讲话》（1985 年 6 月 4 日），《邓小平文选》第 3 卷，人民出版社，1993 年版，第 127 页。

③ 《关于国际共产主义运动总路线的建议》（中国共产党中央委员会对苏联共产党中央委员会 1963 年 3 月 30 日来信的复信）（1963 年 6 月 14 日），人民出版社，1963 年版，第 26 页。

就更厉害。[①]

毛泽东说原子弹是纸老虎，从来没有否定原子弹首先是真老虎、是大规模屠杀的武器。1945年8月6日和9日，美国在日本广岛和长崎投下人类历史上的最先两枚原子弹，顷刻间，世界震惊，日本20余万人伤亡，两座城市被夷为平地。毛泽东是知道的，并且承认的。1969年“珍宝岛事件”后，毛泽东估计可能爆发核战争，明确讲：一颗原子弹就会死很多人，应该分散些。后来，全国搞战备，提出“深挖洞、广积粮、不称霸”口号，实施一、二、三线的建设布局，[②]“山、散、洞”[③]方针，就是为了防备核战争，为了少死人。中国在重重阻碍的情况下，坚持发展核武器。就是把核武器首先作为“真老虎”看待的。中国是认真对待的。并不是赫鲁晓夫诬蔑的那样，像“好斗的公鸡”，热衷于战争，是“冒险主义”。

第四，“纸老虎”论断的主旨科学。

1946年提出“纸老虎”论断，主旨是为了“打败蒋介石，解放全中国”。这是当时绝大多数中国人民的共同愿望，也是被蒋介石反动集团和当时美国政府的倒行逆施逼出来的。在美蒋气势汹汹的进攻面前，中国共产党领导集体把蒋介石、美国、原子弹看作“纸老虎”，树立了“敢于斗争，敢于胜利”的信心和决心。在蒋介石发动内战不久的1946年7月20日，毛泽东就指示全党：“我们是能够战胜蒋介石的。全党对此应当有充分的信心。”[④]而在具体的战术上，则进行了精心细致的军事部署，使蒋介石军队节节败退，丢了政权，不得不跑到台湾岛上去了。

---

① 毛泽东：《同斯诺的谈话》（1965年1月9日），《毛泽东文集》第8卷，人民出版社，1999年版，第402—403页。

② 20世纪60年代初期，中共中央和毛泽东提出从战备需要出发，根据战略位置的不同，将我国各地区分为一、二、三线。一线指处在战略前方的一些省区，三线指全国的战略大后方，二线处于一线和三线之间的省区。《邓小平文选》第3卷，人民出版社，1993年版，第402页，注释58。

③ “山、散、洞”，是“靠山、分散、进洞”的简称。20世纪60年代中期，为防备侵略战争，国家有关部门提出，国防尖端项目要搬到三线地区，按照“靠山、分散、隐蔽”的方针进行建设，有的还要进洞。《邓小平文选》第3卷，人民出版社，1993年版，第402页，注释59。

④ 毛泽东：《三个月的总结》（1946年10月1日），《毛泽东选集》第4卷，人民出版社，1991年版，第1205页。

新中国建立后10年，毛泽东重申、深化“纸老虎”论断，旨在巩固新生政权、维护世界和平、促进人类进步发展。毛泽东不止一次说过：“所谓天下大事，就是解放、独立、民主、和平友好、人类进步。”[①] 再加上发展。这应是毛泽东一生中最关心的。新中国建立后，百废待兴。美国与新中国为敌，欺负全世界。把新中国面对的各种困难和问题作为“纸老虎”和“真老虎”、把美国的霸权主义看作“纸老虎”和“真老虎”、把美国的原子弹视为“纸老虎”和“真老虎”，以此指导，确立实施了内外正确的战略、策略、战术思想，使得新中国政权得以巩固，百业复兴，美国惨败，我们的朋友遍天下。

反对、推迟第三次世界大战爆发的意图鲜明。关于新的世界大战问题，长期缠绕在世界人民心中。怎样看待和对待之，认识、做法纷繁复杂。惧怕再爆发的人们不少，因为两次世界大战的惨烈，使他们心有余悸；希望和推动再爆发的并非个别，战争毕竟是西方昔日垄断财团获取超额利润的有效途径。毛泽东的总体态度是反对、推迟、不怕、认真对待。“纸老虎”和“真老虎”的观点始终贯穿其中。毛泽东在多次谈话中说，第三次世界大战最好不打。我们不要打。即使有战争，我们也可以把它推迟。我们要争取和平的环境，时间要尽可能的长，这是有希望的，有可能的。[②] 美国是未来最有可能发动战争的。美国可怕，又不可怕。战争如果打起来，在战争初期和表现形式上，它可能是铁老虎，可是到后来便会成为纸老虎。因为美帝国主义不得人心，人民反对它，它只能在铁老虎的形式中包含纸老虎的实质。如果有疯子要发动战争，也没有什么了不起，灭亡的是帝国主义。[③] 可见，毛泽东“纸老虎”的论断，还有另外一个深层的想法和目标，那就是正义战争必胜，腐朽的东西必亡。人民是维护世界和平的主力。[④] 简言之，毛泽东“纸老

---

① 毛泽东：《中日关系和世界大战问题》（1955年10月15日），《毛泽东外交文选》，世界知识出版社、中央文献出版社，1994年版，第224页。

② 毛泽东：《和平为上》（1955年5月26日），《毛泽东外交文选》，世界知识出版社、中央文献出版社，1994年版，第211、213页。

③ 毛泽东：《美国可怕，又不可怕》（1955年4月29日），《毛泽东外交文选》，世界知识出版社、中央文献出版社，1994年版，第206、207页。

④ 毛泽东：《和平为上》（1955年5月26日），《毛泽东外交文选》，世界知识出版社、中央文献出版社，1994年版，第212页。

虎”论断的主旨还包括：维护、推进世界和平，尽可能并有希望推迟第三次世界大战的爆发；共同促进各国乃至世界的发展；顺应和支持世界历史的进步潮流，因为这个潮流浩浩荡荡，顺之者昌，逆之者亡。即和平、进步、发展。尽管任务很艰巨，由于把其作为“纸老虎”又作为“真老虎”应对，维护住了世界宏观和平，促进了世界的进步、发展。

毛泽东后来把修正主义者、苏联认为是“纸老虎”。存在定性“过分”的问题，说苏联是“修正主义国家”、“社会帝国主义国家”欠准确。但苏联的确犯了明显的修正主义错误，犯过严重的霸权主义错误。影响恶劣，后来的苏东剧变与此相关。把苏联这些错误说成是“纸老虎”，并非完全离谱。修正主义、霸权主义脱离马克思主义、脱离群众、脱离人民，害国、害民、害社会主义，就是“纸老虎”的本质体现。

第五，“纸老虎”论断的应对科学。

“在战略上藐视敌人，在战术上重视敌人”，是毛泽东提出“纸老虎”论断的理念初衷、论断归宿、科学应对。

把一切反动派、原子弹视为“纸老虎”、“真老虎”，“真老虎”又可以转化为“纸老虎”，毛泽东正确地解决了“怎样看待”的问题，这很重要。其实，毛泽东“纸老虎”论断的“真谛”，就是解决“怎样对待”的问题。在战略上藐视，在战术上重视，是经典的回答。具体讲，从本质上看，从长期上看，从战略上看，必须如实地把帝国主义和一切反动派，都看成纸老虎。从这点上，建立我们的战略思想。另一方面，它们又是活的铁的真的老虎，它们会吃人的。从这点上，建立我们的策略思想和战术思想。向阶级敌人作斗争是如此，向自然界作斗争也是如此。[①] 如果我们在全体上过高估计敌人的力量，因而不敢推翻他们，不敢胜利，我们就要犯右倾机会主义的错误。如果我们在每一个局部上，在每一个具体问题上，不采取谨慎态度，不讲究斗争艺术，不集中全力作战，不注意争取一切应当争取的同盟者，我们就要犯“左”倾机会主义的错误。[②]

---

① 毛泽东：《关于帝国主义和一切反动派是不是真老虎的问题》（1958 年 12 月 1 日），《毛泽东文集》第 7 卷，人民出版社，1999 年版，第 456 页。

② 毛泽东：《关于目前党的政策中的几个重要问题》（1948 年 1 月 18 日），《毛泽东选集》第 4 卷，人民出版社，1991 年版，第 1267—1268 页。

实践是检验真理的唯一标准。毛泽东对此进行了理论结合实践的探索，军事、建设、外交等均取得了辉煌成就，证明了其“纸老虎”论断的科学。

蒋介石反动集团被打败，中国人民站起来了。应验了毛泽东说蒋介石是“纸老虎”、美帝国主义是“纸老虎”。曾几何时，美蒋是如此的猖獗。蒋介石自称有800万军队，被美国武装到了牙齿。[①] 但由于他们脱离人民，反动之极。加之毛泽东为首的中国共产党认真对待，战略战术高度重视，团结全国人民。美蒋800万军队当了“运输大队”，蒋介石当了“运输大队长”。蒋家王朝在大陆寿终正寝。人民政权巍然屹立。正义战胜了邪恶。

旧殖民体系崩溃，美国屡遭惨败，应验了毛泽东说的“帝国主义和一切反动派都是纸老虎”。战后，在世界上罪恶昭彰的旧殖民主义，此时遭世界人民沉重打击，纸老虎本质彻底暴露，各宗主国不得不灰溜溜先后退走亚非拉，各独立国家扬眉吐气。美国在朝鲜、越南、黎巴嫩等地“玩火”，由于是非正义的，大吃败仗。美国参谋长联席会议主席布莱德雷在参议院听证会上说：在朝鲜“采取这样一种（把战争扩大到中国的）战略，将使我们在错误的地点、错误的时间与错误的敌人打一场错误的战争”。[②] 朝鲜战争的结果使美国人如此深刻地理解了这句话的含义，以至于这段话后来成为被他们反复引用的名言。

---

① 美帝国主义为了支持蒋介石发动反人民的内战，给了国民党政府以巨大援助。到1946年6月为止，美国共装备国民党军45个师。为国民党训练陆军、海军、空军、特务、交通警察、参谋、军医、军需等军事人员15万人。美国用军舰、飞机运送了国民党军队14个军共41个师，另外8个交通警察总队，共计54万人到进攻解放军的前线。美国政府以9万人的海军陆战队在中国登陆，占驻上海、青岛、天津、北平、秦皇岛等重要城市。在华北并为国民党保护交通线。美国给国民党政府的各种援助，据1949年8月5日美国国务院发表的《美国与中国的关系（白皮书）》披露的材料，从1937年抗日战争开始到1948年，总数共达45亿多美元（美国在抗日战争中给予国民党政府的援助，绝大部分也被国民党留作以后进行反人民内战之用）。但实际上，美国援助数字远不止这个数目。美国白皮书承认，美国给国民党政府的援助，等于国民党政府“货币支出的50%以上，与该国政府相较，在比例上超过战后美国对任何西欧国家的援助数量”。《毛泽东选集》第4卷，人民出版社，1991年版，第1196页，注释：[2]。

② 布莱德雷1951年5月15日在美参议院军事委员会和外交委员会联合举行的关于远东军事形势听证会上的证词。转引自王绳祖主编：《国际关系史》第8卷，世界知识出版社，1995年版，第79页。

历史也应验了毛泽东所认为的“原子弹是纸老虎”。美国和苏联在搞军备竞赛的过程中，一度使核库存达到了惊人的数字：4.9 万颗核弹头。数次制造了核战争危机，好像新世界大战一触即发，搞得人心惶惶。但结果，战后 60 多年美苏并未按核战争按钮。不是核武器不够多，而是人的因素起了关键作用。世界各国享受到了宏观和平之惠，也经受了核危机的折腾。

苏东剧变，社会主义遭到重大的损失。原因复杂，教训深刻。其中苏联犯修正主义、霸权主义错误的危害，不容忽视。修正主义、霸权主义祸害了社会主义，祸害了世界，也祸害了自己。苏东剧变是社会主义的悲剧，也使得苏东的修正主义、霸权主义声名狼藉。毛泽东说“修正主义者是纸老虎”、“苏联是纸老虎”，历史证明不能说全不对。

三、“纸老虎”论的意义与启迪

（一）理论意义

毛泽东的“纸老虎”论坚持、发展了马列主义，丰富了毛泽东思想，成为中国化马克思主义的重要组成部分。

1. 从概念上看。在马克思列宁主义的理论武库中，列宁把帝国主义看做“泥足巨人”，对帝国主义腐朽、没落、垂死有明确的分析和判断，[①] 但从没有发现他们提出帝国主义和一切反动派是“纸老虎”、“死老虎”、“豆腐老虎”和“真老虎”、“铁老虎”、“活老虎”之说。毛泽东对此提出了这些全新的概念和判断，并且说“原子弹是美国用来吓人的纸老虎”。当英文翻译将这一概念译为“scarecrow（稻草人）”时，毛泽东马上纠正，认为译成“Paper Tiger（纸老虎[②]）”才准确。可见，毛泽东对此是经过深思熟虑的。比喻外表强大凶狠而实际空虚无力的人和集团。[③] “纸老虎”、“真老虎”等

① 列宁：《帝国主义是资本主义的最高阶段》（1916 年 1—6 月），《列宁选集》第 2 卷，人民出版社，1995 年版，第 660—668 页。

② 纸扎的老虎，一般出现在中国阴历年正月十五元宵节，人们用纸扎的老虎灯笼，虽然貌视“吓人”，但经不得大风大雨。中国人一听就明白，言简意赅。用其比喻外强中干的人、集团，十分形象。

③ 《现代汉语词典》（修订本），商务印书馆，1996 年版，第 1618 页。

概念，是毛泽东的创新，也体现了他的语言特色，具有一语射的、高屋建瓴的内涵。

2. 从内容上看。毛泽东“纸老虎”论断涉及的对象，有名人（如沙皇、希特勒、墨索里尼、蒋介石、赫鲁晓夫、尼克松、杜勒斯等）、大国（如美国、日本、苏联等）和它们手里掌握的原子弹，集团或派别（如帝国主义和一切反动派）、人类面对的自然界、阶级斗争、各种矛盾等。毛泽东从多个角度指出了这些对象的动静规律：其一，它们是“纸老虎”。终有一天或很快会灭亡，问题会解决，困难会克服、人民会胜利。其二，它们又是“真老虎”。现实很强大、凶狠、会吃人（成百万人、成千万人的吃），问题严重，困难巨大，它们曾迫使人民的事业遭受曲折，甚至倒退、一度失败。其三，转化。“真老虎”往“纸老虎”转化，开始是“真老虎”，后来逐步转化为“纸老虎”。其四，转化的根本动因，是帝国主义和一切反动派脱离人民，成为反动派，原子弹掌握在美国这个“超级大国”反动势力的手里。其五，人民的团结奋斗，不懈努力，使“纸老虎”灭亡，人民的事业胜利。这些分析，马列主义有基本精神。毛泽东根据这些基本精神，结合新的变化了的实际，进行了全方位的论证。有观点的创新，更为可贵的是体系的创新。是对马列主义的重要发展，具有高瞻远瞩之义。

3. 从世界观和方法论上看。毛泽东“纸老虎”论断，是站在人民的、正义的立场上的判断，与帝国主义和一切反动派的立场直接对立；是对恐美症、恐原子弹症、害怕困难、害怕胜利唯心史观的正确批评和引导，是马克思主义唯物史观的恰当运用和发展。毛泽东“纸老虎”论断，出色地体现了唯物辩证法的思想。原子弹、帝国主义和一切反动派是“纸老虎”、又是“真老虎”的“两重性”分析；“真老虎”会“转化”为“纸老虎”之说；战略上藐视敌人、战术上重视敌人的目的性和全面性看法等，是毛泽东《实践论》、《矛盾论》基本观点在新条件下的新发展；是解放思想、实事求是、与时俱进精神的鲜明体现；是马克思主义哲学、马克思主义军事学、马克思主义外交学、马克思主义国际战略学的新思想、新成果。

（二）历史意义

毛泽东“纸老虎”论，影响了中国的前途和世界历史的进程。

恩格斯在他晚年（1890 年 9 月 21 日）给约·希洛赫的信中有一经典名言——历史是这样创造的：最终的结果总是从许多单个的意志的相互冲突中产生出来的，而其中每一个意志，又是由于许多特殊的生活条件，才成为它成为的那样。这样就有无数互相交错的力量，有无数个力的平行四边形，由此就产生出一个合力，即历史的结果，而这个结果又可能看作一个作为整体的、不自觉地和不自主地起着作用的力量的产物。

毛泽东“纸老虎”论作为重要的精神动力、战略战术要求，无疑武装了中国人民的思想，加强了中国人民的胜利信心，在中国革命和建设的各个时期，内政外交的各个领域，均起了极其伟大的作用。① 其促使中国一改“东亚病夫”的形象，成为促进地区和世界和平、进步、发展的重要力量。

仅举一例：中国从第一颗原子弹的爆炸，到今天的载人卫星的上天、嫦娥奔月卫星的发射成功，是中国人民有骨气的智慧的见证，也是新中国几代领袖集体英明决策的展现。其中与毛泽东指出原子弹既是“纸老虎”又是“铁老虎”，在战略上藐视敌人、在战术上重视敌人的教导和真抓实干，有直接关系。

毛泽东说原子弹是“纸老虎”，但并非不重视原子弹，更不是表现堂吉珂德战风车式的勇夫，这是历史巨人能够穿透历史的大手笔，从一开始就未雨绸缪，预见到核武器物质破坏和精神威慑的双重作用。所以，排除重重阻力发展自己的核武器，赞同法国发展核武器，打破美苏的核垄断，维护自己国家的主权与安全，维护和推进世界的和平与安全。历史证明，中国几代领导集体的决策是对的。

正如邓小平 1988 年 10 月 24 日在视察北京正负电子对撞机时说的：“过去也好，今天也好，将来也好，中国必须发展自己的高科技，在世界高科技领域占有一席之地，如果六十年代以来中国没有原子弹、氢弹，没有发射卫星，中国就不能叫有重要影响的大国，就没有现在这样的国际地位。这些东西反映一个民族的能力，也是一个民族、一个国家兴旺发达的标志。”②

---

① 毛泽东：《和美国记者安娜·路易斯·斯特朗的谈话》（1946 年 8 月 6 日），《毛泽东选集》第 4 卷，人民出版社，1991 年版，第 1191 页，页下★。

② 邓小平：《中国必须在世界高科技领域占有一席之地》（1988 年 10 月 24 日），《邓小平文选》第 3 卷，人民出版社，1993 年版，第 279 页。

毛泽东“纸老虎”论作为重要的精神动力、战略战术要求，特别是中国成功的实践，无疑鼓舞了世界人民对一切反动派敢于斗争，敢于胜利，善于斗争，善于胜利的实践，使旧殖民主义在亚非拉彻底破产，一切反动派破坏世界和平的行为收敛，促使和平、进步、发展成为世界潮流。

仅举一事：美苏两个“超级大国”，曾长期进行军备竞赛，危害世界和平，多次导致世界大战危机。世界人民不畏强暴，发起了世界规模的、不屈不挠的维护“和平运动”；第三世界顶住压力，发起针对美苏劣行的“不结盟运动”；美苏国内人民千方百计阻止霸权主义势力的战争企图。方式各种各样，途径各显神通，结果美苏被迫收敛，世界宏观和平得以维护。毛泽东“纸老虎”论，无疑有着精神动力的突出体现。

（三）现实启迪

20 世纪 90 年代以来，国际形势发生了巨大而深刻的变化。毛泽东的“纸老虎”论是否已经过时？如果没有过时，应该怎样理解？需要认真思考，弄清其中的是非。

关于当今的“一切反动派”还是不是“纸老虎”的问题。

苏东剧变后，西方资本主义得势，各种反动派猖獗，极端主义、教旨主义、分离主义、恐怖主义、种族主义、霸权主义等思潮、势力、集团、国家有新的表现。面对此景，某些人头晕目眩，过分美化资本主义，过高估计反动派力量等现象。治这些人头晕目眩“病”的最好方法，就是“对症下药”，让其“冷静”，毛泽东的“纸老虎”论，仍是缓解此类“病”的“苦口良药”。换句话讲，毛泽东的“纸老虎”论，仍然适用对当今“一切反动派”如何看、怎样对待的问题。

对于极端主义、教旨主义、分离主义、恐怖主义、种族主义的猖獗，说他们是“纸老虎”，比较好理解。因为它们本身就是对历史的反动，脱离人民，没有前途。只要世界各国共同努力，认真对待，它们的灭亡是必然的。会像沙皇、希特勒、墨索里尼、蒋介石反动集团一样，在历史不太长的时间内被抛弃。

对西方资本主义的“两个发达”和得势，则需要多层次分析。

所谓“资本主义的‘两个发达’和得势”，即经济科技发达，问题也发达；从西方的实力、在世界上的霸权地位上看，“西强东弱”的态势，没有扭转，反倒有所加强。所以，一方面说，当今西方的敌对势力是“真老虎”、“活老虎”、“铁老虎”；但另一方面，从其本质、未来的发展趋势看，它们现在正在或未来一定会“转化”成为“纸老虎”、“死老虎”、“豆腐老虎”。

西方的繁荣，在很大程度是建立在改良、改善的基础上的。实质是资本主义制度允许范围内进行的局部调整与改良。这种自我调整和改良，可以阶段性的、较长时期的促使资本主义经济发展，甚至繁荣，但却不能从根本上克服资本主义的基本矛盾、固有的经济危机和日趋严重的社会弊端。就连在20世纪80年代末宣称共产主义“大失败”、资本主义大胜利的布热津斯基，在后来的《大失控与大混乱》一书中也不得不承认资本主义的20个大难题。他强调，这些涉及价值观念和文化的问题是不可能得到决定性矫正的。西方人必须“在哲学上进行反省和文化上作自我批判”，必须认识到“以相对主义的享乐至上作为生活的基本指南是构不成任何坚实的社会支柱的；一个社会没有共同遵守的绝对确定的原则，相反却助长个人的自我满足，那么，这个社会就有解体的危险”。①

资本主义经济的发达，使垄断资本家财源滚滚、欣喜若狂，但对整个资本主义社会来讲，并非完全是“福音”，是他们自己在不自觉地为自己准备坟墓，不自觉地生产和“培养”资本主义“自身的掘墓人”，不自觉地为更高级的社会主义生产形式创造物质条件，② 不自觉地为社会主义“准备”生产组织形式和“新人”，③ 不自觉地为社会主义“准备”了其他

---

① 布热津斯基：《大失控与大混乱》，中国社会科学出版社，1994年版，第119、125页。

② 《资本论》第3卷，人民出版社，1975年版，第288—289页。

③ 这是因为，以资本为基础的生产，一方面创造一个普遍的劳动体系，即剩余劳动，创造价值的劳动的体系；另一方面，创造出一个普遍利用自然属性和人的属性的体系。这种体系不仅要求人们探索整个自然界，以便不断发现自然物新的有用属性，而且培养社会的人的一切属性，并且把他作为具有尽可能丰富的属性和联系的人，因而具有尽可能广泛需要的人，具有高度文明的人生产出来，同样是资本主义生产的一个条件。此外，经济全球化所造成的世界性生产体系、金融体系、知识体系和管理体制，也为在世界范围内有效配置资源，为最终实现社会主义和共产主义准备越来越充分的条件。靳辉明、谷源洋主编：《当代资本主义与世界社会主义》（上卷），海南出版社，2004年版，第497—498页。

因素。[①] 但决不能认为资本主义可以“和平进入社会主义”、资本主义与社会主义可以“趋同”，问题很容易解释，涉及资产阶级的根本利益、社会制度的更替，“总资本家”不会袖手旁观，垄断财团会千方百计地维护自己的统治。人民是推动世界历史的根本动力，资本主义“掘墓人”彻底觉醒、群体奋起、恰到好处的“剥夺剥夺者”之时，就是资产阶级变成“纸老虎”、“死老虎”、“豆腐老虎”、资本主义灭亡之日。

现今资本主义的发达还有一个突出表现，就是新殖民主义、强权政治、霸权主义空前突出。表面上风光无比，其实在不断加深资本主义与社会主义的矛盾，发达国家与发展中国家的矛盾，发达国家之间的矛盾。随着这些矛盾的不断深化、扩展和不可调和，他们的丧钟就会敲响。

不过，对这种“转化”要有清醒的认识，长期的准备，正确的努力。平时是在进行，是渐变。渐变发展到质变，并非一朝一夕、平静自然的短期过程，人们并非可以静等资本主义的灭亡。资本主义经济的大发展，说明资本主义制度在一定范围内还能容纳生产力的发展，还有较强的生命力，它被社会主义所取代可能要经历一个漫长、曲折的历史过程。“长存”和“永存”两个词，一字之差，内容和实质大相径庭。两者不能画等号，更不能简单的互相替代。硬说“长存”就是“永存”，是掩耳盗铃之举、有混淆是非的嫌疑。在战略上藐视、战术上重视之的基础上，不断推动，是恰当的选择。

关于美国和原子弹还是不是“纸老虎”的问题。

苏东剧变后，美国又成为世界上唯一的“超级大国”，手里掌握着数量最多、质量最先进的核武器、核防卫手段。加之，美国统治集团自我膨胀，到处推行单极独霸世界的战略、政策。于是，世界上惧怕美国、惧怕美国核武器的言论又一次上升。究其事实，对西方敌对势力是“纸老虎”的分析，同样适用于美国，只是美国作为西方敌对势力的“虎首”，其“真老虎”、“纸老虎”表现得更突出、更鲜明，“转化”的速度、途径、方式会更有特色

① 如：合作经济、社会保障制度、职工参与企业管理的制度、三大差别的逐渐消失、社会主义思想道德的孕育和发展等。靳辉明、谷源洋主编：《当代资本主义与世界社会主义》（上卷），海南出版社，2004年版，第501—506页。

而已。

“超级大国”，即综合国力超级别，在世界上称王称霸最凶的国家。美国对此毫不避讳。作为“真老虎”，它到处横行霸道，今天欺负这个，明天侵略那个；今天说这个是“邪恶中心”，明天说那个是“无赖国家”。其实，美国自己最“邪恶”、最“无赖”，造成世界动荡不安，生灵涂炭。信任危机，是一个国家、一个民族、一届政府最深刻的危机。民心丧尽，气数难久。仔细观察，美国正在走西方殖民大国的老路。美国这个“真老虎”，正在不停的向“纸老虎”“转化”。由于它做坏事太多，与世界人民为敌，现在说它是“纸老虎”并不为过。从战略上考虑问题，把美国作为“纸老虎”更为恰当。

美国的核武器、核防卫手段数量最多、最先进。这无可争议。非议的是美国用来助纣为劣。美国霸权主义者把原子弹作为全球主义的工具，到处布置，到处挥舞，到头来只可能全球树敌、四面楚歌、自我衰落，变成“死老虎”。

必须强调，原子弹是一种大规模杀伤武器，也有威慑的作用。由什么人掌握至关重要。霸权主义者、恐怖主义者拥有之，是世界的祸害；主张正义的国家和人们掌握之，就能有益于世界的和平、安全。说“原子弹”是“纸老虎”，毛泽东历来强调的是人的因素，并不是说“原子弹”本身就会危害或维护世界和平。减少和控制核武器，是人类的正确选择。但只让别人减，自己不减；减少数量的同时，发展质量；自己拥有，别人不能拥有；能否用条约的形式承诺自己不首先使用核武器等。都是对人类大智慧的考验。

怎样正确应对曲折的社会主义道路问题。

发生在 20 世纪末期的苏联东欧剧变，犹如强烈的“政治地震”，破坏性极大，使社会主义事业遭受了空前的损害。原来执政的 15 个共产党，有 10 个丧失了政权；社会主义国家也相应地由原来的 15 个减少为 5 个；领土面积损失了 70%，人口损失了 21%。世界共产党和工人党，从原来的 180 个左右，减少到 130 个左右。苏东地区的国家变成了 28 个在价值取向上已属于资本主义的国家。[①] 社会主义运动跌入了低潮。怎样应对？毛泽东“纸老虎”论，提供了理论和实践的正确指导。

把一些社会主义国家的曲折，看作“纸老虎”，在战略上、宏观上藐视它：

应该深刻认识到，“一些国家出现严重曲折，社会主义好像被削弱了，但人民经受锻炼，从中吸取教训，将促使社会主义向着更加健康的方向发展。”[②] 苏东剧变后，资本主义好像“块头”增大了，但同时扩展、深化了众多矛盾，使共产党人更加明了怎样应对资本主义。对于一些国家出现的严重曲折，“不要认为马克思主义就消失了，没用了，失败了。哪有这回事！”[③] 社会主义的事业，是人民当家做主人的事业。昔日他们曾艰苦奋斗，创造出人类的奇迹；未来他们定会促使社会主义走出低谷，再造辉煌。

把苏东剧变的深刻教训，作为“真老虎”，在具体实践、战术上高度重视它：

在社会主义国家，霸权主义搞不得。苏联长期搞霸权主义，害人、害己、害社会主义。这一错误，社会主义国家绝不能再犯。高举和平、合作、发展的旗帜，始终不渝地奉行独立自主的和平外交政策，坚定不移地走和平发展道路，把和平共处五项原则作为处理一切国际关系的基本准则，把不断加强和推进与发展中国家的团结与合作作为外交的基本立足点，全方位对外开放，防止和平演变，不当头，不扛旗，不做超级大国，构建持久和平、共同的和谐世界等，是合适选择。

---

① 原有的9个社会主义国家为：苏联、波兰、匈牙利、捷克斯洛伐克、罗马尼亚、南斯拉夫、阿尔巴尼亚、保加利亚、德意志民主共和国。剧变后，苏联一分为15国：俄罗斯、白俄罗斯、乌克兰、立陶宛、拉脱维亚、爱沙尼亚、摩尔多瓦、阿塞拜疆、格鲁吉亚、亚美尼亚、哈萨克斯坦、吉尔吉斯斯坦、土库曼斯坦、塔吉克斯坦、乌兹别克斯坦；捷克斯洛伐克分裂为两国：捷克共和国、斯洛伐克共和国；南斯拉夫分裂为6国：塞尔维亚、克罗地亚、斯洛文尼亚、马其顿、波斯尼亚—黑塞哥维那、黑山；德意志民主共和国被西德合并；加之波兰、匈牙利、罗马尼亚、阿尔巴尼亚、保加利亚，共28国。

② 邓小平：《在武昌、深圳、珠海、上海等地的谈话要点》（1992年1月18日—2月21日），《邓小平文选》第3卷，人民出版社，1993年版，第383页。

③ 邓小平：《在武昌、深圳、珠海、上海等地的谈话要点》（1992年1月18日—2月21日），《邓小平文选》第3卷，人民出版社，1993年版，第383页。

共产党无论是执政还是在野，必须要制定一个正确的基本路线，必须长期坚持不动摇。① 苏东恰恰在这个关键问题上走向了反面。经济基础坍塌，改革开放方向错误，四个坚持（坚持共产党领导、坚持马克思主义的指导、坚持人民民主专政、坚持社会主义道路）丢弃。苏东教训深刻，必须防微杜渐。我们在改革开放初期提出了“四个坚持”。“四个坚持”是“成套设备”。邓小平晚年说得好，没有这“四个坚持”，特别是党的领导，什么事情也搞不好，会出问题。出问题就不是小问题。社会主义市场经济优越在哪里？就在“四个坚持”。“四个坚持”集中表现在党的领导。②

随着社会主义市场经济的发展，改革开放的深入，问题会越来越多，越来越复杂，随时都会出现新问题。共产党是最广大人民群众利益的代表。苏联后期，只顾进行权力斗争，不顾人民死活的教训不能再犯。邓小平晚年担心的分配不公问题，越来越突出的环保问题，不认真解决，会伤及中国多数人民，伤及后代子孙。中国十七大决心贯彻“科学发展观”：第一要义是发展，核心是以人为本，基本要求是全面协调可持续，根本方法是统筹兼顾。③ 理论正确，政策对头，重点突出，措施完整。中国特色社会主义前景光明。

社会主义是生气勃勃的事业，代表了最广大人民群众的根本利益、历史前进的方向。社会主义的“严重曲折”并没有使得人民失去对社会主义的信心。社会主义国家的人们韬光养晦、求真务实、锐意进取，中国、越南、朝鲜、老挝、古巴在共产党的正确领导下，探索各国特色的社会主义，已有了长足的进展，显示了人民群众的无穷创造力和生命力，在社会主义的低潮之时，正在创造新的奇迹。发达国家的共产党正调整自己的理论和纲领，探索适合本国国情的社会主义革命道路。发展中国家的共产党人在继续奋斗，有

① 中共中央文献研究室编：《邓小平年谱 1975—1997》(下)，中央文献出版社，2004 年版，第 1365 页。

② 中共中央文献研究室编：《邓小平年谱 1975—1997》(下)，中央文献出版社，2004 年版，第 1363 页。

③ 胡锦涛：《高举中国特色社会主义伟大旗帜，为夺取全面建设小康社会新胜利而奋斗——在中国共产党第十七次全国代表大会上的报告》(2007 年 10 月 15 日)，《人民日报》2007 年 10 月 25 日。

的国家和地区共产党的力量得到了增长。人民，只有人民，才是推动世界历史的根本动力。任何逆动力，想违背人民的意愿，阻止历史朝着光明的道路前进的做法，只能得势于一时。人民遵循历史的规律推动的历史前进的车轮，定会排除任何阻碍，滚滚向前，笑迎社会主义灿烂的明天。

综上可见，毛泽东“纸老虎”的论断，是把马克思主义的基本原理与现实不断变化密切结合的科学理论。内容科学，实践应验，意义重大，影响深远，构成了毛泽东思想的重要组成部分。不过，必须承认，毛泽东晚年，对待苏联的判断存在“过分”的地方，是他发动“文化大革命”、坚持以阶级斗争为纲、对新世界大战认识“过火”的重要原因。但，不能以此非主流的错误，否定毛泽东“纸老虎”论的理论、历史、现实意义。况且毛泽东的这些错误，邓小平已经纠正，使毛泽东的“纸老虎”论更加完善和科学。毛泽东“纸老虎”论是科学的，过去值得肯定，现在和未来也应该发扬。

第五章

世界和平论

第一节　和平的内涵与应对

努力共建持久和平、共同繁荣的和谐世界，是我国近几年提出的外交新理念。这一理念受到了国内外政要和学仁的广泛关注。本节对什么是和平与持久和平、怎样构建持久和平的和谐世界谈些看法。

一、和平的定义与层次

（一）和平的定义

翻开国内外的百科辞书，人们很容易查阅到关于“战争”一词比较详细的说明解释（虽然往往各有不尽相同的观点），却很难找到关于“和平”的详细定义。我国的新华字典、辞海是学者公认的权威辞书，新华字典里将“和平”表述为“没有战争的状态”和“温和，不猛烈”，[①] 辞海里对“和平”的解释也只有五个字“与‘战争’相对”。[②] 这种过于简单的概念之所以会出现，一是“和平”一词定义的难度实在太大。它究竟是人类文明演进的一种现实状况，抑或仅仅是人类梦想或善良愿望？是人类文明演进的一种良性机制，抑或仅仅是某些民族和国家的统治者一种手段和工具？是当今人类生存和发展所必须的环境，还是未来国际社会的理想结构？尽管对上述这

① 《新华字典》（修订本），商务印书馆，1998 年版，第 183 页。

② 《辞海》，上海辞书出版社，1983 年版，第 1739 页。

些问题有各个侧面的回答，但还未见到科学、完整的回答。二是人们对战争的危害或者是影响太过深刻，所以认为战争一直是人们“生活中的支配现象”。[①] 因此对战争的研究倾注了大量的精力，而对和平的研究相对不足。一分耕耘一分收获，努力欠佳，收获必然欠丰。

说对和平问题的研究相对不足，并不否定其已有许多成果。经典作家对此有过不少经典论断，西方学者也作出了大量的成果。结合上述成果和近些年我国提出“和平与发展是当今时代主题”以及我国学者的大量著述，对和平作出下述判断应该是有益，或者说更接近于实际：

和平是社会存在。纵观人类社会的长期历史，尽管有着大量的直接暴力（如战争、政变、恐怖活动、动乱等）和间接暴力（如通过饥饿、疾病和精神上的摧残剥夺人的生命），但相当多的时间是相对和平的，这是客观事实。这是人类社会进步发展的基础、条件、保证。人类社会如果没有这样的条件、这样的保证，就很难能够从原始社会到奴隶社会、封建社会、资本主义社会和社会主义社会初步实践的历史进步并繁荣发展。当然我们不能否认正义战争对生产力解放的巨大作用。如果我们仅认为人类社会就是战争和动荡历史的话，地球的人类能否存在就是一个值得怀疑的事。

和平是一种社会思潮。也就是说“和平主义”，即“积极的和平”思潮和消极的暴力思潮是从人类产生以来一直存在。虽然在某些阶段，某些国家，某些地区，消极的暴力思潮也可能会一时，甚至在较长时间内得逞。但积极的和平思潮总能战胜消极的暴力思潮并占主导地位，以致最终在行动上战胜或减弱后者而促成和平局面的到来，使得生产力与生产关系、经济基础与上层建筑辩证地发展，新社会制度代替旧社会制度，促进人类社会的不断进步。

和平是一种社会活动。战争分为正义战争和非正义战争。正义战争的目的是为了追求最大限度的积极和平，一旦实现了积极的和平局面，人们就会用之于经济的发展，提高综合国力，提高人们的生活水平，防止或阻止新的动荡产生和发展，使得人类社会从低级阶段往高级阶段的前进。非正义的战

① 《江泽民论有中国特色社会主义（专题摘编）》，中央文献出版社，2002 年版，第 522 页。

争是破坏积极的和平的举动，它往往会造成战争的浩劫，使人们作为前车之鉴，从更广的范围和更深的层次上，推动人们投入反对非正义战争，谋求真正的和平活动乃至运动，维护和推进世界和平。这种活动和运动，人类历史上并非偶然一二次，而是频繁现象。从第二次世界大战结束到20世纪90年代，世界和平运动就出现过四次高潮：20世纪40年代到50年代初，反对发展原子武器，“要求原子能使用只限于和平目的与人类福利”的运动；50年代中后期到60年代初，反对美苏大规模的核军备竞赛以及核武器在欧洲和亚洲的扩散与部署运动；60年代中后期到70年代初，围绕着美国侵略越南战争的升级，形成了战后世界和平运动的第三次高潮；战后世界和平运动的第四次高潮是在80年代初，也是以反对热核导弹武器为主要特点，反对美苏热核武器的军备竞赛和在欧亚轮番部署核武器。

如果说上述四次和平运动是积极意义的和平活动的话，20世纪90年代始直到今日的和平活动则具有积极和消极混杂的特点。以美国为首的西方对社会主义推行的“和平演变”战略和政策，以及今日的以“反恐”为名、行霸权主义为实的强权政治“和平”举动，是逆历史潮流而动的行为，这种“和平”，是霸权主义控制下的和平，不值得赞誉和推崇。全世界人民反霸、反和平演变、反恐怖主义的努力，才应该得到肯定和支持。

那么，如果真要为“和平”下定义，吸收国际和平研究的成果，总的来说应该赋予和平以多层次和多元价值的丰富内涵。比较符合客观事实的概括应该是：没有直接暴力（如战争、政变、恐怖活动、动乱等），也没有间接暴力（如通过饥饿、疾病和精神上的摧残剥夺人的生命等）的社会状态和活动叫和平。而“持久和平”则为：长期没有直接暴力（如战争、政变、恐怖活动、动乱等），也长期没有间接暴力（如通过饥饿、疾病和精神上的摧残剥夺人的生命等）的持久社会状态和活动叫持久和平。

提出上述概念的优点在于：第一，肯定了没有战争的状态即为和平的传统认识和结论。事实求是的说，这一传统概况的确点明了“和平”状态的一个突出的重要层面。第二，丰富了和平包括没有直接暴力的其他层面：如没有政变、恐怖活动、动乱等。第三，补充了和平应该包括没有间接暴力的众多方面等。第四，指出了和平的动态特征，和平的社会活动等。第五，点明了和平的长期性和持久性。

（二）和平的层次

究其事实，和平是分层次的。如果能从和平内涵的层次性角度深入研究，也许能全面认识“和平”理念的真谛。

原来的研究，对战争与和平的层次分析比较深刻，但对间接暴力的全部表现和直接暴力的其他层面，如政变、恐怖活动、动乱等缺乏研究。

没有深入研究或深入研究程度不够的和平层次还包括：人类的和平、国家的和平、民族的和平、地区性的和平、整体的和平、局部的和平等；和平的方针政策、和平的方式方法、和平的理论思维、和平的载体模式等；在不同的历史时期有原始社会的和平、奴隶制度下的和平、封建社会的和平、资本主义控制下的和平、殖民制度下的和平、霸权主义和强权政治统治下的和平，还有社会主义制度下的和平等；和平还可以分为过去的和平、现在的和平、未来的和平等。甚至中共十六大报告中提到的和平层次也不止一个。如建设中国特色社会主义的十条经验，其中第九条：“坚持独立自主的和平外交政策，维护世界和平与促进共同发展。”如“当今时代的主题仍然是和平与发展”。这里有“世界和平”的层次，有“和平外交政策”的层次，还有“和平是时代主题”的层次。

江泽民对和平的现今层次态势曾说得很清楚：“总体和平、局部战争，总体稳定、局部动荡，是当前和今后一个时期国际局势发展的基本态势。”①

所谓“持久和平”，也属于和平复杂层次中的层次之一。它不是短暂的和平，而是长久的和平；它不是霸权主义和强权政治统治下的和平，而是按照公认国际法和联合国宗旨、原则维护的和平；它不是消极颓废的和平，而是积极向上的和平；它不是某一个或某几个国家、集团私谋专有的和平，而是全世界、全人类共建共有的和平；它不是和平与发展割裂的和平，而是和平与发展和谐的和平；它不是贫富悬殊加剧的社会和平，而是主张和实施共同富裕的社会和平等等。总之，这里所指的“持久和平”，应该是人类社会不断进步所创造、维护的长久、普遍、积极、和谐、共同繁荣的和平。

① 《江泽民论有中国特色社会主义（专题摘编）》，中央文献出版社，2002 年版，第 522 页。

二、和平的性质与判别

要想对“持久和平”的内涵有正确把握，还必须认真考察和平性质问题，改变对此认识的淡化现象。

（一）列宁对和平性质的分析

对和平性质的研究，经典作家早就进行过尝试，有许多精辟的论述和结论。

列宁在一战中对考茨基社会和平主义，对第二国际的和平主义，对资产阶级的和平主义等的分析就是这样。

列宁在《资产阶级的和平主义与社会党人的和平主义》一文中说，战争有正义、非正义之分，和平也有两种性质不同的和平，即帝国主义的和平和社会主义的和平。①

关于帝国主义的和平。第一次世界大战后期，两大集团的交战双方均提出了和平的倡议。法国政府发表了和平主义的言论。一些中立国的政府也跟着这样做了。为什么会这样呢？正如列宁分析的：“两个帝国主义联盟无疑地已经疲惫不堪；继续进行战争有困难；一般资本家特别是金融资本家，通过可耻的军事利润已经把人民剥得精光，要再剥很少一点都困难了；美国、荷兰、瑞士等中立国的金融资本家已经饱腹，他们在战争中大发横财，由于缺乏原料和食物，再做这种‘有利可图的’生意已经不容易了；德国拼命想使它的主要帝国主义者英国的某个同盟国脱离英国。”②“这种局面首先使德国联盟内的资产阶级和政府，其次使各个中立国的资产阶级和政府，产生了和平主义的愿望、声明和言论，这是非常自然的。而资产阶级及其政府不得不竭力愚弄人民，进行彻头彻尾的欺骗，空谈什么民主的和平、弱小民族的自由、裁军等等，借以掩饰帝国主义和平的丑恶面目，掩饰分赃，这也是很

① 列宁：《资产阶级的和平主义与社会党人的和平主义》（1917 年 1 月 1 日），《列宁选集》第 2 卷，人民出版社，1972 年版，第 916 页。

② 列宁：《资产阶级的和平主义与社会党人的和平主义》（1917 年 1 月 1 日），《列宁选集》第 2 卷，人民出版社，1972 年版，第 899 页。

自然的。"[①] 帝国主义的和平是什么？"就是帝国主义的分赃。问题的实质就在这里。"[②] "目前的和平，在资产阶级政府尚未被革命推翻的情况下，就只能是作为帝国主义战争继续的帝国主义和平，这一点，无论是资产阶级的和平主义者或社会党人的和平主义者都是看不到的。"[③] 帝国主义战争和帝国主义的和平只是资产阶级推行侵略压迫政策的两种形式。帝国主义和平只是帝国主义两次战争之间的休战，只是下一次战争的准备。

社会党人如考茨基与屠拉梯的和平主义、法国社会党人和工团主义的和平主义等，都是"同资产阶级和平主义原是一个东西"。[④] 他们"关于和平的好心肠的、甜蜜蜜的词句"则是同资产阶级的同流合污，是把革命放在一边的背叛社会主义的理论和行动。

关于社会主义的和平，列宁认为，要消灭战争，实现真正的和平，就只有消灭帝国主义；只有在推翻、最终战胜并剥夺了全世界的而不是一国的资产阶级之后，战争才不可能发生，只有社会主义的和平才是真实的。因而，争取和平的斗争如果不同革命斗争联系起来，指望不推翻资产阶级，不建立社会主义就能求得和平，乃是一种幻想。

公平地说，列宁的"和平论"，是对一战后期的和平认识、和平要求、和平理论、和平现象和未来和平的分析和判断。把其全部结论拿来硬套二战后的世界和平，显然不合适。毕竟二战后的国际局势发生了巨大的变化，尤其没有再发生新的世界大战。和平的现实出现了新特点，需要多层次的客观分析。但在国内外学术界，对列宁的上述理论采取了搁置一边甚至全盘否定的态度和做法。这很不可取，甚至有害。

---

① 列宁：《资产阶级的和平主义与社会党人的和平主义》（1917 年 1 月 1 日），《列宁选集》第 2 卷，人民出版社，1972 年版，第 902 页。

② 列宁：《资产阶级的和平主义与社会党人的和平主义》（1917 年 1 月 1 日），《列宁选集》第 2 卷，人民出版社，1972 年版，第 901 页。

③ 列宁：《资产阶级的和平主义与社会党人的和平主义》（1917 年 1 月 1 日），《列宁选集》第 2 卷，人民出版社，1972 年版，第 916 页。

④ 列宁：《资产阶级的和平主义与社会党人的和平主义》（1917 年 1 月 1 日），《列宁选集》第 2 卷，人民出版社，1972 年版，第 912 页。

（二）当今世界和平层次的复杂性

列宁“和平论”突出的优点就是点明了和平的不同类型，特别是由实质确定的不同性质。依据这一理论认真分析当今世界的和平，确有性质复杂的和平：

第一，存在全人类的共同利益的和平，如没打新的世界大战就是如此。无论任何类型的国家，无论是哪种肤色的、人数多少的民族，无论是何种阶级或阶层，都享受到了这种客观和平之惠。如果非要定个性质的话，说它是全人类利益共有的和平，是所有阶级、阶层的和平也不为过。肯定这种和平，维护这种和平，应该说是对的。

第二，存在正义战争胜利或正义事业取胜后的和平。如二战打败法西斯后的世界和平，因为它清除了历史上的反动势力。从整体上看，这种和平是历史的进步，可归为正义的和平范畴。如亚非拉绝大多数国家或经过长期的武装斗争、或逼迫宗主国放弃殖民统治后而获得主权独立后的和平，也应该说是正义的和平、积极的和平、对人类进步事业做出巨大贡献的和平。因为它最终打破了旧殖民体系，由殖民残酷统治变成了自己管理自己的国家。后来他们联合起来进行不结盟运动，组成 77 国集团，反对美苏两霸全球争霸、阻止其恶化国际环境的努力，都是世界和平运动的重要组成部分，这种努力是和平的正义举动。

第三，对于社会主义国家来讲，和平的进步性、阶级性、正义性就更加鲜明。他们先后经过艰苦卓绝的武装斗争和其他斗争，推翻了腐朽的、残忍的、落后的剥削阶级统治的政权，建立了人民民主专政的社会主义国家，人民翻身当家做了主人。这种和平是历史新纪元式的和平，是被颠倒的历史重新颠倒过来的和平，是代表无产阶级和广大劳动人民利益的和平，是进步战胜落后，甚至反动的和平。他们反对帝国主义的武力干涉、冷战、遏制、和平演变，进行和平建设事业，奉行独立自主的和平外交政策，主张以和平共处五项原则为基础建立国际新秩序，是打碎、建立出现真和平局面和环境后，追求和构建更高层次真和平的实践活动。尽管在探索中犯过这样那样的错误，但客观地看，各国特色的社会主义理论和实践，追求真和平、建设真和平、维护世界和平的内涵鲜明，并取得了巨大的成就。这种较高层次和更高层次的和平局面是一种客观存在，是列宁所说的社会主义和平的初步实现。虽然与列宁所设想的还有相当的距离，即“推翻、最终战胜并剥夺了全世界的而不是一国的资产阶级”的最高层次和平的实现，还要经历长期、艰巨的努力过程和条件的完善，但社会主义国家的和平毕竟“与革命斗争联系起来”了，并进行了真正和平事业的建设和实践。

第四，存在过，当今还存在着强权政治、霸权主义治下的和平。亚非拉几乎是全部都曾沦为西方列强的殖民地、半殖民地，长的达上百年，如印度达150年，短的也有几年、十几年。这种旧殖民主义治下的和平，不能认为是进步的、正义的真和平，而是残暴的、非正义的假和平。苏联曾经占领过阿富汗多年，苏联虽然是社会主义国家，但这种占领是强权政治、霸权主义膨胀的结果，是对社会主义的反动，也不能说是社会主义的真和平，而是霸权主义治下的和平。南非曾长期奉行白人种族主义统治，对白人来说是真和平，对有色人种，特别是黑人来说，这种和平就是地狱。所以南非这段时间的和平，只能算是白人种族主义统治下的和平。萨达姆1990年一度占领科威特，并宣布把科威特变成伊拉克的一个邦，这段时间虽短，但这种地区霸权主义治下的和平也不值得肯定。2003年2月，美国一举占领了伊拉克，说萨达姆政权与“基地”组织有联系，伊存在大规模杀伤性武器，但现在看这些理由均不成立，萨达姆及其许多重要官员已被逮捕，甚至被杀死。美国说是为了反恐，为了世界和平与安全，其实是强权政治、霸权主义的目的，不能认为是真和平。与此相联系，美国在全世界大量驻兵，驻兵的目的很复杂，但被驻兵国如日本、韩国、德国等的和平是大打折扣的和平，起码说这些国家是主权部分缺失的和平。对一个主权国家来讲，不是值得自豪的事。但这些驻兵又有防止法西斯主义、军国主义崛起，以及对社会主义国家进行遏制的双重作用。

第五，出现了苏联、东欧剧变后的和平。苏联一国分裂为15国，南斯拉夫分裂为5国，捷克斯洛伐克一分为二，东德被西德吞并。这些独立后的国家都宣布走资本主义道路。这种剧变后出现的和平十分复杂，想真正廓清本身就是一个大课题。如果总体概括这种和平，不可忽视以下四个方面：一是苏东剧变是社会主义的严重曲折，这种制度的转换是旧制度的复辟。这种以资产阶级专政代替人民民主专政的结果，是从高层次的真和平的跌落。是历史的倒退、和平的倒退，不值得肯定。二是在倒退的和平中，又有另外一个事实值得深思。那就是苏联霸权主义的结束，东欧依附主义（依附于苏联）的终结。这一结果如何定性？确实困难。三是苏东剧变，引起了世界政治格局的重大转换，有益于多极化的发展，也使得新的世界大战的危机减缓，甚至可以更长时间地避免新的世界大战。这对宏观世界和平的影响有值得肯定的东西。四是，苏东剧变后，多数国家相对稳定了，但南斯拉夫变了又变，俄罗斯分离主义严重存在，车臣问题长期悬而未决。因此，对这种和平状况的定性也很难，用损缺的和平概括是否准确，需进一步推敲。

第六，存在发达资本主义国家的长期和平。二战后60年，发达资本主义国家没有发动新的世界大战，其内部也没有出现一次局部战争。这种相对和平稳定是客观存在。这种和平稳定是世界宏观和平稳定的重要组成部分。无可怀疑，不能否定其正面意义。但这种资本主义的和平是否是积极的、进步的和平呢？如果按列宁说的是下一次战争的准备，似乎不像；如果说它是真和平或高层次的和平，又有过分拔高的成分。因为这种和平主要有益于统治阶级，特别是垄断资产阶级的利益，有益于他们取得更多的超额利润。当然也一定程度地有益于世界各国人民稳定、和平的生活。如果与社会主义国家的和平相比，社会主义的和平主要有益于广大劳动人民，也把维护世界和平作为义不容辞的责任和目标。从这个意义上看，发达资本主义国家的和平层次低于社会主义的和平。如果从另一角度看，二战后西方国家利用这种相对稳定的和平局面对社会主义国家长期推行冷战、遏制及和平演变战略，甚至进行过热战（如朝鲜战争、越南战争等）。时至今日，他们西化、分化社会主义国家的努力并没有停止。发达资本主义国家的这种和平举动则是阻碍社会积极进步发展的，是逆历史潮流而动的。这种肯定的同时的否定，该如何定性？需要认真推敲。

三、优化世界和平的应对

（一）坚持反对强权政治与霸权主义

仔细甄别战后世界各种维护和平的战略和策略，经验值得肯定。如最终维护了世界的宏观和平，没有爆发新的世界大战。促成世界宏观和平的因素很多：雅尔塔体制的正面作用，美苏互相牵制；世界人民的共同努力，反对战争的力量始终处于优势；第三世界崛起后的团结战斗；新科技革命的制约；发达国家一体化的不断推进等。

维护世界和平的教训也很深刻。美国和苏联长期搞强权政治、霸权主义，搞军备竞赛，均打着维护世界和平的旗号，其实是在破坏世界和平，是世界动荡的重要根源和表现，害人害己。苏联的解体原因复杂，其中一个重要原因就是长期搞霸权主义拖垮了苏联。美国搞霸权主义，表面上风光无比，其实带来了深深的危机，搞得众叛亲离、声名狼藉。此种教训不能说不深刻。这种破坏世界和平的战略和策略不可取，要反对。

所以，要将反对强权政治和霸权主义作为维护世界和平的一项长期的战略任务。因为它长期危害了世界和平，并仍然在继续破坏世界和平。当今的世界仍存在着超级大国式的霸权主义，存在着地区性甚至各种形式的霸权主义。虽然由于苏联的解体世界大战的危险大大地弱化了，世界大战有可能避免了，但世界并不安宁，局部战争、恐怖主义、军事政变、社会动荡仍然客观存在。因素众多，霸权主义的作祟不能排除。

但反对强权政治和霸权主义决不能笼统对待。正确的选择是谁搞强权政治和霸权主义就反对谁，反对的策略应做到有理、有利、有节；反对的同时又注意与之交往；不能把镜子朝外，只照别人，不照自己，反对别人搞强权政治、霸权主义的同时一定要时时的检讨自己，特别不能搞双重标准。恐怖主义和霸权主义是威胁当今世界和平与发展的两大“公害”，是现在全世界必须联合起来对付的两个“危险”。“反恐”与“反霸”是人类必须同时并举的两大艰巨任务。“反恐”不仅要治标也必须治本，必须清除包括霸权主义在内的使恐怖主义得以滋生和蔓延的温床。鉴于恐怖主义与霸权主义有着“深厚”的关系，要促进世界的和平与发展，客观要求全世界既要合作反恐，也要团结反霸，将二者有机地结合起来。胡锦涛主席 2004 年 6 月 17 日在出席上海合作组织塔什干最高领导人峰会上说得好：“近期的一系列事件表明，恐怖主义仍对世界的和平与发展构成严重威胁。反恐要取得成功，必须坚持正确的方向和采取有效的手段。必须反对一切形式的恐怖主义，不能搞双重标准；必须加强国际合作，团结各国共同开展反恐斗争，不能将恐怖主义与特定的民族和宗教联系、等同起来；必须综合治理，努力解决地区冲突、贫困等问题，努力消除产生恐怖主义的根源。”①

（二）共建和谐世界

为了实现和谐世界这一理想和目标，胡锦涛主席提出：世界各国应该坚持多边主义，实现共同安全；坚持互利合作，实现共同繁荣；坚持积极稳妥方针，推进联合国改革；坚持包容精神，共建和谐社会。胡锦涛认为，文明多样性是人类社会的基本特征，也是人类文明进步的重要动力。我们应该尊重各国自主选择社会制度和发展道路的权利，相互借鉴而不是刻意排斥，取长补短而不是定于一尊，推动各国根据本国国情实现振兴和发展；应该加强不同文明的对话和交流，在竞争比较中取长补短，在求同存异中共同发展，努力消除相互的疑虑和隔阂，使人类更加和睦，让世界更加丰富多彩；应该以平等开放的精神，维护文明的多样性，促进国际关系民主化，协力构建各种文明兼容并蓄的和谐世界。②

在共建和谐世界中中国应该怎么做呢？中国要坚定不移地高举和平、发展、合作的旗帜，坚定不移地走和平发展道路，坚定不移地奉行独立自主的和平外交政策，在和平共处五项原则的基础上同世界各国发展友好合作关系。中国要始终不渝地把自身的发展与人类共同进步联系在一起，既充分利用世界和平发展带来的机遇发展自己，又以自身的发展更好地维护世界和平、促进共同发展。中国要一如既往地遵守联合国宪章的宗旨和原则，积极参与国际事务，履行国际义务，同各国一道推动建立公正合理的国际政治经济新秩序。中华民族是热爱和平的民族。中国的发展不会妨碍任何人，也不会威胁任何人，只会有利于世界的和平稳定、共同繁荣。

历史告诉世人：在人类漫长的发展史上，各国人民的命运从未像今天这样紧密相连、休戚与共。共同的目标把世界各国联结在一起，共同的挑战需要世界各国团结在一起，共同携手合作，为建设一个持久和平、共同繁荣的和谐世界而努力。

---

① 《人民日报》2004 年 6 月 18 日。

② 胡锦涛：《努力建立持久和平、共同繁荣的和谐世界——在联合国成立 60 周年首脑会议上的讲话》，《人民日报》2005 年 9 月 16 日。

第二节　“和平为上”论的主旨与意义

邓小平理论的一个重要内容，是把和平与发展确认为当代世界的两大战略问题。三个代表重要思想中的一个突出贡献，是把和平与发展上升为当今时代主题的高度。以胡锦涛为首的党中央领导集体，提出构建“和谐世界”的战略思想。这些战略判断的依据和思想渊源是什么？学术界进行了许多深刻的分析，但对毛泽东“和平为上”论的认知，在已见到的论著中，研究薄弱。为此，这里进行一些粗略探究，以深化对邓小平理论、“三个代表”重要思想、“和谐世界”战略思想的理解。

一、“和平为上”论的提出及其主旨

1955 年 5 月 26 日，毛泽东与来访的印度尼西亚总理阿里·沙斯特罗阿米佐约进行了长时间的谈话，首次提出了“和平为上”的论断。

（一）具有鲜明的时代特征

第二次世界大战结束后的近 10 年间，特别是新中国建立后的 5 年多的时间内，中国进行经济恢复、社会主义改造的伟大实践，争取持久的世界和平，是中国国情的需要。毛泽东提出“和平为上”的论断，“就是要安下心来，使我们可以建设我们国家现代化的工业、现代化的农业、现代化的科学文化和现代化的国防”。[①] 中国“强盛起来，发展起来，这对我们和对世界和平都有好处”。[②]

此时，以美国为首的西方国家，已经开始全方位的实施冷战、遏制战略和政策。这种冷战、遏制战略和政策，主要是针对苏联的，也是针对中国和

---

① 毛泽东：《中尼边界要永远和平友好》（1960 年 3 月 18 日），《毛泽东外交文选》，世界知识出版社、中央文献出版社，1994 年版，第 397 页。

② 毛泽东：《和平为上》（1955 年 5 月 26 日），《毛泽东外交文选》，世界知识出版社、中央文献出版社，1994 年版，第 208 页。

蓬勃兴起的民族解放运动的。此时的美国，是艾森豪威尔执政时期，该届美国政府在坚持杜鲁门政府的冷战、遏制战略的同时，调整了美国的全球战略的重点。其基本内容是：第一，提出对社会主义国家实行“解放”政策，企图以战争以外的手段，把社会主义国家纳入西方自由世界，把社会主义国家“从共产党的统治下解放出来”，使其成为以美国为首的“自由世界”的成员，即“和平演变”政策的提出和实施。第二，在亚非拉地区加紧全面扩张和渗透。针对印度支那的局势，先后提出了“多米诺骨牌理论”和“艾森豪威尔主义”。第三，在军事上，奉行大规模报复战略。毛泽东提出“和平为上”的论断，应该说是针对冷战、遏制与和平演变战略的，是为了缓和国际局势，“西方国家，只要它们愿意，我们也愿同它们合作。我们愿意用和平的方法来解决存在的问题”。[①] “紧张局势缓和了对世界人民是有利的。”[②]“用谈判来解决问题”。[③] 毛泽东甚至提出：“如果美国愿意签订一个和平条约，多长的时期都可以，五十年不够就一百年，不知道美国干不干。现在主要的问题就是美国。”[④]

（二）与万隆会议胜利召开直接相关

毛泽东提出“和平为上”论断前不久，1955 年 4 月 18—24 日，在印尼的万隆召开了亚非会议，又称万隆会议，参加会议的有 29 个国家。这是世界历史上第一次没有西方殖民国家参加，而由亚非民族独立国家自己召开、讨论有关亚非国家人民切身利益的大规模国际会议。大会通过了《亚非会议最后公报》，其内容包括经济合作、文化合作、人权和自决、附属地人民问题与促进世界和平、合作宣言等。万隆会议和它通过的最后公报所体现出的亚非各国人民为维护民族独立、保卫世界和平和促进友好合作而共同斗争的

① 毛泽东：《和平为上》（1955 年 5 月 26 日），《毛泽东外交文选》，世界知识出版社、中央文献出版社，1994 年版，第 210 页。

② 毛泽东：《在第十五次最高国务会议上谈国际形势》（1958 年 9 月），《毛泽东外交文选》，世界知识出版社、中央文献出版社，1994 年版，第 343 页。

③ 毛泽东：《和平为上》（1955 年 5 月 26 日），《毛泽东外交文选》，世界知识出版社、中央文献出版社，1994 年版，第 211 页。

④ 毛泽东：《和平为上》（1955 年 5 月 26 日），《毛泽东外交文选》，世界知识出版社、中央文献出版社，1994 年版，第 213 页。

精神，被称为“万隆精神”。而《亚非会议最后公报》则因其代表正义、团结、和平、友好、进步，被作为战后国际关系的最重要的文件之一而普遍引用。由中国最早提出、中印和中缅共同倡导的和平共处五项原则引申、发展的和平共处十项原则，更被世界绝大多数国家承认，作为处理国际关系的普遍原则。这次会议召开的重大意义在于：第一，它第一次共同发出了亚非人民要求反对殖民主义、维护和争取民族独立、保卫世界和平和促进友好合作的响亮呼声。许多过去被分离、被隔绝的亚非国家关系在这个历史性的会议上重建起来，之后得到了长足的发展。第二，它开创了国际关系的新局面。“它标志着一个新的国家群体——第三世界正式登上了国际政治的舞台”。[①]宣告了旧殖民主义者在亚非称王称霸的历史的结束。第三，它有力地推动了民族民主解放运动的蓬勃持续发展。第四，它播下了友谊、谅解与合作的种子。会后，宣布执行独立自主、和平中立政策的国家日益增多，为后来不结盟运动兴起奠定了基础。印尼作为万隆会议的发起国、东道国为这次会议成功召开做出了突出贡献，周恩来总理率领中国代表团出席了会议，对会议的成功起了独特作用。

万隆会议的胜利召开，使得毛泽东进一步看到了推进世界和平的希望、目标、途径和方式，所以在谈话中不断称赞万隆会议开得好，万隆会议是“和平为上”成功的例子。他对印尼总理说，万隆会议证明，“我们作为朋友是能够处得好的。在西方国家面前，我们的问题是团结起来，保卫自己，而不是互相损害，而是互利，不仅在商业上和文化上如此，在政治上也进行合作，万隆会议就是一个例子，我们要使这些国家每年都能看到进步。我们要互相帮助，解决一些可能解决的困难问题。我们各有各的困难问题，经过互相帮助，争取解决这些难题。为此，就要采取步骤来消除存在于我们之间的不了解和障碍，增加互相的了解”。“印尼要和平利用自己的丰富的资源，我完全同意。”印尼“和平利用它的资源，这对其他的人也是有利的”。[②]“亚非国家的团结是有希望的，万隆会议已经走了第一步。以后我们应该共同努

---

① 奈吉尔·哈里斯：《第三世界的裂变》，改革出版社，1991年版，第7页。

② 毛泽东：《和平为上》（1955年5月26日），《毛泽东外交文选》，世界知识出版社、中央文献出版社，1994年版，第211—213页。

力，继续工作，团结起来，促进和平。”①

（三）主旨明确，针对性鲜明

毛泽东在这次谈话中说，“第三次世界大战最好不打了”。“即使有战争，我们也可以把它推迟。我们要争取和平的环境，时间要尽可能的长，这是有希望的，有可能的。”② 分析这些话，至少有两方面相互联系的思想非常明确：第一，“和平为上”，主要是指不打新的世界大战，争取持久的世界和平。“不应该再打大战，应该长期和平。再打大战的结果，是对侵略者不利的。”③ 对中国也不利，“我们现在正执行五年计划，社会主义改造也正在开始。如果发生战争，我们的全盘计划就会打乱，我们的钱都放在建设方面了。如果发生战争，我们的经济和文化计划都要停止，而不得不搞一个战争计划来对付战争。这就会使中国的工业化过程延迟”。④ “如果打第三次世界大战，那么，死伤的人数恐怕就不是以千万计，而是要以亿万计。”⑤ “我们的人民不希望遭受损失，因此我们不要战争。”⑥ 所以，“我们应该共同努力来防止战争，争取持久的和平”。⑦ “我们现在需要几十年的和平，至少几十年的和平，以便开发国内的生产，改善人民的生活。我们不愿意打仗。假如创造这样一个环境，那就很好。”⑧ 第二，世界战争可以较长时间的推迟，

① 毛泽东：《和平为上》（1955 年 5 月 26 日），《毛泽东外交文选》，世界知识出版社、中央文献出版社，1994 年版，第 213 页。

② 毛泽东：《和平为上》（1955 年 5 月 26 日），《毛泽东外交文选》，世界知识出版社、中央文献出版社，1994 年版，第 211、213 页。

③ 毛泽东：《和平共处五项原则应推广到所有国家关系中去》（1954 年 10 月 23 日），《毛泽东外交文选》，世界知识出版社、中央文献出版社，1994 年版，第 171 页。

④ 毛泽东：《和平共处五项原则应推广到所有国家关系中去》（1954 年 10 月 23 日），《毛泽东外交文选》，世界知识出版社、中央文献出版社，1994 年版，第 173 页。

⑤ 毛泽东：《和平共处五项原则应推广到所有国家关系中去》（1954 年 10 月 23 日），《毛泽东外交文选》，世界知识出版社、中央文献出版社，1994 年版，第 173 页。

⑥ 毛泽东：《和平为上》（1955 年 5 月 26 日），《毛泽东外交文选》，世界知识出版社、中央文献出版社，1994 年版，第 212 页。

⑦ 毛泽东：《和平共处五项原则应推广到所有国家关系中去》（1954 年 10 月 23 日），《毛泽东外交文选》，世界知识出版社、中央文献出版社，1994 年版，第 173 页。

⑧ 毛泽东：《和平共处五项原则应推广到所有国家关系中去》（1954 年 10 月 23 日），《毛泽东外交文选》，世界知识出版社、中央文献出版社，1994 年版，第 168 页。

不仅有希望，而且有可能。毛泽东认为，亚非国家的团结可以促进和平。即使有战争，我们也可以把它推迟。[①] 并劝说西方国家，“只要它们愿意，我们也愿同它们合作。我们愿意用和平的方法来解决存在的问题。打仗总是不好的，特别是对西方国家是没有好结果的，历史已经证明了这一点，在战争中固然双方都损失物资和生命，但是，历史证明战争有一个政治后果对西方国家是不利的。”[②] “用谈判来解决问题。”“朝鲜战争和印度支那战争最后都是用谈判解决的，台湾问题也可以用谈判解决。我们已经在万隆会议表明了这一点，可以用这一点去说服西方国家。”[③] 把“和平共处五项原则”推广到所有国家关系中去，使“万隆精神”和“求同存异”精神发扬光大。

毛泽东在这次谈话中又说：“希望你们强盛起来，发展起来，这对我们和对世界和平都有好处。亚非国家刚在万隆开过一次会，这些国家都应该强盛起来，包括日本在内。过去日本不好，但是现在也受欺侮。受帝国主义欺侮的国家都强盛起来就好了。”[④] 毛泽东早期表述的这段话，其实就是我们现在所提的和平与发展是当今时代的主题。这里包含三层意思：第一，强盛、发展是和平的基础，也是一个国家一个民族自立于世界民族之林的基础。昔日亚非拉国家长期受西方列强欺侮，其中一个重要原因就是经济落后、国家弱小。如果这些国家经济发展了，国家强盛了，并且团结起来了，西方列强就不会再轻易地欺侮这些国家，也可以维护、推进世界和平。第二，和平是发展、强盛的前提和保证。只有有了和平环境，发展、强盛才有希望和可能。人类历史上没有一个国家长期处在动荡或战争中能国富民强的。第三，希望日本也应该强盛起来，成为世界和平的力量。因为日本参加了万隆会议，在会上由于美国的插手，对会议没搞成大的别扭，但小别扭搞

---

① 毛泽东：《和平为上》（1955 年 5 月 26 日），《毛泽东外交文选》，世界知识出版社、中央文献出版社，1994 年版，第 213 页。

② 毛泽东：《和平为上》（1955 年 5 月 26 日），《毛泽东外交文选》，世界知识出版社、中央文献出版社，1994 年版，第 210 页。

③ 毛泽东：《和平为上》（1955 年 5 月 26 日），《毛泽东外交文选》，世界知识出版社、中央文献出版社，1994 年版，第 211—212 页。

④ 毛泽东：《和平为上》（1955 年 5 月 26 日），《毛泽东外交文选》，世界知识出版社、中央文献出版社，1994 年版，第 208 页。

得不少。[①] 这时的日本同样“受美国这个帝国主义国家的欺侮”，处于被美国占领的境地，也有经济困难，“日本民族受到压迫”，[②] 与中国有共同的地方，中国愿意与之合作，和平相处。日本经济发展了，对世界和平也有好处。后来，毛泽东提出三个世界划分的理论，把日本称为第二世界，可争取团结的和平力量，渊源可从这里找到。

毛泽东作出“和平为上”的论断，还有另外一个深层的想法和目标，那就是正义战争必胜，腐朽的东西必亡。人民是维护世界和平的主力。毛泽东说：“几千年来的历史证明，腐朽的人手里东西越多，倒得也越快。因此，结论还是一个：和平为上。”[③] 换句话讲，非正义战争必败，因为它们是各种各样的“大王”，但这些人是腐朽的，所以“历史证明大王的结局都是不妙的”。[④] 他们的威风和和平境地是不可能长久的。因而，毛泽东奉劝美国等西方国家不要倒行逆施，要“和平为上”。对原子弹，要和平利用之，“要善用其‘宝’，如果乱用的话，不见得对它们有利”。[⑤]“因为西方国家手里这些东西的作用，是不会超过人民的力量的，因为人民是有生命的。”[⑥]

简言之，毛泽东提出“和平为上”论的主旨就是：维护、推进世界和平，尽可能、并有希望推迟第三次世界大战的爆发；共同促进各国乃至世界的发展；顺应和支持世界历史的进步潮流，因为这个潮流浩浩荡荡，顺之者昌，逆之者亡。即和平、进步、发展。

---

① 毛泽东：《和平为上》(1955年5月26日)，《毛泽东外交文选》，世界知识出版社、中央文献出版社，1994年版，第208页。

② 毛泽东：《和平共处五项原则是一个长期的方针》(1954年12月)，《毛泽东外交文选》，世界知识出版社、中央文献出版社，1994年版，第184页。

③ 毛泽东：《和平为上》(1955年5月26日)，《毛泽东外交文选》，世界知识出版社、中央文献出版社，1994年版，第212页。

④ 毛泽东：《和平为上》(1955年5月26日)，《毛泽东外交文选》，世界知识出版社、中央文献出版社，1994年版，第212页。

⑤ 毛泽东：《和平为上》(1955年5月26日)，《毛泽东外交文选》，世界知识出版社、中央文献出版社，1994年版，第212页。

⑥ 毛泽东：《和平为上》(1955年5月26日)，《毛泽东外交文选》，世界知识出版社、中央文献出版社，1994年版，第212页。

二、"和平为上"论的渊源与新贡献

(一)历史、法律与理论渊源

毛泽东"和平为上"的思想与理念，是批判地吸收中外优秀文化传统，结合新的国际形势变化，继承和发展马克思列宁主义的产物。

1. 中国优秀传统文化。

中国历史上优秀文化的和平主义理论、传统，对毛泽东"和平为上"思想的形成产生了重要影响。

1963年4月24日，周恩来总理在同埃及部长执行委员会主席阿里·萨布里谈话时明确说过：中国人办外事的一些哲学思想，"来自我们的民族传统，不全是马列主义的教育"。[①] 江泽民说："在我国漫长的历史中，各族人民在建设伟大祖国和美好家园、抵御外来侵略和克服艰难险阻的奋斗中，不断培育和发展着中华民族的民族精神。中华民族的精神，最突出的就是团结统一、独立自主、爱好和平、自强不息的精神。中国人民正是依靠这个民族精神，在祖国广阔的土地上创造了一个又一个人间奇迹，缔造了为世人惊叹的灿烂的中华文明。这个民族精神，是中华民族五千多年来生生不息、发展壮大的强大精神动力，也是中国人民在未来的岁月里薪火相传、继往开来的强大精神动力。"[②]

第一，崇尚和平、反对不义战争的思想和传统。

中国古代文明中朴素的和平主义理论，早在两千多年前的春秋战国时代，就有十分绚烂的表现。其核心是追求一个"大同"的理想世界。它体现在当时的儒家、墨家、道家的学说之中。[③]

儒家外交思想对中国外交史的影响极深。[④] 儒家学说的代表人物孔子认

---

① 周恩来：《中国人办外事的一些哲学思想》(1963年4月24日)，《周恩来外交文选》，中央文献出版社，1990年版，第328页，

② 江泽民：《文艺是民族精神的火炬》(2001年12月18日)，《江泽民文选》第3卷，人民出版社，2006年版，第400—401页。

③ 陈一雄主编：《新格局·新思考——科学与和平研究在中国》，湖南出版社，1993年版，第206、243—252、300—305页。

④ 何茂春：《中国外交通史》，中国社会科学出版社，1996年版，第41—42页。

为应当建立一个有秩序的社会。这一认识包括两个重要含义：一是以伦理秩序作为社会政治秩序的基础与根据，以此来确立人类社会和平的基础与根据，以此来确立人类社会和平的基本原则；二是以文化秩序作为世界秩序的基础与根据，达到整个人类的和平。孔子以是否符合这种伦理秩序和文化秩序为标准，将战争分为“义”与“不义”。他认为，人类社会的最高境界是“仁”，但战争不是达到“仁”的根本手段。在他看来，只有推行“礼”，加强人民的道德修养，“礼”的教育和实施，才能达到“仁”的境界。他说：“丘也闻有国家者，不患贫而患不均，不患寡而患不安。盖均无贫，各无寡，安无倾。夫如是，故远人不服，则修文德以来之。既来之，则安之。”① 通过孔子的这段话，可以清楚地看到孔子的和平主义思想。

儒家学说发展到孟子时，进一步强化了这一认识。他激烈地反对不义战争，提出并区别了“霸道”与“王道”这两个概念，认为“以力假仁者霸，霸必有大国；以德行仁者王，王不待大”。② 他坚决反对“霸道”，崇尚“王道”。尽管以后儒家学说历经一千多年，流派众多，学说纷杂，但它所强调的通过加强道德修养、推行“礼”来维护其设定的伦理和文化秩序，以达到“仁”的观点，始终没有大的变化。

墨家学说则极力推崇“兼爱”、“非攻”之说，更是高举和平主义的大纛（古代军队里的大旗）。墨子反对侵略战争，主张进行正当的防御战争和研究防守的战术。墨子认为，消除天下大乱、达到天下大治的途程就是“兼爱”，即所谓“视人之国若视其国，视人之家若视其家，视人之身若视其身”。③

道家学说提出“王法地，地法天，天法道，道法自然”。④ 通过“无为”而治，社会回复到小国寡民的原始状态，从而摆脱战争的发生。老子将人类社会的战争现象看作是违反自然本质的可悲行为。

即使是专门研究战争问题的兵家学说，也并不是简单地就战争论战争，而是从战略的角度来思考其战争行为。孙子就把和平解决国家之间的争端看作是人类解决矛盾和冲突的最高原则，认为“不战而屈人之兵，善之善者

① 杨伯峻译注：《论语译注》，中华书局，1980年版，第173页。
② 杨伯峻译注：《孟子译注》（上册），中华书局，1960年版，第74页。
③ 王焕镳：《墨子校释》，浙江文艺出版社，1994年版，第109页。
④ 沙少海等译著：《老子全译》，贵州人民出版社，1989年版，第47页。

也。故上兵伐谋，其次伐交，其次伐兵，其下攻城”[①] 是和平为上思想的早期表述。

第二，“和为贵”的思想和传统。

“和”的基本含义是顺、和谐、调和、温和，其核心是和睦、和谐、和平。在中国古代文化中，“和”理念的意蕴非常丰富，并且有层次性。它是中国古代人的宇宙观，万物生长的法则、根据，也是重要的社会政治和伦理原则。在《周礼·地官·大司徒》中，“和”被列为人与物的“六德”之一。中华民族历来爱好和平，中国历史文化传统历来主张以安息为主，对“和为贵”的思想和传统有着特别的偏爱。《论语》中关于“和为贵”的思想有许多精辟的论述。如“子曰：‘礼之用，和为贵。先王之道，斯为美；大小由之。有所不行，知和而和，不以礼节之，亦不可行也’。”[②] 即提倡和谐、恰当和恰到好处。又如“子曰：‘君子和而不同，小人同而不和’。”[③] 意指要以理服人，尽量争取和平相处，友好相待，反对使用武力。保持矛盾对立的情况下和谐、共存和发展。

儒家文化还将提倡人际关系的和谐观念推及国家关系，强调国与国之间应当遵循“和为贵”的原则，反对以邻为壑，主张“己所不欲，勿施于人”,[④]“亲仁善邻”。毛泽东提出的“和平为上”与这种“和为贵”精神直接相通。抗日战争胜利前后，毛泽东多次强调中华民族的这种“和为贵”的思想和传统。新中国成立前后，周恩来运用马列主义观点，进一步弘扬“和为贵”的思想和传统，在万隆会议上提出了“求同存异”的著名原则。

2. 国内外的法律依据。

世界公认的国际法的规定，特别是联合国宪章，对毛泽东“和平为上”思想的形成提供了法律基础。

二战之中，中国与社会主义国家苏联以及民主资本主义国家组成反法西斯统一战线。中国共产党在追求本民族独立主权的同时，积极发表关于国际问题的观点，对于这个战线符合国际法原则的正确做法，表示赞同和接受。

---

① 周亨祥校注：《孙子全译》，贵州人民出版社，1992 年版，第 19—20 页。

② 杨伯峻译注：《论语译注》，中华书局，1980 年版，第 8 页。

③ 杨伯峻译注：《论语译注》，中华书局，1980 年版，第 141 页。

④ 杨伯峻译注：《论语译注》，中华书局，1980 年版，第 123 页。

毛泽东在《论联合政府》一文中就指出："中国共产党同意大西洋宪章和莫斯科、开罗、德黑兰、克里米亚各次会议的决议，因为这些国际会议的决议都是有利于打败法西斯侵略者和维护世界和平的。""中国共产党对于保障战后国际和平安全的机构之建立，完全同意敦巴顿橡树林会议所作的建议和克里米亚会议对这个问题所作的决定，中国共产党欢迎旧金山联合国代表大会。中国共产党已经派遣自己的代表加入中国代表团出席旧金山会议，借以表达中国人民的意志。"[①] 新中国成立后，积极支持和遵守国际法的基本准则，正是在此基础上，新中国制定并长期实施了独立自主的和平外交政策，长期贯彻"和平为上"思想。

《联合国宪章》在国际法中具有很高的地位和影响。《联合国宪章》第一条规定了其宗旨：(1) 维护国际和平与安全；(2) 发展国际间以尊重各国人民平等权利及自决原则为基础的友好关系；(3) 进行国际合作，以解决国际间经济、社会、文化和人道主义性质的问题，并且促进对全体人类的人权和基本自由的尊重；(4) 作为协调各国行动的中心，以达到上述共同目的。为了实现这一宗旨，《联合国宪章》的第二条规定了其原则：(1) 联合国组织基于所有会员国主权平等的原则；(2) 各会员国应该忠实履行它们依《宪章》规定所承担的义务；(3) 各会员国应该以和平方法解决它们的国际争端；(4) 各会员国在它们的国际关系中不得以不符合联合国宗旨的任何方式进行武力威胁或使用武力；(5) 各会员国对联合国依照《宪章》采取的任何行动应给予一切协助，联合国对任何国家正在采取防止行动或强制行动时，各会员国对该国不得给予协助；(6) 联合国在维护国际和平与安全的必要范围内，应确保使非会员国遵守上述原则；(7) 联合国组织不得干涉在本质上属于任何国家国内管辖的事项。但这项规定不应妨碍对威胁和平、破坏和平的行为及侵略行径采取强制行动。[②] 《联合国宪章》作为国际法集大成者，它所确认的宗旨和原则，在毛泽东"和平为上"的思想内容中凝结了其精华，特别是"和平共处"五项原则，简直是《宪章》宗旨、原则的浓缩版，

① 毛泽东：《论联合政府》(1945 年 4 月 24 日)，《毛泽东选集》第 3 卷，人民出版社，1991 年版，第 1085 页。

② 许光建主编：《联合国宪章诠释》，山西教育出版社，1999 年版，第 26—27 页；计翔翔主编：《联合国知识词典》，杭州出版社，2000 年版，第 3—4 页。

当然前者对后者有着众多的发展。

3. 直接理论来源。

马克思主义学说，特别是其中的战争与和平、和平相处理论，是毛泽东“和平为上”思想形成的直接理论来源。

“战争与和平”是一个涉及到国家和民族生存、人类命运和文明发展的重大问题，历来都受到各个国家、民族以及各个社会集团的高度重视。历代智者贤人对战争与和平这一重大问题进行过广泛的研究，有许多真知灼见和至理名言。然而由于历史和阶级性的限制，他们还难以揭示战争与和平的客观规律。马克思主义吸收和继承了人类优秀文明的精华，用历史唯物主义和辩证唯物主义的立场、观点、方法，剖析战争的起源、性质及其在历史上的作用，从而在理论上确立了科学的战争与和平观。

列宁说：“我觉得，在战争问题上，人们常常忘记和注意不够的，以及引起很多可以说是空洞无谓的争论的，主要是这样一个基本问题，即这个战争具有什么样的阶段性，它是由什么引起的，它是由哪些阶级进行的，它是由什么样的历史条件和历史经济条件造成的。”①

马克思主义认为，战争不是人类有史以来就有的，也不会永远地存在下去。战争是阶级社会的产物，它的根源在于私有制与剥削阶级。“战争总是由剥削者、统治者和压迫者挑起的。”

战争是政治或政策的另一种手段（即暴力）的继续，“战争是民族和民族、国家和国家、阶级和阶级、政治集团与政治集团之间互相斗争的最高形式”。

战争有不同类型和性质之分，战争可分为非正义的掠夺性战争和正义的解放性质的战争。“马克思主义者并不无条件地反对一切战争。”支持正义战争、反对非正义的战争。只有消灭人剥削人的现象，才能消除战争；只有同战争势力进行坚决的斗争才能维护和平。对付一切反动势力和战争狂人的“唯一的办法是组织力量和他们斗争”。

决定战争胜负的主要因素，取决于战争性质和参战各方的国内制度和政

① 列宁：《战争与革命》（1917 年 5 月 14 日的演讲），《列宁全集》第 24 卷，人民出版社，1960 年版，第 367 页。

策；取决于人民群众对战争的目的和原因的认识以及他们为自己的事业而奋斗的精神。

关于和平，列宁针对第一次世界大战的局势提出“战争是和平时期政治的继续，和平是战争时期政治的继续”。[①] 有两种性质不同的和平，即帝国主义的和平与社会主义的和平。“目前的和平，在资产阶级政府尚未被革命推翻的情况下，就只能是作为帝国主义战争继续的帝国主义和平。”[②] 帝国主义战争和帝国主义和平是资产阶级推行侵略压迫政策的两种形式。帝国主义和平只是帝国主义两次战争之间的休战，只是下一次战争的准备。因此，要消灭战争，实现真正的和平，就只有消灭帝国主义；只有在推翻、最终战胜并剥夺了全世界的而不只是一国的资产阶级之后，战争才不可能发生，只有社会主义的和平才是真实的。

十月革命的胜利，开辟了人类历史的新纪元。开始了科学社会主义从理论到制度实践的过程，也开始了社会主义制度与资本主义制度国家和平共处的历史新时期。列宁及时地看到了这一点，提出了一系列和平相处的思想和政策。

第一，和平共处首先的提出者是列宁，不是毛泽东，毛泽东是继承和发展。第二，和平共处具有客观基础和历史必然性，只要存在着社会制度不同的国家，就存在着和平共处的必要性和可能性。第三，和平共处只适用于特定的国际关系范围，只适用于不同社会制度国家关系的调整，不适用于国家内部，也不适用于压迫阶级与被压迫阶级之间、压迫民族与被压迫民族之间。第四，和平共处有原则有条件，互不侵犯、互不干涉内政是政治基础，首要条件是双方必须有愿望和诚意。第五，社会主义国家在实行和平共处政策时，必须警惕资本主义国家的干涉和威胁。第六，和平共处不是取消斗争，和平共处的局面是通过斗争来维持的。第七，和平共处的根本目的是为了巩固自己的政权，发展自己的经济。第八，和平共处的另一个重要任务是“战胜剥削者并把动摇者争取过来，这是世界性的任务。许多资产阶级国家

① 列宁：《资产阶级的和平主义与社会党人的和平主义》（1917 年 1 月 1 日），《列宁选集》第 2 卷，人民出版社，1972 年版，第 915 页。

② 列宁：《资产阶级的和平主义与社会党人的和平主义》（1917 年 1 月 1 日），《列宁选集》第 2 卷，人民出版社，1972 年版，第 916 页。

就是动摇的：作为资产阶级国家，它们仇视我们；另一方面，作为被压迫国家，它们又宁愿同我们媾合”。[①]

（二）方略构思的新贡献

毛泽东“和平为上”的思想有着丰富的内容，详细分析是篇大文章，仅从方略构思角度看至少有三大新贡献。

1. 对战争认识的新贡献。

首次区分了局部战争与世界战争，对可能推迟和制止新的世界大战、维护世界和平提出了新论断。

关于战争规律，毛泽东1936年在总结第二次国内革命战争的经验时就曾指出：“战争是民族和民族、国家和国家、阶级和阶级、政治集团和政治集团之间互相斗争的最高形式；一切关于战争的规律，都是进行战争的民族、国家、阶级、政治集团为了争取自己的胜利而使用的。”[②] 这一思想与马列主义是一致的，即只要人类社会还存在私有制，存在阶级和阶级斗争，战争作为解决政治危机的一种手段和社会现象，就是难以避免的。历史和现实都证明了这一点。

但是，强调战争的不可避免性，并不等于说世界大战是不能推迟和制止的。因为战争是一种总体现象，而每一场战争都有类型、性质、规模、种类之分。以国际战争而言，就有双边战争与地区战争，侵略战略和反侵略战争，殖民战争与民族解放战争等。作为世界大战，即全球战争（世界大多数国家、民族和地区都卷入的战争），是战争史上一种特殊形态的战争。历史上发生的14500多次战争中，[③] 世界大战仅出现两次。因此，在谈论战争的时候，要把一般战争同世界大战的概念加以区分，切不可混同。毛泽东在

① 列宁：《在第七届全俄中央执行委员会第一次会议上的报告》（1920年2月2日），《列宁全集》第38卷，人民出版社，1986年版，第106页。

② 毛泽东：《中国革命战争的战略问题》（1936年12月），《毛泽东选集》第1卷，人民出版社，1991年版，第182页。

③ 李巨廉：《战争与和平——时代主旋律的变动》，学林出版社，1999年版，第35页。

1960年底接见外宾时非常明确地指出，局部战争和世界战争要加以区别。[①]后来，周恩来在1961年9月中共中央召集的民主人士座谈会上进一步阐述了这一思想，认为“推迟世界大战的可能性也在增长，但有限战争即局部战争却不可避免”。[②]

毛泽东及其战友从以下三个层次论证了推迟和制止新的世界大战的可能性。第一，提出并长期坚持认为，当今世界爆发世界大战的危险性依然存在，但是推迟或制止世界大战的可能性也很大。毛泽东1950年6月6日在中国共产党第七届中央委员会第三次全体会议上的书面报告中首次阐述了这一论断，并且说“新的世界战争是能够制止的”。[③] 以后的20多年里，他在不同场合、不同时间反复强调这一思想。直到1976年2月23日毛泽东在最后几次外事活动中，对前任美国总统尼克松仍然说过，再保持世界和平“25年可能”。[④] 可见，毛泽东生前坚持认为推迟世界大战、在较长时间内维护世界和平是有可能的。第二，认为历史是人民创造的，赢得战争和制止战争归根到底取决于人民的团结和斗争。1960年5月8日，毛泽东在接见拉美8国的朋友时说：“世界和平的取得，主要依靠各国人民的斗争。”“人民是决定的因素，依靠人民团结和斗争，必然战胜帝国主义和他们的走狗，取得世界的持久和平。”[⑤] 第三，认为帝国主义也会总结历史经验，不敢轻易发动世界大战，“再打大战的结果，是对侵略者不利的”，[⑥] 周恩来说，三年朝鲜战争，“扩大了世界和平运动，增加了美国的困难，推迟了世界大战。毛泽东说过，美国连朝鲜战争都打不赢，还能挑起世界大战?”“帝国主义既怕和

① 外交部外交史研究室：《毛泽东外交思想研究》，世界知识出版社，1994年版，第99页。

② 周恩来：《当前世界局势的特点》(1961年9月23日)，《周恩来外交文选》，中央文献出版社，1990年版，第321页。

③ 毛泽东：《新的世界战争是能够制止的》(1950年6月6日)，《毛泽东外交文选》，世界知识出版社、中央文献出版社，1994年版，第136页。

④ 外交部外交史研究室：《毛泽东外交思想研究》，世界知识出版社，1994年版，第100页。

⑤ 外交部外交史研究室：《毛泽东外交思想研究》，世界知识出版社，1994年版，第102页。

⑥ 毛泽东：《和平共处五项原则应推广到所有国家关系中去》(1954年10月23日)，《毛泽东外交文选》，世界知识出版社、中央文献出版社，1994年版，第171页。

平，又怕战争。”[①]

但与此同时，特别是20世纪50年代末期到70年代中后期，由于美国、苏联的倒行逆施，我国的周边环境日益复杂，国际紧张局势不断加剧。我国一方面坚定不移地反对霸权主义的侵略扩张活动，为维护世界和平而斗争，另一方面不得不把问题放在最坏的基点上来考虑，从各个方面做好应付大规模侵略战争乃至爆发新的世界大战的准备。1964年8月，美国轰炸北部湾事件发生后，毛泽东在中央书记处会议上提出，要准备帝国主义可能发动侵略战争。同年10月，他在一项批示中提出了要立足于早打、大打、打核战争的思想。1965年，他又提出了备战、备荒、为人民的方针。根据这些思想和方针，中央作出了关于一、二、三线建设布局的决策。20世纪60年代末70年代初，美苏争霸呈现出苏攻美守的态势，苏联成为了我国国家安全面临的主要威胁。我国从国际斗争的现实出发，打开了中美关系的大门，逐步改善了同美国和西方世界的关系。随着中国在联合国的合法席位得到恢复和中美关系的突破，我国外交打开了新局面。但是，我国面临的来自苏联的这一主要威胁并未消除，国际上两霸的争夺依然十分激烈。直到20世纪70年代中期，毛泽东对战争的估计仍然是世界大战的危险依然存在，甚至认为世界大战的威胁迫在眉睫。基于这种估计，当时强调全国人民对战争的危险必须有所准备，要立足于大打、早打、打核大战，于是大量人力、物力和财力被投入到战备之中。这种状况对我国的经济建设和其他各方面工作都产生了很大负面影响。

客观评价毛泽东对世界大战的论断，功绩、新贡献是主流。这从两方面得以体现，一方面，长期认为世界大战可能推迟、制止；另一方面，中国防止世界大战的战争准备，打乱了美苏的战略部署，中国成为防止和制止、维护世界和平的重要因素和力量。存在的问题也很明显，正如邓小平后来所说：“以前总是担心打仗，每年总要说一次。现在看，担心得过分了。”[②] 这种担心使得中国的建设中心始终未能转移到经济建设方面来。

---

① 周恩来：《今天国际上的主要矛盾是战争与和平问题》（1953年6月5日），《周恩来外交文选》，中央文献出版社，1990年版，第58、62页。

② 邓小平：《视察江苏等地回北京后的谈话》（1983年3月2日），《邓小平选集》第3卷，人民出版社，1993年版，第25页。

2. 对外交方略的新贡献。

为新中国制定并使之长期实施的独立自主的和平外交政策，以及维护世界和平的一整套新构思。

新中国建立前不久，以毛泽东为首的党中央经过深思熟虑，提出了新中国的外交总政策和总目标，并写进了起临时宪法作用的《中国人民政治协商会议共同纲领》之中，以法律的形式确定下来，那就是“独立自主的和平外交政策”。共同纲领中将“中华人民共和国外交政策的原则”当时表述为“为保障本国独立、自由和领土主权的完整，拥护国际的持久和平和各国人民间的友好合作，反对帝国主义的侵略政策和战争政策”；将外交总目标表述为：作为人民民主专政的国家，新中国要“为中国的独立、民主、和平、统一和富强而奋斗”。对这一总政策和总目标，自新中国建立至今半个多世纪以来始终坚持执行，体现了和平为上的思想。

推迟、制止、反对非正义战争，维护、推进世界和平，是以毛泽东为首的党的第一代领导集体孜孜追求的目标。他们根据马列主义的基本原理，结合中国与国际形势变化的特点和实际，提出了一整套战略、策略、方针、政策、措施。从新贡献的角度看，主要有：帝国主义是现代战争的根源。帝国主义的本性是不会改变的，反动派也不会自动退出历史舞台。对于帝国主义发动的战争，一是不怕，二是反对。全世界人民的任务是反对帝国主义的侵略和压迫，用正义的革命战争，反对一切非正义的反革命战争，争取和维护持久的世界和平。被压迫民族和人民的革命斗争是社会主义世界革命的一部分，要坚决支持一切被压迫民族和被压迫人民摆脱帝国主义和殖民主义的统治，争取民族解放和独立的斗争。国家不分大小、贫富、强弱，一律平等。全世界各大洲的人民要联合起来，所有爱好和平的国家要联合起来。只要全世界人民共同努力，新的世界大战是能够制止的。要敢于斗争，敢于胜利，在战略上藐视敌人，在战术上重视敌人；要从战略上把帝国主义和一切反动派都看成纸老虎，原子弹也是纸老虎。得道多助，失道寡助，弱国能够打败强国，小国能够打败大国，小国人民只要敢于起来斗争，敢于拿起武器，掌握自己国家的命运，就一定能够战胜大国的侵略。资本主义世界不是铁板一块，要利用矛盾，争取多数，反对少数，各个击破，针锋相对，后发制人，团结一切可以团结的力量，结成最广泛的统一战线。要发展进步势力，争取中间势力，反对顽固势力，进行有理、有利、有节的斗争。[①] 只要这样做了，世界真正的和平才有希望。“我们今天工作做的越好，战争就越打不起来，人民力量越强，打的可能性就越小。因为国际上的斗争也是力量的对比。”[②] 为了促进世界和平，共同发展，毛泽东一向主张世界各国要相互学习，取长补短，加强合作。他在《念奴娇·昆仑》一词中曾豪情满怀地咏道：“莽昆仑，阅尽人间春色。……千秋功罪，谁人曾与评说？而今我谓昆仑：不要这高，不要这多雪。安得倚天抽宝剑，把汝裁为三截：一截遗欧，一截赠美，一截还东国。太平世界，环球同此凉热。”[③] 这种热望和平和崇高的国际主义思想，受到世界各国人民广泛的赞赏和颂扬，增进了各国人民之间的相互了解，促进了世界的和平和国际社会的合作与发展，是“和平为上”思想的具体化与突出贡献。

3. 对外交准则的新贡献。

为优化国际关系提出并实践了“和平共处五项原则”，树立了维护和平、促进发展的一面旗子。

和平共处五项原则，即互相尊重主权和领土完整，互不侵犯，互不干涉内政，平等互利，和平共处。和平共处五项原则作为我国处理国际关系的基本准则，写进了中华人民共和国宪法、中国共产党的党章，并已成为世界上公认的处理国际关系、维护世界和平的重要原则。

“和平共处”是十月革命胜利后，列宁首先提出的处理社会主义国家与资本主义国家关系，维护世界和平的政策与思想。毛泽东、周恩来等第一代领导人，根据新中国成立前后，东西方冷战达到高潮，社会主义和资本主义两种社会制度、两种意识形态之争在国际关系中占主导地位，世界和平局势紧张的情况，丰富和发展了列宁的和平共处思想，提出并实施了和平共处五项原则。

早在建国前夕，毛泽东在新政协筹备会议上就初步提出了包含和平共处

① 本书编写组：《邓小平外交思想学习纲要》，世界知识出版社，2000年版，第5页。

② 周恩来：《中苏缔约后的国际形势和外交工作》（1950年3月20日），《周恩来外交文选》，中央文献出版社，1990年版，第12页。

③ 王臻中、钟振振主编：《毛泽东诗词鉴赏》，江苏古籍出版社，1990年版，第67页。

五项原则的主要思想内容："任何外国政府，只要它愿意断绝对于中国反动派的关系，不勾结或援助中国反动派，并向人民的中国采取真正的而不是虚伪的友好态度，我们就愿意同它在平等、互利和互相尊重领土主权原则的基础之上，谈判建立外交关系的问题。中国人民愿意同世界各国人民实行友好合作，恢复和发展国际间的通商事业，以利发展生产和繁荣经济。"① 1950年2月14日，毛泽东和周恩来经过与斯大林艰苦的谈判，在莫斯科与苏联签署了《中苏友好同盟互助条约》，该条约第2条明文规定："缔约国双方保证以友好合作的精神，并遵照平等、互利、互相尊重国家主权与领土完整及不干涉对方内政的原则，发展和巩固中苏两国之间的经济与文化关系，彼此给予一切可能的经济援助，并进行必要的经济合作。"② 把和平共处五项原则第一次表述于处理国家关系的正式条约之中。1953年12月31日，中国与印度两国在就西藏地方关系问题谈判时，周恩来总理代表中国政府在同印度代表谈话时，对和平共处五项原则进行了较具体、精炼的概括。他说："新中国成立后就确立了处理中印两国关系的原则，那就是互相尊重领土主权、互不侵犯、互不干涉内政、平等互惠和和平共处的原则。"③ 1954年6月下旬，周恩来总理访问印度和缅甸，在双方总理的联合声明中，把"平等互惠"改为"平等互利"。1954年8月11日，周恩来总理在中央政府委员会第33次会议上所作的外交工作报告中，第一次称五项原则为"和平共处五项原则"。1955年4月，在万隆会议上，周恩来总理把"互相尊重领土主权"改为"互相尊重主权和领土完整"。至此，和平共处五项原则完整的表述方式确定下来，成为我国处理外交关系的基本准则。

由于和平共处五项原则超越了意识形态和社会制度，符合联合国宪章的宗旨和原则，反映了和平与发展的时代潮流，加之其言简意赅，"非常明确，

---

① 毛泽东：《在新政治协商会议筹备会上的讲话》(1949年6月15日)，《毛泽东选集》第4卷，人民出版社，1991年版，第1466页。

② 何春超、张季良、张志主编：《国际关系史料选编》(1945—1980)，法律出版社，1994年版，第190页。

③ 张玉荣：《周恩来对毛泽东思想的贡献》，重庆出版社，1997年版，第468页。

干净利落，清清楚楚”。[①] 所以，最经得住考验，具有强大的生命力。先是主要用于处理不同社会制度的周边国家的相互关系，取得了明显的成效，后来又用于指导社会主义国家关系的实践，受到了普遍欢迎。1964 年 1 月 27 日，中国与法国遵循和平共处五项原则正式建立了外交关系，对西方发达国家乃至世界影响巨大。20 世纪 70 年代初，我国政府在和平共处五项原则基础上，抓住历史时机，打开了中美交往的大门，中美上海联合公报中有一段意义十分重要的话：“中美两国的社会制度和对外政策有着本质的区别。但是，双方同意，各国不论社会制度如何，都应根据尊重各国主权和领土完整，不侵犯别国内政、平等互利、和平共处的原则来处理国与国之间的关系。”其他发达国家如日本、加拿大、澳大利亚、新西兰等也都按照和平共处五项原则与中国正式建交或打开了外交关系级别。发达资本主义国家普遍接受了和平共处五项原则，说明和平共处五项原则也是处理与发达国家关系的基本原则，在世界上得到广泛的承认和使用，“成为举世公认的指导国际关系、维护和平、促进发展的一面旗子”。[②] 是毛泽东“和平为上”思想在外交准则上的新贡献。

三、“和平为上”论的特色与意义

“和平”作为“战争”的对立物，一直是人类追求的最基本理想之一。但因种种原因，国内外对什么是“和平”，至今还缺乏明确的定义。我国的《辞海》对于“和平”的解释也只有五个字：“与‘战争’相对。”学术界对此争论颇多。总的来说，赋予“和平”以多层次和多元价值的内涵是合适的。毛泽东“和平为上”论给我们提出了许多科学的判断和分析。

毛泽东“和平为上”论，主张广泛的和平。有人认为，“人类的历史是和平史”。[③] 毛泽东不这么看。他毕生希望世界和平、地区和平、国家间的

① 邓小平：《以和平共处五项原则为准则建立国际新秩序》（1988 年 12 月 21 日），《邓小平选集》第 3 卷，人民出版社，1993 年版，第 283 页。

② 张玉荣：《周恩来对毛泽东思想的贡献》，重庆出版社，1997 年版，第 468 页。

③ K. E. 鲍庭（Boulding）语，李巨廉：《战争与和平——时代主旋律的变动》，学林出版社，1999 年版，第 32 页。

和平，甚至和平利用资源。他多次说过："我们是希望不打世界大战的，我们是希望和平的。"[①] 他在1954年10月同印度总理谈话时说："尼赫鲁总理主张建立和扩大和平区域，并且表示希望赞成和平的国家日益增多。建立和扩大和平区域是一个很好的口号，我们赞成。"[②] 1954年12月1日，他对缅甸总理吴努说："我们希望缅甸国内和平。"[③] 缅甸和中国间"我们希望没有战争就好了"。[④] 1960年3月18日，他对尼泊尔王国首相毕·普·柯伊拉腊说："中尼边界要永远和平友好。"[⑤] 他在《和平为上》这篇谈话中说过："印尼要和平利用自己的丰富资源，我完全同意。"印尼"和平利用它的资源，这对其他的人也是有利的。"[⑥]

毛泽东"和平为上"论，倡导积极的和平。毛泽东并不反对"无战争状态即和平"的观点，但更倡导用积极合适的方式和方法推动世界和平。如，"世界上的事就是要商量商量。国内的事要由国内人民自己解决，国际间的事要由大家商量解决，不能由两个大国来决定"；[⑦] "和平共处五项原则应推广到所有国家关系中去"；[⑧] "我们应该共同努力来防止战争，争取持久和平"；[⑨]

---

① 毛泽东：《读苏联〈政治经济学教科书〉的谈话》（节选）（1959年12月—1960年2月），《毛泽东文集》第8卷，人民出版社，1999年版，第130页。

② 毛泽东：《同印度总理尼赫鲁的四次谈话》（1954年10月），《毛泽东文集》第6卷，人民出版社，1999年版，第371页。

③ 毛泽东：《和平共处五项原则是一个长期的方针》（1954年12月），《毛泽东外交文选》，世界知识出版社、中央文献出版社，1994年版，第188页。

④ 毛泽东：《和平共处五项原则是一个长期的方针》（1954年12月），《毛泽东外交文选》，世界知识出版社、中央文献出版社，1994年版，第178页。

⑤ 毛泽东：《和平共处五项原则是一个长期的方针》（1954年12月），《毛泽东外交文选》，世界知识出版社、中央文献出版社，1994年版，第189页。

⑥ 毛泽东：《和平为上》（1955年5月26日），《毛泽东外交文选》，世界知识出版社、中央文献出版社，1994年版，第213页。

⑦ 毛泽东：《国际间的事要由大家商量解决》（1970年7月13日），《毛泽东外交文选》，世界知识出版社、中央文献出版社，1994年版，第590页。

⑧ 毛泽东：《和平共处五项原则应推广到所有国家关系中去》（1954年10月23日），《毛泽东外交文选》，世界知识出版社、中央文献出版社，1994年版，第163页。

⑨ 毛泽东：《和平共处五项原则应推广到所有国家关系中去》（1954年10月23日），《毛泽东外交文选》，世界知识出版社、中央文献出版社，1994年版，第168页。

“亚非国家要团结起来，保证和平与独立”；① “我们赞成用极大的努力来禁止原子战争，并且争取两个阵营签订互不侵犯协定。争取十年、二十年的和平，是我们最早提出的主张。如果能够实现这个主张，对整个社会主义阵营，对我国的社会主义建设，都是很有利的”；② 尤其应该提及的是，毛泽东长期认为，新的世界大战，“存在着战争可以避免和战争不可避免这样两种可能性。但是我们应当以有可能挨打为出发点来部署我们的工作”。③ “准备好对付帝国主义要打好一些。就是说做坏的方面的准备，也许可以不打。帝国主义反对我们，如果我们都睡觉，那是很危险的。”④

毛泽东“和平为上”论，追求公正的和平。在人类漫长的历史中，曾出现过若干歌舞升平的所谓“和平”时代，但那常常是经过战争之旨，某些强国称强、弱国称臣而实现的和平，是少数列强以暴力为基础的强权统治下的和平。毛泽东的“和平为上”论反对这种和平，追求的是正义战争推翻帝国主义的殖民统治而实现国家独立、民族解放后的和平。他说：“中国要和平。凡是讲和平的，我们就赞成。我们不赞成战争。但是，对被压迫人民的反对帝国主义的战争我们是支持的。”“我们如果不支持，就会犯错误，就不是共产党员。”⑤ 对于帝国主义的和平演变战略和政策，毛泽东长期保持高度的警惕。对于核武器的发展，毛泽东在 1960 年对蒙哥马利就说过，如果原子弹发展起来，许多国家都有了，原子武器战争就打不起来。如果能够禁止核武器，我们很高兴，但是在禁止之前，我们还要搞的。⑥ 至于禁止核武器和裁军问题，中国在 1964 年 10 月 16 日成功实验第一颗原子弹后就声明：“我

---

① 毛泽东：《亚非国家要团结起来，保证和平与独立》(1956 年 8 月 21 日)，《毛泽东外交文选》，世界知识出版社、中央文献出版社，1994 年版，第 242 页。

② 毛泽东：《读苏联〈政治经济学教科书〉的谈话》(节选) (1959 年 12 月—1960 年 2 月)，《毛泽东文集》第 8 卷，人民出版社，1999 年版，第 130 页。

③ 毛泽东：《把我国建设成为社会主义的现代化强国》(1963 年 9 月)，《毛泽东文集》第 8 卷，人民出版社，1999 年版，第 341 页。

④ 毛泽东：《世界大战的两种可能性》(1961 年 8 月 19 日)，《毛泽东外交文选》，世界知识出版社、中央文献出版社，1994 年版，第 470—471 页。

⑤ 毛泽东：《支持被压迫人民反对帝国主义的战争》(1964 年 6 月 23 日)，《毛泽东文集》第 8 卷，人民出版社，1999 年版，第 378—379 页。

⑥ 周恩来：《当前世界局势的特点》(1961 年 9 月 28 日)，《周恩来外交文选》，中央文献出版社，1990 年版，第 319 页。

们的目的是打破核垄断，消灭核武器”，“中国在任何时候、任何情况下，都不会首先使用核武器”。[①] 中国主张普遍裁军，反对只让别人裁军而自己扩军备战。[②]“我国的制度不允许向外扩张、挑衅、掠夺。不错，我们现在要增加国防力量，但不增加国防预算，也不增加常规部队。”这都是为了防御，“如谁敢来侵略中国，进来就出不去”。[③] 中国主张按照和平共处五项原则处理国际关系。因为这五项原则公正、合理，符合联合国宪章和国际法的精神。中国认为，“亚洲国家应该互相尊重各国的独立和主权，而不互相干涉内政；应该以和平协商方法解决各国之间的争端，而不使用武力和威胁；应该在平等互利的基础上建立和发展各国之间的正常的经济和文化关系，而不容许歧视和限制。只有这样。才能使亚洲国家避免新的殖民主义者利用亚洲人打亚洲人的空前灾难而获得和平和安全”。[④]

毛泽东“和平为上”论，坚信持久的和平。毛泽东在 1938 年 5 月中国抗日战争最艰苦的年代写了著名的《论持久战》，提出了“为永久和平而战”的观点。他认为：“中国抗日战争的持久性同争取中国和世界的永久和平，是不能分离的。”这次战争，为永久和平创造了条件。何时达到永久和平，毛泽东认为：“人类一经消灭了资本主义，便到了永久和平的时代，那时候便再也不要战争了。”“我们的这次战争是神圣的、正义的，是进步的、求和平的。不但求一国的和平，而且求永久的和平。欲达此目的，便须决一死战，便须准备一切牺牲，坚持到底，不达目的，决不停止。牺牲虽大，时间虽长，但是永久和平和永久光明的新世界，已经鲜明地摆在我们的前面。我们从事战争的信念，便建立在这个争取永久和平和永久光明的新中国和新世

① 周恩来：《关于禁止核武器和裁军问题》（1964 年 11 月 3 日），《周恩来外交文选》，中央文献出版社，1990 年版，第 430—431 页。

② 周恩来：《关于禁止核武器和裁军问题》（1964 年 11 月 3 日），《周恩来外交文选》，中央文献出版社，1990 年版，第 433 页。

③ 周恩来：《关于禁止核武器和裁军问题》（1964 年 11 月 3 日），《周恩来外交文选》，中央文献出版社，1990 年版，第 434 页。

④ 周恩来：《在日内瓦会议上关于印度支那问题的发言》（1954 年 5 月 12 日），《周恩来外交文选》，中央文献出版社，1990 年版，第 70 页。

界的上面。”①

毛泽东“和平为上”论，希望理性的和平。毛泽东在坚信持久、甚至永久的和平终将会实现的基础上，根据国际形势的新变化，对世界和平的现状、时间、走向进行了辩证的分析，提出了对世界和平理性的认识和对策。

人们对二战结束到苏联解体前的国际局势有诸多判断，其中毛泽东1960年5月27日同美国陆军元帅蒙哥马利谈话中的论断，最具高屋建瓴、恰到好处的理性分析的特点。他说：“现在的局势我看不是热战破裂，也不是和平共处，而是第三种：冷战共处。”② 对这一结论，可以从各个角度理解。如果从世界和平的角度看，这个局势不算太坏，也不能认为很好，算是中间状态。冷战的实质是反共产主义的强权政治、霸权主义在其中作祟，这是不好的一面。毕竟没有打起新的世界大战，这是应该肯定的一面，但并没有达到真正的和平共处。要实现之，需要经过艰苦的努力。不过，毛泽东并没有为此悲观失望，他说，冷战有好的一面，也有坏的一面。坏的一面是它有可能转为热战，好的一面是有可能转为和平共处。所以，我们要有两个方面的准备，向好的方向做转化工作。美国制造紧张局势，就制造更多反对它的人，使这些国家反对美帝国主义。这正在动摇整个资本主义世界的基础。③

对新世界大战爆发的两种可能性的判断，争取十年、十五年、二十年不打新世界大战的世界和平的认识等，④ 均是理性和平认识的突出体现。1957年11月18日，毛泽东在莫斯科共产党和工人党代表会议上的讲话中说过：“我们要争取十五年的和平。到那个时候，我们就无敌于天下了，没有人敢

---

① 毛泽东：《为永久和平而战》（1938年5月），《毛泽东外交文选》，世界知识出版社、中央文献出版社，1994年版，第9—12页。

② 毛泽东：《同蒙哥马利元帅谈国际形势》（1960年5月27日），《毛泽东外交文选》，世界知识出版社、中央文献出版社，1994年版，第421—422页。

③ 毛泽东：《同蒙哥马利元帅谈国际形势》（1960年5月27日），《毛泽东外交文选》，世界知识出版社、中央文献出版社，1994年版，第422—423页。

④ 毛泽东：《缓和对社会主义国家和资本主义国家的人民都有利》（1959年10月26日），《毛泽东外交文选》，世界知识出版社、中央文献出版社，1994年版，第388页。

同我们打了，世界也就可以得到持久和平了。”[①] 1959年12月至1960年2月又提到争取二十年的和平。[②]

推迟新的世界大战的战发，争取持久的和平是为了什么？为的是巩固新生政权，进行社会主义建设，改变落后的一穷二白的面貌。他说：“我们现在需要几十年的和平，至少几十年的和平，以便开发国内的生产，改善人民的生活。我们不愿打仗。假如能制造这样一个环境，那就很好。”[③]

毛泽东说：“所谓天下大事，就是解放、独立、民主、和平友好、人类进步。”[④] 再加上发展，是毛泽东“和平为上”论内涵的集中概括。

毛泽东“和平为上”论，是一笔宝贵的财富，它既包括了对中外传统智慧的继承，又包括了老一辈革命家的天才创造；既有“先谋于局，后谋于略”的整体意识，又有广泛、积极、公正、持久、理性的和平内涵特色。中国在国际上赢得的影响和地位，远远高于物质力量所能提供的水平，这主要归功于中国长期奉行“和平为上”理论的指导和实践。邓小平、江泽民根据国际形势的巨大变化，提出的和平与发展是两大战略问题、是当今时代的两大主题，并作为21世纪中国外交的宗旨，是对毛泽东“和平为上”论的直接继承，同时又是理论上的一个重大突破、一个重大发展、一个重大贡献，指引中国人民在社会主义的内政、外交中取得了新的辉煌成就。在21世纪，中国人民正在继续与时俱进按这一科学理论办事，未来中国的综合国力会进一步提升，会为维护世界和平、促进共同发展，为构建“和谐世界”作出更大的贡献。

---

① 毛泽东：《在莫斯科共产党和工人党代表会议上的讲话》(1957年11月18日)，《毛泽东文集》第7卷，人民出版社，1999年版，第326页。

② 毛泽东：《读苏联〈政治经济学教科书〉的谈话》(节选)(1959年12月—1960年2月)，《毛泽东文集》第8卷，人民出版社，1999年版，第130页。

③ 毛泽东：《同印度总理尼赫鲁的四次谈话》(1954年10月)，《毛泽东文集》第6卷，人民出版社，1999年版，第365页。

④ 毛泽东：《中日关系和世界大战问题》(1955年10月15日)，《毛泽东外交文选》，世界知识出版社、中央文献出版社，1994年版，第224页。

第三节　中苏“和平共处”问题论争影响

在中国共产党、中华人民共和国辉煌的历史上，许多大事已有明确的结论。但对于发生在1956年3月到1966年3月的中苏“十年论战”的是是非非，官方近20年的评述甚少；学界公开正面涉及的不少，但分歧很大，①关于对“十年论战”，特别是“三和两全”（和平共处、和平竞赛、和平过渡、全民国家、全民党）的重新认识是个大工程。这里仅谈谈双方关于“和平共处”论争影响的体会。

一、论争对苏联的影响

关于中苏大论战原因，笔者赞成这样的观点：是综合因素促成。其中重要的因素有：苏共20大和苏共劣行引发了中苏论战与升级；中国为了反对苏联的修正主义、大党主义、大国沙文主义；“真正的实质问题是不平等，中国人感到受屈辱”② 等。

中苏论战从1956年开始算起，到2009年，历史沉淀了54年。苏联已从地球上消失，一国变成了15国，而且这15国也已不是社会主义国家；中

① 高放1980年3月发表过《关于国际共产主义运动总路线大论战的回顾》一文；1989年1月又发表《重新评价赫鲁晓夫的“三和”路线》一文。有学术见地。这两文重新收录在高放《纵览世界风云》一书中，中国书籍出版社，2002年版，第430—477页。吴冷西：《十年论战》（上、下），中央文献出版社，1999年版，集中回忆了论战的全过程，有许多新资料和个人分析。蒲国良：《中苏大论战的起源》，当代世界出版社，2003年版，颇有一些学术新思考。杨奎松：《毛泽东与莫斯科的恩恩怨怨》，江西人民出版社，2005年版；《冷战时期的中国对外关系》，北京大学出版社，2006年版，有新资料、新观点。沈志华根据新档案资料发表了一系列著作，如：《中苏关系史纲》，新华出版社，2007年版；《中苏同盟破裂的原因和结果》，《中共党史研究》，2003年第1期。牛军：《近十年中苏关系研究的新进展》，《党史研究资料》2003年第1期。等等。

② 邓小平：《结束过去，开辟未来》（1989年5月16日），《邓小平文选》第3卷，人民出版社，1993年版，第292—295页。

国不但仍然在搞社会主义，而且中国特色社会主义各项事业取得了举世瞩目的辉煌成就。这一巨大反差的出现，缘由是多方面的，其中与中苏十年论战的和平共处问题论争的正负面影响相关。

（一）预见性的认识值得肯定

赫鲁晓夫与苏共在战后变化了的国际形势下，看到了世界和平、发展的趋势在增强，提出了防止世界战争的可能性问题，这是值得肯定的；他们对核战争可能给人类带来灾难的认识，也是符合时代潮流的。和平共处、和平竞赛的观点，在一定程度上反映了当时苏共领导人希望谋求一个有利于苏联的社会主义建设的国际环境，渴望同西方国家在政治上缓和、经济上加强贸易、科技上增进交流的急迫心情。觉察到了历史的航道应该优化了。这些都具有一定的洞察力和预见性。后来的国际形势状况也证明了这一点。中共在这些问题的判断上不如赫鲁晓夫与苏共。所以今天看来，有些对苏共的批评值得商榷。但中共对苏共的主要问题的批判是正确的，而苏联领导一意孤行，成为苏联后来解体的重要原因。

（二）对苏联解体有重要影响

“把和平共处作为苏联外交的总路线，而不是重要的外交政策”这种观点。具有明显的拔高倾向，是错误的认识、错误的定位。理论的不正确，会带来实践上顾此失彼，在一片和平共处声中，改向丢旗。历史告诉我们，赫鲁晓夫与以后的苏联领导就是在这种错误路线指引下，对列宁、斯大林高度重视的防止西方推行和平演变的战略、政策总体上逐步淡化、丧失警惕和具体防范。到了戈尔巴乔夫执政后期，改革变成了改向，使西方和平演变战略步步得手，亲西方敌对势力终成“气候”，西方观念在苏联成为主流，“在报刊上，在电影俱乐部里，市场、公民社会、自由选举、政治多元化、多党制、全人类价值、世界一体化等一系列诸如此类的观念，已经变成了一种准则，在民意中扎下了根”。[①] 这样的民意扎根，不是一天半天的结果，根源

① 米·谢·戈尔巴乔夫著，述弢等译：《“真相”与自白——戈尔巴乔夫回忆录》，社会科学文献出版社，2002年版，第359页。

于赫鲁晓夫，后继于长期积累，西方的趁机推动成功。这样的民意推动，苏联不剧变才不正常。1991 年 12 月 25 日晚，戈尔巴乔夫辞去总统职务的电视演说的一段话很耐人思考和反思："我要感谢国外那些懂得我们的意图并予以支持、协助我们并与我们真诚合作的国务活动家、政治活动家和社会活动家以及数以千百万计的人们。"①

"把和平共处政策，作为社会主义国家的、全世界所有共产党和国际共产主义运动的总路线"这样的想法同样害人、害己。首先，让所有社会主义国家把和平共处作为外交总路线，使得众多社会主义国家犯了苏联同样或相似的错误，对西方和平演变战略的实施疏于防范，东欧所有社会主义国家成为了西方和平演变的俘获物，群体剧变。剧变后的东欧国家，反过头来促使苏联解体。其次，让发达国家的共产党把和平共处作为总路线，有益于和平斗争，但更有益于垄断财团在共产党内搞分化瓦解活动，使得西方强权政治与霸权主义肆无忌惮，祸害社会主义国家，祸害世界和平。苏联、东欧的剧变，发达国家的共产党没直接参与、或者说没积极推动，但默认、不作为和不积极反对，实际上具有助虎为患的效用。这使得发达国家的革命难有起色，社会主义事业受到严重损伤。再者，1956—1979 年间，亚非拉仍然有许多殖民地半殖民地的国家，让这些国家共产党把和平共处作为总路线，与马克思主义基本原理格格不入，实际上是在维护旧殖民制度、旧殖民体系，阻碍人类进步。旧殖民体系崩溃后，让广大发展中国家共产党把和平共处作为总路线，究其实，是让这些国家共产党服务于苏联利益，放弃追求解放的斗争。后来的戈尔巴乔夫，在"人类的利益高于一切"的认知下，匆忙撤军，把昔日朋友当"包袱"摔给西方。苏联在众叛亲离的状况下解体。

历史告诉我们，苏联由原来的大党主义、大国主义，后来演变为超级霸权主义，转折点就是在赫鲁晓夫执政时期。苏联之所以犯这一超级错误，原因复杂。十年论战，起到了"加速器"作用。具体到中苏关于和平共处论争的影响，两个方面比较明显：

一是，把列宁倡导的和平共处外交政策，拔高到外交总路线的地位，并

① 米·谢·戈尔巴乔夫著，述弢等译：《"真相"与自白——戈尔巴乔夫回忆录》，社会科学文献出版社，2002 年版，第 4 页。

且强势推行，成为中苏大论战的重要分歧点。中共对此进行了善意批评，今天看来不见得全对。但赫鲁晓夫“老虎屁股摸不得”，把意识形态争论，上升到党的关系和国家关系。对中国进行集体“打杀”，甚至支持印度对中国动武。使得“中苏关系分而不裂：国家关系是脆弱的，党的关系处于藕断丝连的状态”。[①] 这种状况，实际标志着社会主义阵营已经分裂。其结果，用中国的一句老话来说就是：亲者痛，仇者快。谁最高兴？美国为首的西方反动势力最高兴。他们利用社会主义国家的矛盾，在冷战最严重的时候，大搞“大棒加胡萝卜”两手政策，成效显著。这也是后来苏东剧变的重要原因。

二是，在中苏大论战的过程中，中共对苏共错误的东西（包括和平共处作为总路线）提出批评、异议和抵制是可以理解的，许多是无可非议的。但赫鲁晓夫和苏共中央采取了全盘否定和对抗的态度；在实践上又采取各取所需、言行不一的做法。这种理论和实践的绝对化、片面性悖行，使得苏联大党主义、大国主义恶性膨胀，在赫鲁晓夫执政的 12 年中，发展到了霸权主义程度。这种霸权主义错误，在勃列日涅夫执政的 18 年中，达到历史最高峰。苏联奉行的这种极端错误的霸权主义外交政策，给苏联内政、外交带来了严重的恶果：

在国内失去了民心。经济体制高度军事化配置，政治体制军工集团控制，忽视农业和轻工业。其结果，天上跑的是“和平”号（空间站），地上到处部署核“大炮”（原子弹），人民受冻、无面包（苏联食品、轻工业品奇缺，1990—1991 年冬天，莫斯科、列宁格勒两个首都甚至缺乏取暖的燃料和人们填饱肚子的黑面包），人民怨声载道。最终导致苏联改制、换旗、国家分裂。得民心者得天下，失民心者失天下，这是一条正确的历史规律。

在国际成为了众矢之的。与美国长期进行军备竞赛，祸害世界和平。在世界上到处挥舞大棒，武力干涉别国内政。1968 年 8 月 20 日出兵捷克斯洛伐克，1969 年 3 月在中国的珍宝岛动武、8 月又在新疆裕民县铁列克提地区制造流血事件，1978 年 12 月 25 日让越南占领柬埔寨，1979 年 12 月 27 日侵占阿富汗，与古巴一起出兵安哥拉和非洲其他地方。这种种倒行逆施，严重破坏了社会主义的形象，严重损害了苏联的经济建设。到头来危机四伏，

① 吴冷西：《十年论战》（下），中央文献出版社，1999 年版，第 939 页。

内外交困。

后来的戈尔巴乔夫则以改革为名，走向了另一个极端。对外大搞缓和（与美国签订中导条约，从欧亚非撤军），对内大搞“换魂”（用人道的民主的社会主义代替马克思列宁主义）、毁城（让军队中立化、不提人民民主专政）、改向（明确说效仿瑞典社会主义）、解散苏共（1991 年 8 月 22 日，在苏联“8・19 事变”后，公开辞去苏共总书记的职务，建议苏联共产党解散）等活动，缓和了与西方的关系，却搞垮了东欧与苏联自己。戈尔巴乔夫被授予诺贝尔和平奖，恐怕内涵有对他缓和国际局势的奖赏，也有对他搞垮苏联、东欧有功的奖励。

超级大国的苏联，前后遭受“两个极端”的猛烈冲击，到 1991 年 12 月 26 日，悲惨解体。就像给孩子洗澡，倒脏水时把孩子也倒掉了一样，结束了苏联的霸权主义，同时也把社会主义倒掉了。

（三）深刻教训，需认真汲取

社会主义国家霸权主义搞不得，搞霸权主义会害国、害民、害社会主义。必须改正自己的错误，但如何改、按什么原则改、朝什么方向改、在什么时间改、用什么方法改，是大学问。改得好，会事半功倍，改得不好，会祸害无穷。改革开放，是必须的。但不能丢弃马克思主义、丢弃人民民主专政、丢弃社会主义道路、丢弃共产党领导、丢弃经济建设中心。否则，就有可能使苏东剧变历史悲剧重演。与西方国家和平共处是对的，但不能做与美国共同主宰世界的恶事，也不能疏忽对西方和平演变战略的防备。高举和平、合作的大旗是对的，但不能不问是什么样的和平？那个阶级的和平？什么条件下的和平？无原则的合作，只会从根本上伤害社会主义的根基，只会是把自己的国家“监护权”主动栓在西方人的“腰带”上的合作，只会自找其辱，到头来丢权、丢国、丢社会主义。

二、论争对中国的影响

冷静思考中苏和平共处外交政策论争的中国得失，与苏联“得小失大”相比，中国是“得大失小”。

(一) 片面性一度使中国内政外交深受其害

无需讳言，受当时情势的影响，中国在十年论战中的某些论点和行为，今天看来值得商榷，并非都是对的，有明显的片面性，甚至有错误。

1. 片面性表现。

中共坚持反对苏共领导人的修正主义特别是大国沙文主义的斗争，是十分必要的，也是卓有成效的。① 但为了同修正主义对着干，我们自己奉行的是“三争”（帝国主义不可避免要发动战争，同帝国主义和各国反动派要进行针锋相对的斗争，开展武装斗争），这样以另外一种更大的片面性来反对一种片面性，实际上更增加了历史转向的阻力。②

中共批评苏共，把和平共处外交政策拔高为所有社会主义国家和其他国家共产党的外交总路线，是修正主义的理论和行为，这种批评是对的。对其大党主义、大国沙文主义、甚至霸权主义批评也是对的。但我党说这种提法完全“背叛”了马克思列宁主义，苏联完全变成了“修正主义国家”、甚至“社会帝国主义国家”。这种判断和定性是“过头”的、“出格”的，说了“空话”。1989 年 5 月 16 日，中苏两党、两国关系正常化，邓小平重新称苏联是社会主义国家，“苏联同志们”③ 就是明证。公平地说，社会主义阵营分裂，主要责任在赫鲁晓夫、勃列日涅夫和苏共，毛泽东和中共当时也应负一定责任。

1966 年 5 月至 1976 年 10 月的“文化大革命”，是党、国家和人民遭到的建国以来最严重的挫折和损失。“文化大革命”所以会发生并且持续十年之久，有毛泽东领导上的错误这个直接原因，还有复杂的社会历史原因。④ 其中，与毛泽东“左”倾发展和要在中国“反修防修”有重要关系。从苏东

① 吴冷西：《十年论战》（下），中央文献出版社，1999 年版，第 939 页。

② 高放：《纵览世界风云》，中国书籍出版社，2002 年版，第 477 页。

③ 邓小平：《结束过去，开辟未来》（1989 年 5 月 16 日），《邓小平文选》第 3 卷，人民出版社，1993 年版，第 295 页。

④ 《中国共产党中央委员会关于建国以来党的若干历史问题的决议》（1981 年 6 月 27 日中国共产党第 11 届中央委员会第 6 次全体会议一致通过），《三中全会以来重要文献选编》（下），人民出版社，1982 年版，第 817 页。

后来剧变的教训讲，社会主义国家进行“反修防修”斗争是必要的，但以“文化大革命”的方式和到处抓所谓的“走资派”做法，是严重的错误。换个角度讲，中苏十年论战刚结束，中国就出现十年内乱，中苏十年论战的负面影响可谓严重。能否这样结论：毛泽东对苏联错误性质判断过度，是造成中国“文化大革命”的重要原因？中国的“文化大革命”，中国深受其害，在国际上大大损害了社会主义的形象，反过来进一步加剧了中苏关系的紧张。

2. 中苏昔日犯错误的原因。

邓小平 1989 年与戈尔巴乔夫谈话时，对中苏昔日犯错误原因进行过概括。他说：经过二十多年实践，回过头来看，双方都讲了许多空话。其原因在于，马克思去世以后一百多年，究竟发生了什么变化，在变化的条件下，如何认识和发展马克思主义，没有搞清楚。真正的马克思列宁主义者必须根据现在的情况，认识、继承和发展马克思列宁主义。世界形势日新月异，特别是现代科学技术发展很快。现在的一年抵得上过去古老社会几十年、上百年甚至更长的时间。不以新的思想、观点去继承、发展马克思主义，不是真正的马克思主义者。①

（二）十年论战前，中国就对和平共处外交作出过独特贡献

中国在中苏十年论战之前，在处理对外关系时，在新的历史条件下，对列宁的和平共处思想的理解和实施是合适的，并且有新的发展，开始了正常的外交活动，取得了突出成绩。

1. 理论的突出贡献。

新中国建立前，被誉为临时宪法的《中国人民政治协商会议共同纲领》，就明确规定了新中国的外交原则、方针、政策：为保障本国独立、自由和领土主权的完整，拥护国际的持久和平和各国人民间的友好合作，反对帝国主义的侵略政策和战争政策；凡与国民党反动派断绝关系、并对中华人民共和国采取友好态度的外国政府，中华人民共和国中央人民政府可在平等、互利

① 邓小平：《结束过去，开辟未来》（1989 年 5 月 16 日），《邓小平文选》第 3 卷，人民出版社，1993 年版，第 291—292 页。

及互相尊重领土主权的基础上，与之谈判，建立外交关系；中华人民共和国可在平等和互利的基础上，与各外国的政府和人民恢复并发展通商贸易关系。[①] 在这个共同纲领中已经有了和平共处五项原则的主要思想。1954 年 9 月全国人民代表大会所通过的中华人民共和国宪法中，重申了上述内容，规定了和平外交政策。

1950 年 2 月 14 日签订的中苏友好同盟互助条约，是以周总理主持起草的中方文本为谈判基础的，其中第五条规定："缔约国双方保证以友好合作的精神，并遵照平等、互利、互相尊重国家主权与领土完整及不干涉对方内政的原则，发展和巩固中苏之间的经济和文化关系，彼此给予一切可能的经济援助，并进行必要的经济合作。"[②] 其中的和平共处五项原则的思想已经相当鲜明。

1954 年中印共同倡导的和平共处五项原则是一个新的发展，用词上更精练、完美。1954 年 4 月 29 日，中、印两国在北京签订的《中印关于中国西藏地方和印度之间的通商和交通协定》中，首先提出了互相尊重领土主权、互不侵犯、互不干涉内政、平等互利和和平共处等五项原则，与印度和缅甸建立了正式外交关系。

1955 年 4 月 18 日至 24 日，第一次亚非会议在印度尼西亚的万隆举行。和平共处五项原则得到重申，赢得与会代表的高度赞扬。

在这段时间内，新中国外交做到了三个区别：第一，把社会主义国家同资本主义国家加以区别。对待社会主义国家，坚持无产阶级国际主义互相援助的原则。把维护和加强社会主义阵营各国的团结作为对外政策的基本方针。第二，把新获得政治独立的民族主义国家同帝国主义国家加以区别。一贯坚持巩固和发展同亚非拉各国和平共处和友好合作的方针。同时，对于那些违反和破坏五项原则的国家，进行了必要和适当的斗争。第三，把一般资本主义国家同帝国主义国家加以区别。对于不同的帝国主义国家，也区别对

① 《中国人民政治协商会议共同纲领》(1949 年 9 月 29 日)，何春超、张季良、张志主编：《国际关系史资料选编》(1945—1980)(修订本)，法律出版社，1988 年版，第 186—187 页。

② 《中苏友好同盟互助条约》(1950 年 2 月 14 日)，何春超、张季良、张志主编：《国际关系史资料选编》(1945—1980)(修订本)，法律出版社，1988 年版，第 190 页。

待。所有这些，都集中于一个目标，这就是，以社会主义阵营和国际无产阶级为核心，团结一切可以团结的力量，建立反对美帝国主义及其走狗的广泛的统一战线。① 这种做法，无可厚非，使中国获益匪浅。

2. 外交的突出成就。

中国同许多社会主义国家和社会制度不同的国家建立了友好关系，发展了经济、文化往来。此时与中国建交的有苏联（1949 年 10 月 3 日）等 22 国。此时还同缅甸、尼泊尔、巴基斯坦、阿富汗等国圆满解决了历史上遗留下来的边界问题。

对于这些，赫鲁晓夫也是承认的。但他以此为依据，去证明和平共处外交政策可以作为处理一切国家外交政策的总路线，却是不适当的，错误的。

（三）在毛泽东晚年，中国和平共处外交创造了外交史上光辉的一页

十年论战，直至党的十一届三中全会之前的 20 年，中苏之间两党、两国关系已经“从热烈到冰冷”。毛泽东仍然在犯“以阶级斗争为纲”的错误，甚至做了与美苏先后打一仗的准备，大搞“三、散、洞”。现在看来，担心得过分了，做得过火了。不过，毛泽东在和平共处外交政策问题上，头脑始终没有“发烧”过，并且在外交理论的新探索和外交大事的处理上，堪称是世界外交史上的杰作。有人说，毛泽东晚年糊涂了，与事实不符。他犯错误，是观点所致，很大程度上不是糊涂人做糊涂事。

1. 理论上的新贡献。

在论战中，针对赫鲁晓夫把和平共处作为社会主义国家对外政策的总路线，提出了毛泽东与中共的社会主义对外政策总路线的内容：在无产阶级国际主义的原则下，发展社会主义阵营各国之间的友好互助合作关系；在五项原则的基础上，争取和社会制度不同的国家和平共处，反对帝国主义的侵略政策和战争政策；支援一切被压迫人民和被压迫民族的革命斗争。这三项内容是互相联系的，缺一不可的。② 这种概括，在当今的情况下，可能有过时

---

① 人民日报编辑部、红旗杂志编辑部：《两种根本对立的和平共处政策——六评苏共中央的公开信》(1963 年 12 月 12 日)，人民出版社，1963 年版，第 11—13 页。

② 人民日报编辑部、红旗杂志编辑部：《两种根本对立的和平共处政策——六评苏共中央的公开信》(1963 年 12 月 12 日)，人民出版社，1963 年版，第 20 页。

的地方，但在当时的情况下，比赫鲁晓夫的提法相对完整、科学。笔者同意这样的意见："我们党在论战中提出的过去马克思主义经典作家未曾论及的许多观点，可能还要在世界范围内争论一百年，最后由历史来做结论。"①

而下述观点已被历史证明是正确的，并且是在中苏论战中第一次全面的阐述，是公认的理论新贡献：

在社会主义国家之间，也必须相互遵守五项原则，绝不容许破坏兄弟国家的领土完整，绝不容许侵犯兄弟国家的独立主权，绝不容许干涉兄弟国家的内政，绝不容许在兄弟国家内部进行颠覆活动，绝不容许在兄弟国家关系中违反平等互利的原则。但是，仅仅实行这些原则，是远远不够的。1957年的宣言指出，坚决主张一切国家实行和平共处五项原则。这些原则是很重要的，但是还没有包括社会主义国家的相互关系的全部实质。兄弟般的互相援助，是它们相互关系的不可分割的部分。这种互相援助有力地体现了社会主义的国际主义原则。②

1963 年底至 1964 年初，周恩来总理出访亚洲、非洲和欧洲 14 个国家时，提出了中国经济援助的八项原则，把五项原则扩展到经济领域。

1974 年，邓小平同志在联大特别会议上再次强调国家之间的政治和经济关系都应建立在和平共处五项原则的基础上。

关于战后国际秩序，毛泽东从不同的角度做过大量的分析。他在 1960 年 5 月 27 日同英国陆军元帅蒙哥马利的谈话中的论断，具有使人眼睛一亮的认识。他说："现在的局势我看不是热战破裂，也不是和平共处，而是第三种：冷战共处。""冷战共处"之说，不仅精炼地指明了战后国际旧秩序的整体态势和运行机制，而且指出了战后国际旧秩序的实质是以反对共产主义的强权政治、霸权主义为支撑的冷战战略在其中作祟。"不是热战破裂，也不是和平共处"、"而是冷战共处"之说，可以理解为："冷战共处"是国际旧秩序，"和平共处"是国际新秩序；国际旧秩序仍然猖獗，国际新秩序方兴未艾。破旧立新任务艰巨，但毛泽东并没有为此悲观失望，他说，冷战有

① 吴冷西：《十年论战》（下），中央文献出版社，1999 年版，第 939 页。

② 《人民日报》编辑部、《红旗》杂志编辑部《两种根本对立的和平共处政策——六评苏共中央的公开信》（1963 年 12 月 12 日），人民出版社，1963 年版。第 21 页。

好的一面，也有坏的一面。坏的一面是它可能转化为热战，好的一面是有可能转为和平共处。所以，我们要有两个方面的准备，力争向好的方面做转化工作。美国制造紧张局势，就造成更多的人反对它，使这些国家反对美帝主义，这正在动摇整个资本主义世界的基础。

2. 外交新局面。

此时与中国正式建交的国家又有埃及（1956.5.30）、法国（1964.1.27）、阿根廷（1972.2.19）、英国（1972.3.13）、日本（1972.9.29）、西德（1972.10.11）、澳大利亚（1972.12.21）、新西兰（1972.12.22）、西班牙（1973.3.9）、巴西（1974.8.15）等82国，在与这82国的建交联合公报中，全部写上了“以和平共处五项原则为基础、建立正式外交关系”的内容。

104个国家与中国建交本身，就是外交新局面的突出体现。

与法国、日本、英国、德国正式建交，中美关系缓和，是新局面中的“亮点”，是毛泽东在处理复杂国际关系中实践和平共处外交政策的成功范例。

1971年10月25日，联合国第26届大会以76票赞成、35票反对、17票弃权通过决议，决定“恢复中华人民共和国的一切权利，承认它的政府的代表为中国在联合国组织的唯一合法代表，并立即把蒋介石的代表从它在联合国组织及其所属一切机构中非法占据的席位上驱逐出去”。这是新中国外交史上的光辉一页，也是新中国长期奉行独立自主和平外交政策、长期实施和平共处五项原则的成功结晶。在联合国历史上，是具有里程碑意义的大事。

继朝鲜战争使得美国为首的帝国主义声名狼藉、法国被迫从印度支那撤走后，美国此时承认在印度支那的失败，狼狈撤军。一方面，是军事上被打败的结果；另一方面也是中国在其中按照和平共处外交政策艰辛努力的结果。这使得亚洲的和平局面好转，中国国际地位高升。

但毛泽东始终不认为这是中国把和平共处外交政策作为总路线的结果，而恰恰是恰当实践和平共处外交政策的结果。

（四）党的十一届三中全会以来，中国和平共处外交不断走上新台阶

党的十一届三中全会之后的30多年，中国领导集体经历了邓小平、江泽民、胡锦涛的转接。他们按照解放思想、实事求是、与时俱进的精神办事，认真总结在和平共处问题上的经验教训，使和平共处外交理论得以继承和发展，中国外交实践不断走上新台阶，使得“两个大局”事业交相生辉。

1. 理论创新。

邓小平积极倡导以和平共处五项原则建立国际新秩序。因为这五项原则非常明确，干净利落，清清楚楚，避开了意识形态争论，最经得住考验，最有强大的生命力，是建立国际新秩序的最好原则。过去的国际政治是霸权主义，是集团政治。集团政治本身就不平等。经得起考验、能够维持和平的是和平共处五项原则。五项原则能够为不同制度的国家服务，能够为左邻右舍服务。①

邓小平提出，和平共处五项原则也是处理国与国之间关系的“最好方式”。其他方式，如“大家庭”方式、“集团政治”方式、“势力范围”方式，都会带来矛盾，激化国际局势。东欧剧变、苏联动荡后，他更强调，现在确实需要以和平共处五项原则作为新的国际政治、经济秩序的准则，并主张要反复讲，要有所作为，要“积极推动”。②

针对东欧、苏联的剧变，邓小平及时提出“不搞意识形态争论”的新方针。他说，不管苏联怎么变化，我们都要同它在和平共处五项原则的基础上从容地发展关系，包括政治关系，“不搞意识形态争论”。③ 邓小平把“不搞意识形态争论”看作是他的发明，因为以前过多地搞意识形态争论，曾使我们的外交陷于被动。根据“不搞意识形态争论”的新认识，中共十二大首次规定了处理党际关系四原则：独立自主、完全平等、互相尊重、互不干涉内部事务，使后来的中国共产党党际外交主动灵活，促进了相关国家关系的发

---

① 《人民日报》1988年10月5日。

② 邓小平：《善于利用时机解决发展问题》（1990年12月24日），《邓小平文选》第3卷，人民出版社，1993年版，第363页。

③ 邓小平：《国际形势和经济问题》（1990年3月3日），《邓小平文选》第3卷，人民出版社，1993年版，第353页。

展。由于贯彻了“不搞意识形态争论”的思想，使东欧、苏联剧变后的国家，很快、全部与中国延续、或重建了正式的外交关系，使得台湾当局的努力全部破灭。

针对国际局势的大变动，邓小平提出了“冷静观察、稳住阵脚、沉着应付、韬光养晦、善于守拙、决不当头、有所作为”28字外交方针。这28字是对复杂背景的熟虑应对，鲜明宗旨的睿智抉择，内涵逻辑的辩证统一，和平共处外交政策的最新发展，走和平发展道路的正确方针。

邓小平认为，用和平共处的原则解决一个国家内部的某些问题，也是一个好办法。中国根据国际形势的变化和自己的实际情况，提出用“一个国家，两种制度”的办法来解决香港、澳门和台湾问题，这也是一种和平共处。香港、澳门问题的顺利解决，对台湾影响很大，它证明了：和平共处的原则不但在处理国际关系问题上，而且在处理一个国家自己内政问题上，也是一个好办法。①

中共从十二大到十七大都提出和重申了和平与发展是当今时代的主题，并把它作为中国外交的宗旨和三大任务之一。从中可以看出中国走和平发展道路的决心，并在国内建设和谐社会，国际倡导构建持久和平、共同繁荣的和谐世界，始终不渝奉行独立自主的和平外交总政策。独立自主作为中国外交根本准则，和平共处五项原则作为处理一切国际关系的基本原则，不断加强与推进同广大发展中国家的关系，并始终作为中国外交基本立足点；与周边国家主张成为好邻居、好伙伴、好朋友；反对一切形式的霸权主义，反对一切形式的恐怖主义；按是非曲直处理国际问题。对台湾主张“命运共同体”等等，所有这些均是对和平共处外交政策的新发展，但从没有把和平共处外交政策上升为外交总路线的程度和不应有的高度。

2. 实践创新。

60个国家又与中国正式建交。与美国（1979.1.1）、巴勒斯坦（1988.11.20）、纳米比亚（1990.3.22）、沙特阿拉伯（1990.7.21）、新加坡（1990.10.3）、以色列（1992.1.24）、韩国（1992.8.24）、南非（1998.1.1）、马拉维（2007.12.24）的建交，特别是与苏联分裂出去的国家

---

① 《邓小平文选》第3卷，人民出版社，1993年版，第96页。

建交，是新中国外交的新胜利。

树立大国新形象。针对苏东剧变，中国既不头脑发热，也不感情用事。坚信中国的社会主义是变不了的。中国肯定要沿着自己选择的社会主义道路走到底，谁也压不垮我们。中国搞社会主义，是谁也动摇不了的。我们搞的是中国特色的社会主义，是不断发展社会生产力的社会主义，是主张和平的社会主义。

决心搞好自己的事。中国顺利度过了那段严峻的时期，稳住了国内的政局，顶住了苏东剧变的冲击，坚持了社会主义的道路，朝着和平发展的方向不断前进。社会主义事业在中国取得了举世瞩目的伟大成就，实现了基本小康的阶段性目标。现在正高举中国特色社会主义的伟大旗帜，为夺取全面建设小康社会新胜利而奋斗。中国坚持在和平共处五项原则的基础上同所有国家发展友好关系，外交上取得全方位的重大进展，为全面建设小康社会争取了良好的国际环境。

大国关系上新台阶。1972 年在尼克松政府时期，中美双方关系缓和，带动了西方国家普遍与中国建交；1978 年，双方发表建交联合公报，美国卡特政府答应与台湾当局“废约、撤军、断交”，1979 年 1 月 1 日中美双方建交；1982 年双方签订“八·一七联合公报”，美国里根政府答应逐步减少对台湾的武器供应，双方关系进一步缓和；后来双方决定建立建设性的战略伙伴关系，现在正在推进建设性的战略合作伙伴关系。不过，由于美国要搞单极独霸世界战略，双方在中国台湾问题、亚太乃至世界和平、发展、合作问题上分歧仍很大，但和平共处的关系是主流。1991 年 12 月 27 日，中俄关系发展是在苏联解体后，俄罗斯承认继承苏联的大使级外交关系；在叶利钦执政时期，双方建立了战略协作伙伴关系，成立了上海合作组织；普京执政 8 年，双方关系进一步发展；最终完成边界划分，是双方关系的一大“亮点”。不过，应该看到，俄罗斯现在毕竟已经成为西方大国的重要成员。中日双方于 1972 年 9 月 29 日建交，结束了不正常关系；1982 年双方签订和平友好条约，经贸往来大幅度提升；1997 年底，江泽民访日，双方决定致力于建立面向 21 世纪的和平与发展的友好合作伙伴关系；2006 年温家宝总理访日，提升双方关系为战略互惠伙伴关系。但日本对侵略历史“说不”和在台湾问题上行为不检点，长期影响着中日关系。1975 年，中国与欧共体正式建交；1997年和1999年分别解决香港、澳门问题；2002年双方建立全面合作伙伴关系；2006年提升为战略合作伙伴关系；亚欧会议双方合作愉快。但在台湾问题上，西化、分化中国问题上，经济摩擦问题上，美国是领袖，西欧是主力军。

周边与发展中国家关系处于历史上的最好时期。周边的好邻居、好伙伴、好朋友普遍建立。与东盟的睦邻互信伙伴关系已经上升为全面战略合作伙伴关系，“10＋1”、“10＋3”的合作蓬勃、深化。亚非拉，特别是非洲联盟与中国关系优化、推进。

在联合国发挥重大作用。在解决国际热点、冲突，维持、推进世界和平、发展、合作等问题上，中国举足轻重。中国维持和平部队的派遣和尽心尽力，受到举世公认。中国成功争得、举办2008年奥运会，是中华民族的幸事，更是中国综合国力增升的必然。

现今的中国，作为和平共处五项原则的创建者、模范执行者、收益颇丰者，不仅使得中国特色社会主义建设成绩斐然，而且对于改变昔日被损害的社会主义形象、使得世界更加美好尽了力，立了功。这应该说是中国中苏十年论战必然的、意外的收获。苏联吃了大亏，中国得了大益。

三、论争对国际社会的影响

中苏十年论战的和平共处论争，如果说对苏联是“失大于得”，对中国是“得大于失”，那么对于国际社会的影响，却是错综复杂的。简单说“得失”不行，必须具体问题具体分析。

（一）对社会主义国家的影响

社会主义阵营分裂了。这种分裂，是历史的必然，苏联的责任大，中国也说了“空话”、甚至“过头话”。其有好的层面：中共对和平共处理论进行了完整的总结，甚至有大的发展，使中国的后来外交成果辉煌；批评了苏共的错误，使其他社会主义国家清醒的政治家、外交家防微杜渐。但负面影响也相当突出：一是，苏联唯我独尊，不接受批评，使苏联的大党主义、大国主义错误恶性膨胀为霸权主义，想要控制别国，与美国全球全方位争霸，祸害了社会主义，祸害世界，也最终祸害了自己。二是，赫鲁晓夫改正了斯大林在南斯拉夫问题上所犯的错误，但整体上加强了对其他社会主义国家的严格控制，不断“对表”。他认为“不轨”，轻者“换马”，重者武力干涉。1955年建立的华沙条约组织，主要是针对北大西洋公约组织的，也是为了防范其他社会主义国家的。这使得东欧国家的依附主义上升，反抗的意识和势力也在上升。只要气候合适，就会出现问题。东欧后来的“崩盘”，与此有关系。三是，使毛泽东“左”的倾向加重，犯了“文化大革命”错误，经济大受损伤，社会主义形象被扭曲。四是，阿尔巴尼亚比当时的中国还“左”，搞三个“凡是”：凡是美国的行为，都是帝国主义的，坚决反对；凡是苏联的作为，都是修正主义的，坚决反对；1979年1月1日中美建交，又加上一条，凡是中国的举动，都是投降主义的，坚决反对。经济大滑坡，外交成为小孤家寡人。矛盾不可解脱，1992年党变、国变、社会制度变。五是，社会主义阵营的分裂，使西方国家对此实行分化瓦解、各个击破政策得手。

（二）对发展中国家的影响

苏联把和平共处作为所有国家的总路线，硬塞给亚非拉国家，从整体上阻滞了争取民族独立国家的历史进程。影响了已经取得政治独立国家选择正确的发展道路。这些国家的共产党，因理论上不知道谁的正确，出现各种派别（如印度），或争吵不休，或兵戎相见（如安哥拉）。苏联又采取支持一派、打击一派的不正当手段，不少发展成为美苏代理人的战争，人民惨遭涂炭。

（三）对发达国家的影响

一是，美国出于对抗苏联的需要，当然也为了从印度支那脱身，利用中苏的争吵，苏联的坐大，主动与中国缓和关系，中国与西方多数国家建交，这对中国是有利的。但客观上又起到了加剧中苏裂痕、毁害社会主义形象的作用。二是，使得西方国家意识到，搞垮社会主义国家机会难得，空前联合起来，对社会主义国家软（和平演变、支持持不同政见者）、硬（论战、军备竞赛）“两手”齐推动，促使苏联、东欧国家后来群体败阵。三是，中国的“左”、苏联的霸权主义错误，使发达国家的共产党的民意大减，社会民主党趁机推行维护资本主义制度的民主社会主义，把马克思主义与民主社会主义划等号，阉割了马克思主义根本的东西（消灭雇佣制度），这一负面影响，短期内难以改变。四是，两制和平共处的客观事实被西方表面接受了，也举起和平、合作的旗帜，与社会主义大搞资本主义的和平竞赛，旨在最终使社会主义和平长入资本主义。有人认为资本主义会和平长入社会主义，只是我们某些人的一厢情愿，单相思。垄断财团决不会让、也从不希望将自己的统治失去，决不会让、也从不希望维护自己的私有制度和平丢弃，决不会让、也从不希望将自己的财富全部白白送给被统治者。

（四）对国际秩序的影响

原来曾经概括为“大动荡、大分化、大改组”，说出了影响的一个方面。最突出的影响，是“冷战共处”国际秩序向两个方面发展：一方面，强权政治、霸权主义一度登峰造极；另一方面，和平共处五项原则被多数国家接受，成为国际法的重要原则，在维护、推进世界的和平、进步、发展方面发挥了重要作用。

认真梳理中苏十年论战的是是非非，其中经验和教训都相当突出。在和平共处五项原则成为国际社会公认的国际法准则的今天，社会主义国家外交政策三种片面性均不可取：一是，把和平共处提升为外交总路线，拔高，不可取。否则会被西方利用，害人、害己、害社会主义。二是，搞阶级斗争国际扩大化，不奉行和平共处五项原则政策，也只会自我孤立，自毁社会主义，不可取。三是，口头上搞和平共处，实际上搞霸权主义或依附主义，苏东剧变的教训很深刻，不可取。社会主义国家的正确做法，应该是始终不渝地奉行独立自主的和平外交总原则、总政策。因为当今世界存在发达资本主义国家、发展中的民族主义国家、社会主义国家、原苏东剧变后的国家①；资本主义在世界上处于优势、社会主义处于弱势；人类利益、国家利益、民

① 这一观点，曾经在编写教育部公共课示范教材时，进行过反复讨论，最后接受该观点。参见吕有志、戴德铮主编：《当代世界经济与政治》，高等教育出版社，2003 年版，大纲。

族利益、阶级利益、集体利益、个人利益共存交织。作为社会主义国家，和平共处五项原则可以作为处理一切国际关系的基本原则，但不是唯一原则；与此同时，独立自主应是根本准则；和平与发展应是主题、宗旨、目标、任务、道路；加强与发展中国家的团结与合作应作为外交基本点；改革开放是基本国策。因为后者不仅涉及到社会主义生死存亡的大问题，而且事关世界能否更加和平、发展、进步、和谐、美好的大问题。右可以葬送社会主义，“左”也可以葬送社会主义。右的东西有，动乱就是右的！“左”的东西也有，把改革开放说成是引进和发展资本主义，认为和平演变的主要危险来自经济领域，这些就是“左”。“左”和右都要警惕和反对。我们必须保持清醒的头脑，这样就不会犯大错误，出现问题也容易纠正和改正。[①] 这一至理名言，我们应该牢记。在中苏十年论战中，应该说“左”和右都有表现，要想厘清，需要有深厚的马克思主义功底、古今中外丰厚的科学文化知识、对国际关系史和社会主义发展史的深入研究、掌握十年论战公开和未公开的原始资料等。

① 邓小平：《在武昌、深圳、珠海、上海等地的谈话要点》（1992 年 1 月 18 日—2 月 21 日），《邓小平文选》第 3 卷，人民出版社，1993 年版，第 375 页。

第六章

国际战略论

第一节　国际战略的多维性[①]

“战略”，本来是一个军事概念，后来被各个学科和行业应用。“国际战略”是中国特有的政治和学术概念，它是随着中国改革开放的深入而逐步成为学术研究的热点。这里对此进行推敲和研究，提出自己的学术认识。

一、国际战略的内涵与生成路径

（一）战略与国际战略的内涵

关于战略。毛泽东在《中国革命战争的战略问题》中指出：“战略问题是研究战争全局的规律性的东西。”所谓“战争全局”，毛泽东认为“只要有战争，就有战争的全局。世界可以是战争的一全局，一国可以是战争的一全局，一个独立的游击区，一个大的独立作战方面，也可以是战争的一全局”。“研究带全局性的战争指导规律，是战略学的任务。研究带局部性的战争指导规律，是战役学和战术学的任务。”[②]

关于国际战略。它是国际政治理论的重要内容，属于相对较新的研究领

---

① 该节是根据笔者的学生向德忠的博士论文《〈共产党宣言〉国际战略思想研究》的某些内容改写的。

② 毛泽东：《中国革命战争的战略问题》（1936年12月），《毛泽东选集》第1卷，人民出版社，1991年版，第175页。

域。我认为，它是作为一个阶级、一个政党、一个国家或者国家集团筹划和指导国际交往和国际斗争的方略。它包括政治、经济、军事、科技、文化、时代、国际环境、外交等相关因素。

（二）国际战略的生成背景与研究路径

国际战略是中国特有的政治和学术概念，它是随着中国改革开放的深入而逐步成为学术研究的热点的。如果从第一部专门研究国际战略的专著（王家福：《国际战略学》，黑龙江人民出版社，1986 年版）算起的话，国际战略的研究已有 20 多年了。今天使用的国际战略概念，已成为说明中国在政治、经济、文化、军事、外交上的国际活动的常用词，可以说，国际战略概念已经成为研究和表述中国在国际上活动的主流概念之一。然而，国际战略概念，就像其他许多概念一样，在许多人看来似乎不言自明，但存在巨大的理解差异，远未成为规范的学术范式。至今权威辞典里找不到“国际战略”一词，这种情况也说明国际战略概念还未成熟。下面从该概念的生成背景、生成路径、核心内涵、所属战略层次、与相关概念的关系几个方面梳理学术界对国际战略概念的研究的观点。

概念的生成是客观事物发展的结果。国际战略概念的生成是中国改革开放实践的发展、综合国力提高的产物。李忠杰在 2002 年说出过中国在很长一段时间内不使用“国际战略”一词的原因。他认为：“在涉及现行的关于国际问题的政策和思想时，我们的正式文件一般都习惯于称外交政策、对外政策，而不是外交战略、对外战略，更少用国际战略。……这不等于我们在国际问题上没有战略思想。事实上，从毛泽东、邓小平到江泽民同志，都很重视战略问题，包括重视国际战略问题。……然而，在党和国家的重要和正式的文件中，为什么不使用‘对外战略’和‘国际战略’这样的概念呢？也许是长期以来中国的国力有限，还难以提出更具全局性的战略谋划？也许是为了韬光养晦，避免在国际上过于张扬？也许作为战略，只能内部掌握，而不宜对外公开？也许是习惯性的用法使然，谁也没有主动地要去改变这样一个习惯？但无论如何，如果仅仅把我们的外交、我们的对外活动、我们在国际舞台上的种种谋划，定位在‘政策’层面，而不是‘战略’层面，显然是低了。使用不使用‘国际战略’的概念，还只是一个引子或者形式问题。实质性的问题在于，无论我们过去有过什么样的国际战略思想，进入新世纪，都面临着一个进一步提升中国在国际舞台上竞争水平的问题。从这样的角度来说，新世纪的中国不仅需要一个更加明确的国际战略，而且需要一个更加科学、更加完善、更能反映中国综合国力和外交水平、更能实现中国在国际上的战略意图和战略目标的国际战略。”① 这说明国际战略是随着一个国家参与国际社会的深度和广度增加、国际问题的重要性日益增强而出现的。

此外，也有人从中国在世界格局和国际力量对比中的特殊地位来看国际战略的生成背景，认为国际战略是中国本土化的政治和学术用语，国际战略的概念特别适合于中国。原因是“中国不是具备在全球发挥影响或实行干涉的世界性大国，如美国或苏联——它们常常被指为怀扩张野心而处心积虑地搞‘世界战略’或‘全球战略’；但中国素怀大国志向，有发展自信，被认为有发展潜力并对世界政治和国际秩序抱有独立的价值观和责任感，而且其作为发展中大国在地区政治乃至世界政治中具有一定的地位，因此常常被世界性大国视为有竞争能力的敌手或暂可借重的力量，于是在美苏两个超级大国主导下的国际政治竞争中或在其后美国独霸的国际环境中时而会发生国家安全的危机感或不能独立自主地实现自身利益的挫折感，这种不愿屈从霸权而努力求生存、谋发展、伸志向的国家就产生了国际战略的思考”。② 这一观点可以被认为是国际战略的生成的国家的国际生存意识背景认识。它把国际战略看成是中国国家志向和民族精神的体现。

还有学者认为，全球化是国际战略概念生成的国际背景。在全球化时代，各国间的相互依存日益加深，面对全球化的机遇和挑战，中国要有自己的主动的国际战略。

概念的生成同时还是理论自身发展的结果。随着中国改革开放的发展、对外交往的扩大，对外交往的理论研究也日益发展，尤其对对外交往的经验教训总结，立足于全局与长远发展的战略问题的研究提到理论工作者面前。一些学者认为，“国际战略”是马克思主义关于战略策略的理论与新时期国

① 李忠杰：《我国需要更高层次的国际战略》，《瞭望新闻周刊》2002 年第 32 期，第 22—30 页。

② 刘建平：《国际战略与中国外交》，《当代中国史研究》2006 年第 1 期，第 13—20 页。

际斗争实践相结合的产物，并对此进行了论述。① 这一点对建立中国特色的马克思主义国际战略学无疑是非常重要的。有人强调“在国际战略理论发展史上，马克思主义占有重要地位”，并指出在《共产党宣言》等著作中，马克思、恩格斯就精辟地论述了国际政治经济关系的实质，提出了工人阶级及其政党的战略策略原则，奠定了马克思主义国际战略理论的科学基础。② 学者们开始探究国际战略概念的生成法则和思想来源。

关于国际战略概念的首次明确提出有两种说法：一是“正式把‘国际战略’作为一个科学概念提出来的是邓小平”，③ 证据是邓小平在1979年3月30日在党的理论工作务虚会上的讲话中评价毛泽东同志的三个世界划分的理论时所讲到的“国际战略原则”概念。二是“王稼祥在20世纪60年代初对党和国家的对外政策提出建议时就使用过‘国际战略’的概念来表达对外交方针、政策的看法了”。④

关于国际战略概念的演化路径，大致有三条：一条是为大多数研究者所认同的，即国际战略概念内涵有一个从战略或军事上的战略到国际战略的演化过程。“‘国际战略’概念的提出，是与‘战略’不断向非军事领域扩展的过程分不开的。”这也是西方战略观演化的大致路径，即从战略到大战略的发展进程。大战略的概念为各国所普遍采用，但各国稍有差别，美国人改用“国家战略”，法国人使用“总体战略”，日本人称之为“综合安全保障战略”。在我国，随着改革开放国策的实施，我国积极地参与包括军事在内的更广泛的政治经济外交等领域的国际竞争，“战略”概念也必须向非军事、非战争领域扩展。邓小平注意到“战略”发展的必然趋势，及时地提出了与“国家战略”、“大战略”既相联系又有所区别的“国际战略”概念。⑤

有的国际战略专著认为：“所谓战略或战略问题就是在政治以及军事、

① 高金钿主编：《国际战略学概论》，国防大学出版社，2001年版，第5—7页。

② 康绍邦、宫力等：《国际战略新论》，解放军出版社，2006年版，第10—11页。

③ 李景治、罗天虹等：《国际战略学》，中国人民大学出版社，2003年版，第5页。

④ 刘建平：《国际战略与中国外交》，《当代中国史研究》2006年第1期，第13—20页。

⑤ 高金钿主编：《国际战略学概论》，国防大学出版社，2001年版，第2—5页。

经济、意识形态等领域，研究、掌握和运用现实关系中‘较长时期的全局’的规律或指导性的规律。‘国际战略’的意义，即可依此类推。”① “战略是筹划和指导战争全局的方略，是战争指导者运用军事力量和手段，达成战争目的的一种方略和艺术。战略学则是研究带全局性的战争规律和战争指导规律的学科。依此原理，国际战略和国际战略学的研究对象，可以概括为：国际战略研究对象是国际战略关系及其斗争的全局，既包括主权国家这一行为主体，又包括以世界为主体的国际战略关系及其斗争的全局；国际战略学的研究对象则是国际战略发展规律和国际战略指导规律。”②

另一条路径是：认为国际战略是战略研究扩展到国际关系领域的产物。国际战略自然有继承与发展军事战略的一面，即探讨如何在竞争中获胜之道。但也表现出与军事战略研究的明显区别，它的主要研究对象是国际关系层面的互动而不是狭义的战争，它更多的是与国际关系研究交织在一起。③

第三条是：从国际社会到国际战略。这方面的观点有：“所谓国际战略，是把国际社会作为一个整体，对其发展变化的规律和全局进行综合研究的一门学问。”④ “国际战略概念的出现，就是作为一个国家或国家集团筹划与指导国际交往关系与国际斗争的方略，在近代国际社会的出现和发展中形成和提出的。”⑤ 王家福从国际社会发展的整体的基本的主流竞争领域引出国际战略。他认为在国际社会体系内，国际战略主流有一个从军事战到经济战再到知识战的总流程。

以上三种路径是具体的历史的统一。这意味着国际战略具有“国际”的基本特性和“战略”的基本特性。

在以上几条路径上，还表现出国际战略概念研究的两种学术取向：一是遵循传统的中国党史领袖人物研究的模式，在阐释毛泽东、邓小平、江泽民的国际战略思想时，往往出于论文关键词理解的需要，对国际战略概念作出

---

① 陈忠经：《国际战略问题》，时事出版社，1987 年版，第 2 页。

② 余起芬主编：《国际战略论》，军事科学出版社，1998 年版，第 5 页。

③ 李少军主编：《国际战略报告》，中国社会科学出版社，2005 年版，第 3 页。

④ 汤光鸿：《领导干部要有国际战略意识》，《南京政治学院学报》2003 年第 6 期，第 88—92 页。

⑤ 余起芬主编：《国际战略论》，军事科学出版社，1998 年版，第 3 页。

界定；还有人根据邓小平使用“国际战略”一词时的具体内容专门探讨了邓小平的国际战略概念；二是追溯中国和西方的思想资源而创建中国国际战略学的努力。主要成果是几本国际战略学的专著。第一种取向是梳理中国领袖人物的国际战略思想，主要是探讨在具体历史情景中的中国国际战略的具体内容。它为国际战略概念的研究提供经验的理论史支持。国际战略概念是各种具体的国际战略思想（包括中外各国领导人的国际战略思想）和国际战略实践的本质抽象。因此对毛泽东、邓小平、江泽民等领导人的国际战略思想的研究无疑对确定国际战略概念及其基本研究领域有较好的帮助。如，在研究邓小平的国际战略思想时，研究者都会提到邓小平的时代观，这就有助于我们在探讨国际战略概念时把时代问题纳入其中，并用“时代”或“特定时代”替代国际战略概念中的一般所说的“长时期”或“较长时期”的战略时期问题，使时代判断成为国际战略变换的核心变量。第二种取向是规范的学术研究，这种研究较系统地回答了国际战略概念的内涵、外延及与相关概念的异同等学理追问，但缺乏实证研究作支撑，更没有说明在中国为什么只有所谓国际战略，而不是世界战略、全球战略或外交战略。[①]

二、国际战略构成的基本要素与层次

（一）“国际战略”构成的基本要素

由于在国际战略概念的生成背景、研究路径、学术取向等方面的差异，对国际战略概念的本质规定亦有很大差异，为了对此有更深入的了解，下面分别以关系到国际战略概念本质规定的基本要素为线索进行梳理：

从对国际战略主体的规定看，至少有四种观点。第一种观点认为国际战略主体是主权国家，这是大多数学者的观点。如李景治等著的《国际战略学》认为，“国际战略是主权国家在较长时间内参与国际竞争的总体方略，其主要表现形态是主权国家的对外战略”。[②] 第二种观点认为国际战略主体

① 刘建平：《国际战略与中国外交》，《当代中国史研究》2006 年第 1 期，第 13—20 页。

② 李景治、罗天虹等：《国际战略学》，中国人民大学出版社，2003 年版，第 5 页。

是超越国家边界的互动的国际行为体。包括主权国家、跨国公司、国际组织等。如李少军主编《国际战略报告》认为："从内涵上讲，国际战略与国际关系是密切相关的。由于在国际关系中行为体超越国家边界的互动需要有全局性的指导方针与计划，需要有确定的目标和达到目标的手段，因此国际战略就构成了国际互动的必要条件。在这里国际战略体现为国际行为体的行动方针和实施方针的韬略，并且具体化为对外关系的实际行动。"① "国际战略是国际竞争的产物。"② 任何主体参与国际竞争就应该有国际战略。第三种观点认为国际战略主体是具有潜在世界性大国前景的发展中国家。这一观点给国际战略概念的界定是："具有潜在世界性大国前景的发展中国家，其领导者在对全球国际政治格局和发展趋势作长期性估量的基础上，所制定的为努力实现本国的生存发展利益、价值诉求和世界政治责任以及建立和维护与之相应的国际政治秩序而参与国际政治斗争或综合竞争的总体指导性方略。"③ 这一界定的特点是，把国际战略的主体限定在具有潜在世界性大国前景的发展中国家，可谓独树一帜。第四种观点认为国际战略的主体也包括国家集团。"所谓国际战略，是指主权国家或国家集团在国际关系领域运用国家综合力量，维护和发展国家利益，实现一定时期对外目标的全局性、总体性谋划。"④ "国际战略作为一个国家或国家集团筹划和指导国际交往和国际斗争的方略。"⑤

另外，还有观点属于所谓"无主体论"：国际战略是研究整个世界古往今来的战略发展的纵向总流程和横向共时态，是无明确主体的事实性规律性描述。⑥

一般说来，国际战略主体的规定的有无直接反映着学术研究与对策研究的价值取向。抽象主体是纯学术研究，具体主体隐含价值研究，主体不同自

① 李少军主编：《国际战略报告》，中国社会科学出版社，2005 年版，第 3 页。

② 李少军主编：《国际战略报告》，中国社会科学出版社，2005 年版，第 1 页。

③ 刘建平：《国际战略与中国外交》，《当代中国史研究》2006 年第 1 期，第 13—20 页。

④ 康绍邦：《关于新世纪中国的国际战略》，《河北学刊》2003 年第 6 期，第 5—10 页。

⑤ 余起芬主编：《国际战略论》，军事科学出版社，1998 版，第 12 页。

⑥ 王家福、徐萍：《国际战略学》，高等教育出版社，2005 年版。

然战略不同。

笔者认为，上述国际战略主体的规定，是主要的、正确的，但疏忽“阶级”、“政党”、“主义”等主体，是不合适的。如果仅说一个国家或国家集团有国际战略、国际战略思想，那么马克思主义有没有国际战略、国际战略思想？应该是有的。如《共产党宣言》就是共产党的国际战略、无产阶级的国际战略。

在对国际战略目标的规定上看，主要有三种观点：一种观点认为，制定国际战略是为了争取有利的国际环境。这种观点一般都把国家的国内战略视为主体，国际战略为国内战略或国家发展战略服务。如：“国际战略是国家整体战略的重要组成部分，服从并服务于国家的安全战略和发展战略，是国家争取最佳外部环境和谋求有利战略态势的各种政策总和。”① “国际战略是一个国家为了争取有利于自己的国际环境，一定时期内，在对外关系中带有全局性和相对稳定性的谋划。它取决于这个国家的性质和一定时期国内外的实际状况。一个国家的国际战略是其国内战略的延展。”②

另一种观点认为，制定国际战略是为实现国家利益。这种国家利益可以是国内的，更多的是指国家在国际上的利益。例如，有学者说：“就一般情况而言，一个主权国家的国际战略，是由该主权国家的最高权力机关或领导者在客观分析国际形势和正确估量本国综合国力的基础上，为维护和实现其国家利益而制订或提出的对外关系领域内具有全局性和长期性的计划与策略。简言之，一个主权国家的国际战略，其实质就是在国际范围内维护和实现国家利益的总计划和总指导，它的主要表现形态是主权国家的对外战略。正是从这个意义上说，主权国家的国际战略，也就是它的对外战略。由于国际形势和一国的综合国力是不断发展变化的，所以一国的国际战略也不是一成不变的，而是不同时期有不同的国际战略。”③ 再如，有学者提出：“所谓

① 杨毅：《面向21世纪的国际战略》，楚树龙、耿秦主编：《世界、美国和中国》，清华大学出版社，2003年版，第312页。

② 邓淑华：《试论邓小平国际战略理论对马克思主义的继承和发展》，《甘肃理论学刊》，1996年第2期，第13—16页。

③ 亓成章：《邓小平国际战略思想内涵十要素说》，楚树龙、耿秦主编：《世界、美国和中国》，清华大学出版社，2003年版，第271页。

国际战略，是指主权国家或国家集团在国际关系领域运用国家综合力量，维护和发展国家利益，实现一定时期对外目标的全局性、总体性谋划。”①

几乎所有观点都认为国家利益是国际战略的核心，即使是第一种观点也包括在内。“任何国家对外政策和国际战略的根本出发点，都是为了追求、谋取或维护自己的国家利益。在通常情况下，一个国家的利益，主要存在于自己主权所及的空间范围内，亦即自己的国境范围之内。但由于人类社会的发展使相互之间的联系越来越紧密和广泛，所以，各个国家之间也有了越来越多的‘联系利益’。即在相互联系和交往中实现的利益，如‘双边利益’、‘地区利益’、‘全球利益’等等。”② 但在国际战略概念中是否直接明确地把国家利益作为目标仍然是有区别的，尤其是在用争取有利的国际环境作为国际战略的目标的情形下。笔者认为这种区别主要在于对国家利益理解的差别，第一种观点理解的国家利益主要在国内，第二种观点理解的国家利益是存在于国际的国家利益。不同的国家利益观必然导致不同的国际战略观，国家利益的优先部分就是国际战略的优先目标。

第三种观点认为，制定国际战略是为了努力实现本国的生存发展利益、价值诉求和世界政治责任以及建立和维护与之相应的国际政治秩序。这种观点是国家利益的具体化和国际化。

笔者同意这样的观点，如果说国际政治学主要围绕权利、权力和利益来认识和研究国际社会演变和发展规律的一门社会学科，那么国际战略目标的规定，就应该是主要围绕权利、权力和利益展开。

从对国际战略手段的规定上看，绝大多数国际战略概念没有涉及国际战略手段的规定。这也许是国际战略概念的本质规定主要取决于国际战略主体的性质和国际战略目标的性质，而手段从属于主体和目标；也许是国际战略手段的多样性和多变性导致国际战略概念中对手段难以有一个统一的本质性的抽象和概括。不过，也有学者在国际战略概念的规定中谈及了手段。笔者同意“运用综合力量”应该是实现国际战略的最佳手段。

---

① 康绍邦：《关于新世纪中国的国际战略》，《河北学刊》，2003 年第 6 期，第 5—10 页。

② 李忠杰：《认识和推动世界多极化进程》，《瞭望新闻周刊》，2002 年第 23 期，第 3—9 页。

从对国际战略概念的时空视野的规定上看，一种观点认为国际战略的时空视野是整个世界的全球性的社会发展大时代的战略总流程。这种观点把国际战略的时空视野推到了最大化；另一种观点认为国际战略的时空视野是对外关系流域的全局性和长期性的问题，包括政治、经济、军事、科技、文化、地理、自然资源、人口等诸多因素，这是大多数学者的观点；还有一种观点认为国际战略的时空视野是立足国内面向国际，国内国际相结合的视野。这种观点认为国际战略是国内战略的延展。

从对国际战略概念的定性上看，大多数学者的国际战略概念的界定的最终落脚点还是一些与“战略”相近的概念，但有趣的是没有一个直接使用“战略”。大致可以分为两类：一类是含有“略”字，如“总体方略”、“总体性指导方略”、“韬略”、“方略”，这一类总体而言，是借用了中国古代的战略性概念；另一类则无“略”，如“总计划和总指导”、“各种政策总和”、“全面性总体性谋划”、“总纲和指导原则”、“谋划和指导”、“目标和行动方针”等，这一类的定性总体而言是现代的术语。我们看到有学者在同一论著中同时有几个定性的概念。这种情况一方面说明它们之间的差别不是很大，另一方面也说明概念的定性还缺乏严格的、公认的、权威性的统一。从没有一个使用“战略”的情况看，国际战略显然不是国际的战略，国际战略是专有名词。

（二）“国际战略”的多层关系

理清国际战略概念与相关概念的关系是确立国际战略概念的重要方面。主要探讨了以下几个与国际战略相关的概念。

国际战略与国家发展战略、军事战略的关系。我国学者为我国设计的战略概念体系大体有四种构想：国家战略—军事战略；国家战略—国防战略—军事战略；国家战略—国防战略—军事战略—军种战略；国家发展战略—国际战略—军事战略。国家发展战略是最高层次的战略，是谋求国家的生存和发展的总体战略。国际战略是国家发展战略在国际关系中的体现。国家发展战略决定国际战略，国际战略为国家发展战略的实施和实现服务。国际战略从军事战略扩展而来，在层次上高于军事战略，对军事战略的制定和实施具有指导和影响作用。国际战略的实施也需要正确的军事战略的支持。国际战略是承上启下的，是联结国家发展战略和军事战略的纽带。[①]

国际战略与国际上的“国家战略”、“大战略”的关系：国际战略是与国际上流行的“国家战略”、“大战略”既相区别又相联系的概念。国家战略是国家的总体战略，它包括政治、经济、文化、教育、科技、军事、外交等方面的发展战略。国际战略侧重在国际关系领域谋求国家利益，西方的“大战略”概念通常指国家的安全战略。而安全战略仅仅是国际战略的一个方面。[②]

国际战略与外交政策的关系：这里首先涉及“战略”和“政策”的高低层次问题，有两种相反的观点：一种观点认为政策高于战略，国际战略仅仅是对实施对外政策的措施和手段。对外政策包括国家的国家安全政策、国际经济政策和外交政策。[③] 另一种观点认为战略高于政策。国际战略是关于国家国际活动总的全局的认识和谋划，外交政策是国家处理国际问题和对外关系问题的基本原则和具体方针的规定。国际战略决定着外交政策，外交政策是实施国际战略的方针、原则，是国际战略的组成部分。[④] “如果仅仅把我们的外交、我们的对外活动、我们在国际舞台上的种种谋划，定位在‘政策’层面，而不是‘战略’层面，显然是低了。”科学、完善的国际战略更能实现中国在国际上的战略意图和战略目标。[⑤]

从上述对国际战略概念的梳理看，国际战略包括战略主体（包括主体的利益）、战略客体（战略环境和对手）、战略手段、战略步骤、战略目标、战略行动过程等。

---

① 高金钿主编：《国际战略学概论》，国防大学出版社，2001年版，第14—16页。

② 李景治、罗天虹等:《国际战略学》，中国人民大学出版社，2003年版，第5页。

③ 李少军主编：《国际战略报告》，中国社会科学出版社，2005年版，第33—34页。

④ 张季良主编：《国际关系学概论》，世界知识出版社，1989年版，第77页。

⑤ 李忠杰：《我国需要更高层次的国际战略》，《瞭望新闻周刊》，2002年第32期，第22—30页。

三、国际战略的理论依托与多样性

（一）国际战略是一定国际战略思想的产物

国际战略思想是制定国际战略的出发点、理论基础、指导思想、思维方法及流派属性等。国际战略是一定国际战略思想的产物，一定国际战略内涵着、表现着一定国际战略思想。二者难以绝然分开。战略思想制约战略发展方向、战略手段的选择以及战略进程的规划。战略本身是“谋”即思想。但我们这里的战略思想范围要大得多，它还包括“谋”的思维方式、思维理念和思维活动。如果说国际战略直接和国际交往的实践发生关系，那么国际战略思想仅仅停留于思想领域。

一般来说，国际战略思想属于理论思维的范畴。

所谓理论思维，就是在分析问题和解决问题时具有理论角度和高度，即是说，能够从理论的层面去认识问题和处理事务；理论属于理性认识，理论思维也就是理性思维。毛泽东曾经说过：理性认识“到达了事物的全体的、本质的、内部联系的东西，到达了暴露周围世界的内在的矛盾，因而能在周围世界的总体上，在周围世界一切方面的内部联系上去把握周围世界的发展”。[①] 理论思维的对立面是感性思维，就事论事，抓不住事物的本质，看不到事物与事物之间以及事物内部的联系，看问题只停留在表面现象，这就难免要陷入主观性和片面性。理论思维抓住了事物的内在本质，才为战略思维之分析和解决问题的长远性、全局性提供事物规律性的前提，所以没有理论思维就不可能有战略思维。

理论思维更多的是指哲学思维。恩格斯指出：“一个民族要想登上科学的高峰，究竟是不能离开理论思维的。”[②] “但是理论思维无非是才能方面的一种生来就有的素质。这种才能需要发展和培养，而为了进行这种培养，除

① 毛泽东：《实践论》（1937年7月），《毛泽东选集》第1卷，人民出版社，1991年版，第286页。

② 恩格斯：《自然辩证法》（1873—1883），《马克思恩格斯选集》第4卷，人民出版社，1995年，第285页。

了学习以往的哲学，直到现在还没有别的办法。”[1] 这就是说，哲学是理论思维的集散地。从这个意义上来说，国际战略思想是国际战略的哲学基础。因此：

从国际战略的思想基础历史观来说，制定国际战略，首先要有对国际社会（亦即人类社会）的形成机理、历史运动规律的认识，因为不论什么样的国际战略，它都要面对同一个国际社会的现实。不同的国际社会的历史观、运动观，就会有不同类型的国际战略。国际社会发展的最终动力是什么？国际社会关系的实质是什么？国际社会矛盾及冲突的根源是什么？构成国际社会主体的国家的性质是什么？国际社会或人类社会发展进步的标准如何？等等。这些都是制定国际战略的思想基础。如果认为国际社会是一个丛林社会，弱肉强食是生存规律，那么与之相应的国际战略可能是强权政治的体现。如果认为国际社会是一个契约社会或者相互依存的，那么与之相应的国际战略可能是国际规则的尊重和利用。如果认为国际社会是一个有客观规律的历史运动过程，那么与之相应的国际战略可能表现为对历史规律的尊重和满足。

从国际战略的方法论来讲，在这个问题上有历史唯心主义方法和历史唯物主义方法的区别。历史唯心主义或从先验的人性论出发，或从某种神创论出发，或从某种世界精神或自我意识出发，来看待国际社会的产生和发展机理。如美国国际战略的思维方法重要路径就是从“上帝选民”的使命感出发，来制定美国的国际战略，其唯心主义方法是显而易见的。美国的国际战略就是美国“上帝选民”的使命感的体现。“上帝选民”的特殊身份是支撑美国国际战略的重要信念。美国历史学家莫雷尔·希尔德等人在《文化与外交》一书的导言中指出：“美国外交事务的出发点就是美国人坚信美国在外部世界关系中被赋予了一种任何其他国家都不具有的特殊使命。”[2] 使命感推动着美国人以积极进攻的姿态制定国际战略和开展外交活动。伯恩斯认

① 恩格斯：《自然辩证法》（1873—1883），《马克思恩格斯选集》第 4 卷，人民出版社，1995 年，第 284 页。

② Morrell Held and Lawrence S. Kaplan，*Culture and Diplomacy*：*The American Experience*，*Connecticut Press*，1977，p. 4. 转引自董秀丽主编：《美国外交的文化阐释》，知识产权出版社，2007 年版，第 57 页。

为："使命感无疑是解读美国的基本线索，这一观念如同一道金色的阳光穿过美国历史的进程。美国人比世界上其他人更加认定自己的国家和民族被上帝以某种特殊的方式授命在全世界成就最伟大的事业。对美国领导人来说，这项使命既是伦理也是信仰。"① 历史唯物主义的方法论路径是从人类社会的基本矛盾出发，从国际社会的生产方式的矛盾与冲突出发，从世界经济与政治的具体关系出发，并根据本国的实际情况来制定国际战略。

从国际战略的出发点来说，从现实利益出发还是从理想价值出发；从个别利益出发还是从普遍利益出发；从当前利益出发还是从长远利益出发，这种差别表现为不同意义上的现实主义和理想主义的差别。一般来说，为了争取话语权和舆论支持的战略思想表现为某种理想主义的东西，表现为对国际伦理和世界正义的追求以及对自己利益正义性的伸张；而为着自己实际利益的战略思想表现为某种现实主义的东西，表现为对自己国家利益的维护。一国的战略思想往往要在二者之间保持一定的张力和灵活性。

国际战略思想具有以下特点：

一是国际性的全局观念。"战略"一词最早就是用于对战争的全局性认识和指导。毛泽东曾经指出："战略问题是研究战争全局的规律性的东西。"② 战略问题千百年来被局限在军事领域，战略直接服务于战争目的。只是到了近代，大生产方式开始取代狭隘、封闭的小生产方式，经济、政治及文化领域对一个国家生存、发展的重要性明显上升，战略概念才从单纯军事概念的局限中突破出来，被广泛应用于经济、政治、文化等社会领域。由于战争的胜败和一个国家的政治、经济、文化、地理等有密切的联系，战略的视野不断扩大，出现了包括政治、经济、文化、地理等一系列要素在内的大战略，进而随着国际交往的加深和国际社会对一个国家利益重要性日益显现，出现了把国内因素与国际环境综合考虑来制定本国参与和影响国际社会发展的国际战略或全球战略。在全球化加深的背景下，以往看来纯粹是一个国家内部

① Edward M. Burns, *The American Idea of Mission: Concepts of National Purpose and Destiny* (New Jersey, 1977), p. vii. 转引自王玮、戴超武：《美国外交思想史》，人民出版社，2007 年版，第 31 页。

② 毛泽东：《中国革命战争的战略问题》（1936 年 12 月），《毛泽东选集》第 1 卷，人民出版社，1991 年版，第 175 页。

的事务，现在看来则可能渗透着复杂的国际要素，需要以国际的视野看待国内问题。

当然，这个全局性是有层次的。例如战争的全局性就是如此。毛主席说："只要有战争，就有战争的全局。世界可以是战争的一全局，一国可以是战争的一全局，一个独立的游击区，一个大的独立作战方面，也可以是战争的一全局。凡属带有要照顾各方面和各阶段的性质的，都是战争的全局。"① 可见，"全局"的观念会因观察者的视野的变化而有层次性，但是全局不是一个点，因为它要"照顾各方面和各阶段"。这大概可以看作是"全局性"观念的辩证法。由此推之，战略也是有层次性的。如果国际战略着眼于整个国际社会，那它应该是最高层次的战略。如果一国的国际战略着眼于特定区域的国家之间关系，那就只能是较低层次的战略了。

战略史家钮先钟列举过战略思想的 4 种取向，第一便是"总体取向"。即战略家在其思想中必须"认清问题本身所具有的总体性，同时又必须以总体性的眼光看问题"。"因为现代战略问题都具有其总体性，所以战略家的思想体系也就必须具有总体取向。"②

二是世界历史性长时性。钮先钟有个比喻："战略不是'速溶咖啡'(instant coffee)，可以现冲现喝。"战略的长时性实际上是要求战略思想的连续性，"战略行动是周期的，战略思想是永恒的"。

常言道，"凡事预则立，不预则废"，"人无远虑，必有近忧"，"不谋长远者不足以谋一时"等，讲的都是战略思维的长远性特征，既注重过程的延续性，又关注未来的指向性，彰显着人类远见卓识、高瞻远瞩的智慧和精神。而国际战略思想乃"谋万世"，应有世界历史性眼光。否则，诚如清人陈澹然所云："自古不谋万世者，不足谋一时；不谋全局者，不足谋一域"。

因此，所有的战略思想家无不注重研究历史，而国际战略家当然也就离不开研究世界历史。没有世界历史的长时性眼光就没有好的国际战略。

① 毛泽东：《中国革命战争的战略问题》(1936 年 12 月)，《毛泽东选集》第 1 卷，人民出版社，1991 年版，第 175 页。

② 钮先钟：《战略研究》，广西师范大学出版社，2003 年版，第 90 页。

(二) 国际战略的多样性

世界历史和现实的复杂性，使得国际战略必然多样性。

从历史的长河来看，国际战略应该首先出现在世界近代史的开端，最早出现的是资产阶级的国际战略，它们在资产阶级首先取得政权的如荷兰、英国、法国、葡萄牙、西班牙等国家先后形成，后来的资本主义大国如美国、德国、沙俄、日本、意大利等又先后呈现。随着马克思主义的诞生与发展，共产党的建立和发展，马克思主义国际战略诞生和发展，《共产党宣言》对此进行了科学阐述。1917 年十月革命胜利后建立的社会主义国家苏俄、后来的苏联，产生了第一个社会主义国家的国际战略。在第二次世界大战中，也曾出现过德、意、日法西斯的国际战略。1949 年中华人民共和国的建立，使得社会主义国家的国际战略样式多样化。二战结束后的 60 多年内，国际战略的类型更加丰富多彩，如发达资本主义国家的国际战略、社会主义国家的国际战略、发展中国家的国际战略，甚至出现过美、苏两个超级大国式的国际战略等。

上述各色各样的国际战略，如果从社会形态的角度分类，大致可归于资本主义制度国家的国际战略和社会主义制度国家的国际战略两类。如果从阶级的角度分类，又可分为无产阶级国际战略和资产阶级国际战略等。

尊重世界多样性，共同促进人类文明繁荣进步，是进行国际战略研究的前提和目标。

正是出于以上看法，下述两节以案例的方式分别分析了资产阶级的国际战略和新中国的国际战略。

第二节 资产阶级“为自己创造世界”[①]

国际学术界对资产阶级的国际战略进行过大量研究，有许多精辟的分析

① 该节是根据笔者的学生向德忠的博士论文《〈共产党宣言〉国际战略思想研究》的某些内容改写的。

和结论。但笔者认为马克思恩格斯在1847年写的《共产党宣言》(以下简称《宣言》)中的资产阶级“按照自己的面貌为自己创造出一个世界”这句话，集中概括了资产阶级在取得历史性的优势地位后的国际扩张战略和国际塑造战略。它的主要内容是资产阶级凭借其历史性优势地位要在世界上推广资本主义市场经济、生产方式、上层建筑和意识形态，达到资本主义的“世界大同”；资产阶级国家以自己的逻辑为别国发展“开药方”，以实现对世界的同质化改造。今天以美国为首的发达资本主义国家的国际战略仍然是在全球全方位推广资本主义的生产方式、政治制度和意识形态；美国的新自由主义、民主输出战略、民主同盟战略等，是这种战略思想的具体体现。它给我们的启示是：无产阶级和社会主义国家应对资产阶级这一国际战略的根本之道在于发展生产力，从而消解和取代资产阶级的历史性优势地位，以和平、合作、发展战略应对资产阶级的强权政治、霸权主义战略。

一、政治与经济目标

(一) 政治目标：实现对世界的同质化改造

《宣言》对资产阶级的分析和评价，即使到今天仍然是权威性的。“资产阶级在历史上曾经起过非常革命的作用”，① 资产阶级也曾经在世界上起过强制性的作用。“资产阶级，由于一切生产工具的迅速改进，由于交通的极其便利，把一切民族甚至最野蛮的民族都卷到文明中来了。它的商品的低廉价格，是它用来摧毁一切万里长城、征服野蛮人最顽强的仇外心理的重炮。它迫使一切民族——如果它们不想灭亡的话——采用资产阶级的生产方式；它迫使它们在自己那里推行所谓的文明，即变成资产者。一句话，它按照自己的面貌为自己创造出一个世界。”② 资产阶级在世界上的强制性作用就是：资产阶级凭借其历史性优势，推行其国际扩张战略和国际塑造战略，按照自己的面貌为自己创造出一个世界。

---

① 马克思、恩格斯：《共产党宣言》(1847年12月—1848年1月)，《马克思恩格斯选集》第1卷，人民出版社，1995年版，第274页。

② 马克思、恩格斯：《共产党宣言》(1847年12月—1848年1月)，《马克思恩格斯选集》第1卷，人民出版社，1995年版，第276页。

《宣言》所描述的资产阶级是自由竞争时期的资产阶级，资产阶级的面貌实际上是自由竞争时期资产阶级的生产方式、政治制度、精神状态和社会角色。一句话，资产阶级是资本主义文明、资本主义生产方式和资本主义国家的代表。依据《宣言》的阐述，资产阶级的面貌由以下诸方面构成：

第一，社会的变革者和剥削者。“资产阶级，由于一切生产工具的迅速改进”；资产阶级由于“对生产工具，从而对生产关系，从而对全部社会关系不断进行革命”；资产阶级，由于发展了大工业和建立了世界市场——一句话，资产阶级由于发展了生产力，从而取得了相对于以往任何阶级的历史性优势地位。因此，“从大工业和世界市场建立的时候起，它在现代的代议制国家里夺得了独占的政治统治”，[①] 资产阶级成为整个世界的经济、政治、文化的变革者。

但是，“从封建社会的灭亡中产生出来的现代资产阶级社会并没有消灭阶级对立。它只是用新的阶级、新的压迫条件、新的斗争形式代替了旧的”。[②] 只不过在资产阶级时代，阶级关系简单化，旧的封建等级被消灭，“整个社会日益分裂为两大敌对的阵营，分裂为两大相互直接对立的阶级：资产阶级和无产阶级”。[③] 资产阶级是资本的化身，资产阶级就是通过资本的力量造就出越来越多的无产者。无产阶级随着资产阶级的发展而发展，“随着资产阶级即资本的发展，无产阶级即现代工人阶级也在同一程度上得到发展；现代的工人只有当他们找到工作的时候才能生存，而且只有当他们的劳动增殖资本的时候才能找到工作”。[④]

没有无产者，没有对无产者的剥削，资产阶级就不称其为资产阶级。“资产阶级生存和统治的根本条件，是财富在私人手里的积聚，是资本的形

① 马克思、恩格斯：《共产党宣言》（1847年12月—1848年1月），《马克思恩格斯选集》第1卷，人民出版社，1995年版，第276、275、274页。

② 马克思、恩格斯：《共产党宣言（1847年12月—1848年1月）》，《马克思恩格斯选集》第1卷，人民出版社，1995年版，第273页。

③ 马克思、恩格斯：《共产党宣言》（1847年12月—1848年1月），《马克思恩格斯选集》第1卷，人民出版社，1995年版，第273页。

④ 马克思、恩格斯：《共产党宣言》（1847年12月—1848年1月），《马克思恩格斯选集》第1卷，人民出版社，1995年版，第278—279页。

成和增殖；资本的条件是雇佣劳动。”①

第二，资本的所有者和生产工具的革新者。到了《宣言》诞生的时期，从生产关系看，资本主义经过了资本积累到自由竞争阶段；从生产力看，资本主义经过了简单协作到工场手工业再到机器大工业的阶段。经过原始积累和自由竞争，资产阶级已经成为社会生产资料和财富的主要占有者。《宣言》对此的论述是：“市场总是在扩大，需求总是在增加。甚至工场手工业也不再能满足需要了。于是，蒸汽机引起了工业生产的革命。现代大工业代替了工场手工业；工业中的百万富翁，一支一支产业大军的首领——现代资产者代替了工业中的中间等级。大工业建立了由美洲的发现所准备好的世界市场，世界市场使商业、航海业和陆路交通得到了巨大发展。这种发展反过来促进了工业的发展，同时，随着工业、商业、航海业和铁路的扩展，资产阶级也在同一程度上得到发展，增加了自己的资本，把中世纪遗留下来的一切阶级排挤到后面去了。”② 随着资本增加，资产阶级成为历史上经济力量最为强大的阶级。

资产阶级作为资本的所有者和生产工具的革新者这两个角色是紧密联系在一起的。撇开暴力进行的原始积累不谈，资产阶级成为生产资料和资本的所有者的过程是伴随着市场的发展，特别是世界市场的发展，而市场是充满竞争的市场，这就意味着，资产阶级要增加自己的资本，必须想办法在市场竞争中取得优势，而其最基本的也是最有效的办法就是不断地对生产工具进行革新。对此，《宣言》强调了生产工具的革新对于资产阶级的重要性。指出：“资产阶级除非对生产工具，或对生产关系，或对全部社会关系不断地进行革命，否则就不能生存下去。”③ “生产的不断变革，……这就是资产阶级时代不同于过去一切时代的地方。”④

---

① 马克思、恩格斯：《共产党宣言》（1847 年 12 月—1848 年 1 月），《马克思恩格斯选集》第 1 卷，人民出版社，1995 年版，第 284 页。

② 马克思、恩格斯：《共产党宣言》（1847 年 12 月—1848 年 1 月），《马克思恩格斯选集》第 1 卷，人民出版社，1995 年版，第 273—274 页。

③ 马克思、恩格斯：《共产党宣言》（1847 年 12 月—1848 年 1 月），《马克思恩格斯选集》第 1 卷，人民出版社，1995 年版，第 275 页。

④ 马克思、恩格斯：《共产党宣言》（1847 年 12 月—1848 年 1 月），《马克思恩格斯选集》第 1 卷，人民出版社，1995 年版，第 275 页。

生产工具的革新也是资产阶级取得历史性优势的关键所在。《宣言》指出："资产阶级，由于一切生产工具的迅速改进，由于交通的极其便利，把一切民族甚至最野蛮的民族都卷到文明中来了。"① 当资产阶级率先在西欧进行着机器工业革命（工业革命主要是生产资料和生产工具的革命）的时候，世界上其他地区的国家和民族还处在手工工具阶段，资产阶级也由此取得了世界历史性的优势地位。

第三，市场的不断开拓者。市场有国内市场和世界市场，市场的开拓有两重含义，一是从产品的创新的角度来说，新产品的出现或原有产品的更新换代，会开拓出全新的市场。二是从空间角度来说，市场的开拓乃指打开和占领新的地域的市场。没有市场就没有资产阶级的产生和发展。资产阶级和市场的关系是鱼和水的关系。

资产阶级之所以不断开拓市场，缘于资产阶级的赚钱本能冲动和市场竞争的外在压力。资本的本性是追求剩余价值，资产阶级不断改进工具的内在动力是通过创新追求超额剩余价值，同时也在市场竞争中处于有利地位。通过创新开拓的市场既使资本获得超额剩余价值，又能避免在市场竞争中受损。

《宣言》谈到资产阶级为了克服经济危机而不断开拓市场，其方法是"夺取新的市场，更加彻底地利用旧的市场"。② 应该说，资产阶级正是在不断陷入经济危机又不断走出经济危机的过程中不断开拓市场的。

第四，资本主义政治制度和意识形态的塑造者。"资产阶级在它不到一百年的阶级统治中所创造的生产力，比过去一切世代创造的全部生产力还要多，还要大。……封建的所有制关系，就不再适应已经发展起来的生产力了。……取而代之的是自由竞争以及与自由竞争相适应的社会制度和政治制度、资产阶级的经济统治和政治统治。"③ 资产阶级国家的政治制度是在资

① 马克思、恩格斯：《共产党宣言》（1847年12月—1848年1月），《马克思恩格斯选集》第1卷，人民出版社，1995年版，第276页。

② 马克思、恩格斯：《共产党宣言》（1847年12月—1848年1月），《马克思恩格斯选集》第1卷，人民出版社，1995年版，第278页。

③ 马克思、恩格斯：《共产党宣言》（1847年12月—1848年1月），《马克思恩格斯选集》第1卷，人民出版社，1995年版，第277页。

本主义经济基础上建立起来并为之服务的。经济领域的自由竞争要求反映到政治领域里面，就是资产阶级的民主政治、普选制、多党制、个人自由与法制等资产阶级创设的政治制度。

资产阶级摧毁了封建的、宗法的、等级的政治制度和意识形态的神圣光环，把它变成了公开的、直接的、露骨的利益政治和精神统治。《宣言》指出："资产阶级在它取得了政治统治的地方把一切封建的、宗法的和田园诗般的关系都破坏了。它无情地斩断了把人们束缚于天然尊长的形形色色的封建羁绊，它使人和人之间除了赤裸裸的利害关系，除了冷酷无情的'现金交易'，就再也没有任何别的联系了。它把宗教虔诚、骑士热忱、小市民伤感这些情感的神圣发作，淹没在利己主义打算的冰水之中。它把人的尊严变成了交换价值，用一种没有良心的贸易自由代替了无数特许的和自力争得的自由。总而言之，它用公开的、无耻的、直接的、露骨的剥削代替了由宗教幻想和政治幻想掩盖着的剥削。"① 资产阶级意识形态比之于封建社会的意识形态，是进了一大步，它废除了封建等级特权和宗法政治。但是，资产阶级意识形态仍然是资产阶级经济基础的反映，利己主义成为资产阶级意识形态的核心价值和普遍推崇的价值观，自由变成了资产阶级的贸易自由和买卖自由。《宣言》明确指出："在现今的资产阶级生产关系的范围内，所谓自由就是自由贸易，自由买卖。"② 即使资产阶级宪法规定的自由，没有经济基础作后盾，也会在附带的条件中被废除。马克思指出："宪法的每一条本身都包含有自己的对立面，包含有自己的上院和下院：在一般词句中标榜自由，在附带条件中废除自由。"③ 因此，"关于自由买卖的言论，也像我们的资产阶级的其他一切关于自由的大话一样，仅仅对于不自由的买卖来说，对于中世纪被奴役的市民来说，才是有意义的"。④

---

① 马克思、恩格斯：《共产党宣言》（1847 年 12 月—1848 年 1 月），《马克思恩格斯选集》第 1 卷，人民出版社，1995 年版，第 276—277 页。

② 马克思、恩格斯：《共产党宣言》（1847 年 12 月—1848 年 1 月），《马克思恩格斯选集》第 1 卷，人民出版社，1995 年版，第 288 页。

③ 马克思：《路易·波拿巴的雾月十八日》（1851 年 12 月中—1852 年 3 月 25 日），《马克思恩格斯选集》第 1 卷，人民出版社，1995 年版，第 598 页。

④ 马克思、恩格斯：《共产党宣言》（1847 年 12 月—1848 年 1 月），《马克思恩格斯选集》第 1 卷，人民出版社，1995 年版，第 288 页。

（二）经济目标：使资本在全球利润最大化

资产阶级之所以要按照自己的面貌为自己创造出一个世界，最根本动力来源于资本的扩张本性，同时出于经济上的政治考量：降低制度性交易成本和交易风险。

第一，资本的扩张本性。资本并不仅仅满足于占领本国市场，在本国榨取剩余价值。资本获取剩余价值的欲望是无止境的，难以遏止的，它具有冲破一切地域限制和国家制度限制的内在冲动和与之相应的能量。马克思揭示了资本的这种无止境的欲望。他说："资本作为财富的一般形式——货币——的代表，是力图超越自己界限的一种无止境的和无限制的欲望。任何一种界限都是而且必然是对资本的限制，否则它就不再是资本——自我生长的货币了。"[①] 这种资本自我生长实际上就是剩余价值生产。

资本扩张的本性表现在生产过程上，是不断的扩大再生产，从而"不断扩大产品销路的需要，驱使资产阶级奔走于全球各地。它必须到处落户，到处开发，到处建立联系"。[②]

资本扩张性的必然趋势是创造世界市场。"资本一方面具有创造越来越多的剩余劳动的趋势，同样，它也具有创造越来越多的交换地点的补充趋势；在这里从绝对剩余价值或相对剩余价值的角度看，这也就造成越来越多的剩余劳动作为自身的补充；从本质上来说，就是推广以资本为基础的生产或与资本相适应的生产方式。创造世界市场的趋势已经直接包含在资本的概念本身中。"[③] 在马克思看来，"资产阶级社会的真实任务是建立世界市场……和以这种市场为基础的生产"。[④]

当然资本的这种世界扩张仍然是以所谓的自由竞争的形式进行的。马克

---

① 马克思：《经济学手稿（1857—1858年）》，《马克思恩格斯全集》第46卷（上），人民出版社，1979年版，第299页。

② 马克思、恩格斯：《共产党宣言》（1847年12月—1848年1月），《马克思恩格斯选集》第1卷，人民出版社，1995年版，第276页。

③ 马克思：《经济学手稿（1857—1858年）》，《马克思恩格斯全集》第46卷（上），人民出版社，1979年版，第391页。

④ 马克思：《马克思致恩格斯》（1858年10月8日），《马克思恩格斯全集》第29卷，人民出版社，1972年版，第348页。

思说："（1）资本的必然趋势是在一切地方使生产方式服从自己，使它们受资本的控制。在一定的民族社会内部，从资本把任何劳动都变为雇佣劳动这一点上已经可以看出，这种情况是必然的；（2）在国外市场方面，资本通过国际竞争来强行传播自己的生产方式。竞争一般来说是资本贯彻自己的生产方式的手段。"①

资本扩张的结果是使资本主义制度日益具有国际的性质。马克思说，资本集中和扩张使"规模不断扩大的劳动过程的协作形式日益发展，科学日益被自觉地应用于技术方面，土地日益被有计划地利用，劳动资料日益转化为只能共同使用的劳动资料，一切生产资料因作为结合的、社会的、劳动的生产资料使用而日益节省，各国人民日益被卷入世界市场网，从而资本主义制度日益具有国际的性质"。②

可以说，开放的能够自由进出的世界市场是资产阶级按照自己的面貌为自己创造出的一个世界的根本组成部分。

第二，降低制度性交易成本和交易风险以使资本在全球利润最大化。资本在国内获取剩余价值是有一系列与国内市场相配套的政治制度和意识形态支持系统。在国内，由于资产阶级在经济上占统治地位，从而资产阶级在政治上和意识形态领域也占统治地位，因而资本在国内获取剩余价值没有制度性风险。而一旦资本走向世界市场，就面临着别国的政治制度及其意识形态是否与本国的政治制度和意识形态一致的问题，一旦不一致，资本获取剩余价值的交易成本和交易风险就会陡然增加，甚至得不偿失。因为资本在海外市场的利益的界定和保护离不开所在国的政治制度和意识形态的支持，市场规则的制定与保护、资本的产权的界定与保护都离不开所在国的制度保障，资本盈利的合理性、合法性、公正性都离不开所在国的意识形态辩护。

如果世界市场是开放的，资产阶级的资本可以自由进出，并且进入这些市场的资本所碰到的国家政治制度和意识形态也和资产阶级的资本的母国是一样的，那么资本在这些国家获取剩余价值就像在母国获取剩余价值一样顺

① 马克思：《政治经济学批判（1857—1858年）》，《马克思恩格斯全集》第46卷（下），人民出版社，1980年版，第246—247页。

② 马克思：《资本论》第1卷（节选）（1867年），《马克思恩格斯选集》第2卷，人民出版社，1995年版，第268页。

利，也就没有了制度性风险，资本就能在全世界实现利润最大化。这当然是资本的国际理想。

这就促使资产阶级，特别是垄断财团在全球范围内按照自己的面貌为自己创造出一个世界——一个符合资本本性要求的、利润最大化的世界。

二、实现途径与方式

资产阶级按照自己的面貌创造世界的方式实际上就是资本主义在全球扩张的方式。根据《宣言》的观点，有以下几种途径与方式：

第一，殖民征服。在殖民地半殖民地推行资本主义生产方式。殖民制度以最残酷的暴力为基础，它破坏了被殖民地的前资本主义社会形态，并在那里推行资本主义生产方式。马克思提出的关于殖民主义的“双重使命”的理论中的建设性使命就是指资产阶级在殖民地推行资本主义生产方式，充当了“历史的不自觉的工具”，使殖民地的社会形态从前资本主义过渡到资本主义。

第二，商品重炮。资产阶级由于改进了生产工具，生产效率提高，使单个商品的价格降低。资产阶级以价格低廉的商品为武器，打开了封闭落后国家的市场。“它的商品的低廉价格，是它用来摧毁一切万里长城、征服野蛮人最顽强的仇外心理的重炮。”① 西方资本主义真正深入人心的路径是资产阶级通过商品的低廉价格，展示了资本主义市场经济的发掘人的潜力、激发与满足人的物质欲望的魅力。

第三，推行“自由贸易”政策。要求别国市场开放，实行自由贸易，这是取得国际竞争优势的国家和阶级的惯常的口号。资产阶级的商品重炮发挥作用的最有利环境是自由贸易。1848 年 1 月马克思在《关于自由贸易问题的演说》中总结道：“在现在的社会条件下，到底什么是自由贸易呢？这就是资本的自由。排除一些仍然阻碍着资本前进的民族障碍，只不过是让资本

① 马克思、恩格斯：《共产党宣言》（1847 年 12 月—1848 年 1 月），《马克思恩格斯选集》第 1 卷，人民出版社，1995 年版，第 276 页。

能充分地自由活动罢了。”[1] 自由贸易促使封闭民族的瓦解，加速封建民族的资本主义发展，所以马克思说：“自由贸易制度加速了社会革命。”[2]

第四，推广资产阶级民主制度和意识形态，即推行所谓的资产阶级文明，使“农民的民族”变成“资产阶级的民族”。资产阶级除了“迫使一切民族……采用资产阶级的生产方式”外，还“迫使它们在自己那里推行所谓的文明，即变成资产者”。[3] 考虑到这里所引用的两句话是具有先后相继的递进关系，这里“所谓的文明”应该是包括生产方式在内的资产者为代表的文明，与资产者利益联系在一起的文明，具体说，应该是与资产者紧密联系的资产阶级国家政治制度和意识形态的文明。《宣言》多次讲到“文明”、“文明的国家”、“资产阶级文明”等概念，它们多指资产阶级物质文明和精神文明，也包括资产阶级制度文明。

三、战略特点与影响

第一，资产阶级按照自己的面貌为自己创造一个世界的战略的产生，具有某种历史必然性，为资产阶级完成其历史使命所必须。

资产阶级率先在西方发展起来，其创造的生产力是同期世界上最先进的生产力，相比较而言，其他非西方的民族、国家显得落后很多，“各民族之间的相互关系取决于每一个民族的生产力、分工和内部交往的发展程度。这个原理是公认的。”[4] 因而资产阶级有力量在资本的本性的驱使下为自己创造一个属于自己的世界。落后民族的被征服是人类有史以来社会发展的常态。被征服者被外来的征服者同化以及采用征服者的生产方式和政治意识形态的事亦常有。而未被外来征服者同化的往往是文化力量强大的民族。而资

① 马克思、恩格斯：《共产党宣言》（1847 年 12 月—1848 年 1 月），《马克思恩格斯选集》第 1 卷，人民出版社，1995 年版，第 277 页。

② 马克思：《关于自由贸易问题的演说》（1848 年 1 月 9 日），《马克思恩格斯选集》第 1 卷，人民出版社，1995 年版，第 229 页。

③ 马克思、恩格斯：《共产党宣言》（1847 年 12 月—1848 年 1 月），《马克思恩格斯选集》第 1 卷，人民出版社，1995 年版，第 276 页。

④ 马克思、恩格斯：《德意志意识形态》（节选）（1845 年秋—1846 年 5 月），《马克思恩格斯选集》第 1 卷，人民出版社，1995 年版，第 68 页。

产阶级既是经济力量和军事力量强大的经济，同时也是文化力量强大的阶级，他们对落后民族的征服并使之改变为与资产阶级同质化的民族是比较成功的。马克思以印度为例说明了这一点。“相继入侵印度的阿拉伯人、土耳其人、鞑靼人和莫卧儿人，不久就被印度化了，——野蛮的征服者，按照一条永恒的历史规律，本身被他们所征服的臣民的较高文明所征服。不列颠人是第一批文明程度高于印度因而不受印度文明影响的征服者。”[①] 资产阶级的“商品重炮”式的征服完全不同于暴力的征讨，正是在这个意义上，《宣言》认为，资产阶级“完成了完全不同于民族大迁徙和十字军征讨的远征”。[②]

这种征讨是资产阶级完成其历史使命的一部分。马克思认为：“资产阶级历史时期负有为新世界创造物质基础的使命：一方面要造成以全人类互相依赖为基础的普遍交往，以及进行这种交往的工具，另一方面要发展人的生产力，把物质生产变成对自然力的科学统治。”[③] 在资产阶级时代，要造成全人类互相依赖为基础的普遍交往，这就要求以世界市场为基础的普遍的经济交往为依托，使一切国家的生产和消费都变成世界性的。资产阶级完成其历史使命必然以资本主义的方式来进行，这就意味着资产阶级必然要在全球推广资本主义，把全球各民族都变成资产阶级民族。

当然，这一过程只有伴随着全人类各民族生产力的提高，才具有资产阶级完成其历史使命的进步作用。这样才与马克思主义的唯物史观强调的生产力的发展才是社会发展的最终起决定作用的观点相统一。

所以，资产阶级开拓的世界市场，资本主义生产方式的推广，与全人类生产力的发展和相互依赖应该是一致的，在此基础上才谈得上为未来美好的新世界的产生创造物质基础。

第二，资产阶级按照自己的面貌为自己创造一个世界的战略是以对落后

---

① 马克思：《不列颠在印度统治的未来结果》(1853年7月22日)，《马克思恩格斯选集》第1卷，人民出版社，1995年版，第768页。

② 马克思、恩格斯：《共产党宣言》，《马克思恩格斯选集》第1卷，人民出版社，1995年版，第275页。

③ 马克思：《不列颠在印度统治的未来结果》，《马克思恩格斯选集》第1卷，人民出版社，1995年版，第773页。

民族的残酷剥削和压迫以及对古老民族的文明的侵蚀和破坏为代价的。

“当我们把目光从资产阶级文明的故乡转向殖民地的时候，资产阶级文明的极端伪善和它的野蛮本性就赤裸裸地呈现在我们面前，它在故乡还装出一副体面的样子，而在殖民地它就丝毫不加掩饰了。”① 马克思在评价英国在印度的殖民统治时还辩证地指出：“英国在印度要完成双重的使命：一个是破坏性的使命，即消灭旧的亚洲式的社会；另一个是重建的使命，即在亚洲为西方式的社会奠定物质基础。”他们的破坏性表现在：“他们破坏了本地的公社，摧毁了本地的工业，夷平了本地的社会中伟大和崇高的一切，从而毁灭了印度的文明。”② 这些文明的破坏，使被破坏的民族、国家和地域的文明发展失去了发展的独立性，有些文明甚至被彻底破坏至消失。

资产阶级虽以一己之私，以谋求按照自己的面貌为自己创造出一个世界，且野蛮地破坏了许多古老的文明，但它还是充当了“历史的不自觉的工具”。

第三，资产阶级按照自己的面貌为自己创造一个世界，是以资产阶级的利益需要为中心的，造成了不平衡的世界格局。

资产阶级“正像它使农村从属于城市一样，它使未开化的和半开化的国家从属于文明的国家，使农民的民族从属于资产阶级的民族，使东方从属于西方”。③ 西方殖民政策和商品征服的实质是要将东方国家作为其商品销售市场和原材料产地，使东方的经济附属于西方的大工业，使殖民地的经济发展具有片面、畸形的性质。资产阶级造成的这种不平衡格局至今仍然存在。

《宣言》揭示的资产阶级按照自己的面貌为自己创造一个世界的国际战略在今天仍然具有现实意义。它仍然是我们今天理解以美国为首的发达资本主义国家推行的国际战略的一把钥匙。具体地说，今天以美国为首的资本主义国家的国际战略仍然是在全球全方位地推广资本主义的生产方式、政治制

① 马克思：《不列颠在印度统治的未来结果》，《马克思恩格斯选集》第1卷，人民出版社，1995年版，第772页。

② 马克思：《不列颠在印度统治的未来结果》，《马克思恩格斯选集》第1卷，人民出版社，1995年版，第768页。

③ 马克思、恩格斯：《共产党宣言》，《马克思恩格斯选集》第1卷，人民出版社，1995年版，第277页。

度和意识形态。美国的新自由主义、民主同盟战略、民主输出战略等是这种战略思想的具体体现。

当代西方资产阶级仍然在生产力、科学技术、文化发展等诸多方面走在世界前列，其历史性优势仍然保持着，而其资产阶级本性以及资本本性仍然没有改变，资产阶级为自己创造一个自己的世界的战略并没有改变。只不过，当今西方资产阶级和西方发达资产阶级国家所面临的世界环境与《宣言》时代有所不同罢了。

最大的不同是，《宣言》阐述资产阶级按照自己的面貌为自己创造一个世界的国际战略，在当时面对的是世界上非西方的国家大都在社会形态上处在落后于西方资本主义社会形态，要么是封建社会的发展形态，要么是比封建社会更早的社会形态。因此，西方资产阶级对世界的扩张与对世界的资本主义塑造具有历史的推动作用，充当了历史进步的不自觉的工具。而在当代，情形发生了两大变化：一是原有的资本主义殖民地半殖民地国家已经获得独立，二是世界上除了资本主义社会形态外，还出现了比资本主义更高的社会形态——社会主义。在这种情形下，资产阶级按照自己的面貌为自己创造一个世界的历史必然性消失，已经独立的民族国家，特别是社会主义国家对资产阶级按照自己的面貌为自己创造一个世界的战略将构成强大制约。

但是，由于社会主义国家大多是经济、文化相对落后的国家，资产阶级，尤其是西方发达资本主义国家相对于无产阶级，相对于社会主义国家来说，还具有很多方面的优势，资产阶级仍然将推行他们推行过的并且得益匪浅的国际扩张战略，继续按照自己的面貌创造一个自己的世界，但具体手法会有所改变和翻新。由直接的经济控制转变为政治和意识形态输出和思想指导。

以美国为例，其推行的新自由主义政策，实质是按照美国的经济政治逻辑为别国发展“开药方”。

所谓新自由主义，诺姆·乔姆斯基认为，它是指在亚当·斯密古典自由主义思想基础上建立起来的一个新的理论体系，该理论体系强调以市场为导向，是一个包含一系列有关全球秩序和主张贸易自由化、价格市场化、私有化观点的理论和思想体系，其完成形态是“华盛顿共识”。①

有学者就指出，自由主义是美国外交政策的一个传统。自由主义溯源于欧洲，进入美国本土后经过实用主义精神的改造，逐渐生成了美国式自由主义；进入美国外交政策过程后，受到了外交政策理念中的现实主义和保守主义的影响，逐渐被意识形态化为美国式的所谓自由民主大战略。美国外交政策中自由主义、保守主义、现实主义等政策理念的目标是一致的，都致力于推进所谓自由民主制度的输出事业，用美国的模式改造世界，只是在优先次序、行为方式以及具体政策手段上存在差别。② 自由主义从市场经济的自由开始，到国际的自由贸易，再到美国的内容全面的新自由主义，资产阶级的自由的实质是资本的全球活动的自由。

美国的民主输出战略的实质仍然是按照美国自己的面貌创造一个美国式的世界，民主制度成为美国谋求在世界上创造一个以美国式的世界的战略工具。冷战结束后，美国更是凭借其独一无二的经济、科技、军事优势，在全球范围内大肆展开其民主输出的战略攻势，针对不同的国家和地区，运用经济制裁、干涉内政、政治孤立、军事威胁、“颜色革命”直至直接发动战争等不同的手段和方式推行其民主输出战略。如用战争方式在阿富汗、伊拉克移植美国的民主制度；用政治渗透和支持亲美势力，在东欧和中亚地区搞旨在输出美国民主的“颜色革命”等。美国的民主输出战略是要在全世界建立美国式的资产阶级民主大同盟，仍然是资产阶级按照自己的面貌创造一个世界的战略在政治上的表现。

总之，资产阶级无论是过去还是现在，之所以能在全世界按照自己的面貌为自己创造一个世界，最根本的是资产阶级由于发展了生产力而取得了相对于以往任何阶级的历史性优势地位。因此，无产阶级和社会主义国家应对资产阶级这一国际战略的根本之道就在于发展生产力，从而消解和取代资产阶级的历史性优势地位。这应该是《宣言》所揭示的资产阶级按照自己的面貌为自己创造一个世界的国际战略的思想给我们的合乎逻辑的重要启示。而

① 诺姆·乔姆斯基：《新自由主义与全球秩序》，江苏人民出版社，2000 年版，第 3 页。

② 赵可金、倪世雄：《自由主义与美国的外交政策》，《复旦大学学报》2006 年第 2 期，第 11、18、33 页。

社会主义的中国，在搞好经济、改革开放的同时，搞好“四个坚持”（坚持共产党的领导、坚持马克思主义为指导、坚持人民民主专政、坚持社会主义道路）这个“成套设备”，“我们的事业有希望，我们的国家大有希望，我们的民族大有希望”。[①]

第三节 中国特色社会主义国际战略

始终不渝走和平发展的道路，始终不渝奉行独立自主的和平外交政策，始终不渝奉行互利共赢的开放战略，坚持在和平共处五项原则基础上同所有国家发展友好合作，共推和谐世界建设，这是我们党关于中国特色社会主义国际战略与外交政策的基本思想，是中国特色社会主义理论体系的重要组成部分。与西方资产阶级国家的国际战略有本质区别，即：资产阶级国际战略代表的是垄断财团为首的整个资产阶级的权利、权力和利益；中国国际战略代表的是最广大人民群众的根本权利、权力和利益。

一、独立自主的和平外交战略

（一）中国外交战略、方针与政策

以毛泽东、邓小平、江泽民为代表的党的三代中央领导集体依据马克思主义基本原理，紧密结合国际形势新变化与中国实际，为新中国制定了正确的对外战略、方针、政策和原则，不断开拓外交新局面，中国在国际舞台上的地位日益提高。以胡锦涛为总书记的党中央坚定不移地执行独立自主的和平外交政策，创造性地开展工作，积极推进和谐世界的构建，形成中国外交的新局面。

新中国建立至今，一直奉行独立自主的和平外交的总方针、总政策。毛泽东在1949年6月15日新政治协商会议筹备会的讲话中就说过：“中国必须独立，中国必须解放，中国的事情必须由中国人民自己作主张，自己来处

① 中共中央文献研究室编：《邓小平年谱 1975—1997》（下），中央文献出版社，2004年版，第1363—1364页。

理，不容许任何帝国主义国家再有一丝一毫的干涉。”① 周恩来也说过：“我们对外交问题有一个基本的立场，即中华民族独立的立场，独立自主、自力更生的立场。”② 外交上的独立自主立场，对新中国具有特别重要的意义。独立自主是新中国建立初期必须明确的基本立场，是新中国当时确立的“为中国的独立、民主、和平、统一和富强而奋斗”的奋斗总目标的题中应有之义。

“中华人民共和国建立以来，一直坚持和平的对外政策。”③ “和平为上”既是对世界的庄严承诺，④ 又是新中国外交的一惯立场和行动。“中华人民共和国外交政策的原则，为保障本国独立、自由和领土主权的完整，拥护国际的持久和平和各国人民间的友好合作。反对帝国主义的侵略政策和战争政策”，“站在国际和平民主阵营方面，共同反对帝国主义侵略，以保障世界的持久和平”等内容，明确地写入《中国人民政治协商会议共同纲领》之中。1954 年 9 月 20 日，第一届全国人民代表大会第一次会议制定、通过的新中国第一部宪法，在序言部分载明“我们坚定不移的方针是为世界和平和人类进步的崇高目的而努力”。这一叙述，既包含《共同纲领》提法的含义，又在相同方向上包含了更广泛的内容，从而显得更概括、更深刻。

新中国奉行独立自主和平外交总方针、总政策的同时，实行了与之配套的一系列具体方针政策。新中国建立初期，毛泽东、周恩来相继提出、确立和实施了“另起炉灶”、“打扫干净屋子再请客”、“一边倒”、“分清敌友”、“区别对待”、“礼尚往来”、“互通有无”、“团结世界人民”等具体方针、政策。⑤

---

① 毛泽东：《在新政治协商会议筹备会上的讲话》(1949 年 6 月 15 日)，《毛泽东选集》第 4 卷，人民出版社，1991 年版，第 1465 页。

② 《周恩来选集》上卷，人民出版社，1980 年版，第 321 页。

③ 周恩来：《我们的外交方针和任务》(1952 年 4 月 30 日)，《周恩来外交文选》，中央文献出版社，1990 年版，第 48 页。

④ 毛泽东：《和平为上》(1955 年 5 月 26 日)，《毛泽东外交文选》，中央文献出版社、世界知识出版社，1994 年版，第 208 页。

⑤ 周恩来：《我们的外交方针和任务》(1952 年 4 月 30 日)，《周恩来外交文选》，中央文献出版社，1990 年版，第 48—57 页。在多数著作中，把上述方针政策只表述为“另起炉灶”、“打扫干净屋子再请客”、“一边倒”，这不全面，周恩来这里讲到的六点才较为完整。

"另起炉灶"。就是要同旧中国的屈辱外交彻底决裂，建立新中国的外交机构，实行新的外交政策。1949 年春，毛泽东在谈到新中国将奉行的外交方针政策时，指出：我们的一个重要方针是"另起炉灶"。[①] 不承认国民党政府同各国建立的旧外交关系，而要同各国在新的基础上建立新的外交关系；不承认国民党时代的任何外国外交机关和外交人员的合法地位，对驻在旧中国的各国使节只当作普通侨民对待；愿意同一切国家建立外交关系，但这种关系必须建立在平等、互利、互相尊重主权和领土完整的基础上，首先不能帮助国民党反动派。外国政府如果愿意考虑同我们建立外交关系，它就必须断绝同国民党残余力量的关系，并且把它在中国的武装力量撤回去。对资本主义国家和原殖民地半殖民地国家，则不能不经过谈判的手续，看一看它们是否接受我们的建交原则。我们不仅要听它们的口头表示，而且还要看它们的具体行动。例如，它们如果在联合国中不投新中国的票，而去赞成蒋介石反动政府，那我们就宁愿慢一点同它们建交；反之，如印度、缅甸等，能够真的同国民党反动派断绝关系，那就可以在经过谈判之后同它们建交。"另起炉灶"的方针政策，彻底否定了从近代以来中国与外国不平等的屈辱交往历史，充分体现了中国人民当家作主，自己主宰自己的命运和坚决奉行独立自主和平外交原则政策的基本信念。

"打扫干净屋子再请客"。就是要对旧中国同外国签订的条约、协定重新审查处理，废除不平等条约，清除帝国主义在华特权和影响后，同世界各国建立新的、平等互利的外交关系。1949 年 1—2 月，毛泽东在同苏共中央政治局委员米高扬的谈话中说，我们这个国家，如果把它比作是一个家庭，屋内太脏，柴草、垃圾、尘土、跳蚤、臭虫、虱子，什么都有，因为帝国主义分子的铁蹄践踏过。我们必须认真清理我们的屋子，把那些脏东西通通打扫一番。等屋子打扫清洁了，有了秩序，再请客人进来。[②] 周恩来后来也专门解释说，帝国主义总想保留一些在中国的特权，想钻进来。有几个国家想同我们谈判建交。我们的方针是宁愿等一等。先把帝国主义在我国的残余势力

---

① 毛泽东是在 1949 年 3 月 5 日前后，即中国共产党第七届中央委员会第二次会议召开前后提出"另起炉灶"、"打扫干净屋子再请客"这两个重要外交方针的。见《毛泽东外交文选》，中央文献出版社、世界知识出版社，1994 年版，第 79 页下注。

② 师哲：《在历史巨人身边》，中央文献出版社，1991 年版，第 379 页。

清除一下，否则就会留下它们活动的余地。帝国主义的军事力量被赶走了，但帝国主义在我国百余年来的经济势力还很大，特别是文化影响还很深。这种情形会使我们的独立受到影响。因此，我们要在建立外交关系以前把“屋子”打扫一下，“打扫干净屋子再请客”。但是，打扫要有步骤，不能性急。[①] 之所以提出这一方针，是根据历史的经验，判断帝国主义国家一贯歧视中国，不可能在短期内改变其对中国的态度，因此必须坚决清除其在中国的残余势力和不良影响，防止其捣乱、破坏。

“一边倒”。是指在国际政治立场上，要坚定地站在以苏联为首的和平、民主阵营一边。1949 年 6 月 30 日，毛泽东在《论人民民主专政》一文中指出：“在国外，联合世界上以平等待我的民族和各国人民，共同奋斗。这就是联合苏联，联合各人民民主国家，联合其他各国的无产阶级和广大人民，结成国际的统一战线。”[②] 在毛泽东看来，“一边倒，是孙中山的四十年的经验和共产党的二十八年教给我们的，深知欲达到胜利和巩固胜利，必须一边倒。积四十年和二十八年的经验，中国人不是倒向帝国主义一边，就是倒向社会主义一边，绝无例外。骑墙是不行的，第三条道路是没有的。我们反对倒向帝国主义一边的蒋介石反动派，我们也反对第三条道路的幻想”。“我们在国际上是属于以苏联为首的反帝国主义战线一方面的，真正的友谊的援助只能向这一方面去找，而不能向帝国主义一方面去找。”[③] 当时在华东作战的邓小平于 1949 年 7 月 19 日致华东局诸同志的信中，作了精辟地阐述。他说，“一边倒”，是为了“打破帝国主义的封锁之道”。帝国主义的各种花样直到封锁，其目的在于迫我就范，我们的斗争也在于迫使帝国主义就范。我们绝不会就帝国主义之范，而一个多月的经验看出，帝国主义就我之范，亦非易事。这一时期双方斗争实际上都是试探的性质，直到英美摊出封锁的牌。封锁，到目前说来，虽增加了我们不少困难，但对我们仍属有利，即使

---

① 周恩来：《我们的外交方针和任务》（1952 年 4 月 30 日），《周恩来外交文选》，中央文献出版社，1990 年版，第 50 页。

② 毛泽东：《论人民民主专政》（1949 年 6 月 30 日），《毛泽东选集》第 4 卷，人民出版社，1991 年版，第 1472—1473 页。

③ 毛泽东：《论人民民主专政》（1949 年 6 月 30 日），《毛泽东选集》第 4 卷，人民出版社，1991 年版，第 1473、1475 页。

不封锁，我们许多困难也是不能解决的。但封锁太久了，对我们则是极不利的。打破封锁之道，毛泽东强调从军事上迅速占领两广云贵川康青宁诸省，尽量求得早日占领沿海各岛及台湾。同时我们提出的外交政策的一边倒，愈早表现于行动则对我们愈有利（毛主席说，这是主动的倒，免得将来被动的倒）；南部政策强调认真的从自力更生打算，不但叫，而且认真着手做（毛主席说，更主要的从长远的新民主主义建设着眼来提出这个问题），毛主席说这两条很好，与中央精神一致，我们这样做，即占领全国、一边倒和自力更生，不但可以立于坚固的基础之上，而且才有可能迫使帝国主义就我之范。①

“分清敌友”、“区别对待”、“礼尚往来”。毛泽东认为，新中国建立前后，世界上逐渐形成了两大阵营：一个是“以美国反动政府为首的帝国主义阵线”，另一个是“以苏联为首的世界和平民主阵营”。② 前者是“敌”，后者是“友”。新中国“一边倒”向以苏联为首的世界和平民主阵营一边，美国为首的帝国主义敌视我们，我们同样敌视帝国主义，反对帝国主义。③ 新中国一边倒向社会主义国家，但国与国之间在政治上不能没有差别，在民族、宗教、语言、风俗习惯上是有所不同的。④ 反对美国为首的帝国主义，但它们“也不是铁板一块，我们应该区别对待”。⑤“对帝国主义国家战略上是反对的，但在战术上有时在个别问题上是可以联合的。”⑥ 对于资本主义国家，“你对我好，我也对你好，你对我不好，我也对你不好。针锋相对，

---

① 邓小平：《打破帝国主义封锁之道》（1949 年 7 月 19 日），《邓小平文选》第 1 卷，人民出版社，1994 年版，第 134 页。

② 毛泽东致德意志民主共和国总统、总理电文。《人民日报》1949 年 10 月 17 日。

③ 周恩来：《新中国的外交》（1949 年 11 月 8 日），《周恩来外交文选》，中央文献出版社，1990 年版，第 2 页。

④ 周恩来：《新中国的外交》（1949 年 11 月 8 日），《周恩来外交文选》，中央文献出版社，1990 年版，第 6 页。

⑤ 周恩来：《我们的外交方针和任务》（1952 年 4 月 30 日），《周恩来外交文选》，中央文献出版社，1990 年版，第 53 页。

⑥ 周恩来：《新中国的外交》（1949 年 11 月 8 日），《周恩来外交文选》，中央文献出版社，1990 年版，第 2—3 页。

来而不往非礼也”，即“礼尚往来”。[1]

“互通有无”。打破禁区，互利互惠。新中国开国以后就根据平等互利的原则同外国做买卖。对它们对我们搞禁运，中国就以货易货，不用结汇，这对打破禁运有利。

“团结世界人民”。新中国对苏联和各人民民主国家是“一边倒”的，对原殖民地半殖民地国家，对资本主义和帝国主义国家的人民也要争取，以巩固和发展国际的和平力量，扩大新中国的影响。

从 20 世纪 60 年代中期到 60 年代末，中国适应国际形势的巨大变化，外交上的具体方针由原来的“一边倒”调整为“两个拳头打人”，即在反对美国霸权主义的同时也反对苏联的霸权主义，同时支持世界各国民族民主解放运动，坚持睦邻友好。针对美、苏争霸全球的升级，特别是苏联霸权主义的猖獗，毛泽东在 1973 年 2 月提出了“一条线”、“一大片”的方针政策，即按照大致的纬度画“一条线”，连接从美国到日本、中国、巴基斯坦、伊朗、土耳其和欧洲的战略线，团结这条战略线以外的国家，即“一大片”，以抗衡霸权主义和侵略野心最大的苏联。1974 年 2 月，毛泽东在会见赞比亚总统卡翁达时，又提出了三个世界划分的战略思想，即第一世界，指美国和苏联这两个在世界上横行霸道的超级大国；第三世界，指亚洲、非洲、拉丁美洲和其他地区的发展中国家；第二世界，指处于这两者之间的发达国家。毛泽东号召世界各国人民联合起来反对霸权主义，特别是反对苏联的霸权主义。

1978 年党的十一届三中全会后，邓小平根据国际形势的新变化和国内发展任务的调整，及时对中国外交方针、政策进行了重大调整，主要表现在六个方面：确立和平与发展是当代世界主题；“真正的不结盟”与不建立战略关系[2]；不以社会制度和意识形态异同论亲疏；把全面对外开放作为基本国策；提出“一国两制”的构想；针对世界格局大变动制定了“不搞意识形

---

① 周恩来：《我们的外交方针和任务》（1952 年 4 月 30 日），《周恩来外交文选》，中央文献出版社，1990 年版，第 51 页。

② 邓小平：《维护世界和平，搞好国内建设》（1984 年 5 月 29 日），《邓小平文选》第 3 卷，人民出版社，1993 年版，第 57 页。

态的争论”[①]；以及“冷静观察，稳住阵脚，沉着应付，韬光养晦，善于守拙，决不当头，有所作为”等稳妥、积极的正确方针。[②]

在邓小平新外交方针、政策的指引下，中国同发达国家的关系得到进一步发展，同周边国家的睦邻友好关系取得巨大进展。在全球和地区许多重大问题上，都可以听到中国有分量的声音，在世界上多数重要的国际组织中，都可以看到中国作为负责任大国的身影。

以江泽民为核心的第三代中央领导集体高举邓小平理论的伟大旗帜，开拓进取，在外交上提出了多方面的新方针，勾画了中国奉行独立自主和平外交政策的新蓝图：作出了抓住“重要战略机遇期”的新战略判断；把维护世界和平、促进共同发展上升为中国外交工作的宗旨；判断是否独立自主，由原来从我国的根本利益出发扩展到维护世界人民的根本利益；独立自主不仅仅要真正的不结盟、还要在同任何国家友好相处的同时，不允许任何国家损害我国的尊严和主权；反对霸权主义、强权政治，不仅是为了维护国家的独立、主权和尊严，也是为了促进世界的和平与发展；处理国际事务时要有所为、有所不为；强调必须坚定不移地把第三世界作为我国外交的基本立足点；与发达国家发展不针对第三国的或友好合作、或战略协作、或建设性战略伙伴关系；提倡加强睦邻友好，坚持以邻为善，以邻为伴，加强区域合作，把与周边国家的交流与合作推向新水平，推进好邻居、好伙伴、好朋友的周边关系；积极参与多边外交活动，在联合国和其他国际及区域性组织中发挥积极作用，提出了反对恐怖主义的新方针、新举措；提出以“独立自主、完全平等、互相尊重、互不干涉内部事务”的原则发展新的党际关系。由于执行了这样的外交方针和政策，我国自20世纪90年代以来，进一步开创了对外工作新局面，使我国的国际地位进一步提高。

党的十六大以来，以胡锦涛为首的新的中央领导集体，正在按照毛泽东、邓小平、江泽民设计的中国外交宏伟蓝图开拓前进，并在外交的思想战略、方针和政策上进行了新的探索。如在外交能力上，提出要不断提高应对

① 邓小平：《国际形势与经济问题》（1990年3月3日），《邓小平文选》第3卷，人民出版社，1993年版，第353页。

② 《江泽民论有中国特色社会主义（专题摘要）》，中央文献出版社，2002年版，第527页。

国际局势和处理国际事务的能力；坚持用宽广的眼界观察世界，提高科学判断国际形势和进行战略思维的水平；判断国际形势应该具有战略性、前瞻性、指导性；掌握处理国际事务的主动权；提高同国际交往的本领。坚决维护国家安全，确保国家的政治安全、经济安全、文化安全和信息安全。在外交战略上，提出了以人为本的外交理念；把“合作”与“和平与发展”一起共同作为一面旗帜高举；倡导共同建立持久和平、共同繁荣的和谐世界；始终不渝走和平发展道路；始终不渝奉行互利共赢的开放战略。在外交方针、政策上，重申坚定不移地坚持独立自主的和平外交政策，坚持在和平共处五项原则的基础上同所有国家发展友好合作；积极开展区域合作，共同营造和平稳定、平等互信、合作共赢的地区环境；继续开展同各国政党和政治组织的交流合作，加强人大、政协、军队、地方、民间团体对外交往，增进中国人民和各国人民的相互了解和友谊。在具体措施上积极探索，大胆试验，开拓创新，创造性地开展工作。

为了使21世纪真正成为“人人享有发展的世纪”，中国对发展中国家，特别是对那些最贫穷的国家，给予了最大的支持和帮助。

（二）中国外交战略与政策遵循的宗旨与原则

现今中国奉行的外交战略的宗旨和原则，主要有相互联系的下述五点：

第一，维护世界和平、促进共同发展是中国外交战略的宗旨和目标。中国把维护世界和平、促进共同发展作为外交工作的宗旨和目标，是由我国国家性质和基本国情决定的。社会主义的国家性质，决定中国外交的宗旨和目标必然是维护世界和平，促进共同发展。中国也是世界上最大的发展中国家。经过多年努力，中国虽已取得了历史性的进步和辉煌成就，但只是总体上达到小康水平。保持国家稳定，谋求经济发展，全面建设小康社会，是中国当前和今后相当长的历史时期内的奋斗目标。实现上述目标，要求中国外交把维护世界和平、促进共同发展作为宗旨和目标。

和平与发展是当今世界的主要潮流，也是当今时代两大突出难题。世界还很不安宁，发展问题，特别是发展中国家的发展问题相当严峻。中国作为一个社会主义的发展中国家，经过努力，国际地位不断提高，但奉行霸权主义、强权政治的某些国家，经常干涉中国内政，在台湾等问题上不断制造麻烦，它们“西化”、“分化”中国的图谋一直没有中断。从优化国际环境、维护中国的领土完整、巩固社会主义制度出发，也要把维护世界和平、促进共同发展，作为中国外交的宗旨和目标。

第二，独立自主是中国外交战略的根本准则。新中国成立后，中国政府始终独立自主地处理本国的一切事务，走自己的路，建设中国特色的社会主义，不容许任何国家、任何势力损害我国的尊严和主权；把国家的主权、国家的安全始终放在第一位，不看别人的脸色行事，始终坚持以是否有利于世界和平和促进共同发展作为判断是非的根本标准。我们奉行独立自主的和平外交政策，并不意味着我们不需要国际力量的支持与合作，搞闭关自守。我们必须坚持对外开放、加强合作。我们珍视自己的独立自主，也充分珍视别国的独立自主；反对任何国家把自己的意志强加于我们，我们也决不把自己的意志强加于别人。我们奉行的独立自主原则，不仅适用于国家间的关系，而且也适用于政党间的关系，它也是中国共产党发展同各国共产党和其他政党相互关系的准则。我国坚持奉行的独立自主外交原则和政策，完全不同于狭隘的民族主义，也根本不同于大国沙文主义，是完全符合中国人民和世界人民利益的。

第三，和平共处五项原则是中国发展同一切国家关系的基本准则。和平共处五项原则，即互相尊重主权和领土完整，互不侵犯，互不干涉内政，平等互利，和平共处。我国把这五项原则写进了《中国共产党章程》，写进了《中华人民共和国宪法》，并已成为世界公认的处理国际关系的基本准则。

和平共处五项原则的主要内容和实质是：反对侵略和扩张，维护国家的独立和主权。五项原则是互相联系、不可分割的整体，其中，“互相尊重主权和领土完整”，是五项原则中的核心和主要原则。主权独立和领土完整，是所有国家生存和发展的必要前提，也是国家间和平共处的基础和必备条件。“互不侵犯”就是禁止侵略，禁止用战争手段作为解决国际争端的手段，它是对“互相尊重主权和领土完整”原则的保证和补充。“互不干涉内政”，要求各国都要相互尊重各国人民自由选择国家制度、内外政策和生活方式的权利，任何一个国家都不能将本国的利益和意志强加于别的国家。“平等互利”就是要求各国在平等的基础上充分发展各国之间的经济、政治和文化关系。国家之间只能在平等的原则下才能谈得上互利，互利本身就是平等的表现。只有真正做到了上述四项原则，国家之间才能实现和平共处。因此，"和平共处"是实现前四项原则的必然归宿。

和平共处五项原则的基本点是：国家不分大小、强弱和富贫，都应一律平等、互相尊重、和睦相处、友好合作；各国走什么样的道路，选择什么样的社会制度，都应由各国人民自己决定，任何外国都无权干涉。

由于和平共处五项原则的上述特点超越了意识形态和社会制度，符合《联合国宪章》的宗旨和原则，反映了和平与发展的时代潮流，所以经得住考验，具有强大的生命力。

和平共处五项原则，最先被成功地运用到处理我国与社会制度和意识形态不同的周边邻国之间以及与新独立的第三世界国家的关系上。1954 年 4 月 29 日，经中印双方同意将和平共处五项原则正式写入了《中印关于西藏地方和印度之间的通商和交通协定》的序言中。1954 年 6 月，周恩来总理访问印度和缅甸时，在双方总理的共同声明中，均倡导把和平共处五项原则作为指导相互国家关系的准则。之后，按照和平共处五项原则，我国与周边国家解决了历史遗留下来的边界问题，与第三世界国家普遍建立了正常的外交关系，并在东西方"冷战"加剧的严峻形势下，打开了外交新局面。后来，和平共处五项原则被扩展到处理社会主义国家之间的关系，解决了战后国际政治遇到的新课题。苏联、东欧发生剧变后，中国按照和平共处五项原则，及时与之建立或延续了正常的外交关系。

1964 年 1 月 27 日，中国与法国遵循和平共处五项原则正式建立了外交关系。20 世纪 70 年代初，我国政府在和平共处五项原则的基础上，抓住历史时机，打开了中美交往的大门。其他发达国家也都按照和平共处五项原则与中国正式建交或提升了外交关系级别。发达资本主义国家普遍接受了和平共处五项原则，说明和平共处五项原则也是处理我国与发达国家关系的基本准则。现在，和平共处五项原则已成为世界公认的处理国际关系的基本准则，被许多国际会议、国际文件所接受和确认。中国倡导以和平共处五项原则为基础建立国际政治经济新秩序的主张，受到了主持正义国家和人民的普遍欢迎。

第四，加强同第三世界国家的团结与合作是中国外交战略的基本立足点。第三世界登上国际舞台后，成为维护世界和平、反对霸权主义、促进世界发展的重要力量。社会主义中国属于第三世界，把不断加强与第三世界国家的团结与合作作为中国外交的基本立足点和一贯政策，符合中国人民和第三世界人民的利益，也符合全世界人民的共同利益。为此中国始终把同广大发展中国家的相互支持、密切配合、共同维护正当权益看作自己神圣的国际义务；一贯支持被压迫民族反对帝国主义、殖民主义，争取和维护民族独立以及促进世界和平与发展的正义斗争。中国在各种国际活动中，包括在联合国会议上，一贯站在第三世界国家一边，为维护第三世界国家的权益，提出了许多重要的原则和具体建议，并为实现这些建议进行了不懈的斗争。

中国致力于同第三世界国家建立和发展政治、经济合作关系。尽管中国的经济发展水平不高，但对第三世界国家提供了力所能及的经济援助。1964年，周恩来总理出访亚非14国时，提出了著名的对外援助八项原则，表明了中国援助第三世界国家的诚意。1996年5月，江泽民主席对非洲六国访问时，提出了发展与第三世界国家关系的五点建议和意见：真诚友好，彼此成为可以依赖的“全天候朋友”；平等相待，相互尊重主权，互不干涉内政；互惠互利，谋求共同发展；加强磋商，在国际事务中密切合作；面向未来，创造一个更加美好的世界。中国与发展中国家的团结与合作关系上了一个新台阶，发展到了新的水平。

中国支持第三世界国家争取建立国际新秩序的努力。中国努力促进“南南合作”，为此中国向许多第三世界国家提供了力所能及的经济技术援助，包括兴建成套项目、派遣专家、技术人员和医疗队等。2005年9月14日，胡锦涛代表中国在联合国成立60周年首脑会议上为世界最贫穷国家提出的五点新举措建议，就表明了中国推进“南南合作”的诚意。

中国一向为加强第三世界国家的团结而努力。由于历史上遗留下来的边界、领土等问题，以及民族、宗教等原因，第三世界一些国家之间存在着矛盾和纷争，甚至发生武装冲突。超级大国又往往进行挑拨和利用，从中浑水摸鱼。中国历来主张第三世界国家应该本着互谅互让、求同存异的原则，通过协商和谈，公平、合理地解决彼此之间的分歧和争端。中国严格遵守和平共处五项原则，不干涉第三世界国家的内部事务，不介入它们之间的纷争，同时也反对任何外来势力插手这些国家的内部事务。

中国与第三世界国家加强团结和合作，是列宁关于全世界无产者和被压迫民族联合起来的战略思想在新时期的运用和发展，促进了第三世界的发展和壮大，有益于反对霸权主义和强权政治，维护和推动世界的和平与发展。

第五，坚持对外开放战略是中国外交的基本国策。党的十七大，高度肯定、认真总结了改革开放30年的丰功伟绩、基本经验、重要意义。认为改革开放是决定当代中国命运的关键选择，是发展中国特色社会主义、实现中华民族伟大复兴的必由之路；只有社会主义才能救中国，只有改革开放才能发展中国、发展社会主义、发展马克思主义。改革开放符合党心民心、顺应时代潮流，方向和道路是完全正确的，使我们这样一个十几亿人口的发展中大国取得了摆脱贫困、加快实现现代化、巩固和发展社会主义的“十个结合”的宝贵经验。成效和功绩不容否定，停顿和倒退没有出路。

党的十七大提出，坚持对外开放的基本国策，切实拓展对外开放的广度和深度，提高开放型经济水平。具体讲，就是把“引进来”和“走出去”更好地结合起来，扩大开放领域，优化开放结构，提高开放质量，完善内外联动、互利共赢、安全高效的开放型经济体系，形成经济全球化条件下参与国际合作和国际竞争新优势。深化沿海开放，加快内地开放，实现对内对外开放相互促进。加快转变外贸增长方式，立足以质取胜，调整进出口结构，促进加工贸易转型升级，大力发展服务贸易。创新利用外资方式，优化利用外资结构，发挥利用外资在推动自主创新、产业升级、区域协调发展等方面的积极作用。创新对外投资和合作方式，支持企业在研发、生产、销售等方面开展国际化经营，加快培育我国跨国公司和国际知名品牌。积极开展国际能源资源互利合作。实施自由贸易区战略，加强双边多边经贸合作。采取综合措施促进国际收支基本平衡。注重防范国际经济风险。

（三）中国外交战略与政策实施的国际影响

新中国建立以来，制定并始终奉行独立自主的和平外交方针、政策。在不同的历史时期，提出并执行了既符合世情、国情，又各具特色的战略策略、方针、政策，使马克思列宁主义的外交思想在中国得以继承和不断发展，为世界的和平、发展、进步、和谐作出了独特贡献，使中国的国际地位和在国际事务中所发挥的作用不断提升、国际影响不断扩大。

第一，正确的外交原则、政策、主张受到尊重、赞誉，甚至被采纳。

新中国自成立之日起，就始终不渝地奉行独立自主的和平外交政策。特别是改革开放以来，中国以维护世界和平和促进共同发展为对外政策的宗旨和首要目标，以独立自主为对外政策的根本准则，以和平共处五项原则为处理国与国关系的基本遵循，以加强和第三世界国家的团结与合作、发展与周边国家睦邻友好合作关系为对外工作的基本立足点和重点，全面对外开放，同西方国家发展平等互利关系，积极倡导建立一个和平稳定、公正合理的国际政治经济新秩序。主张各国有权根据本国国情，独立自主地选择自己的发展道路，别国无权干涉；主张各国不分大小、强弱、贫富都是国际社会的平等成员，任何国家都不应该谋求霸权；主张既反对一切形式的恐怖主义，又反对各种形式的霸权主义，不能因为反恐而放弃反霸，也不能因为反霸就放弃反恐；主张以和平方式解决国家之间的一切分歧或争端，而不应诉诸武力或以武力相威胁，通过对话协商增进相互了解和信任，通过双边、多边协调合作、逐步解决彼此间的矛盾和问题；主张在平等互利基础上同各国加强和扩大经济、科技、文化的交流与合作，促进共同发展与繁荣，反对经济贸易交往中的不平等现象和各种歧视性政策与做法。这一系列正确的外交政策，使中国赢得了世界上越来越多国家的尊重与赞誉。[①] 和平共处五项原则，已经成为世界绝大多数国家接受、采用的国际法准则。

第二，维护世界和平、推动国际合作，发挥着负责任的建设性作用。

中国在和平共处五项原则的基础上同世界各国发展友好合作关系，促进了国家间的和平共处与平等相待。中国坚持与邻为善、以邻为伴、睦邻友好的方针，与周边国家和亚洲其他国家的友好合作关系不断发展，共同利益不断扩大。中国与主要大国建立了不同形式的合作关系，对话、交流、合作不断加强。中国不断加强与广大发展中国家的合作，在南南合作框架下，努力实现优势互补、共同发展。中国积极参与处理国际和地区热点问题，既承担着广泛的国际义务，也发挥着负责任的建设性作用。中国朋友遍天下。

第三，成为世界经济增长和周边地区稳定发展的重要推动力量。

近年来，在世界经济波动幅度加大的情况下，中国经济保持平稳较快发

---

① 中共中央宣传部理论局：《干部群众关心的25个理论问题》，学习出版社，2003年版，第154—155页。

展，为世界经济的增长带来了希望和动力。亚洲与中国接壤或隔海相望的国家有 20 多个。中国经济持续发展，社会和谐稳定，人民安居乐业，使周边国家从中受益。为使周边地区能够在稳定的环境中不断发展，在 1997 年亚洲金融危机冲击中，中国克服重重困难，坚持人民币币值稳定和扩大内需的方针，并向重灾国提供力所能及的帮助，为最终战胜危机发挥了作用。2003 年，面对突如其来的非典疫情，中国政府采取果断措施，并与周边国家同舟共济，有效遏制了疫情的发展。2004 年底，印度洋地震海啸灾难发生后，中国政府和人民对受灾国的救灾和重建工作提供了及时、真诚的帮助，开展了新中国成立以来规模最大的对外救援行动。2005 年 10 月南亚发生地震和 2008 年孟加拉遭受飓风袭击后，中国均向灾区人民提供了积极帮助。

二、走和平发展道路

2005 年 4 月，中国公开对外宣布，中国走的是和平发展道路。党的十七大重申，中国始终不渝走和平发展道路。是中国特色社会主义理论的又一突出发展。意义重大，影响深远。

（一）走和平发展道路理论的提出

《中国人民政治协商会议共同纲领》中对新中国的总目标、外交立场和外交政策的原则做了明确规定，和平发展的目标、立场、观点十分鲜明。《共同纲领》总纲第一条规定，中国实行的人民民主专政“为中国的独立、民主、和平、统一和富强而奋斗”，这是向全世界昭告了新中国的性质和内政外交所完成的总目标，实际上也确立了新中国要始终贯彻执行独立自主的和平外交总方针和总政策。

以邓小平为主要代表的中国共产党人，依据马克思主义的基本立场观点与方法，通过对当代中国与世界发生的巨大变化、成功经验与深刻教训的认真思考、缜密分析，提出的和平与发展等创新结论，为中国共产党最终选择走和平发展道路奠定了直接理论基石。以江泽民为核心的中国共产党人，形成了“三个代表重要思想”，创造了“中国共产党领导建设中国特色社会主义必须坚持的十条基本经验”，构成了中国共产党最终选择走和平发展道路的最新理论成果和经验。

以胡锦涛为总书记的党中央，坚持继承前人又与时俱进的思想认识和决策原则，对中国和平发展的道路作出了新的更加丰富的阐述。2004年9月19日在中国共产党第16届中央委员会第4次全体会议通过的《中共中央关于加强党的执政能力建设的决定》中提出中国要“高举和平、发展、合作的旗帜，坚持独立自主的和平外交政策，走和平发展的道路……永远不称霸”。[①] 第一次在党的正式文件中把中国“走和平发展的道路”规定下来。2005年12月22日，中华人民共和国国务院新闻办公室发表了《中国的和平发展道路》白皮书，全面阐发了中国走和平发展道路的理念、认识、主张、方式、目标、宗旨。

（二）走和平发展道路的内外原因

中国走和平发展道路，是人类追求文明进步的一条全新道路，是中国现代化建设的必由之路。中国走和平发展道路，既有正确理论依托，又是中国政府和人民根据时代发展潮流和自身根本利益作出的战略抉择，[②] 是中国政府和中国人民的郑重选择和庄严承诺。

1840年鸦片战争以后的100多年里，中国受尽了列强的欺辱。消除战争，实现和平，建设独立富强、民生幸福的国家，是近代以来中国人民孜孜以求的奋斗目标。今天的中国虽然取得了巨大的发展成就，但人口多，底子薄，发展不平衡，仍然是世界上最大的发展中国家。推动经济社会发展，不断改善人民生活始终是中国的中心任务。坚持走和平发展道路，是中国实现国家富强、人民幸福的必由之路。中国人民最需要、最珍爱和平的国际环境，愿尽自己所能，为推动各国共同发展作出积极贡献。

中华民族历来就是热爱和平的民族。中华文化是一种和平的文化。渴望和平、追求和谐，始终是中国人民的精神特征。600年前，中国明代著名航海家郑和率领当时世界上最强大的船队“七下西洋”，远涉亚非30多

---

① 《十六大以来重要文献选编》（中），中央文献出版社，2006年版，第985页。

② 胡锦涛：《高举中国特色社会主义伟大旗帜，为夺取全面建设小康社会新胜利而奋斗——在中国共产党第十七次全国代表大会上的报告》（2007年10月15日），《人民日报》2007年10月25日。

个国家和地区，带去的是茶叶、瓷器、丝绸、工艺，没有侵占别国一寸土地，带给世界的是和平与文明，充分反映了古代中国与有关国家和人民加强交流的诚意。立足当代，中国的发展不仅造福了13亿中国人民，也给世界各国带来了巨大的市场和发展机遇。中国的发展有利于世界和平力量的增长。

求和平、促发展、谋合作是世界各国人民的共同心愿，也是不可阻挡的历史潮流，特别是世界多极化和经济全球化趋势的深入发展，给世界和平与发展带来了新的机遇，争取较长时期的和平国际环境是可以实现的。同时，中国也清楚地看到，世界上仍存在诸多不稳定、不确定的因素，人类还面临许多严峻挑战，但机遇大于挑战，只要世界各国共同努力，就能够逐步实现建设一个持久和平、共同繁荣的和谐世界的目标。长期以来，中国坚持奉行独立自主的和平外交政策，宗旨就是维护世界和平、促进共同发展。早在1974年中国重返联合国的时候，邓小平就向全世界宣布，中国永远不称霸。改革开放以来，中国根据国际形势的变化趋势，坚持和平与发展是时代主题这一重大战略判断，多次公开阐明：中国过去不称霸，现在不称霸，将来强大了也不称霸。中国的发展不会对任何人构成威胁，只会给世界带来更多的发展机遇和更加广阔的市场。事实表明，中国经济的发展，正在成为亚太地区和世界经济增长的重要推动力量。维护世界和平，促进共同发展，已成为中国的国家意志。

（三）走和平发展道路的战略意义

中国发展离不开世界，世界繁荣稳定也离不开中国。树立世界眼光，加强战略思维，统筹国内国际两个大局，中国人民和世界各国人民一道，为实现人类美好理想不懈努力，是中国选择走和平发展道路的根本所在。

胡锦涛指出："走和平发展道路，是中国实现现代化目标的必然要求。"① 中华民族是一个酷爱和平的民族，实现和平发展是中国人民的真诚愿望和不懈追求。但自从鸦片战争以来的一百多年的时间里，由于外国列强

① 胡锦涛：《在美国友好团体举行的晚宴上的讲话》，《人民日报》2006年4月22日。

的入侵，中国逐步沦为半殖民地、半封建国家，中国人民因此饱受帝国主义的欺凌和压迫。为了摆脱积贫积弱的境遇和建立独立、富强和民主的新国家，中国人民曾经前仆后继、顽强斗争，使中华民族的命运发生了深刻的变化。1911 年 10 月，孙中山先生领导的辛亥革命推翻了统治中国达几千年的封建专制制度，为中国的发展进步起了先导作用。1921 年 7 月，中国共产党成立以后，带领中国人民经过长期的浴血奋斗，终于在 1949 年 10 月 1 日实现了民族独立和人民解放，建立了人民当家作主的新中国。建国以后特别是中共十一届三中全会以来，我们对内以经济建设为中心，坚持四项基本原则，坚持改革开放；对外始终不渝地奉行独立自主的和平外交政策，努力为我国的社会主义现代化建设创造一个和平稳定的国际环境和周边环境。经过 20 多年的艰苦创业，我国的经济建设取得了举世瞩目的巨大成就。中国人民经过艰苦探索和顽强奋斗，既改变了自己的命运，也推动了人类和平、进步、发展事业不断上新台阶。

党的十七大报告指出，当代中国同世界的关系发生了历史性的变化，中国的前途命运联系在一起。共同分享发展机遇，共同应对各种挑战，推进人类和平与发展的崇高事业，事关各国人民的根本利益，也是各国人民的共同心愿。各国人民携手努力，推动建设持久和平、共同繁荣的和谐世界，是走和平发展道路的最佳途径和目标。地球家园的优化，是中国又好又快搞好社会主义建设的外部条件、基础、保障。历史告诉世人：在人类漫长的发展史上，各国人民的命运从未像今天这样紧密相连、休戚与共。共同的目标把世界各国联结在一起，共同的挑战需要世界各国团结在一起，共同携手合作，为建设一个持久和平、共同繁荣的和谐世界而努力。[①] 从理论上看，这是对马克思主义理论的继承和创新发展。从实践上看，是对“中国威胁论”的迎面回击。中国不仅是世界负责任的大国、主张和平与发展的大国，而且在内政外交实践上是言必信、行必果的国家，会给世界的和平、进步、合作、发展带来勃勃生机。

---

① 胡锦涛：《努力建立持久和平、共同繁荣的和谐世界——在联合国成立 60 周年首脑会议上的讲话》，《人民日报》2005 年 9 月 16 日。

三、党的十七大以来的新调整

胡锦涛在中国共产党十七大报告中着重指出，中国将“始终不渝走和平发展道路”，“推动建设持久和平、共同繁荣的和谐世界”。这是中国向世界发出的庄严承诺和郑重宣告，标志着中国和平发展事业进入了全新发展阶段。为适应建设和谐世界新要求，中国对外战略和政策也相应作出了重大调整。毫无疑问，这必将为我国把握难得的历史机遇期，加快社会主义现代化建设，实现民族伟大复兴创造良好的国际环境。

（一）中国对外战略、政策新调整的主要体现

为推动建设持久和平、共同繁荣的和谐世界，中国在对外关系重大领域，及时地进行了战略和政策的调整。

1. 在国际秩序变革中发挥建设性作用。

打破旧秩序，建立国际政治经济新秩序，是中国对外战略和政策的一贯主张。新中国成立以来，中国长期被西方国家所主导的国际秩序排斥在外。不合理的国际政治经济秩序，是制约包括中国在内的广大发展中国家发展的主要国际性因素。邓小平曾明确指出：“我们对外政策还是两条，第一条是反对霸权主义、强权政治，维护世界和平；第二条是建立国际政治新秩序和经济新秩序。这两条要反复讲。”① 在中国共产党十四大报告、十五大报告以及十六大报告中都多次强调：“我们主张建立公正合理的国际政治经济新秩序。”

在党的十七大报告中，没有出现以往党的报告中反复强调的“建立国际政治经济新秩序”，取而代之的是“推动国际秩序朝着更加公正合理的方向发展”，实现“国际关系民主化”，“我们支持完善国际贸易和金融体制”，等等。从“更加公正合理”和“完善”等用语上，不难发现，中国对待国际秩序的态度发生了明显变化，即由以往推倒重建转变为与国际社会一起共同改

① 邓小平：《国际形势和经济问题》（1990 年 3 月 3 日），《邓小平文选》第 3 卷，人民出版社，1993 年版，第 353 页。

良。这也意味着，中国在当今国际秩序中扮演的角色，已由被动参与者转变为积极建设者。

中国积极参与联合国维和行动、海军应联合国要求在索马里水域为民用船只护航、积极参与与援助世界重大自然灾害行动、高度关心中国民众在海外灾难事件中的生命安全和利益等，均是这一重大调整的具体表现。

2. 推动中西方关系长期稳定健康发展。

改革开放以来，中国一直致力于“改善和发展”同西方发达国家的关系。但由于个别国家顽固坚持意识形态偏见，使中西关系不断受到干扰与破坏。为此，我们党不断重申，我们愿意在坚持和平共处五项原则的基础上，改善和发展中西关系。例如，在党的十四大报告中提出“绝不允许别的国家将自己的社会制度和意识形态强加于中国”；在党的十五大报告提出，中西方应“超越社会制度和意识形态的差异”；党的十六大报告中提出与发达国家“不计较社会制度和意识形态的差别，……妥善解决分歧”。

在党的十七大报告中提出，希望推动与发达国家关系“长期稳定健康发展”。由寻求“改善”到推动“长期稳定健康发展”，是中国共产党对中西方关系的全新定位，为未来中西方关系发展指明了方向，具有非常重要的历史意义。同时，十七大报告中没有再重复强调中西社会意识形态与社会制度的的差异，而是提出“兼顾”包括西方国家在内的“正当关切”，以及“依法保护合作者利益”。这在党的历次大会报告中还是第一次。这充分证明：中国和平发展战略所谋求的，不仅仅是自身的发展，而且还包括西方国家在内的全世界的共同发展与繁荣。

3. “以政促经，政经结合”，加强与发展中国家经济合作。

与广大发展中国家的传统友谊，是我们国家宝贵的政治财富。保持和促进与发展中国家的传统友谊，是中国对外战略和政策的立足点。我国以往加强与发展中国家的关系，大多出于政治方面考量。例如在党的十四大报告中提出，在“维护各自国家的独立主权上相互支持”；十五大报告中提出共同“维护国家独立”；党的十六大报告中提出“增进相互理解和信任，加强相互帮助和支持”等。可见，以往在同发展中国家合作中，政治合作处于明显优先地位。

在新的历史阶段，中国同发展中国家关系的发展重点则是“以政促经，政经结合”。[①] 在党的十七大报告中提出，帮助发展中国家“增强自主发展能力、改善民生，缩小南北差距”。十七大报告中提出的加强与发展中国家经济合作的目标，明显比以往相互间经济合作标准高得多，也具体得多。为实现上述目标，十七大以来，中国同广大发展中国家的经济合作不断升级。中国同非洲、东盟、拉美等地区在贸易、投资、技术合作等诸多方面都取得了突破性进展。中国同广大发展中国家在已有良好政治关系的基础上，全面加强与深化经济合作，使政治经济合作逐步形成相互促进的良好局面。

4. 大力提升国家文化软实力。

一个国家的综合国力主要包括“硬实力”与“软实力”两种形态。硬实力包括经济、科技、军事等物质性因素。软实力主要包括文化、意识形态等因素，主要指“通过文化和意识形态的魅力吸引对方的能力”,[②] 即“文化和意识形态的无形力量”。[③] 改革开放以来，我国硬实力提高迅速，但软实力建设相对滞后，软硬实力发展不协调、不匹配。

和平发展既包括硬实力的发展，也包括软实力的提升。针对我国软硬实力发展不平衡现状，党的十七大报告中对“提高国家文化软实力”作出了明确要求。这在党的报告中还是第一次。党的十七大报告明确提出，要以增强社会主义意识形态吸引力和凝聚力为目标，以建设和谐文化和弘扬中华文化为途径，以文化创新为手段，促进社会主义文化大繁荣大发展。虽然在以往党的报告中也谈到过加强思想文化建设，但此次是从提升国家软实力角度提出，显示了我们党对提升国家软实力的高度重视。

5. 积极参与应对国际金融危机的国际合作。

由美国的次贷危机引发的国际金融危机席卷全球，不断扩散蔓延。中国作为国际社会负责任的成员，全方位积极参与应对工作。在国内搞好自己的事。为应对国际金融危机冲击、保持经济平稳较快发展，中国及时调整宏观经济政策，果断实施积极的财政政策和适度宽松的货币政策，形成了进一步

① 《全国对发展中国家经济外交工作在京召开》,《光明日报》2004 年 9 月 3 日。

② Josep S. Nye, *Redefining the National Interest*, Foreign Affairs, July/August 1999.

③ Josep S. Nye, *Redefining the National Interest*, Foreign Affairs, July/August 1999.

扩大内需、促进经济增长的一揽子计划。这些措施已取得初步成效、呈现出积极迹象。这表明中国的应对思路是符合实际的，政策是积极有效的。在国际上，中国正积极推进世界各国携手合作，同舟共济，并提出自己的正确建议，展现自己的软硬实力。中国以其“独有的竞争力、高效率和适应性”吸引着世人的目光，[①] 展现了中国外交战略和政策调整的新举措、新领域。

（二）中国对外战略与政策调整的主要原因

中国在外交战略和政策上作出的重大调整，是我们党对我国所处发展阶段与对世界发展潮流正确认识基础上作出的决策，是落实科学发展观、统筹国际国内两个大局的具体体现，是把握战略机遇期、加快中国和平发展步伐的关键环节。

1. 不挑战现存国际秩序符合中国和平发展、构建和谐世界的理念。

和平发展包含着既要和平又要发展的双重含义，构建和谐世界主张持久和平、共同发展。在历史上，英、美等资本主义强国都是通过挑起冲突、发动战争来达到实现霸权的目的。但对于社会主义中国来说，无论是战争还是冲突，都违背了中国追求和平、维护和平的意愿。所以，不挑战既有国际秩序，必然成为中国和平发展时代主题、构建和谐世界需要坚持的基本原则。

不挑战并不意味着对不合理的国际秩序听之任之、无所作为。当前国际政治经济秩序仍然不尽合理。国际霸权主义与强权政治对世界和平发展构成严重威胁，推动国际政治经济秩序向着更加公正合理方向改变，是中国义不容辞的国际责任与义务，也是建设和谐世界的关键环节。推动现存国际秩序改革，既要遵循联合国宪章以及其他国际公认准则，又要获得国际社会大多数成员认同。所以，与国际社会一起共同推动现存国际秩序的变革是我国最优选择。

2. “长期稳定健康”的中西关系是中国和平发展的内在要求。

在世界经济高度全球化的今天，中国经济与世界经济的依存度日益加深。西方发达国家是中国最重要的贸易伙伴，为中国的发展提供了不可或缺的资金、技术、管理、市场等方面的支持。同时，西方国家的发展也离不开

① 《中华民族伟大复兴的必由之路》，《人民日报》2009年6月3日。

中国经济的繁荣。中国是世界上经济最有活力的国家，是公认的世界制造业中心。随着双方经济合作的不断深化，必然对中西关系发展提出更高要求。只有长期稳定健康的中西方关系，才能为双方进一步的经济合作奠定牢固的政治基础。

建立持久和平、共同繁荣的和谐世界，也需要长期稳定健康的中西关系。西方国家包括了当今世界经济最发达、科学技术最先进、社会人口最富裕的国家和地区。中国既是最大的发展中国家，也是安理会常任理事国。要解决当今世界面临的诸如战争与和平、发展经济、保护环境、消除贫困、缩小南北差异等一系列问题，离开中西方的相互合作是无法实现的。只有建立起长期稳定健康的中西关系，才能真正实现世界各国"共同分享发展机遇，共同应对各种挑战"。

3. "以政促经，政经结合"是缩小南北差距、实现共同繁荣的有效途径。

南北贫富差距拉大、地区发展严重失衡是当今世界面临的主要问题。要实现世界持久繁荣与和平，必须首先解决发展中国家经济发展问题。经济发展问题业已成为广大发展中国家目前最迫切需要解决的问题。

"以政促经，政经结合"是落实帮助发展中国家"改善民生，提升自我发展能力，缩小差距"政策的具体体现。目前，中国在资金、技术、管理等方面相对于广大发展中国家已经具有一定的优势。中国实施"以政促经，政经结合"政策，既可以帮助发展中国家解决诸如资金、技术与管理等制约经济发展的瓶颈性因素，又可以解决中国发展中遇到的产能过剩、资源短缺、贸易壁垒等一系列问题。中国与广大发展中国家的经济合作是完全双赢互惠的，因此具有可持续性和广阔的发展空间。

4. 软硬实力并重发展是实现中国和平发展、构建和谐世界的重要保证。

软实力的提升与硬实力的发展是相辅相成的。所以，当今世界各国都非常重视软实力的发展。软实力的核心是文化。历史经验证明，一国文化越被其他国家了解、接受，该国文化软实力就越强，也就越容易形成文化发展与经济发展相互促进的良好局面。这就要求我们，在借鉴吸收世界其他民族优秀文化的同时，要大力弘扬中华民族的优秀文化，提升中华文化国际影响力，着力实施文化"走出去"战略，为中国经济、文化发展拓展更广阔的国际空间。

提升文化软实力，也是确保我国文化安全的需要。随着我国对外开放的深化以及电子信息技术的迅猛发展，文化安全面临着前所未有的挑战。从全球来看。处于强势地位的西方文化，对我国社会主义文化建设既有促进作用，同时也有破坏功能。文化安全直接关系到我国政治、经济安全。所以，从文化安全角度看，也需要我们大力提升我国软实力。

5. 为自己、也是为了世界更加美好作贡献。

这场国际金融危机是在经济全球化深入发展、国与国相互依存日益紧密的大背景下发生的，任何国家都不可能独善其身，合作应对是正确抉择。只有这么做了，才能减轻国际金融危机对实体经济的冲击和影响，推动恢复世界经济增长。促使国际经济环境的好转，是经济问题，也是政治问题。中国这么做，是中国独立自主和平外交战略和政策的题中之义，是利我利他的创新之举。

（三）中国对外战略和政策新调整的重要意义

1. 有助于为中国和平发展创造良好的外部环境。

中国和平发展离不开良好的外部环境。从国内情况看，我国面临着进一步深化经济体制改革、建立和健全社会保障体系、加强收入分配调节、保护生态环境等一系列深层次问题与矛盾。从外部环境看，随着国家经济的发展，我国与其他国家在资源、领土、经贸等方面的矛盾与摩擦也呈上升趋势。所以，不论是从国际还是国内发展需要看，中国比任何时候都更需要一个良好的外部环境来把握难得的发展机遇。

从实践上看，中国对外战略和政策调整已经取得了积极效果。中国同西方主要发达国家的关系得到了全面改善和提升。例如中美领导人达成两国不仅是利益攸关者，而且是建设性合作者的共识。2009 年 4 月 1 日，胡锦涛主席同奥巴马总统在伦敦首次会晤，双方一致同意共同努力建设 21 世纪积极、合作、全面的美中关系，同意建立美中战略与经济对话机制。中日关系上升为战略互惠伙伴关系，中日并在合作开发东海油气田问题上取得突破，使中日关系发展上了新的台阶。中国同广大发展中国家的关系得到了巩固和加强。在联合国改革、世界贸易组织谈判、台湾问题等方面，中国获得了发展中国家的广泛支持与帮助。

2. 有助于促进世界社会主义运动走向复兴。

20世纪末苏东剧变后，世界社会主义力量大大削弱，世界社会主义运动转入低潮。在中国共产党领导下，我国克服重重困难与阻力，打破了西方国家的封锁与制裁。我国的社会主义事业不但没有失败，而且开创了具有中国特色的社会主义道路。我国取得了比资本主义国家更快的发展速度，用事实证明了社会主义制度的优越性，也提升了社会主义的吸引力，给世界社会主义带来了新的曙光。

我国对外战略和政策的调整，不仅有助于我国社会主义建设和发展，更有利于促进世界社会主义运动的复兴。在世界资本主义依然强大的当今世界，贸然挑战西方发达国家主导的国际秩序，必然给世界社会主义运动带来重大损失。在现存国际秩序框架内，推动其向着公正合理方向发展，更有利于把来自霸权国家的阻力降到最小，更有利于争取广大发展中国家的理解与支持。我国在对外政策上作出的重大调整，对于在新的历史条件下继续坚持和发展中国特色社会主义道路，引领世界社会主义复兴必将起到积极促进作用。

3. 有助于为广大发展中国家的发展提供有益经验。

二战后，新独立的发展中国家在探索民族发展道路上走过很多弯路。个别发展中国家，虽然在政治上取得了独立，但由于内外政策上的偏差，致使国内经济畸形发展，缺乏自我发展动力，甚至重新沦为西方经济的附庸。个别国家照搬西方民主，国内党派林立，政府更迭频繁，陷入长期动荡。

中国加强同广大发展中国家的经济合作，其意义不仅仅在于帮助它们解决经济困难，更在于帮助它们通过借鉴中国的成功经验，探索出一条符合其自己国情的发展之路。当今世界，发展中国家面临着经济全球化带来的机遇与挑战。广大发展中国家，既要利用经济全球化带来的发展机遇，又要避免经济全球化的消极影响。中国是世界上最大的发展中国家，与绝大多数发展中国家有着相同的历史遭遇和相近的现实发展条件，中国的发展经验对于广大发展中国家更具有借鉴意义。

4. 有助于树立中国作为迅速发展的大国的国际新形象。

中国的迅速发展，在某些对中国持有偏见的西方政治家和学者眼里是一种“威胁”。因为在西方理论中，一个大国的兴起，意味着“霸权更替”或“权力转移”，新旧霸权间的冲突与战争在所难免。中国和平发展，既不能被现有的西方国际关系理论接纳，也不能为以往大国崛起经验所验证。所以，在这样的理论指导下，以美国为首的一些西方国家认为，中国发展势必挑战美国霸权。中国对外政策的调整，是对“中国威胁论”的有力回应。

中国在对外政策方面的重大调整，向世界宣示了中国追求和平发展、维护世界和平的信心与决心。中国在世界面前庄严承诺，中国不但自己不挑起争端，而且主动维护世界和平；不仅寻求自身发展，而且追求世界共同繁荣；不仅维护自身权益，而且积极倡导世界公平正义。中国外交政策调整，使中国日益成为世界和平的守卫者、世界发展的推动者和广大发展中国家利益的维护者。中国和平发展新形象必然日益赢得国际社会的广泛接受和认同。

参考书目

一、经典著作与文献

1.《马克思恩格斯选集》第1—4卷，人民出版社，1995年版。
2.《马克思恩格斯全集》第12卷，人民出版社，1965年版。
3.《马克思恩格斯全集》第13卷，人民出版社，1962年版。
4.《马克思恩格斯全集》第19卷，人民出版社，1969年版。
5.《马克思恩格斯全集》第22卷，人民出版社，1965年版。
6.《马克思恩格斯全集》第46卷（下），人民出版社，1980年版。
7.《资本论》第3卷，人民出版社，1975年版。
8.《列宁选集》第1—4卷，人民出版社，1995年版。
9.《列宁全集》第4卷，人民出版社，1984年版。
10.《列宁全集》第24卷，人民出版社，1960年版。
11.《列宁全集》第26卷，人民出版社，1988年版。
12.《列宁全集》第27卷，人民出版社，1990年版。
13.《列宁全集》第28卷，人民出版社，1984年版。
14.《列宁全集》第29卷，人民出版社，1980年版。
15.《列宁全集》第31卷，人民出版社，1958年版。
16.《列宁全集》第37卷，人民出版社，1986年版。
17.《列宁全集》第38卷，人民出版社，1986年版。
18.《斯大林选集》上下卷，人民出版社，1979年版。
19.《斯大林文选》（1934—1952），人民出版社，1962年版。
20.《斯大林全集》第1—13卷，人民出版社，1953—1958年版。
21.《毛泽东选集》第1—4卷，人民出版社，1991年版。

22.《毛泽东文集》第6—8卷，人民出版社，1999年版。

23.《毛泽东著作选读》（上下），人民出版社，1986年版。

24.《毛泽东外交文选》，中央文献出版社、世界知识出版社，1994年版。

25.《周恩来外交文选》，中央文献出版社，1990年版。

26.《邓小平文选》第1—2卷，人民出版社，1994年版。

27.《邓小平文选》第3卷，人民出版社，1993年版。

28.《邓小平思想年谱1975—1997》，中央文献出版社，1998年版。

29.《邓小平年谱1975—1997》（上下），中央文献出版社，2004年版。

30.《江泽民文选》第1—3卷，人民出版社，2006年版。

31.《江泽民论有中国特色社会主义（专题摘编）》，中央文献出版社，2002年版。

32.《十四大以来重要文献选编》，人民出版社，1998年版。

33.《十五大以来重要文献选编》，人民出版社，2000年版。

34.《十六大以来重要文献选编》（上），中央文献出版社，2005年版。

35.《十六大以来重要文献选编》（中），中央文献出版社，2006年版。

36. 胡锦涛：《高举中国特色社会主义伟大旗帜，为夺取全面建设小康社会新胜利而奋斗——在中国共产党第十七次全国代表大会上的报告》（2007年10月15日），《人民日报》2007年10月25日。

37.《关于国际共产主义运动总路线的建议》（中国共产党中央委员会对苏联共产党中央委员会1963年3月30日来信的复信）（1963年6月14日），人民出版社，1963年版。

二、专业著作

1. 梁守德、洪银娴：《国际政治学理论》，北京大学出版社，2000年版。

2. 李景治、罗天虹等：《国际战略学》，中国人民大学出版社，2003年版。

3. 宋新宁：《国际政治学概论》，中国人民大学出版社，2000年版。

4. 王逸舟：《当代国际政治析论》，上海人民出版社，2004年版。

5. 王逸舟：《西方国际政治学：历史与理论》，上海人民出版社，1998年版。

6. 李少军：《国际政治学概论》（第二版），上海人民出版社，2005年版。

7. 李少军主编：《国际战略报告》，中国社会科学出版社，2005年版。

8. 楚树龙：《国际关系基本理论》，清华大学出版社，2003 年版。

9. 倪世雄等：《当代西方国际关系理论》，复旦大学出版社，2001 年版。

10. 倪世雄、金应忠：《当代美国国际关系理论流派文选》，学林出版社，1987 年版。

11. 俞正梁：《当代国际关系学导论》，复旦大学出版社，1996 年版。

12. 时殷弘：《国际政治——理论探讨·历史概观·战略思考》，当代世界出版社，2002 年版。

13. 张季良主编：《国际关系学概论》，世界知识出版社，1989 年版。

14. 何春超、张季良、张志主编：《国际关系史料选编》（1945—1980），法律出版社，1994 年版。

15. 高金钿主编：《国际战略学概论》，国防大学出版社，2001 年版。

16. 康绍邦、宫力等：《国际战略新论》，解放军出版社，2006 年版。

17. 余起芬主编：《国际战略论》，军事科学出版社，1998 年版。

18. 王家福、徐萍：《国际战略学》，高等教育出版社，2005 年版。

19. 钮先钟：《战略研究》，广西师范大学出版社，2003 年版。

20. 楚树龙、耿秦主编：《世界、美国和中国》，清华大学出版社，2003 年版。

21. 俞可平：《全球化与政治发展》，社会科学文献出版社，2003 年版。

22. 靳辉明、谷源洋主编：《当代资本主义与世界社会主义》上下卷，海南出版社，2004 年版。

23. 许征帆：《时代风云变幻中的马克思主义》，中国人民大学出版社，1996 年版。

24. 本书编写组：《邓小平外交思想学习纲要》，世界知识出版社，2000 年版。

25. 中共中央宣传部理论局：《干部群众关心的 25 个理论问题》，学习出版社，2003 年版。

26. 中共中央宣传部：《“三个代表”重要思想学习纲要》，学习出版社，2003 年版。

27. 顾海良、梅荣政主编：《科学社会主义理论与实践》，武汉大学出版社、湖北人民出版社，2006 年版。

28. 高放、李景治、蒲国良主编：《科学社会主义的理论与实践》（第五版），中国人民大学出版社，2008年版。

29. 周作翰：《求真思录》，湖南教育出版社，2001年版。

30. 教育部社政司组编：《高校"两课"教育教学热点难点问题解析》，中国人民大学出版社，2003年版。

31. 吴冷西：《十年论战》（上下），中央文献出版社，1999年版。

32. 吕有志、戴德铮主编：《当代世界经济与政治》，高等教育出版社，2003年版。

33. 戴德铮等：《当代世界格局与国际关系》，武汉大学出版社，1999年版。

34. 王泰平：《中华人民共和国外交史》，世界知识出版社，1998年版。

35. 谢益显：《中国当代外交史（1949－2001）》，中国青年出版社，2002年版。

36. 韩念龙：《当代中国外交》，中国社会科学出版社，1988年版。

37. 杨福昌：《跨世纪的中国外交》，世界知识出版社，2000年版。

38. 李宝俊：《当代中国外交概论》，中国人民大学出版社，1999年版。

39. 谢益显：《中国当代外交思想史》，河南大学出版社，1999年版。

40. 李寿源：《国际关系与中国外交》，北京广播学院出版社，1999年版。

41. 倪健民、陈子舜：《中国国际战略》，人民出版社，2003年版。

42. 何茂春：《中国外交通史》，中国社会科学出版社，1996年版。

43. 张玉荣：《周恩来对毛泽东思想的贡献》，重庆出版社，1997年版。

44. 陈一雄主编：《新格局·新思考——科学与和平研究在中国》，湖南出版社，1993年版。

45. 林军：《俄罗斯外交史稿》，世界知识出版社，2002年版。

46. 高祖贵：《美国与伊斯兰世界》，时事出版社，2005年版。

47. 李慎明、王逸舟：《2002年：全球政治与安全报告》，社会科学文献出版社，2002年版。

48. 李巨廉：《战争与和平——时代主旋律的变动》，学林出版社，1999年版。

49. 许光建主编：《联合国宪章诠释》，山西教育出版社，1999年版。

50. 计翔翔主编：《联合国知识词典》，杭州出版社，2000年版。

51. 师哲：《在历史巨人身边》，中央文献出版社，1991 年版。

52. 杨奎松：《毛泽东与莫斯科的恩恩怨怨》，江西人民出版社，2005 年版。

53. 高放：《纵览世界风云》，中国书籍出版社，2002 年版。

54. 沈志华：《中苏关系史纲》，新华出版社，2007 年版。

55. 李铁成：《联合国五十年》，中国书籍出版社，1995 年版。

56. 杨宇光：《经济全球化中的跨国公司》，上海远东出版社，1999 年版。

57. 苏长和：《全球公共问题与国际合作：一种制度的分析》，上海人民出版社，2000 年版。

58. 陈世材：《国际组织——联合国体系的研究》，中国友谊出版公司，1986 年版。

59. 俞正梁等：《全球化时代的国际关系》，复旦大学出版社，2000 年版。

60. 饶戈平主编：《国际组织法》，北京大学出版社，1996 年版。

61. 秦亚青：《霸权体系与国际冲突》，上海人民出版社，1999 年版。

62. 钱穆：《中国文化史导论》（修订本），商务印书馆，1994 年版。

63. 梁漱溟：《中国文化要义》，学林出版社，1997 年版。

64. 黄硕风：《综合国力论》，中国社会科学出版社，1992 年版。

65. 顾海良、梅荣政主编：《科学社会主义理论与实践》，武汉大学出版社、湖北人民出版社，2006 年版。

66. 联合国难民署：《2000 年世界难民状况》，英国：牛津大学出版社，2000 年版。

67. 莫顿·A. 卡普兰著，薄智跃译：《国际政治的系统和过程》，中国人民公安大学出版社，1989 年版。

68. 费正清著，张理京译：《美国与中国》(第四版)，世界知识出版社，1999 年版。

69. 潘光主编：《当代国际危机研究》，中国社会科学出版社，1989 年版。

70. 张继平等编：《第二次世界大战史》，甘肃人民出版社，1984 年版。

71. 焦敏之著，郭沫若序：《苏德战争史——苏联怎样战败德国》，光明书局，1947 年初版、1950 年四版。

72. 樊亢等编著：《主要资本主义国家经济简史》，人民出版社，1973 年版。

73. 霍布斯著，黎思复等译：《利维坦》，商务印书馆，1996 年版。

74. 修昔底德著，谢德风译：《伯罗奔尼撒战争史》，商务印书馆，1960年版。

75. 埃里克·霍布斯鲍姆著，李金梅译：《民族与民族主义》，上海人民出版社，2000年版。

76. 浦野起央著，刘甦朝译：《国际关系理论导论》，中国社会科学出版社，2000年版。

77. 肯尼思·沃尔兹著，胡少华等译：《国际政治理论》，中国人民公安大学出版社，1992年版。

78. 肯尼思·N. 华尔兹：《人、国家与战争：一种理论分析》，上海译文出版社，1991年版。

79. 罗伯特·A. 达尔：《现代政治分析》，上海译文出版社，1987年版。

80. 汉斯·摩根索：《国家间的政治》，中国人民公安大学出版社，1990年版。

81. 詹姆斯·多尔蒂等著，阎学通等译：《争论中的国际关系理论》（第五版），世界知识出版社，2003年版。

82. 塞缪尔·亨廷顿：《文明的冲突与世界秩序的重建》，新华出版社，1999年版。

83. 塞缪尔·亨廷顿：《变化社会中的政治秩序》，生活·读书·新知三联书店，1988年版。

84. 罗伯特·基欧汉、约瑟夫·奈：《权力与相互依赖——转变中的世界政治》，中国人民公安大学出版社，1992年版。

85. 兹比格纽·布热津斯基：《大棋局：美国的首要地位及其地缘战略》，上海人民出版社，1998年版。

86. 布热津斯基：《大失控与大混乱》，中国社会科学出版社，1994年版。

87. 约瑟夫·奈：《理解国际冲突——理论与历史》，上海世纪出版集团，2002年版。

88. 迈克尔·H. 亨特：《意识形态与美国外交政策》，世界知识出版社，1999年版。

89. 奈吉尔·哈里斯：《第三世界的裂变》，改革出版社，1991年版。

90. 杰拉尔德·J. 贡曼：《美国海军政策》，海洋出版社，1982年版。

91. 舍伍德:《罗斯福与霍普金新》(上册),商务印书馆,1980 年版。

92. 威廉·哈代·麦克尼尔著,叶佳译:《美国、英国和俄国——它们的合作与冲突(1941—1946)》(下册),上海译文出版社,1978 年版。

93. 威廉·夏伊勒著,董乐山、郑开春、李天爵译:《第三帝国的兴亡》,商务印书馆,2009 年版。

94. 阿诺德·托因比、维罗尼卡·M. 托因比编,孙基亚译:《希特勒的欧洲》(上册),上海译文出版社,1980 年版。

95. 博·黑恩贝克:《石油与安全》,商务印书馆,1976 年版。

96. 日本历史学研究会编:《太平洋战争后期》,《太平洋战争史》第 4 卷,东洋经济新报社,1954 年版。

97. 伊利奥:《罗斯福见闻秘录》,上海新群出版社,1949 年版。

98. 伊万诺夫主编,军事科学院译:《战争初期》,上海译文出版社,1979 年版。

99. 瓦尔加:《战后资本主义经济之变化》,上海生活书店,1947 年版。

100. 阿柏特·诺而登著,矛弓译:《德国历史的教训》,生活·读书·新知三联书店,1958 年版。

101. 维纳·洛赫:《德国史》(下册),生活·读书·新知三联书店,1980 年版。

102. 科恩:《战时和重建时期的日本经济》,美国:明尼苏达大学出版社,1949 年版。

103. J. H. 波斯佩洛夫主编:《苏联伟大卫国战争史》(6 卷本),苏联:国防部出版社,1960 年版。

104. A. 马努克扬、K. 柯查列兹:《资本主义石油市场》,财政经济出版社,1956 年版。

105. 列·库达科夫:《现代国际关系史》,世界知识出版社,1958 年版。

106. C. A. 尤尼昂斯基等:《外交史》第 4 卷(上册),生活·读书·新知三联书店,1980 年版。

107. 日本国际政治学会太平洋战争原因研究部:《走向太平洋战争之路》第 9 卷,朝日新闻社,1963 年东京版。

108. 服部卓四郎:《太东亚战争全史》,东京:原书房,1975 年东京版。

109. 渊田美津雄、奥宫正武：《中途岛海战》，商务印书馆，1980年版。

110. 安德烈·莫鲁瓦：《美国史——从威尔逊到肯尼迪》，上海人民出版社，1977年版。

111. 布加拉丁：《地中海海战——第二次世界大战中的意大利海军》，海洋出版社，1982年版。

112. 加莱阿佐·齐亚诺：《齐亚诺日记（1939—1943）》，商务印书馆，1983年版。

113. 哈里什·卡普尔：《觉醒中的巨人——一个外国人看新中国前三十年的外交政策》，国际文化出版公司，1987年版。

114. 斯帕尼尔著，段若石译：《第二次世界大战后美国的外交政策》，商务印书馆，1992年版。

115. 斯德哥尔摩国际和平研究所编，中国国际问题研究所译：《SIPRI年鉴1999》，世界知识出版社，2000年版。

116. 汉斯-彼得·马丁、哈拉尔特·舒曼：《全球化陷阱对民主和福利的进攻》，中央编译出版社，1998年版。

117. 阿登纳：《阿登纳回忆录》（1945—1953），上海人民出版社，1976年版。

118. 叶利钦：《总统笔记》，东方出版社，1995年版。

119. 米·谢·戈尔巴乔夫著，述弢等译：《"真相"与自白——戈尔巴乔夫回忆录》，社会科学文献出版社，2002年版。

120. 星野昭吉、刘小林编著：《全球化与全球问题的解决》，中国社会出版社，2004年版。

121. 迈克尔·曼著，李少军、刘北成译：《社会权利的来源》，上海人民出版社，2002年版。

122. 佩雷菲特著，王国卿等译：《停滞的帝国——两个世界的撞击》，三联书店，1993年版。

123. 罗伯特·吉尔平著，武军等译：《世界政治中的战争与变革》，中国人民大学出版社，1994年版。

124. 罗伯特·基欧汉著，苏长和等译：《霸权之后》，上海人民出版社，2001年版。

125. 保罗·肯尼迪著，蒋葆英译：《大国的兴衰》，中国经济出版社，1992年版。

126. 诺姆·乔姆斯基：《新自由主义与全球秩序》，江苏人民出版社，2000年版。

127. 《新华字典》(修订本)，商务印书馆，1998年版。

128. 中国社会科学院语言研究所词典编辑室编：《现代汉语词典》(修订本)，商务印书馆，1998年。

129. 《辞海》(缩印本)，上海辞书出版社，1980年版。

130. 王臻中、钟振振主编：《毛泽东诗词鉴赏》，江苏古籍出版社，1990年版。

131. 杨伯峻译注：《论语译注》，中华书局，1980年版。

132. 杨伯峻译注：《孟子译注》(上册)，中华书局，1960年版。

133. 王焕镳：《墨子校释》，浙江文艺出版社，1994年版。

134. 沙少海等译著：《老子全译》，贵州人民出版社，1989年版。

135. 周亨祥校注：《孙子全译》，贵州人民出版社，1992年版。

三、外文部分

1. Bruce Russett, *Grasping the Democratic Peace: Principles for a Post-Cold War World*, Princeton: Princeton dmeion University, 1993.

2. Charles N Van Doren, "*The people' s Republic of China as a Nuclear Swpplier: Export Policy, Capabilities and Consttrints*," PPNN Occasional Paper, No 3, July l989.

3. Ernst B., "*What Is Nationalism and Why Should We Study It?*," International Organization, Vod 40, No, 3. 1986.

4. Friedrich Kratochwil and Edward D. Mansfield, *Intternatinal Organization: A Reader*, New York: Harper Collins College Publishers, 1994.

5. George Modelski, *LongCycles in World Politics*, Settle: University of Washington press, 1987.

6. Gideon Rose, "*Neoclassic Realism and Theories of Foreign Policy*," *World Polities* 51, Oktober 1998.

7. Helga Haftendorn, "*The Security Puzzle: Theory-Buiding and Discipline-Building in International Security*," International Studies Quarterly, 35, 1991.

8. James C. Hsiung, *Anarchy and Order*, London: Lynne Rienner Publishers, 1997.

9. Jeffrey W. Legro, Andrew Moravcsik, "*Is Anybody Still a Realist?*" Internationdal Security, Vol. 24, No. 2, Fall 1999.

10. Joseph S. Nye, Jr., *Understanding International Conflicts*. New York Longman, 1997.

11. Kenneth N. Waltz, "*Structural Realism after the Cold War*," International Security, Vol. 25, No. 1, Summer 2000.

12. Lawrence Freedman, ed., *Military Intervention in European Conflicts*, Oxford: Blackwell, 1994.

13. Michael Brecher, "*International Studies in the Twentieth Century and Beyond: Flawed Dichotomies, Synthesis, Cumulation*," International Studies Quarterly, Vol. 43, No. 2, June 1999.

14. Michael E. Brown, Sean M. Lynn-Jones, and Steven E. Miller, eds., *Debating the Democratic Peace*, Cambridge, Mass: MIT Press, 1996.

15. Michael F Glennon, "*The New Interventionism*," Foreign Affairs, Vol 78, No3 May/June 1999.

16. Paul R. Viottl and Mark V. Kauppi, *International Relations and World Politics*, Upper Saddlle River: Prentice Hall. 1997.

17. Peter Mangold, *National Security and International Relations*, Iondon and New York: Routledge, 1990.

18. Richard CIutterbuck, *Terrorism in an Unstable World*, London: Routledge 1994.

19. Robet O. Keohane and Joseph S. Nye Jr., "*Globalization: What's New? What's Not? (And So What?)*," Foreign Policy, No. 118, Spring 2000.

20. Robert Powell, "*Anarchy in International Relations Theory: The Neorealist-Neoliberal Debate*," International Organizaion, Vol. 48, No. 2, Spring 1994.

21. Roger Carey and Trevor C. Salmon, *International Security in the Modern*

World, New York City: St. Martin's Press, 1992.

22. Samuel P. Huntington, "*The Lonely Superpower*," Foreign Affairs, Vol. 78, No. 2, March/April 1999.

23. Scott D Sugan and Kenneth N. Waltz, *The Spread of Nuclear Weapons: A Debate*, New York and London: Norton & Co., 1995.

24. Stephen Van Evear, "*Hypotheses on Nationalism and War*," International Security, Vol. 18, No. 4, Spring 1994.

25. Thomas F. Homer-Dixon, "*Environmental Scarcities and Violent Conflict*," International Security, Vol. 19, No. 1, Summer 1994.

26. Union of International Associations, *Yearbook of International Organizations* 2000—2001, Vol. 3. K. G. Saur Munchen, 2000.

图书在版编目（CIP）数据

国际政治学要论：国际政治态势与战略应对/戴德铮著．—北京：时事出版社，2010.1

ISBN 978-7-80232-314-8

Ⅰ．国…　Ⅱ．戴…　Ⅲ．国际政治—研究　Ⅳ．D5

中国版本图书馆 CIP 数据核字（2009）第 225693 号

出 版 发 行：时事出版社

地　　　址：北京市海淀区万寿寺甲 2 号

邮　　　编：100081

发 行 热 线：（010）88547590　88547591

读者服务部：（010）88547595

传　　　真：（010）68418647

电 子 邮 箱：shishichubanshe@sina. com

网　　　址：www. shishishe. com

印　　　刷：北京昌平百善印刷厂

开本：787×1092　1/16　印张：27.5　字数：435 千字

2010 年 1 月第 1 版　2010 年 1 月第 1 次印刷

定价：62.80 元

（如有印装质量问题，请与本社发行部联系调换）